연변학의 선구자들 II

글쓴이

우경섭(禹景燮 Woo, Kyung-Sup) 인하대학교 한국학연구소 교수
최민호(崔敏浩 Cui, Min-Hao) 연변대학교 사회학과 교수
리홍석(李洪錫 Li, Hong-Xi) 연변대학교 역사학과 교수
김해영(金海英 Jin, Hai-Ying) 연변대학교 교육학과 교수
리광일(李光一 Li, Guang-Yi) 연변대학교 조문학과 교수
박철(朴哲 Piao, Zhe) 연변대학교 고등교육연구소 교수
최삼룡(崔三龍 Cui, San-Long) 전 연변사회과학원 문학예술연구소 소장
김광수(金光洙 Jin, Guang-Zhu) 연변대학교 조문학과 교수
최일(崔一 Cui, Yi) 연변대학교 조문학과 교수
신광호(申光浩 Shen, Guang-Hao) 연변대학교 예술표현학과 교수
최창륵(崔昌笏 Choe, Chang-Ruk) 남경대학교 한국학과 교수
김정영(金晶瑛 Jin, Jing-Ying) 연변대학교 조문학과 박사과정

동아시아한국학 연구총서 29

연변학의 선구자들 II

초판 인쇄 2017년 8월 30일 **초판 발행** 2017년 8월 30일
엮은이 인하대학교 한국학연구소 · 연변대학교 민족연구원 **펴낸이** 박성모 **펴낸곳** 소명출판 **출판등록** 제13-522호
주소 서울시 서초구 서초중앙로6길 15 란빌딩 1층
전화 02-585-7840 **팩스** 02-585-7848 **전자우편** somyungbooks@daum.net **홈페이지** www.somyong.co.kr

값 27,000원

ISBN 979-11-5905-208-8 93810
ISBN 978-89-5626-835-4 (세트)

동아시아한국학 연구총서 29

연변학의 선구자들 II

Pioneers of Yanbian Studies II

인하대학교 한국학연구소 · 연변대학교 민족연구원 공편

소명출판

| 간행사1 |

2013년 5월 인하대학교 한국학연구소에서 『연변학의 선구자들』이란 이름으로 중국조선족 학계를 선도한 주요 학자들의 평전을 정리하여 출판하였다. 이 책은 한국은 물론 중국조선족 학술계에 큰 반향을 일으켰다. 그간 조선족 사회의 큰 어른이자 민족을 대표하는 지성인으로서 멀고 엄숙하게만 느껴지던 분들이, 이 책의 출간 이후 비로소 희로애락을 같이하는 평범한 인간의 모습으로 친근하게 다가왔다. 그들이 이루어낸 학문적 업적은 물론 그들이 겪었던 온갖 역경과 고통, 그리고 그 속에서도 신념을 잃지 않고 진리를 추구해온 인간상을 독자들은 처음으로 마주하게 되었던 것이다.

『연변학의 선구자들』에는 연변조선족의 학술사를 이끌어 온 열네 분의 평전이 수록되었다. 그 가운데는 이미 오래 전 돌아가신 분들도 있고, 혹은 지금도 학술 연구과 후학 양성에 모든 힘을 다하고 계신 분들도 있다. 그리고 이 책이 출판되고 얼마 되지 않아 우리 곁을 떠난 분도 있다. 민속학이라는 주변 학문을 연구했다는 이유로 학계의 정당한 평가를 받지 못하던 천수산 선생님은 이 책의 출간 이후 그 학문적 업적과 위상이 처음으로 부각될 수 있었다. 생전에 『연변학의 선구자들』을 그토록 소중하게 여기셨던 그 분은 책이 나온 이듬해인 2014년에 세상을 하직하셨으니, 이 책은 우리 사회가 고인에게 드린 가장 값진 선물이었을 것이다.

이들 열네 분의 선생님들이 이룩한 학문적 업적은 학계를 중심으로 일정한 범위 내에서는 익히 알려진 바이다. 그러나 역사적 격변기 속에서 한 개인으로서 직면해야 했던 험난한 길과, 그 길 위에서 역동적으로 영위해 온 파란만장한 인생에 대해서는 크게 알려진 바가 없었다. 이 책을 통해 우리는 비로소 이들의 삶과 그 시대를 이해할 수 있게 되었고, 나아가 이들이 남긴 학문의 구체적인 모습에 더 가까이 다가설 수 있게 되었다. 이런 의미에서 『연변학의 선구자들』은 14분의 위대한 지식인들에게 우리 사회가 마땅히 바쳤어야 할 감사의 표현이며, 더욱이 연변의 학술계를 창조한 선구자들에 대하여 후학들의 진작 수행했어야 할 책임이자 의무였던 셈이다.

그러나 지면의 제한으로 인하여, 연변조선족 학계가 배출한 여러 분야의 수많은 선구자들에 대한 학술사적 연구는 아쉽지만 뒤로 미루어지게 되었다. 그 뒤로 4년이란 시간이 흐른 2017년 여름에 인하대학교 한국학연구소에서 드디어 『연변학의 선구자들』 2권의 출간을 결정하게 되면서 그 전통이 다시 이어지게 되었다.

이번에 출간되는 『연변학의 선구자들』 2권에는 총 11편, 열세 분의 학자들에 대한 평전이 실리게 되었다. 문학과 어학 분야에서는 문학사가 권철 교수님, 시인 조룡남 선생님, 어학자 리득춘 교수님, 문학평론가 최삼룡 선생님, 연변문단의 삼총사 김봉웅 · 김관웅 · 김호웅 삼형제님, 연변대학교 전임 총장 김병민 교수님의 삶과 학문에 관한 글들이 들어가게 되었다. 그리고 교육학 분야에서는 허청선 교수님, 사학 분야에서는 한국근대사의 김광수 교수님과 조선족역사의 황룡국 교수님이 포함되었다. 예술 분야에서는 민족무용의 개척자 조득현 교수님, 민요연구가 김봉관 선생님이 수록되었다. 실로 연변학과 연변대학교의 큰 학자이신 열세 분의 생애를 정리한 이번 『연변학의 선구자들』 2권의 출간은 연변학의 새로운 정립과 그 위상을 높이는 데 크게 기여하리라 기대한다.

실제로 '연변학'이란 학술용어는 연변의 학술계에서 처음 만들어낸 것이 아니라, 인하대학교 한국학연구소에서 처음 제출하고 사용한 개념이다. 그동안 우리는 스스로의 문화적 위상을 평가절하한 면이 없지 않았다. 주변에서 또 다시 주변으로 밀려난 문화 정도로만 생각했을 뿐, 상생과 소통의 시대에 주변과 중심 사이의 변증법적 관계 설정에 대해서 그다지 심각하게 인지하지 못했던 것이다. 이런 의미에서 '연변학'이란 학술용어는 연변의 조선족 학술계가 다시 한 번 자신의 위상과 정체성을 진맥할 수 있는 좋은 창구가 되리라 확신한다.

끝으로 이 책에 수록된 열세 분의 선생님들께 무한한 경의를 표함과 동시에, '연변학'의 정립과 발전에 크게 기여한 인하대학교 한국학연구소에 감사의 마음을 전한다.

연변대학교 민족연구원 원장 박금해

| 간행사2 |

인하대학교 한국학연구소에서는 2007년부터 10년 동안 한국연구재단의 지원을 받아 인문한국진흥사업에 참여해왔다. 동아시아 각 지역에서 전개되었던 한국학 연구들과 협력하여 인류의 상생과 소통을 돕는 복수의 한국학을 구축하는 것이 우리 연구소의 기본 방향이었다. 한국학을 활용하여 인류사에 상생을 수놓는 인문(人文)들이 함께 대화하고 함께 인류의 미래를 건축하는 일에서, 지구 곳곳의 한국학은 각자 개성을 지닌 주인이자 이웃이다. 한국학연구소의 역할은 단순하다. 인천의 풍미를 듬뿍 지닌 하나의 이웃 한국학으로서 이웃들의 풍미를 발견하고, 그 새로운 풍미를 인류가 풍성하게 향유할 수 있도록 각양의 한국학을 실어 나르는 포구(浦口)가 되는 일이다. 이웃의 한국학들도 그러하겠지만, 10년이 지나고 100년이 지나도 이 역할은 한국학연구소의 소중한 임무이다. 지난 10년의 사업은 2017년 8월로 순조롭게 종료되었다. 포구는 더 넓어졌고, 정박하고 출항하는 배들을 위해 준비해야 할 일이 더 많아졌다.

이번에 간행하는 『연변학의 선구자들』 2권은 연변에서 뿌리내린 한국학에 대한 두 번째 보고서다. '연변학(延邊學)'은 한반도에서 전개해온 한국학과 더불어 인류사를 함께 개척해온 또 하나의 독자적인 이웃 한국학이다. 여기에 수록된 연구자들은 모두 연변학의 초창기 건축가들이다. 권철(문학사), 조룡남(시인, 문학), 리득춘(어학), 최삼룡(문학평론),

김봉웅·김관웅·김호웅 세 형제(작가, 문학), 김병민(문학, 연변대학 전총장), 허청선(교육학), 김광수(사학), 황룡국(사학), 조득현(무용), 김봉관(민요) 등 한 분 한 분이 모두 연변학사(延邊學史)의 독립된 문고(文庫)들이다. 그 후속 세대의 계술(繼述)은 또한 그 자체가 부단히 연변학을 건축하는 한 과정이다. 이제 겨우 두 계단을 놓았을 뿐이다. 열흘 만에 물굽이 하나 닷새 만에 바위 하나 그리듯이, 서두르지 않고 진적(眞迹)의 광풍(光風)을 담아내는 긴 여정의 시작일 뿐이다. 앞으로도 숨겨진 문고를 찾아내, 독자들이 연변학을 서가에서 다시 상생의 이웃으로 만날 수 있게 하는 작업은 계속되어야 할 것이다.

2013년 1권에 이어 2권을 엮어내기까지, 연변학의 초기 건축가들을 문고에서 불러내는 과정에서 내내 전령이 되었던 공로자가 있다. 한국학연구소에서 인문한국진흥사업을 주도해온 우경섭 교수이다. 명청 교체기 동아시아의 변동과 연관하여 한국학을 동아시아의 시야에서 재조명하던 중 우 교수는 연변학을 발견하였다. 우 교수의 제안이 없었다면, 북방 평원의 활달한 기상과 따뜻한 열정이 담긴 이웃 한국학을 독자들이 서가에서 완정한 모습으로 만나기 어려웠을 것이다. 먼저 우 교수의 노고에 충심으로 감사드리지 않을 수 없다.

또한 현장에서 연변(延邊) 인문(人文)을 날마다 빚어내고 있는 이웃 한국학 연구자들의 아낌없는 협력이 없었다면, 연변학은 진적(眞迹)이 아닌 인천의 풍미로 버무려진 문식(文飾)으로 상상되고 말았을 것이다. 일부 작고한 분을 비롯하여 자신의 문고 자체를 개방하고 목차의 한 칸을 기꺼이 채워준 열세 분, 그 문고를 조심스럽게 펼쳐 계술(繼述)해준 집필자들, 그리고 여름 세미나를 주선하는 등 2권의 작업을 성사시켜준 박금해 연변대학교 민족연구원 원장님, 이 모든 분들께 깊이 감사드린다. 이 분들 덕택에 연변에서 빚어진 연변학의 진미(眞味) 한 모금이 인천 포구를 통해 세계의 이웃에게 전해질 수 있게 되었다.

이제 지구 어디서나 매일 아침 갓 구운 한국학을 식탁에서 즐긴다. 그 상생의 풍미 또한 참으로 다양해졌다. 예전 같으면 인천 포구를 통해 한반도에서 나오는 비슷한 맛에 길들여질 뿐이었지만, 이제는 폴란드・하와이・블라디보스토크・호치민 등 지구 곳곳의 풍미를 더한 맛들에 아침마다 경탄한다. 몇 해 전 연변에서 생의(生意)가 충만한 새로운 맛을 발견하고, 우리는 연변학이라는 이름을 붙였다. 부디 독자들이 북방의 평원에서 그 깊은 맛을 회양(晦養)해온 장인들의 손끝을 이번 두 번째 권에서 만날 수 있기 바란다. 겨우 두 계단을 놓은 것에 불과하지만, 앞으로 천 개의 계단을 더 놓아 천고(千古) 생의(生意)의 연변향(延邊香)을 인류가 아침마다 향유할 수 있게 하는 일은 연변과 인천의 인문 농부들에게 주어진 즐거운 숙제이다.

인하대학교 한국학연구소 소장 이봉규

| 차례 |

총설. 한말 두만강 지역 유학자들의 학문과 세계관
: 김노규(金魯奎)와 김정규(金鼎奎)를 중심으로

우경섭禹景燮

1. 머리말

19세기 후반부터 20세기 초반에 이르는 시기, 두만강 지역의 역사 특히 연변 조선족사회의 초기 형성과정에 내포된 동아시아적 성격은 그간의 연구들을 통해 익히 지적된 바이다. 송교인(宋敎仁)의 『간도문제(間島問題)』(1908)에서 지적하듯이, 두만강 유역을 둘러싼 복잡다단한 갈등은 이 지역에 대한 청조의 방임과 한인의 월경 개간, 그리고 러시아와 일본의 만주 진출에서 비롯된 그야말로 동아시아적 사건이었음은 재론의 여지가 없을 것이다. 연구의 주된 시각 역시 조선과 청나라, 일본과 러시아 등 동아시아 각국이 이 '변방' 지역을 어떻게 자신들의 영향력 아래 두고자 하였는지에 관한 정책사 내지 변경사적 사안에 주목하는 것이었다.

두만강 지역의 역사에 온축된 이 같은 동아시아성의 강조는 여전히 '중심과 변방'이라는 틀에서 탈피하지 못했다는 점에서 한계를 드러낸다. 중국과 조선의 변강정책 혹은 일본의 식민정책이라는 관점 속에서, 정작 이 지역에 터를 잡고 살아갔던 당대인들 특히 조선 이주민들의 목소리는 잘 드러나지 않았다. 그 원인으로는 이주민 대부분이 직접 기록을 남기기 어려웠던 농민층이라는 점, 그리고 그나마 남겨진 기록들 또한 항일투쟁과 문화대혁명 등 20세기의 간고를 거치면서 감춰질 수밖에 없었다는 점 등을 들 수 있다. 즉 두만강 지역에 살았던 사람들의 주체적 시각에서 그들 나름의 역사를 복원해 낼 사료가 부족하다는 점은 아직까지도 이 지역이 '궁벽하고 위태로운 변방'의 역사적 이미지에서 벗어나지 못하게 만든 중요한 원인 중 하나이다.

그러나 한 인간의 삶에 초점을 맞추어 보면, 거기에는 제1세계도 제3세계도 존재하지 않는다. '중심과 변방'이라는 관념은 외부로부터 강요된 것일 뿐, 그들의 삶 자체에서 중심과 변방의 차별성은 부차적인 문제일 듯하다. 특히 초기 이주민의 주류를 이루었던 함경도 사람들의 입장에서 살핀다면, "국경으로서의 대지가 아니라 삶의 터전으로서의 대지가 있을 뿐"이었다.[1] 그들은 이미 17세기 후반 이래 일상적인 '범월(犯越)'을 하고 있었을 뿐 아니라 여진인(만주족)의 후예들과 뒤섞여 살고

1 김형수, 『문익환 평전』, 실천문학사, 2004, 70쪽.

있었다.[2] 그들에게 두만강 일대는 조・중 두 나라를 가르는 변경지대라는 엄중한 의미보다 그저 자신들이 태어나 살아가는 평범한 생활의 장이었을 것이다. 그리고 두만강 너머로의 이주에 대해서도, 지금 한국에서 느끼는 '월경(越境)'의 감각과는 자못 다른 심태를 지니지 않았을까 생각된다.

이 글은 이상과 같은 문제의식에서 출발하여, 1890년대 무렵부터 1910년을 전후한 시기까지 두만강 유역에 거주하던 조선인들이 직접 남긴 자료에 근거하여 그들이 지니고 있었던 당대적 사유를 복원해 보려는 시도의 일환이다. 그런데 그 자료들이란, 당연한 현상이겠지만, 전통적 유교 지식인들의 저작이 대부분이다. 사실 19세기 후반 한반도에서 두만강 너머로 이주한 사람들의 면면을 살펴보면, 유학적 전통 속에서 성장한 지식인들을 적지 않게 발견할 수 있다. 1920년대 사회주의 사상이 이 지역에 전파되기 이전까지는 아무래도 유학적 소양을 갖춘 지식인들이 사회 지도층으로 활동했을 것이며, 여전히 유학적 세계관에 입각하여 자신들이 사는 곳에 유교적 이상 세계의 재건을 꿈꾸었을 것이다. 그러한 염원을 엿볼 수 있는 실례 중 하나가 공자(孔子)를 모신 사당의 이름을 빌어온 대성학교(大成學校)였다. 그러나 훗날 사회주의자의 연수(淵藪)로 변모한 대성학교의 예에서 볼 수 있듯이, 두만강 지역의 유학 전통은 현재 그 흔적을 찾아보기 쉽지 않다.

당시 이주민의 대다수는 물론 경제적 이유로 고향을 떠난 일반 백성들이었다. 그들에게는 농사지을 땅이 있으면 그만이었을 뿐, 거기에 별다른 명분이 필요치 않았다. 그러나 유학을 업으로 삼았던 지식인들의 경우 자신들의 북행(北行)을 유학의 교리 안에서 합리화할 필요가 있었

---

2 김동환의 서사시 「국경의 밤」(1925)의 주인공 순이는 두만강 남쪽에서 재가승(在家僧)이라 불리며 천민으로 차별받던 여진족의 후예였다.

으며, 그에 따라 강 너머에 대한 새로운 의미를 부여해야 했을 것이다.

이러한 점에서 한말 두만강 지역 유학자들에 대한 검토는 그간 변방 정책의 일환으로서 주로 다루어진 함경도 지역의 사상적 동향을 새롭게 검토한다는 의미와 더불어, 두만강 너머 초기 조선족사회의 형성을 이해하는 데에도 작은 실마리를 제공할 수 있지 않을까 생각한다. 아래에서는 당시 함경도를 대표하던 유학자 학음(鶴陰) 김노규(金魯奎)와 용연(龍淵) 김정규(金鼎奎)의 기록을 중심으로 삼아, 두만강 유역에 거주하던 유학자들의 학문 전통 및 그것에서 연유한 세계관의 특징적 면모를 탐색해 보려 한다. 명나라 멸망 이후 중화문명의 후계자로 자처하던 조선 유학의 계승자들이 변화한 시대적・공간적 상황 속에서 어떠한 논리에 의거하여 오랑캐 여진의 땅으로 간주되어 온 두만강 일대를 새롭게 인식하게 되었는지 그 과정을 살펴보려는 것이다.

2. 함경도의 유학전통

조선왕조에서 함경도는 두 가지 상반된 이미지를 가지고 있었다. 첫째는 태조 이성계와 그 선조가 세거하며 왕조의 기틀을 마련했던 용흥지지(龍興之地)의 이미지였다. 원나라가 중원을 점령하던 즈음에 이성계의 고조부 목조(穆祖)가 함경도 덕원을 거쳐 두만강 너머 알동(斡東, 경흥부 동쪽 30리)으로 이주하여 5천 호의 다루가치[達魯花赤]가 되었는데, 이때부터 동북 사람들의 민심이 모여들어 조선왕조 개창의 기반을 마련하였다는 『용비어천가』의 서술이 그것이다.[3] 그러므로 이 지역은 주나라를 건국한 무왕의 증조부 태왕(太王)의 근거지였던 빈곡(豳谷) 또는 한나라 유방(劉邦)의 출생지인 풍패(豊沛)에 비견되곤 하였다.

그러나 이보다는 그 지리적 형세로 말미암아 형성되었던, 중화(조선)와 이적(여진)의 경계이자 호세강건(豪勢强健)한 기풍을 지닌 궁마지향(弓馬之鄕)의 이미지가 훨씬 강했다.[4] 게다가 1453년 종성의 이징옥(李澄玉)과 1467년 길주의 이시애(李施愛)의 반란, 그리고 임란 때 두 왕자를 붙잡아 왜군에 넘긴 회령의 국경인(鞠景仁) 사건 등은 함경도 출신에 대한 중앙 정부의 의심과 차별을 초래하였다.[5] 그러나 17세기 후반 이래 함경도에 대한 개발정책이 지속적으로 추진됨에 따라 개간지가 확대되고 인구가 증가하는 등 경제적 성장이 이루어졌고, 이러한 추세와 더불어 일군의 유학자층이 형성되기 시작하였다.[6]

그들은 대체로 중앙 학계에서 율곡(栗谷) 이이(李珥, 1536~84)와 우암(尤菴) 송시열(宋時烈, 1607~89)에 의해 정립된 서인-노론 학맥을 계승하였다.[7] 송시열의 제자 학암(鶴巖) 최신(崔愼, 1642~708)과 농암(農巖) 김창

---

3 『용비어천가』 제3장

4 南溟學, 『五龍齋遺稿』 北說 "北之爲地, 濱海地廣, 以一帶水, 分華夷之界, 豐沛之舊鄕也, 關防之重域也. 其民勁直, 其俗朴素, 食維粟麥, 衣維麻布, 雖一日不再食而無飢色, 或三冬不厚衣而無寒氣, 緩急可恃, 當爲八路之最. / 北方自古稱弓馬之鄕, 然黑齒之亂, 鏡城彰烈祠, 會寧顯忠祠, 所享義士皆儒生也. 是皆平日敦學問, 得親上死長之義, 其可以弓馬之鄕而忽之哉? 近世李松菴載亨韓鳳巖夢麟棄科擧, 專治性理之學, 實行純篤, 聲譽遠播. 道臣繡衣, 交章薦剡, 朝廷以南臺勤招松菴, 以桂坊累擬鳳巖. 嶺之北, 文學之興, 皆其功也. / 當壬辰, 倭充斥於北路也. 羅州人景仁世弼以謫來, 據鏡城會寧, 受僞爵猖獗, 執王子大君獻之倭. 鏡城李鵬壽等八人, 會寧吳遵禮等八人, 倡義糾衆, 克殲兩賊, 推北評事鄭文孚爲大將, 累戰累捷, 摧倭毒鋒, 全保一道, 後朝家贈職立祠. / 國初遷三南士族, 以實北邊, 而地是豐沛舊鄕也. 故昔則淸宦高官, 視諸道無甚差殊矣. 自施愛變起, 一道文武, 限百年停擧. 其後雖稍稍, 然文則以校書分館而陞爲成均, 武亦薦以守部而仍爲鐵限. 夫地是豐沛, 人本士族, 而因一停擧, 全一道永爲通國之所棄, 是豈人與地之罪耶?"

5 丁若鏞, 『經世遺表』 卷3, 天官修制, 郡縣分縣 "世宗世祖, 是征是略, 僅得經理, 滿河以南, 遂入版籍. 然風氣絶殊, 土俗椎魯, 李施愛・李澄玉等, 一麾而倡亂, 民靡然從之. 其後倭將淸正入北關, 亂民鞠景仁等, 乘時和應, 爭殺藩臣帥臣以投賊, 幸賴鄭文孚之才, 得以平定, 然風吹草動, 其最可憂者, 此地也."

6 강석화, 『조선후기 함경도와 북방영토의식』, 경세원, 2000, 130~78쪽 참조.

협(金昌協, 1651~708) 등이 이 지역에서 강학을 시작한 이래 그 문하에서 함경도 출신 유학자들이 본격적으로 배출되기 시작한 것이었다. 그 중 함경도 회령 출신인 최신은 노론과 소론이 분기할 당시 송시열과 대립하던 윤증(尹拯)을 격렬히 비난하는 상소를 올림으로써 중앙 정계에 이름이 알려진 인물이었다. 한편 조선후기 대표적인 벌열 가문이었던 안동 김씨 출신 김창협은 병자호란기 척화신 청음(淸陰) 김상헌(金尙憲)의 증손자이자 영의정을 지낸 김수항(金壽恒)의 아들이며, 17세기 후반 조선 학술계를 선도하는 지식인 중 하나였다.

이 같은 배경 속에서 대체로 김창협의 문도들이 함경도 유학의 중심세력을 형성하였는데, 김창협 문파의 마지막에 해당하는 김정규는 1685년(숙종 11) 북평사(北評事)로 경성(鏡城)에 부임한 김창협을 찾아가 수학했던 이재형 이래 자신에게 이어지는 사승 관계를 '농암 김창협 → 송암(松巖) 이재형(李載亨) → 경재(敬齋) 이서세(李瑞世) → 귀암(龜巖) 이원배(李元培) → 둔오(屯塢) 임종칠(林宗七) → 설암(雪菴) 허간(許柬) → 용호(龍湖) 허전(許佺) → 성암(性菴) 김병진(金秉振) (→ 용연 김정규)'로 계보화하였다.[8]

한편, 고향 회령으로 내려온 최신의 문하에도 적지 않은 사람들이 찾아와 그를 스승으로 받들었다. 그 가운데 종성 출신 치암(恥菴) 한세

---

7 조선후기 함경도 유림의 형성 과정 및 그 사상적 동향에 관한 연구는 그리 많지 않은데, 본고의 주제와 관련하여 다음의 연구들을 참조할 수 있다. 강석화, 「朝鮮後期 咸鏡道의 地域發展과 北方領土意識」, 서울대 박사논문, 1996, 『조선후기 함경도와 북방영토의식』, 경세원, 2000 ; 정해득, 「朝鮮後期 關北 儒林의 形成과 動向」, 『京畿史學』 2, 1998 ; 장유승, 「朝鮮後期 西北地域 文人 硏究」, 서울대 박사논문, 2010 ; 조지형, 「寬谷 金起泓의 詩歌文學 硏究」, 고려대 박사논문, 2013.

8 『龍淵金鼎奎日記』 卷10, 1914년 4월 21일(中 600-601), "金農巖諱昌協傳之李松巖諱載亨, 松巖傳之李敬齋諱瑞世. 敬齋侄孫有龜巖諱元培, 闡明斯道. 龜巖之門有玄晦堂諱翼洙·林屯塢諱宗七. 屯塢之門, 有許雪菴諱柬·金勤齋諱鍾善, 雪菴傳之許龍湖諱佺, 龍湖之嫡傳是先生也, 而加麻於勤齋之死後, 獻贄之於毅菴之門下."

양(韓世襄)(1656~727)은 사서(四書) 및 『소학(小學)』과 『근사록(近思錄)』 등 기타 성리서(性理書)에 통달한 이 지역 최초의 인물로 평가되며 훗날 '북방이학(北方理學)의 종주(宗主)'로 칭해졌다.[9] 그리고 그 문하에서 한세양의 족질(族姪)이자 '관북(關北)의 부자(夫子)'로 칭해지는 봉암(鳳巖) 한몽린(韓夢麟, 1684~762)을 비롯하여 유헌(楡軒) 한몽필(韓夢弼)과 수헌(睡軒) 한여두(韓汝斗)가 배출되는 등 문로가 크게 넓어졌고,[10] 이는 다시 오룡재(五龍齋) 남명학(南溟學, 1731~98)으로 계승되었다. 남명학이 속한 종성의 의령 남씨 집안은 당시 함경도에서 가장 많은 서적을 소장하고 있었는데, 이는 그의 손자 부암(涪菴) 남대임(南大任)에게 전해지고 그 문하에서 김노규의 외조부 봉오재(鳳梧齋) 주삼로(朱三老, ?~1870)와 부친 정암(汀菴) 김이병(金利秉, ?~1912)이 배출되었다.[11]

이상에서 살펴본 바와 같이 김창협과 최신의 제자들에 의해 함경도의 유학 전통이 체계화 되어간 계보는 뚜렷하게 확인되지만, 그들이 남긴 저술들 중 조선후기 사상사의 맥락에서 큰 의미를 부여할 만한 학술적 문장은 좀처럼 발견되지 않는다. 즉 유학의 불모지라 할 수 있는

---

9 韓夢麟, 『鳳巖集』 卷2, 恥菴先生行實呈御史狀 "故參奉韓世襄, 卽北方理學之宗也. (…중략…) 蓋世襄以前, 北士貿貿, 四子性理等書, 鮮有通其義者. 及世襄旣出, 定其勾讀, 正其音釋, 發其奧義, 聖經賢傳之旨, 如指諸掌. 其有功於國家之敎化者, 豈淺鮮哉?" ; 卷4, 恥菴先生家狀草未卒篇 "聞會寧人崔公愼, 得尤菴宋先生之學, 敎授北人, 步往從之, 受四書以讀. 自是以聖賢自期, 臨文必求踐履之方." ; 曺友仁, 『頤齋集』 卷6, 韓恥庵-世襄-墓碣銘 "故濬源殿參奉號恥庵韓公歿于鄕. (…중략…) 生於肅宗丙申. 幼任氣自縱, 旣而去, 稍涉學爲公車文, 不成又去. 乃竆經禮書, 持敬存養, 刻志砥行, 聲動一州, 久則益甚. 關北士無遐邇, 慕歸學焉. 方伯擧之朝, 拜官不就. 及卒年七十二."

10 金魯奎, 『鶴陰集』 卷22, 年譜 癸亥條 "北方之學, 始自崔鶴菴先生, 而再傳至鳳巖, 門路益廣, 世稱以關北夫子. 先生五代祖學生公-大聲-嘗薰炙其門, 有志早沒."

11 尹定鉉, 『梣溪遺稿』 卷9, 南涪菴墓碣銘 "關北舊無儒學, 有崔鶴菴愼倔起窮鄙, 親炙于尤齋先生, 爲師蒙險難, 再罹縲紲而不悔, 所樹立卓然, 比於子路之禦侮. 自是六鎭始知洛閩之道, 彬彬可觀. 鶴菴以其學傳于韓恥菴世襄, 耻菴傳于韓鳳巖夢麟, 南五龍齋溟學得于鳳巖之門而傳于家, 有孫號涪菴篤志自修, 以濟其美, 裒然爲北儒領袖, 君子賢之."

함경도 지역에서 이이와 송시열 등의 학문적 성과를 조술하고 전파했다는 의미를 부여할 수 있을 뿐, 당대 학계에 일견을 제시했다고 평가받을 만한 문제적 저작은 찾아보기 힘들다.

그런데 이러한 정황과 관련하여, 김창협 문파 중 허간이 스승 임종칠의 학풍을 설명하며, "선생(임종칠)께서는 이기호발지설(理氣互發之說)에 영향을 받지 않아 이기(理氣)의 문제를 밝게 이해할 수 있었고, 인물동이지변(人物同異之辨)에 관심을 두지 않아 성명(性命)을 분명하게 알 수 있었다."라고 표현한 바가 주목된다.[12] 여기에서 이기호발지설에 영향을 받지 않았다는 말은 퇴계 이황의 학설과 거리를 두었다는 의미로, 당연히 이이로부터 전해지는 서인의 사상적 영향 아래 성장해 온 함경도 유학의 당파적 성격을 드러내는 말이었다. 그런데 인물동이지변(人物同異之辨)에 관심을 두지 않았다는 다음의 말에 유의할 필요가 있는데, 인물동이지변이란 18세기 후반 서인 학계 내부에서 벌어졌던 사상 논쟁인 호락논쟁(湖洛論爭)을 지칭한다. 이때 서인은 충청도의 호론(湖論)과 서울의 낙론(洛論)으로 나뉘어 인성(人性)과 물성(物性)의 동이(同異) 여부를 주제로 하는 일대 논쟁을 벌이게 되었는데, 함경도 유학자들은 대체로 호론과 낙론 어디에도 휩쓸리지 않고 일정한 거리를 유지했던 듯하다. 비록 이재형이 낙론의 종장이었던 스승 김창협의 학설을 추종함으로써 낙론 계승의식을 드러내고,[13] 김노규가 송시열・권상하・한

12 許東, 『雪菴集』 卷4, 祭先師屯塢林先生文 "嗚呼, 朱子之道之東, 久矣. 栗谷先正, 能繼於前, 尤庵老子, 闡承於後, 自玆以降, 吾道大行, 無遠不曁矣. 嗟我松翁, 聞道農巖, 溯本雲谷, 始倡性理之學, 北方夫子之云, 不亦宜耶? 敬齋李公, 能得其宗, 而肖孫龜巖, 實紹厥學, 分敎吾北, 而望尊仔肩. 惟我先生, 早自得師, 而卒傳其道, 猗歟盛哉? 竊惟先生, 不汲汲於理氣互發之說, 以能明理氣, 不孜孜於人物同異之辨, 而能定性命."

13 李載亨, 『松巖集』 卷2, 與玄成夫 "載亨謹白, 性同之說, 非不累進, 而訖未承肯頷, 豈以自家見得不明, 說得不透, 致盛聽不瑩而然耶?"

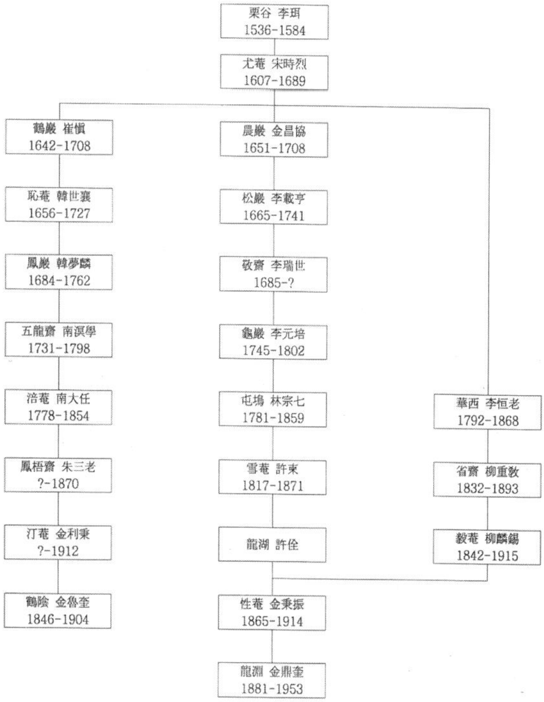

〈표〉 김노규와 김정규를 중심으로 한 함경도 유학의 흐름

원진의 시를 모아 『화양풍운(華陽風韻)』을 편찬함으로써 호론 계승의식을 표방하였지만,[14] 그것이 두 문파 사이의 학문적 격절을 야기할 정도로 심각한 의미를 지니지는 않았다. 김창협 계열의 허간이 최신 문파의 남대임에게 낙론의 입장에서 인간의 본성에 대한 질문을 제기하면서도 그에게 수학하지 못한 아쉬움을 토로했던 것이 그 예이다.[15]

14 『鶴陰集』 卷22, 年譜 甲戌條.

15 『雪菴集』 卷2, 與南涪菴-大任 "自今被教之後, 益切欽慕, 北望涪溪, 恨不能承咳於

사실 당시 함경도 유학자들은 인간의 심성(心性) 문제를 중심으로 전개된 고도의 사변적 논변인 호락논쟁에 참여하기에 학문적 역량이 충분치 않았다. 그러나 조선 유학계의 대다수 학자들이 참여했던 이때의 논쟁에 휩쓸리지 않았던 것은, 새로운 사조를 배태하고 수용하기 위한 '사상적 여백'으로서 의미를 지닌다고 평가할 수 있을 듯하다. 이는 한말 위정척사론(衛正斥邪論)을 대표하는 화서(華西) 이항로(李恒老, 1792~868) 학파의 경우와 유사하다. 서울에서 멀지 않은 경기도 양근(陽根)에 거주했던 이항로는 심성론 위주의 호락논쟁과 일정한 거리를 두는 가운데, 일본 및 서양 제국의 침략에 대한 사회사상으로서 중화문명(中華文明) 및 정학(正學) 보위(保衛)의 사명감을 핵심으로 하는 위정척사론을 돌출적으로 제기함으로써 19세기 조선 유학사의 향방을 돌려놓은 우뚝한 공로를 드리우게 되었다. 마찬가지로 함경도 유학자들 역시 두만강 유역을 둘러싸고 러시아와 일본의 진출이 가시화되던 19세기 말~20세기 초의 시대적 상황 속에서, 이적(夷狄)에 대한 변별과 복수를 주장했던 송시열 및 그의 충실한 계승자 이항로의 사상을 적극 수용하는 가운데 중앙 학계와는 상이한 고민을 드러내고 있었는데, 그 대표적인 경우가 김노규와 김정규였다.

3. 김노규의 학풍과 두만강 인식

학음 김노규는 19세기 한중 관계사 분야에서 그리 생소하지 않은 인

絳帳之前矣."

물이다. 그의 대표 저작 『북여요선(北輿要選)』은 숙종대 건립된 백두산 정계비와 1880년대 조·청 간 벌어진 감계 문제 등을 다룬 책이다.[16] 김노규는 이 책을 통해 정계비에 보이는 토문강이 두만강과 별개임을 주장하는 한편 간도가 조선의 고유한 영토임을 보여주는 자료들을 제시함으로써, 대한제국의 간도 정책 및 민족주의 역사학자들의 영토관에 지대한 영향을 미쳤다. 그러므로 그는 한국에서 '고토 회복을 위해 분투한 민족 영웅'의 일원으로 추앙되기도 하였다.[17] 그런데 『북여요선』과 같은 저술이 출현했던 배경과 관련하여, 저자 김노규의 행적은 거의 알려지지 않았다. 근래에 들어서야 그가 김정규와 더불어 한말 함경도 지역을 대표하는 유학자라는 점이 단편적으로 거론되었을 뿐이다.

김노규의 본관은 김해(金海), 호는 학음(鶴陰), 자는 천오(天五)이다. 의암(毅菴) 유인석(柳麟錫, 1842~915)보다 4년 후인 1846년(헌종 12)에 태어나 러일전쟁이 한창이던 1904년 7월 세상을 떠났다. 본래 경기도 남양에 세거하던 그의 집안은 선조 연간 12대조 김지(金祉)가 함경도로 전가사변(全家徙邊)된 뒤부터 경원(慶源)에 정착하였다. 경원은 두만강에 인접하여 중국 훈춘(琿春)과 마주보고 있으며, 연길(延吉)과 용정(龍井)에서 불과 60km 남짓 떨어진 곳이다. 세종 때 여진족을 축출하여 6진을 설치한 뒤부터 조선의 강역으로 편입된 이 지역은 병자호란 직후 개시(開市)가 설치되어 청인들의 왕래가 잦았던 곳이었다.[18]

그의 족보를 살펴보면 관직에 진출해 현달한 인물을 거의 찾아볼 수 없다. 그러나 그의 선조들은 18세기 초반부터 송시열로부터 비롯되는 존화양이론(尊華攘夷論)의 사상적 경향을 계승하였고, 당파로는 노론으

16 趙珖, 「白頭山定界碑 關係資料解題」, 『白山學報』 17, 1974.
17 梁泰鎭, 『인물로 본 한국영토사』, 다물, 1996.
18 강석화, 앞의 책, 88~95쪽 참조.

로 자정하였다. 송시열의 제자 가운데 화니시비(懷尼是非)를 촉발시켰던 문제적 인물 최신이 바로 경원에서 멀지 않은 회령 출신으로, 그의 학문은 종성에 살던 한세양과 한몽린을 거쳐 김노규의 5대조 김대성(金大聲)으로 이어졌다.[19] 또한 한몽린의 학문은 경원의 남대임을 거쳐 주삼로로 전해졌는데, 김노규의 아버지 김이병이 주삼로의 문인이자 사위였음은 앞서 설명한 바이다. 이러한 학문적 계보 속에서 형성된 김노규의 사상은 유학의 여러 담론 중 중화와 이적의 분별을 제일의(第一義)로 삼는 송시열의 화이론을 독실히 계승한 면모를 보여준다.[20]

주지하듯이, 송시열의 화이론은 중화와 이적을 구분하는 세 가지 요소(혈통·지역·문화) 가운데 문화적 요소를 근본으로 삼는 것이었다. 즉 중화란 한족 또는 중원이라는 선천적 요소가 아니라 유교문화라는 후천적 요소의 담지 여부에 따라 결정된다는 논리였고, 그러므로 중화와 이적은 결코 고정불변의 범주가 아니라 행동거지에 따라 서로 넘나들 수 있는 가변적 개념으로 이해되었다. 그리고 송시열에 이르러, 명·청 교체 이후 유교문화의 정맥을 보존하고 있는 조선이야말로 이제 명나라의 뒤를 이어 중화가 되었다는 이른바 '조선중화주의(朝鮮中華主義)'의 이념이 성립되어 18~9세기 지식인들의 세계관을 규정하는 핵심 이데올로기로 기능하였다.[21]

김노규는 송시열이 제창한 조선중화주의의 열렬한 지지자였다. 그는 춘추시대 주나라의 정통성을 강조한 공자(孔子)로부터 시작되어 남송 시기 금나라에 대한 화이분별의 의리를 내세운 주자(朱子)로 직접 이

19 『鶴陰集』 卷2, 闕里房會曲 ; 韓章錫, 『眉山集』 卷11, 鳳巖韓公-夢麟-墓碣銘

20 『鶴陰集』 卷20, (士農問答)跋 "鶴陰金先生私淑南涪菴者也. 始尤菴宋夫子之學傳崔鶴菴, 鶴菴四傳涪菴, 涪菴再傳先生, 其淵源之正學問之高, 深得其傳授心法之正脈, 故尊攘大義如靑天白日, 世皆以爲罕其儔者, 卽此也."

21 송시열의 화이론과 조선중화주의에 관해서는 우경섭, 『조선중화주의의 성립과 동아시아』, 유니스토리, 2013, 43~81쪽 참조.

어지는 유학의 도통이 청나라에 대한 복수를 주장했던 '송자(宋子, 송시열)'로 계승된다는 도통관(道統觀)을 지니고 있었다. 그리고 1864년 19세의 나이에, 송시열이 행했던 바와 같이, 역서(曆書)에 쓰인 청나라 연호를 먹으로 지워버리고 명나라 마지막 황제의 연호를 사용하여 '숭정(崇禎) 237년'이라 개서(改書)하였으며, 27세가 되던 해 자신의 서재 명칭을 지으며 중화질서의 회복을 희구한다는 의미를 담아 '망화당(望華堂)'이라 이름하였다. 1637년 인조가 남한산성에서 내려와 청 태종 앞에 치욕적인 항복 의례를 거행한지 4주갑(240년)이 되던 1877년에는 주먹을 불끈 쥐고 눈물을 흘리며 청나라의 멸망을 기원하였으며, 또한 조선중화주의의 상징물인 만동묘(萬東廟) 철폐의 소식을 접하고서는 이에 반발하여 평생토록 초야에 은거할 것을 결심하였다. 아울러 38세이던 1883년 근재(勤齋) 김종선(金鍾善)과 더불어 주자와 송자의 군탄대의(涒灘大義)를 논했던 일 역시 중화주의자로서 그의 면모를 잘 보여주는 사례라 할 수 있을 것이다.

김노규는 송시열이 함경도의 제자 주씨(朱氏) 형제들에게 써 주었던 다음의 글을 특히 좋아하여 자주 인용하곤 했는데, 이는 그의 세계관이 송시열의 문화적 화이론으로부터 영향을 받았음을 보여주고 있다.

> 옛날 민중(閩中)을 생각하면 실로 오랑캐의 소굴이었건만, 주자께서 그곳에 우뚝 솟아나자 문명의 성대함이 추로(鄒魯)보다 나아져 천하의 으뜸이 되었다. 무릇 지리에는 구역의 나뉨이 있지만 인성에는 우열의 차이가 없다. 다만 그 사람이 분발하고 힘쓰기에 달려있을 뿐이다. 그대 둘이 돌아가서 나의 말을 감사(監司)에게 고하고 마을의 수재(秀才)들에게 전하여 함께 노력한다면, 북방의 풍속이 변해감을 내가 장차 귀 기울여 듣게 될 것이다.[22]

위의 글에 따르면, 본래 복건 지역은 혈통적 · 지역적으로 이적의 영역이었지만 그 곳에서 주자가 태어나 교화를 펼침으로 인해 공자 · 맹자의 고향인 추로보다 뛰어난 중화문명의 계승지가 될 수 있었다는 것이다. 그리고 이 같은 논리를 함경도에 적용한다면, 두 제자가 고향으로 돌아가 유학의 가르침을 보급하기에 노력함으로써 함경도의 거친 풍속 역시 일변하여 중화로 변모시킬 수 있으리라는 기대감을 피력한 말이었다. 결국 태생적 혈통 내지 지역보다는 유교문화에 대한 분발 여부가 화이분별의 주된 기준이라는 문화적 화이론의 기반 위에서, 조선은 중화가 되고 함경도 역시 문명지로 탈바꿈할 수 있는 가능성이 제시될 수 있었던 것이다. 그런데 김노규는 송시열이 위에서 제시한 화이의 가변성(可變性)을 재확인하는데 그치지 않고, 화이가 시대에 따라 지역적으로 순환한다는 주장을 펴기에 이른다. 그리고 이는 그가 살던 함경도 지역에 대한 새로운 인식으로 이어지게 되었다.

> 주나라에서는 문왕(文王)과 무왕(武王)이 다시 태어나지 않고, 노나라에서는 공자와 안자(顔子)가 다시 태어나지 않았다. 그러나 태백(泰伯)이 살던 남만(南蠻)의 땅은 훗날 남경(南京)의 문물이라 칭해지게 되었고, 기자(箕子)가 살던 동이(東夷)의 땅은 이제 소화(小華)의 문물이라 불리게 되었다. 오래된 밭에서 많은 수확을 얻을 수 없으며 새로운 밭에서 몇 배의 수확을 얻는 것이 세상의 이치이니, 어찌 궁벽하고 황량한 땅에서 구하지 않겠는가?[23]

22 宋時烈, 『宋子大全』 卷137, 送咸興二朱君序 "念昔全閩, 實蠻蟠之藪, 而朱夫子崛起於是, 則其文明之盛, 上軼鄒魯, 而冠於天下. 夫地理有區域之辨, 而人性無豐嗇之殊, 只在乎其人之奮厲勉慕之如何爾. 二君歸以此告於監司節下, 又以語於鄕秀而共勖焉, 則北俗之變也, 余將側耳而佇聽也."

23 『鶴陰集』 卷22, 年譜 甲午條 "周之不復有文武之生, 魯之不復有孔顔之生, 而泰伯所居之蠻, 後稱南京文物, 箕子所居之夷, 今稱小華文物, 則舊田之獲不加多, 新墾之

김노규는 전통적인 유학의 도통론에 관하여, 세상 사물의 이치를 기수(氣數)의 변화로 설명하는 상수학(象數學)의 견지에서 새로운 해석을 가하였다. 그는 '하늘이 상수학을 밝히고자 한다면, 나를 버리고 그 누구이랴?'라고 자부할 정도로 자신의 학문적 정체성을 상수학에 두고 있었는데,[24] 이에 따르면 중화문명의 성쇠 역시 기수에 따라 지역적으로 순환하는 것이라 이해되었다. 요순의 활동지 기북(冀北)에서 시작된 중화문명이 본디 서이(西夷)의 변방이던 주나라의 도읍지 기양(岐陽)으로 옮겨갔다가 공맹의 고향인 추로와 주자의 고향 민중(閩中) 지역을 거쳐 조선의 한양으로 이어지게 되었다는 것이다. 그리고 일본과 서양의 침략으로 인해 한반도가 이적의 땅으로 전락한 이후, 서울에 있던 중화문명의 정통성은 순수함을 간직한 동북 지역 즉 함경도로 옮겨질 수 밖에 없다는 인식이 그 기저에 담겨 있었다.

김노규의 이러한 논리는 자신의 학통에 대한 재확인을 통해 더욱 구체화되었다. '공자 → 주자 → 송자'로 이어지는 유학의 도통은 회니시비 때 윤증의 배사(背師)를 공박하여 사문(斯文)의 정통성을 수호한 최신으로 이어지고,[25] 최신의 학문은 다시 기자의 후예(청주 한씨)인 한세양과 한몽린을 거쳐 자신에게 전해졌다는 자부심 속에서, 이제 그가 거주하던 함경도 경원 땅은 새로운 유교문화의 중심지로 재해석 될 수 있었다.[26] 이러한 맥락 속에서, 그는 앞서 인용한 송시열의 글이 경원을 포함한 두만강 일대가 중화로 변모할 가능성을 예견했던 말로 확신하였다.[27]

種必倍收者, 理也, 盍求之闢荒之地乎?"

24 『鶴陰集』卷22, 年譜 辛卯條 "苟天欲明象數, 舍我其誰?"

25 『鶴陰集』卷20, 士農問答 "文明之氣本萃於老論, 其舍鶴菴之鄕而結局於何處?"

26 『鶴陰集』卷20, 士農問答 "吾北韓氏, 以箕子之裔, 接宋門嫡傳而倡起箕野之土, 隨運適然."

27 『鶴陰集』卷22, 年譜 庚子條

한반도의 북쪽 끝에 위치한 경원은 두만강을 경계로 삼아 청과 러시아 두 나라와 국경을 마주하여 외국인의 왕래 및 조선인의 범월이 빈번하던 '변방'이었다. 그러나 다른 한편으로는, 용비어천가에서 볼 수 있듯이, 태조 이성계의 조상 목조(穆祖) · 익조(翼祖) · 도조(度祖) · 환조(桓祖)의 터전이자 조선왕조의 발상지이기도 하였다. 오랑캐가 넘나드는 변방과 성스러운 왕실의 조기지(肇基地), 조선시대 지식인들의 머릿속에는 두만강 유역에 대한 두 가지 상반된 이미지가 혼재되어 있었다. 두만강에 대한 인식 역시 두 갈래로 나뉜다. 첫째는 중화인 조선과 이적인 북방을 구분 짓는 경계선으로서의 의미이고,[28] 둘째는 조선의 종산(宗山) 백두산에서 발원하여 종실(宗室)의 발상지를 관통하는 강으로서의 의미이다. 그런데 압록강과 비교해 볼 때, 두만강의 두 번째 의미에 주목할 필요가 있다.

조선후기 연행록에 보이는 압록강 이북은 복잡한 감정의 공간이었다. 1780년 사행단의 일원으로 북경에 가던 박지원은 의주를 떠나 중국 땅으로 건너가며 형언할 수 없는 복잡한 심경에 휩싸인다. 강을 건너야 하나 말아야 하나? 무더위로 찌는 듯한 만주 벌판과 구름에 아련히 감춰진 조선의 산들을 대비시키며, 그는 압록강을 건너는 순간 진시황을 암살하러 역수(易水)를 건넜던 자객 형가(荊軻)를 회상한다. 이는 분명 정벌 혹은 복수의 의지를 암시한다. 박지원뿐 아니라 연행에 참여했던 대부분의 조선인들이 산해관을 지나기까지 여정 내내 우울한 심경을 토로한다. 압록강을 건너서는 고구려의 강성함을 추억하며 아쉬움에 잠기고, 백이 · 숙제의 고사가 깃든 수양산을 지날 때 조선에서 가져간 고사리를 삶아먹으며 존주대의(尊周大義)를 상기한다. 요동

28 申叔舟, 『保閑齋集』 卷9, 次慶源東軒韻 "春風塵海正泱泱, 落日孤城是異鄕. 碧岫郊原胡騎遠, 黃蘆洲渚塞雲長. 羈遊落落關山外, 歸夢迢迢漢水陽. 從古華夷天所限, 江流一帶作封疆."

벌판을 주제로 한 시문에 먼 옛날의 자객이나 장수들을 주인공으로 등장시키며 복수의 의지를 암시한 예는 흔히 찾아볼 수 있다.

그러나 두만강을 바라보며 옛날의 자객들을 떠올리는 사람은 거의 없었다. 고려 때 여진을 정벌하고 9성을 개척했다는 윤관이나 두만강의 작은 섬인 녹둔도에서 여진과 싸웠던 이순신이 언급될 뿐, 그곳은 태조 이성계의 조상들이 활동했던 공간이었다. 『북여요선』을 통해 선춘령(先春嶺) 이남이 본래 조선의 영토이며 송화강 북쪽에서 발원한 청나라와는 토문강을 경계로 삼는다고 주장한 김노규에게도,[29] 경원은 조선왕조의 발상지였고 두만강은 국경이 아니었다. 그는 목조의 근거지 중 하나로 알려진 경원의 용당(龍堂)에 각별한 의미를 부여하며 이곳이야말로 '아한팔역(我韓八域)의 고본지방(固本之方)'이라 중시하였고,[30] 이 같은 인식은 경원 일대 남겨진 목조부터 태조까지의 사적을 정리한 『용당지(龍堂誌)』의 편찬으로 이어졌다.

그런데 목조 이래 왕조 기원의 사적들은 두만강 너머 해관(奚關)과 알동(斡東)이라는 지역까지 분포하였다.[31] 특히 용비어천가 등에 자주 보이는 알동은 목조의 근거지로, 목조 부부의 무덤인 덕릉(德陵)과 안릉(安陵) 역시 그 곳에 남아 있었다.[32] 조선왕조가 두만강 이북에서 비롯되었음을 누누히 강조하던 김노규가 그 지역을 왕조의 조상들이 오랑캐와 뒤섞여 살던 곳으로 남겨둘 수는 없는 일이었다.

이러한 정황과 관련하여, 1900년 9월 조정의 실력자 윤택영(尹澤榮)이 김노규에게 보낸 편지가 주목된다.

---

29 金魯奎, 『北輿要選』, 目錄 "中州之泰山, 陽爲魯, 陰爲齊, 而今白山左右, 韓淸分界. 韓先肇基於豆滿之北, 淸亦發跡於松花之北, 惟土門一派, 流中不偏, 至於望祀, 殆同齊魯之泰山."

30 『鶴陰集』 卷22, 年譜 癸卯條 "我韓八域固本之方, 實莫過於慶源肇基之重也."

31 『鶴陰集』 卷22, 年譜 癸卯條 "奚關・斡東, 列在豆江東北, 卽聖祖岐豊之古地也."

32 『龍堂誌』, 北道陵殿誌攷 "舊德陵安陵, 初在慶興府北, 豆滿江外斡東地."

> 북변의 바깥에 이른바 간도(間島)라는 곳이 있는데, 한・청 두 나라가 모두 몇 백 년 동안 버려둔 땅이라 양쪽의 떠돌이 백성들이 늘상 여기에 숨어 산다. 이곳에는 왕화(王化)가 미치지 못했지만 오랑캐의 비린내 또한 침범하지 못했으니, 비유하자면 먹구름이 하늘을 완전히 가리지 못하여 햇빛이 틈새로 조금 비치는 것이라. 이때를 틈타 황무지를 개간하고 어리석은 백성을 교화한다면 언젠가 효험을 보는 날이 있을 것이다.[33]

이에 대해 김노규는 기수의 순환으로 말미암아 중화의 문명지기(文明之氣)가 요순으로부터 주나라를 거쳐 주자에 이르고 그 정맥이 다시 조선의 한양으로 전해졌지만 이제는 북쪽으로 옮겨질 차례임을 논하며, "지금처럼 온 세상이 긴긴 밤에서 벗어나지 못할 때, 국인(國人)의 원기(元氣)를 이 곳 북쪽에서 보전하지 못한다면 장차 따를 수 있는 방도가 없을 것"이라 단언하였다.[34] 20세기 초반의 시점에서, 경원을 비롯해 알동・해관 등 두만강 일대는 중화문명을 간직해야 할 장수지처(藏守之處)의 의미로서 다가왔고, 중원에서 단절된 중화의 적통은 한양을 거쳐 이제 이 지역으로 계승되는 것이었다.[35] 그리고 중화의 지역적 확대라는 명분 아래, 두만강 너머까지 조선인의 거주지로 삼을 것을 제안하였다.

> 백두산은 우리 나라 용세(龍勢)의 본류이다. 그 지류로 흑룡강[黑江]이

---

33 『鶴陰集』 卷22, 年譜 庚子條 "竊念北徼之外有所謂間島者, 卽韓淸兩國之所共棄, 而幾百年至無用之地也. 彼此流民往往潛居于此, 雖王化之所不及, 而亦腥羶之所不能侵, 譬如陰雲之未盡昏, 而日光之有微漏. 若因此時, 而闢其荒蕪, 訓其蚩蟄, 則子夜冬至雖不知定在何日, 而誠力所積, 庶有以見夫有用之效矣."

34 『鶴陰集』 卷22, 年譜 庚子條 "今長夜乾坤, 不扶國人之元氣於玆隅, 則來頭更無可趨之方矣."

35 『鶴陰集』 卷1, 齋居八有吟 "何事神州沉陸久, 尊周地脈孔州原."

> 왼쪽에 압록강[綠江]이 오른쪽에 있으며 가운데에 두만강[豆江]을 품고 있으니, 3룡이 백두산에 굴종함을 알 수 있다. 고려의 경계는 압록강에 불과하여 두만강에 미치지 못했으며, 본조의 경계는 처음 두만강을 차지했지만 흑강에는 미치지 못했다. 저 흑강의 기운이 청나라를 이루어 중원을 차지한 지 거의 300년이 되었으니, 지금에 이르러 그 기세가 백두산과 다투지 못할 것이다. 지금이야말로 우리 백성이 아무런 통제를 받지 않고 그 곳에 들어가 거주하며 흑강을 경계로 삼을 때이다.[36]

백두산을 기준으로 동쪽을 바라보며 흑룡강을 왼쪽 날개로 압록강을 동쪽 날개로 삼았던 김노규의 지리 인식에 따르면, 이 일대의 중심축은 두만강이었다. 그리고 경원을 비롯하여 지금의 훈춘·도문·연길 일대가 지도의 중심지로 떠오른다. 그는 이 지역을 보전하여 나라를 연다면 오랜 기간 외적의 침입 없이 왕조를 유지해 가며 자주영수(自主永守)할 수 있으리라 기대하였던 것이다.

요컨대, 김노규와 같은 한말 함경도의 유교 지식인에게 두만강은 청과 조선, 중화와 이적을 가르는 경계선이 아니었다. 그리고 아직까지 두만강 너머의 공간 또한 불우한 유랑의 땅이나 독립운동의 근거지로서 인식되지도 않았다. 두만강에 접한 경원을 중심으로 삼아 지금의 함경북도 일원 및 연변 지역을 아우르는 새로운 중화세계의 건설, 그것이 김노규의 꿈이었다. 이러한 인식이 20세기 초반 많은 유학자들로

36 『鶴陰集』卷22, 年譜 丙寅條 "吾東之龍勢, 體主白山, 而其用則左翼黑江, 右翼綠江, 中抱豆江, 三龍之屈從可之矣. 高麗之界, 不過綠江, 而豆江則未能焉. 本朝之界, 自有豆江, 而黑江則未及焉. 彼黑江之龍, 化淸而騰踏中土者, 幾三百年, 今無爭白之氣勢, 我民之無關譏而入彼處, 居住將限於黑江, 此其時也. 苟有識務之傑, 陳于吾君, 大報龍堂北瀆之靈, 凡在源興肇基之跡, 一一表揚, 祖宗萃精, 江山增光, 由體達用, 則闢國可廣於二千外二千而萬邦無敵, 傳國家延於五百後五百而萬壽無疆, 三龍會一白者, 自主永守玆土."

하여금 강을 건너 연변 지역으로 이주할 수 있게 만들었던 사상적 배경이었다.

4. 김정규의 도강(渡江)과 '서강(西江)'에서의 활동

김노규보다 한 세대 뒤인 1881년 경성(鏡城)에서 태어난 김정규는 1909년 두만강을 건너 연길에 정착한 뒤 그 곳에서 세상을 떠났던, 함경도 도맥(道脈)의 마지막 계승자라 할 수 있는 인물이다. 그는 1907년 2월부터 1921년 10월까지 약 15년에 달하는 기간 동안 거의 하루도 빠짐없이 일기를 기록했는데, 일기를 통해 드러나는 김정규의 면모를 단적으로 표현한다면 독실한 유학자이자 항일운동가라 규정할 수 있다. 다만 선학들에 의해 그의 생애와 의병투쟁 그리고 연길로 이주한 뒤 전개한 공교운동(孔敎運動) 등에 관해서는 개략적인 연구가 이루어졌지만,[37] 그가 지닌 유학자로서의 면모에 관해서는 아직 더 살펴볼 부분이 남아 있는 듯하다.

김정규가 속한 전주 김씨 가문은 완산군(完山君) 김태세(金台世)의 후손으로, 성종대 김경(金敬)이 낙향한 이후 경원과 회령 등 두만강 일대에 세거한 집안이었다. 김정규의 가까운 선조들 중에는, 김노규의 집

37 김정규의 생애에 관해서는 다음의 연구들을 참조할 수 있다. 윤병석, 「金鼎奎의 생애와 『野史』」, 『근대한국 民族運動의 思潮』, 집문당, 1996 ; 박민영, 「關北地域의 後期義兵」, 『大韓帝國期 義兵硏究』, 한울, 1998 ; 김준, 「중화민국 초기의 공교운동과 연변지역 조선족사회」, 『신해혁명과 중국조선족』, 연변인민출판사, 2011 ; 김건실, 「金鼎奎(1881~1953)의 민족운동과 역사인식」, 충북대 석사논문, 2013.

안과 마찬가지로, 관직에 나아가 출세한 인물은 보이지 않는다. 그러나 이재(理財)에 밝았던 부친 김병국(金秉國)이 나남(羅南)의 일본 군영에 드나들며 축적한 가산을 기반으로 삼아 아들 교육에 각별한 관심을 기울인 덕택에, 김정규는 8세부터 15세까지 향숙(鄕塾)에서 유학의 기초를 닦은 뒤 그 후 10년 동안 인근의 스승들을 찾아다니며 종유하였다. 특히 19세 이후 오직 성리서에 잠심하였고, 24세부터는 고향의 용연(龍淵)에 서실을 짓고 강학에 전념한 결과 함경도를 대표하는 유학자로서 문명을 날리게 되었다. 28세가 되던 1908년에는 이른바 경성의병(鏡城義兵)의 지휘부에 참여하여 항일투쟁을 주도하였으나 실패하자, 1909년 4월 두만강을 건너 연길로 이주하였다. 이후 김정규는 간도와 연해주를 무대로 항일투쟁을 전개하던 유인석과 이범윤의 십삼도의군(十三道義軍)에 가담하는 한편, 회양재(回陽齋)라는 교육기관을 열고 인근 학생들을 모아 성리학을 가르치며 후학 양성에 전념하였다. 1913년부터는 강유위(康有爲)가 주도한 공교운동에 적극 참여하여 연길 시내에 공자묘를 세우고 공교회(孔教會) 연길지회(延吉支會)를 설립하여 연길도윤(延吉道尹) 도빈(陶彬)으로부터 '존성위교(尊聖衛教)'라는 현판을 내려받았다. 그리고 1919년 3월 13일 시위 직후에도 의군부(義軍府) 결성을 추진하는 등 지속적인 항일운동에 나섰지만, 1920년 경신참변 이후 일본의 탄압이 거세지자 한의(漢醫)로 은거하다 1953년 세상을 떠났다.[38]

요컨대, 김정규는 시종일관 유학자로서 자신의 학문적 정체성을 고수했던 인물이었다. 그는 훗날 간도[西江]의 명망가인 자신을 단군교(檀君教)로 끌어들이려는 현천묵(玄天默)의 권유에 대하여, 처음에는 자신이 유학자임을 내세워 거절하다가 결국 입교를 허락하기는 하였다. 그러나 그 승낙의 이유가 단지 의병 동지들을 규합할 근거로서 단군교 조

38 윤병석, 앞의 책, 207~19쪽 참조.

직을 이용하려는 의도였을 뿐 그들의 교리에 관해서는 별다른 관심이 없었음을 밝히며, 그들의 교리가 자신의 유학적 신념을 '더럽히지 못할 것'이라 자신하였다.[39] 뿐만 아니라, 그는 당시 두만강 지역에 확산되어가던 신학문에 대해서도 대단히 배타적인 태도를 견지하였다. 월강 직전인 1909년 정월, 이면채(李冕采)라는 사람이 "신학(新學)을 배워 개명(開明)하지 않으면 국가에 도움이 되지 못한다"고 하며 신학문으로의 개종을 권하자, 다음과 같이 말한 뒤 쫓아버렸다.

> 지금 신학이라는 것은 성의정심(誠意正心)의 오묘함을 깨닫지 못한 채 오로지 큰 이익만을 추구하는 것이다. 그런데 이익이란 몸을 망치는 도구일 뿐이니, 어찌 제 몸을 망치고서 나라에 보탬이 되는 자가 있겠는가? 공로를 탐하고 이익을 꾀하는 무리들이 나랏일이 날로 잘못됨을 돌보지 않고, 왜놈 편에 붙어 사사로운 뜻을 제멋대로 펼치고 있다. 사악한 말을 조작하여 구학(舊學)을 금하고 신학을 권하며, 왜놈을 배우고 법도로 삼아 머리를 자르고 복식을 바꾼다. 그리고 성인(聖人)을 비웃고 배척하며 강상(綱常)을 멸절케 하니, 그 죄가 막대할 뿐 아니라 해로움이 더욱 심하다. '개명하여 나라에 보탬이 된다'는 말이 어디에서 시작하는지 알지 못하는 자들이다.[40]

월강 직후 김정규가 개설하였던 회양재(回陽齋) 역시 전통적 학규(學

---

39 『龍淵金鼎奎日記』 卷8, 1912년 1월 29일(中 378), "凡我同志散在四方, 如晨星相望而合同不得, 不如一着姓名於教中, 組織一團, 徐待有事之日, 以備一面之用也. 教旨若果然, 則吾人之幸, 若不然, 我爲我, 彼爲彼, 彼焉能浼我哉?

40 『龍淵金鼎奎日記』 卷1下, 1909년 1월 7일(上 224), "今之新學者, 不知誠正之工, 而全求利益之大. 夫利者, 陷身之器也, 豈有陷其身而補其國者乎? 貪功謀利之輩, 不顧國事之日非, 附勢於倭, 逞其私意, 造作邪說, 禁舊學說新學, 學倭法倭, 剃其頭變其服, 譏斥先聖, 滅絶綱常, 罪莫大而害尤甚耳. 未知開明補國, 從何出來者耶?"

規)에 의거하여 성리학을 가르치는 장소였다. 그리고 그는 늘 "이른바 개명배(開明輩)들이 청나라 관리의 위세를 빌어 신식 학교를 건립하고 학생들을 빼앗아가니, 장차 우리 유학의 도가 저들로 인해 영원히 끊어질까 두렵다"고 걱정하였는데, 이 같은 우려가 현실화되어 결국 서실 문을 닫게 되는 일을 겪기도 하였다. 이때 좌절감에 못 이겨 통음(痛飮)으로 며칠을 지샌 연후에 다시 일어나 『상서(尙書)』를 강독하며 몸을 추스르는 대목은 그가 간직하던 유학자로서의 강고한 사명감을 잘 보여주고 있다.[41] 김정규는 이후에도 사숙개량회(私塾改良會)라는 단체를 조직하고 한문 교육을 통해 '오도(吾道)의 정맥(正脈)'을 보존하고자 하였지만 불과 10일 만에 문을 닫게 되자,[42] 결국 공교회(孔敎會)의 주도 아래 유학 교육의 실시를 목적으로 하는 대성학교 건립에 참여하였다.[43]

앞서 살펴본 바와 같이, 이와 같은 김정규의 학풍은 송시열과 김창협의 가르침을 전수받은 경성의 유학자 이재형을 계승한 것이었는데, 특히 이재형의 여러 후학들 가운데 김정규가 직접 스승으로 모셨던 성암(性菴) 김병진(金秉振)(1865~914)의 역할에 주목할 필요가 있다. 함경도 길주의 경주 김씨 가문에서 출생한 김병진은 1910년 7월 이항로의 적통을 이은 유인석을 찾아가 제자의 예를 갖춘 이래 정학(正學)의 도통(道統)을 부지(扶持)할 책무를 자임하였던 유학자였다.[44] 그는 1908년 의병항쟁이 실패로 돌아가자 러시아 블라디보스토크로 망명하여 송시열과 유인석의 가르침인 '토복대의(討復大義)'를 도모하다가 1912년 연길로

41 『龍淵金鼎奎日記』 卷5, 1910년 6월 14일(中 30) ; 卷2, 1909년 11월 14일(上 401-423) ; 卷8, 1912년 2월 13일(中 381-383), "近日此地世色, 大可畏也. 所謂開明輩, 借淸官勢力, 巨大立校, 盡破私塾, 欲入新學. 吁嗟, 吾儒之道, 從彼永滅."

42 『龍淵金鼎奎日記』 卷8, 1912년 7월 10일, 20일 (中 402-406).

43 『龍淵金鼎奎日記』 卷9, 1913년 11월 1일, 14일(中 527-536) ; 卷10, 1914년 3월 13일(中 587).

44 『龍淵金鼎奎日記』 卷10, 1914년 4월 21일(中 600-601).

이주하였는데,[45] 1914년 세상을 떠나기 직전 김정규를 비롯한 후학들에게 남긴 유언 중 몇 구절을 통해 그의 사상의 대강을 살펴볼 수 있다.

> 1. 궐리사(闕里祠)(공자 사당)를 다시 세우려 했던 나의 한 마음을 체득하여 성도(聖道)를 밝히는 일이 핵심이라.
>
> 1. 중화(中華)를 지극히 존숭하며 백성을 위해 태평성세를 여는 것이 무엇보다 중요한 의리이라.
>
> (…중략…)
>
> 1. 오늘날 중화가 비록 볼 만함이 없으나, 천지의 올바른 이치(존화양이)를 고요히 깨닫는다면 상제(上帝)께서 해와 달처럼 굽어보실 것이다. 지대지보(至大至寶)한 땅을 영원토록 이적(夷狄)보다 못한 금수(禽獸)의 나라로 만들 것인가? 나는 분명히 말하건대 그리됨이 멀지 않고 가깝다 하겠으니, 여러분들은 혹여 망범(妄汎)함에 빠지지 말 것이다. 천심(天心)은 오직 생덕지인(生德之仁)이니, 평소 나의 소신은 이와 같을 뿐인저![46]

위의 인용문을 통해 유추할 수 있는 김병진이라는 사람은 전형적인 중화주의자였다. 한말 일본과 서양의 침탈이 본격화되던 시대적 상황 속에서, 공자로부터 전해지는 중화문명 보전의 책무를 후학들에게 유언했던 그는 존화양이의 이념을 유학의 핵심 가치로 제시했던 송시열

45 1908년 함경도 지역의 의병활동이 실패하자 김병진과 김정규 뿐 아니라 장석회(張錫會)・최경희(崔瓊凞)・서상욱(徐相郁)・이남기(李南基)・지장회(池章會) 등 지휘부는 대부분 두만강을 건너 간도와 연해주 일대로 망명하였는데, 이 같은 정황에 관해서는 박민영, 앞의 책, 272~82쪽 참조.

46 『龍淵金鼎奎日記』 卷10, 1914년 4월 21일(中 595-597), "一. 體我一心復闕里, 明聖道是骨子事. 一. 極尊中華, 爲生民開太平, 是莫大義. (…중략…) 一. 今日中華雖無可觀, 以天地正理默會, 則唯皇上帝照臨于日月, 以若至大至寶之地, 永作夷降爲獸之國耶. 吾必曰, 不遠而邇也. 諸君或不棄於妄汎歟! 天心一箇生德之仁, 故愚之平日所信如斯也夫."

이래 이항로와 유인석으로 이어지는 조선후기 중화사상의 전통을 여실히 계승한 인물이었다. 유인석 또한 그에 대하여 평가하기를, 늘 자신과 운명을 함께 하는 사람이라 말한 바 있었다.[47]

그런데 1901년 유인석이 평안도 개천(介川) 석계(石溪)에서 지사들을 모아 결성했던 숭화계(崇華契)의 서문을 통해, 그들이 전수한 중화사상의 내용이 과연 어떠한 것이었는지 보다 구체적으로 살필 수 있을 듯하다.

> 하늘에는 음(陰)과 양(陽)이 있고, 땅에는 중화와 이적이 있으며, 사물에는 인간과 금수가 있다. 도(道)란 그것들을 일관하여 하늘에서 비롯되었는데 사람이 그것(도)을 얻으면 중화가 될 것이니, 온 우주가 오직 중화의 도일 뿐이다. 중화의 도란 삼황오제(三皇五帝) 및 삼대(三代)의 성세(盛世)로부터 멀리는 한(漢)・당(唐)・송(宋)・명(明)에 이르기까지 그 가르침은 삼강오상(三綱五常)의 막중함이요, 그 학문은 육경(六經)과 사자(四子)의 올바름이며, 그 법도는 예악형정(禮樂刑政)의 훌륭함이고, 그 제도는 의관문물(衣冠文物)의 아름다움이다. 아, 높고도 크도다! 그러나 중화의 도는 때에 따라 굴신(屈伸)과 성쇠(盛衰)가 있으니, 이적들 가운데 음사(陰邪)의 기운을 모아 금수의 행실을 저지르는 자가 중화를 어지럽히기 때문이다. 요순의 시절부터 만이(蠻夷)가 중화를 어지럽힘을 경계하였는데 그것이 반복되어 점차 오호(五胡)가 중화를 어지럽힘에 이르고, 원나라와 청나라에 이르러 그 더러움이 극에 달하여 중화의 도가 중원 대륙에서 끊어졌다. 다행히 우리 동방의 소화(小華)에서 그것을 이어받았으나 이제 소화에서 또한 서

47 柳麟錫, 『毅菴集』 卷19, 與李于天-南基-金聲玉-秉振-己酉十月二十三日 "今日事無他術, 致令一國人, 身一身心一心而已. 先自吾與安郊性庵作一身一心, 吾以安郊性菴身與心身吾身心吾心, 安郊性菴以麟錫身與心身自身心自心, 身身心心, 團一鞏固, 以此推之, 可庶幾." ; 卷20, 答金聲玉-秉振-庚戌正月二十三日 "書示同人于郊之說, 此眞此境準備語也. 然非特曰性菴同我也, 念昔在家發程時, 筮得此爻, 豈非我同性庵, 爲見于兆耶?"

양 및 일본 오랑캐에 의해 끊어지게 되었으니, 망극한 화가 참으로 비통하구나![48]

유인석은 세상을 관통하는 가장 보편적이고 중요한 가치[道]가 중화와 이적을 구분하는 의리라고 단언하였는데, 이때 '중화'의 구체적 내용이 '중국'이라는 국가 또는 지역이 아니라 삼강오륜(三綱五倫), 사서육경(四書六經), 예악형정(禮樂刑政), 의관문물(衣冠文物)이었음에 유의할 필요가 있다. 즉 유인석에게 중화란 유교문명 그 자체를 의미하며, 그러한 전제 위에서 명나라 멸망 이후 유교문명을 고수하고 있는 조선이 중화의 적통을 계승하였다는 논리를 전개하고 있는 것이다. 유인석의 이 같은 사상은 숭화계 옆에 별도의 사당인 숭화묘(崇華廟)를 짓고 그 위패를 봉안했던 인물들의 면면을 통해 더욱 구체화되었다. 『춘추(春秋)』를 지어 존화양이의 대의를 처음 천명한 공자, 중화문명을 조선에 처음 전래한 기자, 여진족이 세운 금나라와 청나라에 맞서 존화양이의 의리를 실천한 주자와 송시열, 그리고 일본과 서양의 침탈 속에서 중화문명 수호의 당위성을 천명했던 이항로 등 5명을 중화주의적 관점에서 계보화함으로써, 공자로부터 자신에게까지 이어지는 '동아시아적' 도통론을 수립했던 것이다.[49]

---

48 『毅菴集』 卷41, 崇華契序 "天有陰陽, 地有華夷, 物有人獸. 道則貫之而出於天, 得於人而著於華, 宇宙之間, 一中華之道而已. 中華之爲道, 以之三皇五帝三代之盛, 及之漢唐宋明之遠, 其道則三綱五常之重, 其學則六經四子之正, 其法則禮樂刑政之好, 而其制則衣冠文物之美. 嗚呼, 尊且大矣! 然中華之道, 有時有屈伸盛衰, 以有夷狄之鍾陰邪之氣而肆禽獸之行者亂之也. 蓋自唐虞有蠻夷猾夏之戒, 而反覆漸致乎五胡亂華, 至於元淸穢極, 而華乃絶於中州大幅. 幸承之以我東小華, 而小華又見絶於今洋倭醜夷, 罔極之禍, 嗚呼慟矣."

49 『毅菴集』 卷41, 崇華契序 "其建崇華齋, 以奉五夫子. 蓋孔子作春秋而義尊攘, 箕子刱小華之祖, 朱子宋子各値所遭之變而盡力尊攘義, 華西李先生闢洋衛道, 爲今天下大義主人. 古今有事於華, 五夫子者爲最, 崇奉依仰, 亦其義宜也."

그런데 공자와 주자 등 중국의 성현으로부터 전해진 도통을 직접 계승했다는 인식은 이미 송시열과 이항로에게서도 나타난 바 있었다. 이와 비교하여 유인석의 새로운 면모는, 그의 스승인 송시열과 이항로가 그토록 배척하던 청나라를 현실적 실체로서 어느 정도 인정하고, 더 나아가 청나라까지 포함하는 동아시아 유교문명의 범주를 설정했던 점에서 찾아볼 수 있지 않을까 싶다.

주지하듯이, 유인석은 국내에서의 의병활동이 실패로 돌아간 1896년부터 세상을 떠나던 1915년까지 상당 기간 동안 요동과 연해주 일대를 전전하였는데, 이때의 망명생활을 통해 얻은 세계관은 1913년 요동에서 저술한 「우주문답(宇宙問答)」에 집약되어 있다. 그 대체를 요약하자면, 서양에 대비되는 '동양'의 도덕적・문명적 가치를 역설하는 한편, 동양문명의 '대종(大宗)'으로서 '중국'의 현실적 역할 및 그 중요성을 강조한 것이었다.[50] 전통적 중화사상에 입각하여 청나라를 '중화'로 인정하지 않으면서도 한편으로 동양문명의 '대종'이라 지칭한 「우주문답」의 언설들은 일견 양립하기 어려운 모순적 논리로 여겨진다. 그러나 '이적'의 단계를 넘어 '금수'로 인식된 서구 및 그 앞잡이 일본과 대면해야 했던 상황, 그리고 간도 일대를 유랑하며 중국인들과 직접 부대끼며 생활하는 가운데 조선왕조의 부흥을 도모해야 했던 망명 경험이, '이적'인 청나라와의 관계만을 염두에 두었던 스승들과는 자못 다른 사상적 특징을 빚어냈다고 이해할 수 있을 듯하다.

---

50 『毅菴集』卷51, 宇宙問答 "今中國之爲當一大觀之會, 善其爲, 則非特爲一時之幸, 乃爲萬世之幸, 不善其爲, 則非特爲一時之不幸. 乃爲萬世之不幸, 且欲爲萬世不幸而不得也. / 蓋中國世界之一大宗, 天地之一中心也. 中國立則世界定而天地成, 中國跌則世界亂而天地毁. 爲中國者, 自重自愼, 不失其所以爲宗所以爲心, 則爲凡支姓支體者, 豈不有以尊之衛之乎? 有失則小宗奪大宗, 小體奪大體, 無可奈何, 而終至俱不幸, 可不懼哉? / 今又有東洋西洋黃人種白人種大戰爭之說. 西耽耽視東, 白稜稜蔑黃, 誠有是也. 爲東洋者, 宜思善爲, 不爲不善爲, 此其屈伸進退, 亦可以觀乎."

스승 김병진을 통해서 뿐 아니라 직접적인 서신 왕래를 통해 유인석의 영향을 익히 받아온 김정규가 일기 중에서 유인석의 대표적인 저술들을 빈번히 인용하며 크게 공감함을 표시했던 것도 그리 이상한 일이 아닐 것이다. 그는 1910년 두만강과 압록강 너머의 조선인들에게 '소중화 유교문명의 상실'을 명분으로 내세우며 거의(擧義)를 독려했던 유인석의 통문(通文)과 「관일약(貫一約)」 등을 일기에 베껴 적으며 '가히 인의(仁義)의 스승이라 이를 만하다'고 칭송했고,[51] 「숭화재서(崇華齋序)」에 대해서도 "바야흐로 이적이 중화를 어지럽히는 시기에 중화를 숭모하는 의리가 이처럼 탁절하며, 세도(世道)가 곤경에 처한 시일에 참과 거짓을 가림이 이처럼 통쾌하니, 사람으로 하여금 경건한 마음을 일으켜 흠송하기를 저절로 세 번 반복하여 그치지 않도록 하니, 이에 삼가 기록하여 책상에 두고서 후일의 열람에 대비하고자 한다"고 극찬을 아끼지 않았다.[52]

이러한 사실로 미루어보아, 김정규가 유인석과 같은 조선중화주의의 사상적 배경 속에서 성장하고 활동하였으며, 연길로 망명한 직후의 행적 역시 기본적으로 유교문명의 보존과 부활을 꿈꾸었던 중화주의자의 이상에서 크게 벗어나지 않았던 정황을 엿볼 수 있다. 그가 1909년 문제(門弟) 김하규(金河奎)와 함께 편찬한 족보의 발문에 명나라 마지막 황제인 숭정(崇禎) 연호를 사용한 것이나, 1914년 이후 일기 각 책의 표지에 대한제국 및 숭정 기원과 더불어 남명(南明)의 마지막 황제 영력

51 『毅菴集』 卷37 ; 『龍淵金鼎奎日記』 卷5, 1910년 3월 7일(上 525-575), 通告-庚戌 "嗚呼, 吾輩不安故土, 流寓漂泊于異域, 思之痛心, 言之痛哭. 嗚呼, 卽失我文明疆土矣, 卽覆我聖神宗社矣, 卽喪我小華典型矣, 卽滅我禮義生類矣."

52 『龍淵金鼎奎日記』 卷8, 1912년 1월 9일(中 366), "龍圃自鳳林洞來道安否, 叙暄寒, 少頃袖出崇華契序與題臼山旨訣後文示之, 乃毅翁所製也. 蓋方此夷狄猾夏之時, 崇華之義, 如是卓絶, 世道屯否之日, 眞僞之辨, 若是洞快, 令人起敬欽誦, 自有所三復不已, 故遂稽寫留案, 備後覽焉."

(永曆) 연호를 부기(附記)한 사실 등도 같은 맥락에서 이해할 수 있다.[53]

그러나 일기의 형식을 통해 단편적으로 전해지는 기록들을 통해서는 그가 지니고 있었던 세계관의 전모를 체계적이고 구체적으로 파악하기에 한계가 있다. 즉 조선의 전통적 중화주의자들과 달리 두만강 건너 연길에 거주하며 중국인들과 함께 생활함으로써 필연적으로 형성되었을 법한 변화된 세계관은 그의 일기 가운데 잘 드러나지 않는다. 다만 이와 관련하여, 김정규가 즐겨 사용했던 서강(西江, 江西 또는 江左)과 동강(東江, 江東 또는 江右)이라는 표현에 주목하고자 한다. 이때 서강은 지금의 연변 지역, 동강은 함경도 지역을 지칭하는데, 회령부터 종성을 거쳐 남양에 이르는 지역에서는 두만강이 남에서 북으로 흐르고 있음을 감안하면 그러한 명칭을 쉽게 납득할 수 있을 것이다. 문제는 김정규의 일기에서 서강과 동강 두 지역을 가르는 두만강은 더 이상 중화(조선)와 이적(청)을 변별하는 전통적 의미의 국경선이 아니었다는 점이다. 비록 그가 두만강을 건넌 이후부터 일기의 제목을 '용연산방일록(龍淵山房日錄)'에서 '강좌회양재교거일록(江左回陽齋僑居日錄)'으로 바꾸었던 것, 즉 연길에서의 삶을 '자기 땅이 아닌 타향에서의 삶'을 의미하는 교거(僑居)라 표현한 것에서 볼 수 있듯이 두만강에 국경의 의미가 전혀 없지는 않았던 듯하다. 하지만 적어도 두만강을 경계로 화이가 나뉜다는 전통적 지리인식은 좀처럼 찾아볼 수 없다.

게다가 1909년 이른바 간도협약을 전후한 시기에 서강(西江) 일대를 둘러싸고 벌어진 조·청 간의 영유권 논란에 대하여, "지금 우리 종사(宗社)가 견양(犬羊)의 지경에 빠졌는데 신하된 자들이 이를 걱정으로 삼지 않고 도리어 청인들과 땅을 다투니, 이것이 정말 조정의 뜻이겠는가? 분명히 왜놈에게 붙은 자들의 짓일 것이다. 그 땅을 얻은들 무엇이

53 영력 연호의 사용은 화서학파의 특징적 면모이다. 우경섭, 앞의 책, 146~53쪽 참조.

기쁘며 잃은들 무엇이 근심이랴?"라고 말한 바와 같이,[54] 김정규에게는 국경선 및 그에 따른 영토 문제가 주된 관심이 아니라 시시각각 닥쳐오는 금수의 무리들로부터 중화문명을 보전하는 일, 그리고 그러한 중화문명 보전의 중차대한 과업을 함께 이루어야 할—비록 이적일지 모르나—동지적 존재로서 중국의 실체가 새롭게 인식되지 않았나 여겨진다.

요컨대 김정규는 송시열과 이항로의 도통을 이어받은 유인석의 문인으로서, 명나라 멸망 이후 조선이 중화문명의 계승자라고 여겼던 조선중화주의자였다. 그는 평생토록 중화문명의 핵심인 유학의 보위를 자신의 숙명으로 여기며 살아갔다. 이 같은 신념은 두만강을 건너 연길로 이주한 뒤에도 바뀌지 않았다. 그리고 자신을 비롯하여 천하의 대의(大義)를 이어받은 사람들이 금수가 횡행하는 음(陰)의 시대에 양(陽)의 기운을 회복할 발판을 마련할 공간으로서 두만강 너머를 인식하고 있었다. 그 곳은 그의 서실명과 같이 '회양(回陽)'의 공간이었지 더 이상 이적의 땅에 불과하지 않았다.

5. 맺음말

1910년을 전후한 시기 수많은 조선인들이 두만강을 건너 간도로 이주하였다. 그중에는 토지를 찾아 떠난 농민들이 다수였지만, 상당수의

54 『龍淵金鼎奎日記』卷2, 1909년 8월 8일(上 331), "今我宗社, 汲入犬羊, 而爲人臣者, 不以此爲憂, 反與清人爭地, 是果京部之意歟? 必也附倭者之所爲也. 得之何喜, 失之何憂?"

전통적 유교 지식인들도 포함되어 있었다. 특히 가장 먼저 두만강 너머로 이주했던 함경도 북단의 유교 지식인들은 전통적 중화주의의 영향 아래 성장한 사람들이었다. 그들은 그 곳에서도 존화양이를 핵심으로 하는 중화주의의 전통을 강고히 유지한 채 강학을 이어갔다. 그러나 '금수'인 서구의 침략에 직면했던 시대적 상황, 그리고 중국인들과 뒤섞여 거주하며 함께 항일운동을 전개해야 했던 역사적 경험은 한반도의 협소한 시야에 갇혀있던 전통적 중화주의의 폐쇄성을 일정 정도 극복할 수 있게 만들었다. 이 같은 기반 위에서, 김노규와 김정규 등은 두만강 유역을 중화문명 부흥의 새로운 공간으로 인식하는 가운데 그 곳에서 유교적 이상사회를 건설하고자 노력하였다.

자신의 거주지를 '기자의 땅[箕野]'이라 칭하던 문화적 중화주의자 김노규에게 두만강 일대는 민족과 영토의 경계선에 위치한 변방이 아니었다. 먼 옛날 중국의 기자가 중화문명을 전해준 이래 조선이 문명의 중심지가 되었듯이, 서양과 일본의 오랑캐가 한반도를 더럽힌 상황 속에서 이제 그곳이 중화문명의 새로운 중심지로서 의미를 지니게 된 것이다. 그리고 그들이 상정했던 중화문명의 구체적 내용이란 단순히 조선 유학의 확산과 계승이 아니었다. 김정규의 일기 표지에 중첩되어 적혀 있는 단군과 공자, 대한제국과 중화민국의 기년은 두만강 유역의 지식인들이 지녔던 복잡한 세계관을 보여주고 있다. 함경도 출신의 이민자로서 두만강을 건넜던 그들의 사상은 그간 한반도만을 염두에 두고 전개되었던 조선 유학의 한계성을 극복하며 조선과 중국의 문화적 혼종을 전제로 한 새로운 문명 건설의 가능성을 제시하는 것이었다.

요컨대, 두만강 지역의 근대 학술사는 조선의 학문 전통이 변방으로 전파된 일방적 경로의 진행 과정이 아니었다. 그리고 그 내용이 단지 조선과 중국 문화의 혼종성이라는 특징에 있는 것만도 아니었다. 조선과 청에서 멸절된 중화문명의 계승자로서 정체성을 자각하기 시작한

'중심성'이야말로 이 시기 두만강 유역 학술사의 가장 중요한 특징이자 가치라 말할 수 있을 듯하다.

1. 조선족 무용계의 거목

: 조득현趙得賢(1913~2002)

최민호崔敏浩

조득현

1913년 9월 29일 평양에서 출생.

1926년 평양 숭덕소학교 졸업.

1930년 평양 숭인고등보통학교 졸업.

1937년 8월 하얼빈 구야트고우쓰까야 발레연구소 입학.

1939년 1월 하얼빈교향악단 이제우스끼 발레단 입단.

1945년 8월 하얼빈교향악단 해체.

1947년 2월 하얼빈위수구사령부(제3지대) 선전대 무용교원 겸 안무가.

1948년 11월 연변문공단 무용교원 겸 안무가.

1949년 늑막염으로 평양에 치료를 떠남.

1950년 1월 귀국하여 연변문공단으로 돌아옴.

1951년 〈농악무〉 창작.

1956년 6월 연변가무단 부단장에 임명.

1957년 연변예술학교 설립, 부교장.

1966년 문화대혁명이 발발하자 '반동학술권위' 등 누명을 쓰고 투쟁을 받음.

1971년 1월 돈화현 한장향 소석하촌에 내려가 근 3년간 농업노동에 종사.

1972년 10월 연변예술학교에 돌아옴.

1977년 중국무용가협회 길림성분회가 성립되고 주석으로 당선됨.

1983년 퇴직.

1987년 조득현무용연구소 설립.

2002년 2월 12일 연변병원에서 별세.

1. 머리말

2009년 중국조선족 농악무는 유네스코 인류무형문화유산에 등재되었다. 이는 중국에서 유일하게 인류무형문화유산으로 등재된 무용 종목이다. 전통농악이 중국 땅에서 농악무라는 새로운 형식으로 발전할 수 있었던 데에는 무용예술가 조득현의 공헌이 숨어있다. 중국조선족 농악무의 시작은 1951년 조득현이 창작한 〈농악무〉라고 할 수 있다. 이때로부터 조선족 농악은 한반도와 전혀 다른 무대예술화 및 재민간화의 길을 걷게 되며, 이미 1998년 문화부에서 지정한 중국 20세기 고전작품에 선정되었다. 〈농악무〉라는 무용 자체를 떠나 창작과정에서 보여준 민족전통문화의 무대예술화 기법은 당대 조선족 무용예술이 반드시 거쳐야 했던 규칙이자 발전방향이 되었다. 조득현은 작품 창작뿐 아니라 예술인재 양성, 무용이론 연구 등 방면에서도 선구적인 업적을 남긴 위대한 무용예술가이다.

2. 파란 많은 인생역정

1) 꿈과 예술

조득현은 1913년 9월 29일 평양 신양리에서 아버지 조설과 어머니 리영복의 3남 1녀 중 장남으로 태어났다. 부모님은 모두 독실한 개신교 신자였으며, 아버지 조설은 한문학자로 평양 숭실전문학교 창시자의 한 사람이다. 숭실전문학교의 전신은 미국 장로교 선교사 배위량(Barid,W.M.)이 1897년에 창립한 숭실학당이다. 어머니 리영복은 아버지의 첫째 부인이 사망하자 후처로 들어와 가정주부로 헌신했다.

조득현의 큰 동생 조득준은 유명한 농구선수였다. 그는 보성전문학교에서 농구선수로 있다가 일본 릿쿄대학에 유학을 갔으며, 그곳에서 대학농구팀 주력으로 3회 연속 전일본선수권대회 우승을 이루어낸 전설적인 인물이다. 한국 농구계의 원로인 조승연이 바로 조득준의 아들이다. 조승연은 1984년 LA올림픽에서 한국여자농구팀을 이끌고 은메달을 따냈다. 조득현의 막내 남동생은 바이올린을 전공하였으며 훗날 북한에서 살았다. 그리고 여동생 한 명이 있었는데 평안북도 강계에 시집을 갔다. 이외에도 아버지의 첫째 부인이 낳은 자식 3남 1녀가 더 있었는데, 이들 이복형제는 훗날 모두 미국과 한국에서 생활했다.

조득현은 학창 시절에 체육·미술·예술·문학 등 다방면에 흥취를 가지고 깊은 열정을 쏟았다. 중학교 시절 농구선수로 서울에서 열린 농구선수권대회에 여러 차례 참가하였고 무용에도 많은 호기심을 보였는데, 농구 연습을 할 때에도 슛을 하며 무용동작을 접목시켜 보기도 했다. 1930년대 평양에 유행가가 퍼지기 시작하자, 조득현은 음악에 깊이 매료되어 악기 상점 앞에서 축음기 음악을 들으며 밤을 새기도 하였다. 아버지의 반대로 집에서 소리를 낼 수 없자 모란봉 솔밭 또는 대동강변에 나가 소리 연습을 했다. 그런데 정확한 지도가 없이 그저 목에 피가 나올 때까지 연습하면 대성한다는 잘못된 소문 때문에 결국 후두염에 걸려 가수가 되려는 꿈을 접을 수밖에 없었다. 조득현은 일생동안 청년시절에 얻은 후두염 때문에 많은 고생을 했다.

한때 조득현은 영화에 미치기도 했다. 돈만 생기면 영화관에 가서 서양영화를 보며 배우의 꿈을 키웠다. 영화를 보다가 표현력이 강한 배우, 예를 들면 죤 바리모아의 연기를 보면 그 표정과 동작을 그대로 모방하기도 했다. 그리고 같은 또래의 친구 다섯 명과 함께 모임을 만들어 표현연기를 공부하고, 나중에는 상해에 가서 그곳의 영화회사와 합작하여 영화를 만들려고 생각했다. 그러나 당시 정부에서 이들이 상해임시정부와 무슨 연관이 있는지 의심하여 통행증을 내주지 않았기 때문에 이 일은 수포로 돌아갔다.

조득현은 영화계로 진출하려던 꿈을 접고 오랜 기간 고민하다가 결국 무용을 선택하게 되었다. 마침 일본의 이시이바쿠[石井漠] 무용단이 평양에 오자 조득현은 큰 기대를 품고 그들의 공연을 관람하였다. 그러나 배우들이 서양 의복을 입고 서양 사람을 연기했으나 시각적으로 일본 스타일이 강하게 비쳐지는 것을 보고 크게 실망했다. 이때부터 그는 일본의 신무용을 배울 것이 아니라 높은 경지에 있는 전통적인 러시아 발레를 배워야겠다고 결심하였다. 마침 한 친구가 중국 하얼빈에 러시아인이 꾸리는 무용연구소가 있다고 하자, 어머니와 논의하여 집을 팔아 비용을 마련하고 무작정 하얼빈으로 떠나게 되었다.

2) 하얼빈과 발레

1937년 8월 하얼빈에 도착한 조득현은 구야트고우쓰까야 무용연구소에 입학하여 발레를 배우기 시작했다. 발레 수업은 교원 한 명이 학생 한 명만 데리고 일대일로 진행되었는데, 처음에는 발레의 기본동작만 반복 연습하였다. 그런데 며칠 뒤 선생님이 조득현에게 발레를 몇 년 배웠냐고 물었고, 배운 적이 없다고 대답하자 선생님이 머리를 절레절레 저었다고 한다. 초학자임에도 불구하고 몇 년 배운 사람처럼 잘 할 수 있었던 것은 타고난 재능 때문이 아니라, 예술에 대한 꿈을 안고 다년간 연마해 온 표현연기가 축적되어 있었기 때문이다.

1939년 1월 조득현은 하얼빈교향악단 발레단, 일명 이제우쓰끼 발레단에 시험을 거쳐 입단하였다. 당시 조득현을 제외하면 발레단원들은 전부 러시아인이었다. 발레 수준의 제고와 더불어 그는 일반 배역에서 3인무, 즉 발레단의 수석 발레리노 이제우쓰끼, 수석 발레리나 사라분과 함께 트리오를 했다. 이외에도 군무에서 솔로를 담당하는 등 많은 활약을 보였다. 이 시기 조득현은 대형발레무극 〈미완성교향악〉과 〈백조의 호수〉, 가극 〈프린스 이고르〉 등에서 여러 가지 배역을 담당하고, 러시아시리즈무용, 우크라이나시리즈무용, 폴란드시리즈무용, 집시무용, 해군무용, 따따르무용 등에 출연하였다.

조득현은 하얼빈에서 다양한 사람들과 교류를 하였다. 이들 중에서는 학창시절 동창생이었던 박용구도 있었다. 박용구(1914~2016)는 경상북도 영주군 풍기면 출신으로 평양 숭인고등보통학교에서 조득현과 동창으로 있었으며, 취향이 서로 같았던 관계로 함께 예술의 꿈을 키웠던 사람이다. 훗날 그는 한국에서 첫 중등음악교과서인 『임시중등음악』을 집필하고, 근대 이후 첫 음악평론집인 『음악과 현실』을 남긴 전설적인 음악평론가로, 한국뮤지컬계의 선구자로 인정받았다. 조득현과 박용구는 향후의 진로를 놓고 많은 대화를 나누었고, 서로에게 조언을 아끼지 않았다.

무용을 위해 하얼빈에 왔지만 조득현은 늘 생활고에 허덕여야 했다. 당시 무용학습반의 매달 학비는 일반 노동자 월급의 두 배에 가까운 50원에 달했다. 학비를 마련하기 위해 그는 체면을 가리지 않고 돈이 되는 일은 뭐든지 가리지 않고 했다. 이제우쓰끼 발레단에 정식배우로 입단한 후에도 월급이 없이 공연 횟수에 따라 얼마간 일당을 받았으나 생활에 큰 보탬이 되지 못했다.

조득현은 경제적으로 가장 어려울 때, 훗날 그의 부인이 된 이미건을 만났다. 이미건은 조선 신의주 출신으로 어려서 부모를 잃고 할머니 손에서 자랐다. 할머니가 세상을 뜨자 중국 안동(지금의 단동)에 있는 잠업회사에 아동공으로 들어가 모진 고생을 하다가 고모를 따라 중국 하얼빈으로 이주하였다. 그곳에서 이미건은 일본 가정의 식모살이를 거쳐 타자원 시험에 합격하여 우정국에 취직하였다. 그 당시 고모가 운영하던 하얼빈의 여관에는 조선 출신 예술인과 항일투사들이 자주 모여 모임을 가졌다. 이미건의 고모부 친구였던 조득현도 이 여관에 자주 다니면서 결국 그녀와 가까운 사이가 되었는데, 그때 조득현은 영양실조로 몸이 많이 여위어 있었다. 이를 본 이미건은 월급통장마저 그에게 맡겼고, 그런 이미건의 진심어린 도움으로 조득현은 비로소 험난하고 괴로웠던 무용예술의 길을 끝까지 견지할 수 있었다.

조득현과 이미건은 1942년에 조촐하게 결혼식을 올렸다. 이듬해 첫 딸 따니야가 태어나고 그 뒤로 연이어 하얼빈에서 두 아이가 태어났다. 따니야는 러시아식 이름인데 훗날 조인혜로 고쳤다. 1945년 8월 15일 드디어 광복이 왔다. 그러나 얼마 후 하얼빈교향악단이 해산되면서 발레단도 문을 닫게 되었다. 이 시기 조득현의 가족은 혹독한 가난에 시달리며, 이미건이 바느질로 번 돈으로 생계를 유지했다. 이들은 늘 먹을 것이 모자라 굶기를 밥 먹듯이 했다. 배가 고프면 딸 조인혜가 이웃 러시아인 집에 가서 구해온 빵으로 온 가족이 대충 끼니를 때웠다. 이런 사정을 잘 알고 있었던 러시아인들은 종종 조인혜를 만나면 "따니야, 따니야!" 하면서 먹을 것을 주었다. 조인혜의 추억에 의하면 거지나 다름없는 생활을 했다고 한다.

3) 인민대중과 무용예술

1947년 2월 조득현은 소련에 가서 발레를 계속할 지, 아니면 조선에 나가 발레예술을 전파할 지 고민하게 되었다. 그때 마침 조선의용군 제3지대에서는 선전대를 조직하려고 사람을 물색하고 있었다. 이 소식을 들은 조득현은 곧바로 제3지대를 찾아가 무용수를 자원했는데, 당시 제3지대의 정위가 훗날 연변조선족자치주 초대 주장을 지낸 주덕해였다. 주덕해는 조득현의 자기 소개를 듣고 훌륭한 인재를 발견했다고 하면서 그에게 무용교원 겸 안무가의 직책을 맡겼다. 조득현은 사병들 가운데 무용에 소질이 있는 청년들을 뽑아 무용을 가르치는 한편 작품 창작을 시도했다. 그러나 발레를 비롯한 서양무용은 당시의 중국 실정과 선전대의 취지에 잘 맞지 않았다. 몇 번의 시행착오를 거쳐 조득현은 민족의 현실생활을 소재로 창작해야 할 필요성을 절실하게 느끼게 되었다. 이렇게 창작한 것이 바로 〈병사춤〉, 〈소고춤〉, 〈노동자의 승리〉, 〈아름다운 마을〉, 〈참군〉 등 작품이다. 이 중에서 소형무극 〈참군〉은 건국 전 중국에서 처음으로 시도된 무용극으로서 무용사의 한 획을 긋는 중요한 작품이다. 1948년 제3지대가 하얼빈을 떠난 후 동북민족사무처에 문공단이 성립되자 조득현은 여기에 남아 단원들의 무용 훈련을 책임졌다. 1949년 3월 하얼빈의 동북민족사무처 문공단이 연변문공단과 합병하게 되면서 조득현은 문공단을 따라 연길로 이사하였고, 1949년 7월 2일부터 19일까지 연변 문화인을 대표하여 북경에서 열린 제1회 전국문학예술종사자대회에 참가하였다.

그러나 얼마 뒤 조득현은 늑막염에 걸려 어머니가 계시는 평양에 병 치료를 가게 되었다. 평양에 도착한 조득현은 조선국립극장의 부탁을 받고 발레단을 지도하는 동시에 조선민족무용에 관심을 가지고 열심히 배우기 시작했다. 당시 조득현의 큰 동생도 조선국립극장 교향악단에 바이올리니스트로 있었다. 그러던 중 1950년 6・25전쟁이 발발하자, 많은 사람들이 중국으로 피난을 떠났다. 당시 조선국립극장에서는 차를 내어 단원들을 후방으로 피신시켰는데, 조득현과 아들은 그 차에 앉아 먼저 출발했지만, 임신 중이던 아내와 두 딸은 후송차에 자리가 없어 강계까지 걸어갈 수밖에 없었다. 당시 조득현의 여동생이 강계로 시집 간 조득현의 여동생 집에서 합류하기로 약속하고 떠난 이때의 피난길에서 조득현의 아내는 어린 아이들까지 거느리면서 많은 고생을 했다. 소 수레가 있으면 얻어 타고 기차가 있으면 올라타서 갈 수 있는 곳까지 갔다. 전쟁 당시 후방을 다니는 기차는 주로 밤에만 다녔으며 대부분이 사면에 아무런 칸막이가 없는 구조의 객차를 달고 다녔다. 이 때문에 많은 사람들이 밤에 졸다가 기차에서 떨어져 목숨을 잃기까지 했다. 조득현의 아내는 갖은 고생을 다 하면서 간신히 강계에 도착했으나, 자동차를 타고 먼저 떠난 조득현과 아들은 그때까지 도착하지 않았다. 후에 안 일이지만 조득현이 탄 자동차가 중도에 고장이 나서 이들도 결국 피난민을 따라 간난신고 끝에 강계까지 도착할 수 있었던 것이다. 그 뒤 이들 가족은 압록강을 건너 집안에 도착하고, 다시 흑룡강성 상지에 배정되었다가 그해 겨울 11월에 비로소 연길에 돌아왔다.

연변문공단에 돌아온 조득현은 불철주야로 민족무용 창작에 심혈을 기울였다. 그는 어떻게 하면 하루빨리 조선족 무용을 발전시킬 수 있을까 하는 고민을 갖고 모든 일에 임했다. 마침내 무용예술도 인민대중을 위한 사업이라는 도리를 터득하게 되고 새롭게 무용창작을 해야 하겠다는 결심을 내리게 된다. 이때로부터 그는 기층에 뿌리박아야 한다는 생각을 가지고 동북3성을 샅샅이 돌아다니면서 우수한 민간 예인을 찾아 연길에 모셔왔다. 이어서 민속놀이를 발굴 정리하고 이와 동시에 현실생활 속에서 소재를 찾아 인민대중이 즐길 수 있는 작품을 창작하기 시작했다. 그렇다고 서양무용을 모두 버린 것이 아니었다. 그는 민속무용을 세심히 관찰하고 그 것을 기초로 서양무용의 기법을 활용하여 주제에 맞게 새로운 동작을 창작하고 이를 기초로 〈농악무〉 등 많은 불세출의 작품을 만들어냈다.

조득현은 가무단의 무용교원이라는 직책도 훌륭하게 수행했다. 1950년대 초반 중앙의 문예단체들조차 발레교육을 전혀 하지 못하고 있던 시절에, 조득현의 체계적인 가르침을 받은 연변가무단의 무용배우들은 그 수준이 상당한 경지에 이르러 있었다. 그리하여 중앙가무단에서도 무용배우를 연변가무단에 보내 학습을 시키는 일까지 발생했다. 훗날 연변가무단에 이종만이란 단원의 실력이 월등하여 북경무용학교에 학습을 보냈는데, 그가 얼마 뒤 북경무용학교의 교학수준이 연변가무단보다 낮아 배울 것이 없다고 하면서 짐을 싸들고 다시 연길에 돌아와 버렸다고 한다.

조득현은 1955년 1월부터 1957년 7월까지 연변가무단 부단장을 지냈다. 1957년 4월 그는 중국문학예술계연합회대표대회에 참가하여 모택동 주석의 접견을 받았다. 당시 조득현은 중국의 저명한 작가 모순矛盾과 함께 모주석의 접견을 받았는데, 그 사진이 지금까지 남아있다.

4) 연변예술학교의 설립

1954년 북경무용학교 설립에 앞서 준비위원회에서는 조득현을 초청하여 교원훈련반을 지도하게 하였다. 당시 북경무용학교 측에서는 그가 발레교원으로 계속 남아주기를 바랬지만, 연변에도 조선족예술인들을 배양할 수 있는 전문학교가 있어야 되겠다고 생각한 조득현은 연변가무단으로 다시 돌아왔다. 그해 12월 조득현은 연변조선족자치주 주장 주덕해와 더불어 제2기 중국인민정치협상회의 위원으로 당선되었고, 1956년 2월 북경에서 열린 2차 회의에 참가하였다. 당시 연변가무단 부단장이던 조득현은 주덕해에게, 연변의 민족예술을 발전시키기 위해서는 예술인재를 배양하는 것이 관건인데 우리도 예술학교를 설립하자고 건의를 올렸다. 주덕해는 그 자리에서 동의하고 조득현에게 기획안을 올리라 하였고, 마침내 이들의 건의가 채택되어 1957년 10월 연변예술학교가 건립되었다. 비록 중등전문학교였지만 당시까지만 하더라도 전 중국에 예술전문학교가 설립된 것은 이 곳이 처음이었다.

연변예술학교가 설립되자 조득현은 바로 부교장에 임명되어 당 사무를 제외한 모든 일을 총괄하였다. 교실과 기숙사도 제대로 짓지 못해 연길시 하남에 위치한 옛 당교 자리에 집을 빌려 학생들의 기숙사로 사용했다. 겨울이 되어 교사와 기숙사가 완공되었지만, 벽에서 물이 줄줄 흐르고 방한이 되지 않아 추위에 떨어야 했다. 초창기에는 무용·성악·기악·미술·작곡 등 다섯 가지 전공을 설치했지만, 교원이 없어 연변가무단에서 사람을 뽑아 예술학교 교원으로 임명하였다. 무용전공의 경우 현대조선무용과 고전무용 두 분과가 있었으며 학생은 20명 미만이었다. 연변예술학교가 정상적으로 운영되고 난 뒤, 조득현은 1962년부터 연변가무단의 부단장까지 겸직하면서 두 문화교육기관의 실제 업무를 주관하였다.

5) 문화대혁명 시기

1966년 문화대혁명이 시작되자 조득현은 바로 투쟁대상이 되었다. 그에게 들씌운 죄명은 '반동학술권위', '조선수정주의분자', '러시아수정주의분자', '남조선특무' 등이었다. '반동학술권위'는 유명한 학자나 문화인에게 들씌우진 죄명이라 당연히 피해갈 수 없었겠는데, 그 구체적인 이유는 그가 무당춤을 연구했기 때문이었다. 1963년 조득현은 무극 〈샘물〉을 창작하고 있었는데, 그 중에 봉건미신을 비판하는 내용이 있었다. 조득현은 무속의 본질을 구체적으로 파악하여 무극에 반영하고자 연변가무단에 무당을 청해 굿판을 벌였다. 물론 조직에 보고서를 올리고 시작한 일이었다. 무당은 조직에서 찾아주었고, 그의 요구대로 돼지머리 등 제물을 준비하고 평소대로 굿을 재현했다. 얼마 뒤 보고서가 중앙에 올라갔으나 부결 당했다. 그러나 굿은 이미 진행되었고, 조직에서도 책임이 있는지라 내부에서 이일을 비밀에 덮어두었다. 그런데 문화대혁명이 시작되자 책임자 중 누군가가 이 사실을 고발하는 바람에 조득현은 바로 '반동학술권위'가 되어버렸다.

게다가 조득현은 일어 · 러시아어 · 영어 등 외국어에 능통했고, 형제자매가 미국 · 한국 · 조선 등지에 살았기 때문에 특무라는 누명을 쓸 수밖에 없었다. 이때로부터 조득현은 매일 목에 이른바 '개패'를 걸고 투쟁을 받았다. 투쟁이 진행될수록 아래 사람들이 살겠다고 모든 죄목을 떠넘기는 바람에 조득현의 죄상은 점점 커져만 갔다. 중앙에서는 말로만 투쟁하고 무력을 사용하지 말라고 했으나, 이들에 대한 신체 폭력은 점점 수위가 높아졌다. 투쟁 대상자들은 직장에서 임시로 설치한 감방에 갇혀있다가 매일 잡혀나가 투쟁을 받았으며, 후에는 문예부문에서 통일적으로 한곳에 가두어 놓고 감옥생활을 시켰다. 이 과정에서 폭언과 폭행이 매일같이 이루어졌고, 정신적으로 버티기 힘들었던 조득현은 이때로부터 담배를 피우기 시작했다.

하루는 연변예술학교에서 가무단 단장, 예술학교 교장, 그리고 안국민 · 최삼명 등 유명 인사들과 함께 투쟁을 받았다. 조득현의 차례가 되자 한 학생이 올라와 그의 머리카락을 움켜쥐고 미국과 남조선에 있는 형제들을 추궁하며 머리를 벽에 쪼는 일이 벌어졌다. 조득현이 피를 흘리며 쓰러지자, 함께 투쟁을 받던 안국민과 최삼명이 사태가 위급한 것을 보고 빨리 병원으로 호송해 줄 것을 요구했다. 의식을 잃은 조득현은 바로 연변병원에 호송되었지만, 머리뼈에 금이 갈 정도로 위험천만한 상황에도 '잡귀신'이라는 신분 때문에 제대로 치료를 받지 못했다. 그는 오랫동안 사경을 헤매다 한 달 뒤 병세가 조금 호전되어 집으로 돌아가게 되었다. 그러나 이후에도 조득현은 몇 년간 투쟁을 받았고, 훗날 노동자선전대와 군인선전대가 가무단에 입주한 뒤부터 이들에 대한 투쟁이 비로소 멈추었다.

1970년 1월 조득현은 자진하여 돈화현 한장향에 내려가 농민들로부터 재교육을 받았다. 한장향에서는 허술한 외양간을 대충 보수해 조득현에게 주면서 살림집으로 쓰게 했다. 추운 겨울에 천장이 뚫린 집에서 살다보니, 아침에 일어나면 물통의 물이 몽땅 얼어버리기가 일쑤였다. 이곳에서 조득현은 농민들과 함께 근 3년간 농사일에 종사했다.

1972년 문화대혁명으로 폐교되었던 연변예술학교가 다시 재건되면서 조직에서는 조득현을 다시 불러들였다. 비록 힘든 시기가 끝났지만 군인선전대와 노동자선전대가 실권을 장악하고 있던 시기였으므로, 조득현이 할 수 있는 일은 거의 없었다. 자녀들도 조득현의 정치성분 때문에 '보황파'라는 낙인이 찍혀 정상적인 생활을 할 수 없었다.

6) 개혁개방 이후

문화대혁명이 끝나자 조득현은 다시 직무와 명예를 회복하였다. 1977년 중국무용가협회 길림성분회가 설립되자 조득현은 초대 주석으로 당선되었다. 이어 1978년부터 제5기와 제6기 중국인민정치협상회의 중앙상무위원에 당선되어 정치활동에 종사하다가 1983년 3월에 퇴직을 했다.

이후 조득현은 주로 사회활동에 전념했다. 1985년 미국의 아시아문화센터의 책임자들이 연변을 방문하여 연변 문화예술계의 유명한 인사들을 만났는데, 그 중에 조득현이 있었다. 얼마 뒤 조득현 부부는 아시아문화센터의 초청을 받고 미국을 방문하여 해방 전에 헤어졌던 이복형제들을 만났다. 미국 방문 중에도 조득현은 기회가 되면 연변예술학교와 조선족예술문화를 홍보했고, 이를 계기로 미국 정부에서는 중국 문화부를 통해 조선족예술대표단을 미국에 초청했다. 조선족예술대표단은 여러 차례 순회공연을 통해 미국에 조선족문화를 널리 알리고, 이와 동시에 교류를 통해 많은 것을 배우고 왔다.

퇴직 후 시간적 여유가 생긴 조득현은 본격적으로 무용이론연구를 추진했다. 1987년 10월 12일 조득현은 연길시예술단과 협력하여 조득현무용연구소를 꾸리고 연변가무단, 연변예술학교, 연길시예술단의 학생과 단원들을 모집하여 무용창작 이론과 방법을 가르쳤다. 이 연구소는 1989년 4월에 재정난으로 문을 닫았다.

3. 조득현의 대표작품

조득현은 건국초기부터 문화대혁명 전까지 창작활동을 왕성하게 펼쳤다. 〈집체농장무〉, 〈여명〉, 〈농악무〉, 〈영원한 평화와 행복을 위하여〉, 〈활춤〉, 〈옥중전가〉, 〈선종과 추수〉 등 대표작들은 모두 이시기에 만들어진 것들이다.

1) 〈농악무〉

조득현의 수많은 작품 중에서 영향력이 가장 큰 것이 바로 〈농악무〉이다. 1930년대 말 한성준은 농악을 무용으로 개편하여 무대에 올린 적이 있다. 그 뒤 1946년 12월 연길현(현 용정시) 팔도향에서는 25명의 농민들로 구성된 문공단이 만들어지고 농악을 무대에서 공연하였다. 이어 1948년 화룡현 투도진에서는 '공기조합'의 구성원들을 주체로 북산촌과외극단이 만들어지고, 이들에 의해 무대화된 농악무가 공연된 바 있다. 따라서 1951년 이전에 연변의 일부지역에서 이미 무대화된 농악무작품이 만들어지고 공연된 것은 사실이다. 그러나 이때까지만 하더라도 기존 농악놀이의 틀을 벗어나지 않고 단순한 무대화에 그쳤을 뿐이며, 무용의 예술화와 상모춤 위주의 편무는 아직 시도되지 않은 상태였다. 따라서 중국조선족 농악무의 탄생을 논할 때, 1951년에 완성된 조득현의 창작무용 〈농악무〉를 그 시발점으로 볼 수밖에 없다.

연변문공단에서는 동북삼성에서 30여 명의 민간예인들을 연길시로 초청하여 이들과 함께 무용창작에 몰두했다. 이들 중에는 당시 연길시에 살고 있던 하태일이 있었는데 그가 상모춤과 소고춤에 능했던 관계로 농악무 창작에 많은 기여를 하게 된다. 조득현은 하태일을 모셔놓고 하나하나 배워가면서 농악놀이의 전반적인 과정과 예술특색을 파악한 후, 그 중에서 상모특기를 충분히 활용하여 예술성을 높이고 여자무용수를 추가하여 남녀대무의 형식을 취했다. 과거 몇 시간이나 걸렸던 농악놀이는 결국 10분 좌우 〈농악무〉로 재탄생하여 예술의 전당에 오르게 되었다.

농악무 창작을 위해 조득현은 여러 차례 연길현 동성용향에 찾아가 농민들과 함께 자고 일하면서 그들의 생활상을 관찰해 무용에 반영했다. 그리고 창작과정에서도 5~6차례나 동성용향을 찾아가 작품을 보여주고 수정을 거듭했다. 생산 생활적인 요소 이외에도 농악무에는 외국적인 요소나 현대무용 기법이 다양하게 사용되었다. 예를 들면 〈농악무〉에는 남성들이 뛰어 솟는 춤들이 많다. 앉아 있는 여성들의 머리 위로 날아 넘는 일명 '슈깡'이라는 것인데, 민간 농악놀이에서는 찾아볼 수 없는 동작이다. 이 동작은 발레의 솟아오르는 뜀과 민족형의 자세를 결합하여 새롭게 창조한 것이다. 그리고 결말부분에 남녀 쌍쌍이 희열의 감정을 뿜으며 서로 마주보면서 소고채로 소고의 변을 치다가 눌러 소고울림을 막으면서 돌아치는 장면이 있다. 마치 추운 러시아 광야에서 남녀가 땀이 나도록 손발을 빠르게 치고 돌면서 추위를 이겨내는 쾌감의 장면과도 같은 것이다. 마지막에는 가속도가 붙으면서 여성은 원 자리에서 도도리로, 남성은 한쪽 무릎을 굽혀 들면서 무릎에 소고를 박아세우고 소고채를 돌리다가 꼭두상 조형으로 마무리한다. 관중들에게 열광적인 러시아 무용의 느낌을 주는 내용인데, 이는 민간 농악놀이의 한 기법에 외래의 것을 절묘하게 결합시킨 것이다.

고도의 책임감과 예술적 감각을 바탕으로 하여 새로 창작된 〈농악무〉는 사회주의시대 풍년을 맞이한 농민들의 즐거운 심정과 정부에 대한 고마운 마음을 충분히 반영했다는 평가를 받았다. 1951년 8월 13일 연길시 스탈린극장에서 열린 '연변 제1회 업여문예회연대회'에 첫선을 보인 〈농악무〉는 대중들과 문화예술계에 큰 반향을 불러일으켰다. 당시 중국공산당 연변위원회 선전부장 최채는 조득현의 〈농악무〉를 다음과 같이 평가했다.

> 〈농악무〉는 민족민간의 예술전통을 똑바로 받았을 뿐만 아니라 개조하고 창작하여 현실 생활을 표현했고 인민들의 사상정서와 감정을 표현했다. 즉 모택동시대의 인민들의 열렬한 새 생활을 그렸다. 그러므로 이 작품에 풍부한 예술성이 있는 외 비교적 높은 정치성 · 사상성이 내포하여

군중에게 교육하는 의의가 크다. 또한 이 작품의 형식은 낡은 민족형식이 아니고 외래의 형식에서 선진적이며 적합한 것을 흡수하여 새로운 민족화한 군중형식이다. 즉 조선족 인민이 가장 좋아하고 사랑하고 환호하는 형식이다.

1952년 10월 〈농악무〉는 '길림성문예회연대회'에서 창작 일등상을 수상하고, 얼마 뒤 장춘영화촬영소에서 다큐멘터리로 제작하여 전국에 방영되기도 했다. 1953년 7월에는 요녕성 심양시에서 열린 '동북3성 제1회 희극음악무용회연대회'에서 우수작품으로 선정되었다. 그 뒤 선후로 1957년의 '전국무용주연출'과 1959년의 '건국10주년 헌례연출'에 참가하여 단원들이 모택동 주석을 비롯한 중앙 지도자들의 접견을 받기도 했다. 이런 과정을 통해 무대예술화한 〈농악무〉는 연변뿐 아니라 전 동북지역의 조선족 집거구역에 신속하게 보급되기 시작했다. 1998년 조득현의 〈농악무〉는 문화부로부터 중국 20세기 고전작품에 선정되었다.

2) 〈영원한 평화와 행복을 위하여〉

1951년에 창작된 이 작품은 조득현이 당시 중국공산당 연변조선족자치주위원회 선전부장 최채의 구두 구상에 따라 만들어진 무극이다. 원래 계획대로라면 무려 4막으로 구성된 대형 작품이었으나, 인력과 물력의 부족으로 그 중에서 1막만 무대에 오르게 되었다.

1막은 모두 4장으로 구성되었다. 1장에서는 수양버들이 늘어지고 초가집이 옹기종기 들어앉은 마을 공터에서 색동저고리를 입은 어린 아이들이 숨바꼭질을 한다. 붙잡힌 아이가 춤을 추면, 다른 아이들도 함께 춤을 추면서 평화롭고 행복한 시간을 보내고 있다. 당시 최채・허세록・조득현의 딸이 각각 어린이 역을 맡았다.

2장에서는 이 마을에서 펼쳐진 두 쌍의 혼례식을 보여주고 있다. 남정들이 떡을 치면 아낙들은 함지에 떡을 이고 나와 혼례상을 차린다. 이어서 떡메춤과 물동이춤이 등장하고 혼례 사회자의 지시에 따라 신혼부부가 청실홍실로 이은 술잔으로 교배주를 마시면 동네 사람들은 너도나도 할 것 없이 나와 춤판을 벌인다.

3장에서는 미군의 전투기가 등장하여 한창 노래와 춤에 휩싸인 잔치마당에 폭탄을 터트린다. 졸지에 마을은 아비규환이 되고, 혼례식을 구경하던 아이가 폭탄에 맞아 목숨을 잃는다. 죽은 아이를 부둥켜안고 울부짖는 어머니의 장면으로 3장을 마무리한다.

4장에는 결혼식도 제대로 올리지 못한 두 신랑이 전쟁의 참극을 지켜보며 자진하여 참군한다. 그리고 신인들이 애써 갈라지는 장면, 아내의 지지, 전장으로 나가는 장면을 끝으로 무극이 막을 내린다.

이 무극은 당시의 정치상황을 무대예술에 훌륭하게 승화시킨 기념비적 작품으로 인정받고 있다.

3) 〈옥중전가〉

1963년에 창작된 이 작품은 항일전쟁시기 여성 공산당원 김정길 열사를 노래한 3인무이다. 사실적인 창작을 위해 조득현은 친히 연길 감옥에 가서 생활체험을 하고, 김정길 열사의 친척을 통해 그의 이야기를 수집했다. 무용의 전개과정은 다음과 같다.

감옥에서 김정길 열사가 코바늘로 뜬 침대보를 뜨고 있다. 그녀는 옷에서 피로 물든 솜을 뜯어내 실을 꼬고, 그것으로 침대보 위에 “연길현 제4감옥 김정길 신음고통" 등 글자를 수놓았다. 진짜 유품은 현재 연변박물관에 소장중이다. 이어 두 명의 일본 경찰이 등장하여 이리저리 당기면서 고문을 하는 장면이 표현되고, 마지막에 열사가 "중국공산당 만세"를 수놓은 침대보를 펼쳐 들고 사형장에 나가는 것으로 막을 내린다. 3인무이지만 인물·정절·내용 등 면에서 무극의 특징을 다분히 담고 있는 작품이다. 안무가에게 가장 힘든 것이 바로 현실생활을 어떻게 무용동작과 장면으로 형상화하는 것이다. 코바늘을 뜨는 손동작, 일본 경찰이 고문하는 장면 등을 무용화하기란 결코 쉽지 않은 일이었지만, 조득현은 세밀한 관찰과 다양한 무용언어로 관중들에게 작품의 주제를 정확하게 전달하였다. 〈농악무〉와 달리 〈옥중전가〉에서는 빠른 절주와 경쾌한 음악, 현란한 무용동작이 보이지 않는다. 오히려 사람의 정서를 차분하게 만들고 그 속에서 삶의 의미에 대해 사색하게 하는 순수 예술작품이다.

4) 〈선종과 추수〉

1964년에 창작된 이 작품은 농사일 노동을 노래한 시리즈 무용이다. 이에 앞서 조득현은 작품창작을 위해 작곡가와 무용수를 거느리고 연길현 태평촌에 체험을 내려갔다. 돌아오는 길에 개구리와 뱀장어를 잡아 점심을 끓여먹고 그 길로 다시 동성용촌에 내려갔다. 휴식시간에 이들이 벼 밭에 누워있는데, 햇볕이 쨍쨍 내리쬐던 날씨가 삽시에 소나기가 내리기 시작했다. 얼마 후 비가 그치자 하늘에는 무지개가 아름답게 걸려있었다. 이 광경을 보고 조득현은 선종과 추수라는 주제로 무용을 창작하게 되었다. 선종은 가을 전에 종자로 쓸 벼이삭을 따로 추려내는 것이고, 추수는 가을을 말한다.

이 작품을 위해 조득현은 당시 연변에서 유명세를 타던 안도현 만보향에 체험을 내려갔다. 당시 만보에는 농촌과학자 류창은이 살고 있었다. 그는 연길현 이란향에서 중학교를 졸업하고 농사를 짓다가 후에 안도현 만보향에 이사를 왔다. 당시 이곳에서는 기후 때문인지 박이 제대로 열리지 않아 촌민들이 바가지를 마련하기 힘들었다. 그런데 그가 여러 차례의 실험을 통해 박을 성공적으로 재배하게 되고, 얼마 뒤에는 무상기가 짧아 벼가 결실을 맺지 못하는 문제까지 해결하였다. 만보향에서는 류창은의 덕분에 쌀밥을 먹을 수 있게 되었고, 이 때문에 그는 선진일군이 되고 정부에서는 만보촌과 멀리 해남도에 실험실을 만들어 주었다. 조득현이 만보향을 찾은 것도 이 때문이었다.

마을에 도착하자 여성 무용수들은 촌민과 함께 종자로 쓸 이삭을 추렸고, 남성 무용수들은 허리끈을 동이고 벼 가을을 하기 시작했다. 조득현은 옆에서 이 과정을 세심히 지켜보면서 여성들이 이삭을 따는 동작, 처마 밑에 거는 동작, 남성들이 벼 가을하는 동작 등을 춤으로 구상했다. 예견대로 이 작품도 대성공을 거두었다.

이 시기 조득현의 모든 무용작품은 철저하게 생활체험을 통해 완성되었다. 당시에는 전국적으로 예술 창작과 공연을 인민대중과 함께 먹고 자고 일하면서 전개하도록 했다. 따라서 연변가무단의 경우 단원들은 집에서 생활하는 시간보다 농촌에서 일하는 시간이 더 길었다. 이들은 군인처럼 이불 짐을 메고 농민의 집에 투숙하면서 농민과 같이 농사일에 종사했고, 저녁이면 이들을 위해 문예공연을 했다. 공연장소가 없으면 심지어 외양간에서 공연을 하기도 했다. 그럼에도 불구하고 매번 무용복을 깨끗이 갈아입었으며, 추운 겨울일지라도 얇은 무용복 밑에 옷을 껴입지 않고 공연에 임했다. 농민들은 타작이 끝나면 겨울 내내 휴식을 취할 수 있었지만 이들은 군부대나 공장에 위문공연을 쉬지 않고 다녔다.

4. 맺음말 : 조득현의 업적

조득현은 중국조선족 민족무용의 선구자다. 또한 중국 무용계에서도 가장 먼저 서양무용을 도입한 무용예술가이며, 높은 예술적 경지에 이른 이론가이자 교육가다. 건국 후 중국은 모든 방면에서 소련을 모방하고 따라 배웠는데, 예술분야 역시 마찬가지였다. 조득현은 외국인으로서 당시 소련의 주류문화이자 자존심인 발레를 전공했고, 실제로 유명한 러시아 예술인들과 함께 중요한 무대에 서서 천부적 재능을 과시했다.

이런 능력과 자신감을 바탕으로 조득현은 중국에서 가장 먼저 서양발레를 보급시켰고, 일련의 창작과정을 통해 당대 조선족 민족무용의 발전방향을 제시했다. 조득현의 창작예술을 한 마디로 개괄한다면 서양무용의 언어와 기법을 도입하여 조선족 민간민속무용을 공연무대화시키고, 거기에 강렬한 시대성을 부여했다는 점이다. 이런 선도적 작업은 서양 현대무용의 정수를 장악한 조득현이 아니면 누구도 시도할 수 없는 것이다. 〈농악무〉도 이와 같은 과정을 통해 세상에 태어나게 되었고, 그 뒤 많은 예술인들이 이 길을 따르고 모방하면서 조선족 민족무용의 특색이 만들어지고 발전방향이 결정되었다.

조득현은 저명한 교육가이기도 하였다. 그의 건의와 구체적인 실천이 없었다면 연변예술학교는 애초 설립될 수 없었다. 연변이 중국에서 '가무의 고향', '예술의 고향'으로 불리게 된 것도 연변예술학교라는 민족예술인재 양성센터가 있었기 때문에 가능했다. 60여 년래 연변예술학교(현 연변대학 예술학원)에서는 수많은 예술인재를 배양하여 연변가무단과 각 현 · 시 예술단, 동북지역 조선족문화관에 파견함으로서 조선족 예술단체의 성장과 민족예술의 발전에 지대한 공헌을 했다.

조득현은 또한 독특한 표현방법론을 제시한 예술이론가이다. 조득현의 표현방법론은 그의 해박한 지식과 장기간의 연구로 만들어진 것이다. 특히 노년에는 해부학과 심리학까지 두루 섭렵하면서 드디어 생리학을 기초로 한 표현방법론을 완성하였다.

기존 연구들은 배우의 표현문제에 대하여 내면적 체험을 강조하며 심리적 측면에만 주목해 왔다. 따라서 심리학도 생리학을 기초로 성립이 된다는 점에도 불구하고, 인체 생리조건에서 출발한 조건반사에 대하여 전혀 관심을 가지지 않았다. 이에 반해 조득현은 훈련을 통해 신체를 생리적으로 조작할 수 있으며, 나아가 인물성격도 육체적으로 창조할 수 있다는 기초 상에서 심리적인 상상을 결합한다면 보다 생생하게 살아있는 인간의 형상을 표현할 수 있다고 주장한 것이다. 조득현의 이같은 표현방법론은 학문적으로 난해하고 경험적으로 터득하기 어렵기 때문에 지금까지도 큰 관심을 받지 못하고 있다.

요컨대, 조득현은 조선족 무용을 위해 일생을 바쳤다. 해방 후 친구가 한국에서 발레를 발전시키자고 했을 때에나 조선의 국립극장에서 무용교원으로 남으라 했을 때, 그리고 북경의 무용학교에서 발레교원으로 초청했을 때에도, 그는 추호의 망설임 없이 조선족민족무용을 선택했다. 이 길을 걷기 위해 조득현은 많은 고통을 감수해야 했고, 가족들까지 불이익을 당해야 했다. 맏딸 조인혜는 북경무용학원을 졸업하고 무용연구소에 취직했으나, 민족무용의 발전을 위해 연변예술단에 돌아오라는 부친의 권유 때문에 수많은 성공의 기회를 놓쳐야 했다. 아들 역시 북경무용학원을 졸업하고 해군가무단에 취직을 앞두고 있었으나 아버지의 정치성분 때문에 제명을 당할 수밖에 없었다. 그렇지만 조득현은 꿋꿋하게 자신이 선택한 길을 견지했고, 그에게 모진 고통과 아픔을 준 사람까지 너그럽게 용서하였다.

조득현은 시종일관하게 다음과 같이 주장했다. 무용은 인간을 탐구하는 예술이며, 그 목적은 인간의 잠자는 영혼을 깨우쳐주는데 있다는 것이다. 이 말은 무용이 재미있고 화려한데 그쳐서는 안되며, 궁극적으로 사람이 어떻게 하면 올바르게 살 수 있을지에 관한 깊은 고민을 제시할 수 있어야만 사회적으로 인정받는 예술로 승화할 수 있다는 것이었다.

|주요저술 목록|

1) 단행본

『농악무』, 연변인민출판사, 1981.

『조득현 표현방법론 : 생리학을 기초로 한 배우의 표현에 대하여』, 연변인민출판사, 2003.

2) 무용작품

〈병사춤〉

〈소고춤〉

〈노동자의 승리〉

〈아름다운 마을〉(녀성군무)

〈참군〉(소형무극)

〈집체농장무〉(군무), 1949.

〈우크라이나무용〉(군무), 1949.

〈여명〉(일명 공인무), 1949.

〈농악무〉(남녀군무), 1951.

〈행복한 젊은이들〉

〈영원한 평화와 행복을 위하여〉(무극), 1951

〈활춤〉(쌍무), 1952.

〈어머니〉(여성독무), 1955.

〈팔선녀〉(무용극), 1956.

〈유쾌한 노동〉(남성쌍무), 1959.

〈홍기하강반에 붉은기 휘날린다〉(무용극, 주요안무자), 1962.

〈장고춤〉(여성독무), 1957.

〈풍수의 노래〉

〈혁명전가〉(대형가무, 주요안무자), 1962.

〈옥중전가〉(3인무), 1963.

〈친선의 물결〉(대형가무극, 주요안무자), 1964.

〈선종과 추수〉(시리즈무용), 1964.

2. 연변대학 역사학과 건설의 중견
: 황룡국黃龍國(1927~2012)

리홍석李洪錫

황룡국

1927년 3월 25일 길림성 연길시 출생.

1943년 3월 ~ 1946년12월 연길중학 학생.

1947년 3월 ~ 1948년 7월 연변민주학원 교육학부 학생.

1948년 9월 ~ 1952년 2월 안도현 중학교 역사교사, 교감, 당총지서기.

1952년 3월 ~ 1953년 7월 동북사범대학교 역사학부 사범반 학생.

1953년 11월 ~ 1956년 7월 연변대학교 역사학부 교수(당총지서기).

1956년 9월 ~ 1958년 7월 화동사범대학교 역사학부 세계근현대사연구생반 학생.

1958년 9월 ~ 1960년 12월 연변대학교 정치역사학부 교수.

1961년 1월 ~ 1962년 7월 중공연변주당위원회 지방당사사무실 주임.

1962년 8월 ~ 1969년 12월 연변대학 정치역사학부 조교수, 세계사 교연실 주임.

1965년 2월 ~ 12월 안도현 모 지방에 공작대 근무.

1970년 1월 ~ 1972년 9월 연길현 팔도향에 하향.

1972년 10월 ~ 1978년 7월 연변대학교 정치학부 역사교연실 조교수, 국제공산주의운동사교연실 실장.

1978년 9월 ~ 1980년 11월 연변대학교 역사학부 당총지서기 겸 학부장.

1980년 ~ 1986년 연변대학교 역사학부 학부장.

1. 머리말

연변대학교 인문사회과학대학 역사학과는 1949년 개교와 함께 창립되었다. 그러나 문화대혁명의 영향으로 1960년부터 1978년까지 19년 동안 학생 모집이 정지되었다가 1979년에야 재개되었고, 그 뒤로 날로 성장하여 현재 전국에서 랭킹 18위까지 오르게 되었다. 그런데 만약 역사학과의 재건을 이끌었던 중추적 인물이 없었다면 이후의 발전은 상상할 수 없을 것이다. 그러한 과업을 자임한 사람이 바로 황룡국 교수이다. 황교수는 1991년에 학교를 떠나 2012년 5월 12일에 세상을 떠났으니, 금년은 별세 5주년이 되는 해이다. 이런 시기에 황 교수가 연변대학교 역사학과 건설에서 수행한 역할을 돌이켜 보며 기리는 일은 그에 대한 가장 큰 존경이고 기념이다.

2. 역사학자로서의 모범적 자세

황룡국 교수는 1927년 3월 25일 길림성 연길시의 한 가난한 가정에서 태어났다. 그러나 그의 어린 시절에 관해서는 상세한 기록을 찾아볼 수 없기에, 다만 그가 대학에 입학하여 역사학을 공부한 일로부터 이야기를 시작하려 한다.

황룡국 교수의 역사학 공부는 1952년 3월 동북사범대학교 역사학부에 입학하면서 시작되었다. 그리고 1954년 대학을 졸업한 뒤 연변대학교 역사학부에 부임하였고, 1956년 9월부터 1958년 7월까지 2년간 상해에 있는 화동사범대학교 역사학부 연구생반에서 공부하였다. 그때 화동사범대학교에서는 소련의 저명한 역사학자들을 초빙하여 연구생들에 대한 강의를 진행하였다. 황룡국 교수는 자신의 학문적 수준을 제고할 수 있는 절호의 기회라 생각하고 열심히 공부하였다.

사실 그때 중국의 대학에서는 '대명대방(大鳴大放)'이라는 정치활동이 한창 들끓고 있었기에, 학생들이 본격적으로 공부하기란 쉽지 않았다. 그러나 황교수는 자신이 그곳에 간 목적이 공부를 하는 것임을 재삼 상기하며, 가능한 한 정치적 모임에 적게 참가하며 힘써 전공인 역사학 공부에 열중하였다. 때문에 연구생 과정을 마칠 무렵, 화동사범대 측에서는 그가 "전공 학습만 중시하고 정치를 경시"했다고 평가했다.

이처럼 역사학에 대한 학구열이 매우 강렬하였기에, 그는 화동사범대학교에서의 연구생 학습 기한을 3년 더 연장해줄 것을 연변대학교에 요청하였다. 비록 그 요청이 성사되지 못했지만, 당시 연변대학교 역사학과에서 황교수는 유일하게 중국의 다른 명문대학에서 연구생 공부를 한 사람이 되었다. 그리고 이때 쌓은 학문적 소양과 중국어 능력에 힘입어, 연변대학교에서 강의를 시작한 이후 다른 조선족 교수들에 비해 더 유창한 중국어 강의를 할 수 있었고 중국어 논문도 더 많이 발표할 수 있었다.

3. 역사학부의 재건

황룡국 교수가 역사학부의 건설에서 수행한 가장 큰 역할은 행정사무 및 교육 방면의 두 가지로 나누어 볼 수 있다.

행정사무에서 가장 중요한 공로는 문화대혁명이 끝난 직후 역사학부 재건을 이끌었던 역할일 것이다. 문화대혁명이 끝나고 1978년 8월 연길현 팔도구향에서 연변대학교로 돌아온 황교수를 대학에서는 역사학부 재건지도소조 조장(역사학부 학부장 겸임)으로 임명하고 재건준비사업에 종사하게 하였다.

황교수가 조장이 된 데에는 세 가지 원인이 있었다. 첫째, 그가 1953년에 이미 전임강사가 된 역사학부의 노교수이자 1948년 중국 공산당에 가입한 노일대 공산당원이었다는 점이다. 그는 예전에 이미 역사학부 당총지서기, 세계사교연실 주임, 국제공산주의운동사교연실 주임 등을 역임했던 경험이 있어서 조직의 깊은 신임을 얻었기 때문이다. 둘째, 조선족 교원으로서 일찍이 동북사범대와 화동사범대 등 명문 대학에서의 학습 기간이 제일 오래되었기에 중국어 강의에 막힘이 없었다는 이유 때문이다. 셋째, 학문적 소양을 부단히 강화하여 이미 일정한 연구능력을 인정받았기 때문이다.

역사학부 재건 과정에서 가장 중요한 임무는 훌륭한 교수 진영을 건설하는 일이었다. 이를 위해 그는 우선 문화대혁명 이전부터 역사학부의 교편을 잡았었던 고영일・김구춘・방학봉・김기봉・박진석・박창욱・지희겸・김철・왕숭실(王崇實, 길림대학 역사학부 졸업) 등 노교수들의 직무를 회복하는데 적지 않은 노력을 기울였다. 그리고 중국어 강의의 수준을 높이기 위하여, 문화대혁명 전후 연변대학교 역사학부를 졸업한 학생들 가운데 중국어에 능통하고 성적이 우수한 인재들을 교수진에 초빙하였다. 그 중에는 김원길(1959년 졸업), 강맹산(1964년 졸업), 방민호(1983년 졸업), 이종훈(1983년 졸업), 강용범, 이성수(1983년 졸업) 등이 대표적이다.

특히 연변대학교만의 폐쇄적인 틀에서 탈피하여 국내 기타 대학 졸업생 중 우수한 인재들을 초빙하는데 많은 노력을 경주하였다. 황 교수는 주위의 모든 인적 네트워크를 활용하여 다른 대학을 졸업한 우수한 인재들을 많이 물색하였다. 이리하여 선후로 전춘원(1960년 요녕대학 역사학부 졸업), 방영춘(1961년 길림사범대학 역사학부 졸업, 연변주 수리처 과원), 권립(1959년 요녕대학 역사학부 졸업, 연변일보사 기자), 차승파(1961년 길림대학 역사학부 졸업, 연길시 제1고등학교 교사), 차문섭(1961년 길림대학 역사학부 졸업, 연변사범학교 교사), 박영희(1985년 동북사범대학 역사학부 졸업) 등을 영입하였다. 이렇듯 다른 학교의 우수한 졸업생을 교수로 초빙하는 일은 그 후 역사학부의 훌륭한 전통이 되어 지금까지도 도처의 인재들이 연변대학교 역사학부로 들어와 교육과 연구 방면에서 커다란 역량을 발휘하고 있다.

더 나아가 역사학부 대다수 교수들이 조선족이어서 중국고대사, 중국사학사, 고대중국어, 중국고대역사문헌 등 과목을 담당할 교원이 없는 실정에 비추어, 종혜옥(宗惠玉, 1961년 동북사범대학 역사학부 졸업), 왕세영(王世英, 1959년 동북사범대학 중문학부 졸업), 유자민(劉子敏, 1963년 동북사범대학 중문학부 졸업), 맹경의(孟慶義, 1985년 동북사범대학 역사학부 졸업) 등 한족 교수들을 대담히 초빙하였다. 이리하여 연변대학교 역사학부의 중국사 및 중국고대역사문헌 등의 과목에 대한 교육의 공백을 메우게 되었다.

4. 행정사무와 교육에서의 모범

학부를 재건한 후, 황룡국 교수는 역사학부 학부장으로서, 역사학부의 일반 행정과 교육에서도 많은 모범을 보여주었다.

황룡국 교수의 행정사무에서의 모범은 아래와 같은 다섯 가지 측면에서 나타난다. 첫째, 사업에 집중하여 고생도 마다하지 않았고 원망도 두려워하지 않았으며 개인의 이해득실을 따지지 않았다. 둘째, 온갖 심혈을 다 하여 역사학부의 발전계획을 수립하고 부단히 개혁함으로써 역사학부의 기틀을 잡아 놓았고, 금후의 휘황한 발전을 위해 견실한 기초를 닦아놓았다. 셋째, 집단 내부의 단결을 위하여, 원칙을 견지하면서도 민주적 작풍을 발휘하여 좋은 성과를 거두었다. 넷째, 상시적으로 수업 참관 및 학생 좌담회를 조직하여 교육 방식에 관한 의견을 청취하면서 역사학부의 교육 수준을 제고하기 위해 최선을 다하였다. 다섯째, 학생 기숙사를 자주 참관하고 생활이 어려운 교수들의 가정을 방문하여 제때에 문제를 해결함으로써 학부장의 위치를 잘 지켜냈다.

다음, 황 교수는 교수에서도 역사학부 교수들에게 모범을 보여주었다.

우선, 황룡국 교수는 1953년에 연변대학교 역사학부에 임직한 후 이직하기 전까지 줄곧 학부생의 세계현대사 강의를 맡았고, 1972년부터는 국제공산주의운동사 강의도 겸임했다. 당시에는 전국적으로 대학생들의 세계현대사에 통용되는 교재가 없었는데, 이러한 정황에서 그는 수많은 자료를 수집하여 자체적으로 교재를 편성하여 사용하였다. 1958~1974년 사이 선후로 세 차례나 세계현대사 자체편성 교재를 내부 인쇄하여 역사학부 학생들 및 역사학부 방송통신생들의 교육에 사용하였고, 이는 문화대혁명 이후까지 이어졌다. 또한 통일된 교과서가 없는 상황에서 황 교수는 특강 형식의 강의를 많이 진행하였는데, 그의 강의는 사료가 풍부하고 역사이론과 사실을 잘 결합하여 진행하였기에 학생들의 많은 호평을 받았다고 한다. 그 과정에 황 교수 본인도 풍부한 교육 경험을 쌓을 수 있었는데, 이리하여 연변대학교 역사학부의 세계현대사 교육의 기틀이 마련될 수 있었다.

황룡국 교수는 또한 연변대학교 역사학부를 재건한 이후 제1대 학부장과 최초의 석사 연구생 지도교수로, 연구생 양성에서도 모범을 보였다. 1979년 연변대학교에서는 국가교육부로부터 조선근현대사 분야의 석사학위 수여권을 획득하였는데, 황 교수는 그때로부터 이직 전까지 줄곧 조선근현대사 석사연구생들의 조선현대사 강의와 더불어 조선족사, 조선독립군, 중조연합항전에 관한 강의도 담당하였다. 강의 과정에 그의 가장 독특한 교수방법은 연구생들의 사료수집능력을 제고하기 위하여, 연구생들에게 상시적으로 사회조사를 진행하게 한 점이다. 이를테면, 1981년 상반년에 집중 강의를 진행한 후 하반년에 연구생들을 4개월 동안 외지에 파견하여 역사사회조사를 진행하게 하였다. 이러한 실천 과정에서 연구생들은 직접 자료를 수집하는 능력을 제고하게 되어 좋은 효과를 보았다. 강의뿐만 아니라 황 교수는 연구생들의 졸업논문도 매우 열심히 지도하였고, 그 결과 이직 전까지 14명의 연구생이 석사학위를 수여받을 수 있도록 지도하였다.

요컨대, 황룡국 교수는 행정사무나 교수임무를 막론하고 시종 참답게 책임지고 완성하였기 때문에, 그가 학부장으로 있는 기간 동안 역사학부의 사무는 약간의 흐트러짐 없이 조리 있게 진행되었다. 교수과정에서도 조금도 빈틈이 없었고 교수효과도 좋아 학생들의 좋은 평가를 받았다. 이리하여 1985년 황 교수는 길림성 인민정부로부터 우수인민교사 칭호까지 받게 되었다. 1991년 11월 이직한 뒤에도 황 교수는 여전히 석사연구생 지도 뿐 아니라 학부생 강의도 맡았다. 1995년에 그는 연변대학교 학위위원회와 연구생교육사업의 특수공헌상을 받았다.

5. 역사학 연구에서의 모범

황룡국 교수는 연변대학교 역사학부의 박창욱 교수 등과 함께 가장 먼저 중국조선족의 역사에 대한 연구를 시작하였다. 그가 학부장이라는 행정 보직을 맡고 있으면서도 학술 연구의 성과에서 다른 교수들에 뒤지지 않고 오히려 앞장섰다는 것이 특히 돋보이는 부분이다.

황룡국 교수의 연구활동 가운데 가장 주목되는 점은 중국조선족사 자료에 대한 발굴 작업이다. 조선족 사료의 조사 및 발굴 작업은 1956년부터 시작되었는데, 이는 당시 중국의 정치 형세와 밀접한 관련이 있었다. 당시 중공중앙에서는 '지식분자공작에 관한 회의'에서 "과학을 향해 진군"이란 호소를 내렸고, 이에 호응하여 연변대학교에서는 처음으로 과학연구공작과 학술활동을 중시하기 시작하였다. 특히 국무원 민족사무위원회의 창의 하에 1957년에 중앙민족연구소, 중앙민족대학교, 북경대학교, 길림대학교, 동북사범대학교, 연변대학교 등에 소속된 60명의 역사학자들로써 '중국조선족역사조사조'를 구성하였는데, 여기에는 연변대학교의 황룡국・박창욱・김봉각・고영일 교수 등이 포함되었다. 당시 국제적으로 폐쇄되고 국내적으로 정부 당안이 공개되지 않은 상황에도 불구하고, 조사조는 중국조선족 사회에 대한 대규모적인 자료수집과 연구활동을 진행하기 시작하였다. 조사내용은 주로 중국조선족의 이주사, 동북수전개발사, 조선족혁명투쟁사이다. 당시 황룡국 교수는 주로 중국조선족 혁명투쟁사를 책임지고 조사연구하였다. 그리고 1961년에 「항일 여영웅 이계순 동지의 혁명투쟁사적」을 써서 연변라디오방송을 통해 널리 보도하였다.

그 후에도 그는 여러 차례에 걸쳐 중국조선족 역사에 관한 조사 및 연구 활동에 참여하였다. 1962년에는 길림성 당사편찬위원회 공작에 참가하여 연변지방 당조직연혁에 관한 자료를 편찬하였는데, 그때 황 교수는 노 동지들을 방문하여 8편의 회고록을 수집하여 길림성편찬위원회에 제공하였다. 1974년에는 길림성 소수민족사회역사 조사조에 참가하였고, 특히 1981년 5월부터 10월 중순까지 연변조선족자치주위원회에서 조직한 '연변역사조사조'에 참가하여 연변 및 통화 지역의 8개 현, 3개 시의 역사에 대한 조사를 진행하였다. 그 가운데 그는 크고 작은 많은 곤경을 극복하면서 연변 인민의 항일투쟁에 관한 자료를 수집하였던 바, 그 성과가 아주 뚜렷하다고 한다.

조사활동을 통해 수집한 자료에 근거하여 황룡국 교수는 적지 않은 논문을 발표하였다. 1963년에 역사학부 학술보고회에서 「1930년 연변의 3차혁명 고조」라는 논문을 발표하였는데, 이는 그가 연변대학교에서 처음 발표한 논문이다. 그러나 문화대혁명 기간 여러 가지 영향으로 인해 더 이상 논문을 발표할 수가 없었고, 그의 나머지 논문들은 모두 문화대혁명이 끝난 후에 발표되었다. 1980년 『연변대학학보』 제1기에 발표한 「1930년 연변의 붉은 5월 투쟁」은 그가 대학교수로서 처음으로 공개적인 간행물에 발표한 논문이다. 이 논문은 그 당시 "중국 조선족 역사를 연구하는 데 있어서 아주 가치 있는 문장"이라는 평가를 받았다. 그 후 그는 『연변대학학보』 1984년 제3기에 「동만항일유격근거지 건설에 관한 몇 가지 문제」를 발표하였다.

문화대혁명 이후 1980년대 중국의 모든 대학의 역사학 분야에서는 연구자료 및 학술수준의 한계로 인하여 학자들이 독자적인 저작을 쓸 수 없는 형편이었다. 따라서 공동으로 출판하는 저작들이 많았는데, 편벽한 지역에 위치한 연변대학교에서 공동저작을 발표하는 일은 결코 쉽지 않았다. 하지만 황룡국 교수를 비롯한 역사학 교수들은 현실적 난관을 극복하고 연변 역사학계가 가장 필요로 하는 저작을 공동으로 써냈다. 그중 가장 중요한 저작이 『조선족간사』와 『조선족혁명투쟁사』 2부이다.

『조선족간사』는 중국조선족 역사에 관한 첫 번째 저작이다. 이는 1958년부터 국가민족위원회, 길림성 민족위원회 등의 위탁을 받고 황룡국 교수 등이 공동으로 연구를 시작하여 1959년에 초고가 완성되었고 1986년에 정식 출판되었다. 그 중에서 황룡국 교수는 항일투쟁부분 제2, 5, 6장을 집필하였다. 출판 후 이 저작은 길림성 사회과학상을 수여받았다. 『조선족간사』는 출판 이후 지금까지 두세 차례의 수정을 거쳤지만, 기본적인 체계와 관점이 조선족 역사의 객관적 사실에 부합되었기에 줄곧 연변대학교 역사학부 학부생들의 중국조선족사 과목의 교재로 사용되고 있다.

『중국조선족혁명투쟁사』는 중국조선족의 혁명투쟁에 관한 첫 번째 저작으로, 황룡국 교수가 주필을 담당하여 1987년에 완성하였고 1988년 요녕민족출판사에서 출판하였다. 그중 황 교수는 제1, 4, 5장의 도합 12만 자를 집필하였다. 이 저작의 자료는 주로 『일본외교문서』, 『근대사자료』, 『일본외무성경찰사』, 『통감부파출소기요』, 『만주공산비연구』, 『만주와 조선인』, 『천보산 광산사』 등 많은 일문 당안자료, 『청계외교사료』, 『길림연길도윤공서당안』 등 청나라 당안 자료, 『재만한국로농운동결의초안』(1930.05.24), 『동만특위 보고』(1932.11.02), 『중앙에 보내는 동만특위의 사업보고』(1933.01), 『동만특위에 대한 만주성위의 사업지시』(1932.02.20) 등 만주성당위원회 당안자료 등을 이용했기에 신빙성이 비교적 높다. 이 저작은 요녕성 신문출판국 우수도서 2등상을 수여 받았다.

그 후 황룡국 교수는 『조선족발자취총서』 제3책 『봉화』의 주필을 맡아 완성하였고 1989년에 민족출판사에서 출판하였으며, 그 외에도 많은 글을 발표하여 중국조선족에 관한 역사지식을 홍보하고 보급하는 데 큰 역할을 하였다. 이를테면, 「림강외차구(臨江外岔溝) 전투」(『조선족백년사화』, 요녕인민출판사, 1984), 「화룡현위 군사부장 방상범(方相範) 열사」(『장백용사』 제3집, 연변인민출판사, 1987)이 대표적이다.

요컨대, 황룡국 교수는 자료가 적은 시대적 조건에서 자신의 연구능력을 최대한으로 발휘하여 많은 성과를 발표하였는데, 그의 노력은 연변대학교 역사학부의 미래를 위해 아주 훌륭한 본보기를 보여주었다.

6. 학술교류에서의 모범

황룡국 교수는 학술연구 뿐 아니라 학술교류에서도 모범을 보여주었다. 이는 세 차례의 국내외 학술회의에서 잘 표현된다.

우선 황교수가 참가한 대표적인 국외 학술회의로는 1988년 11월 미국 로스앤젤레스에서 진행된 조선무장독립운동사 국제학술회의이다. 그때 황룡국 교수는 「중국동북지역 조선독립군의 무장항쟁(1931~1937)」이란 논문을 발표하여 국외학자들의 높은 평가를 받았다. 연변대학교 교수가 미국에서 열린 학술회의에 참가하여 논문을 발표한 것은 역사학부 건립 이래 이때가 처음이었다.

또한 국내학술회의로는 1979년과 1980년 연변대학교에서 개최한 제1차 전국조선역사학술회의와 제2차 전국조선역사학술회의가 대표적이다. 제1차 전국조선역사학술회의에서 그는 「2, 30년대 조선공산주의자들의 중국동북에서 진행한 반일민족해방투쟁의 몇 가지 문제」를 발표하였고,[1] 제2차 전국조선역사학술회의에서는 「조선공산주의자들

---

1 이 글은 대외문제로 인하여 간행물에 공개발표하지 못했다.

의 중국동북에서 활동한 정황」을 발표하였다. 이상의 두 편 논문은 비교적 높은 학술 수준을 구비하였다는 점에서 회의 참가자들의 호평을 받았다.

이렇게 황룡국 교수의 학술 수준은 국내외 학자들의 보편적인 긍정과 정부의 인정을 받았다. 그 결과 그는 중국조선역사연구회 이사, 연변역사학회 이사장을 맡았고, 1983년 그는 길림성 인민정부의 교수, 부교수 평심위원회 학과평심소조 성원으로 당선되었다. 이 때문에 그의 학술적인 영향력은 국내외에 많이 알려졌다. 또한 이로 인하여 국내 각 부문에서는 황 교수에게 조선족 역사와 관련된 많은 심열을 요청하였다. 그중 대표적인 것으로는 1986, 1987년 연변인민출판에서 『남만(南滿) 인민의 항일 투쟁사』, 『박춘일(朴春日)의 항일투쟁 회억록』에 대한 심열을 위탁한 것이었고, 그밖에도 연변조선족자치주 민정국에서도 『장백용사(長白勇士)』 제2집과 제3집에 대한 심열을 위탁받은 바 있다.

상술한 그의 학술적인 공헌을 인정하여, 2010년 중국조선역사연구회에서는 조선역사연구회의 발전과 중국조선족 역사연구소를 위해 뚜렷한 공헌을 한 그에게 감사패를 드렸다.

7. 맺음말

황룡국 교수는 재직 기간 연변대학교 교육사업의 발전을 위해 자신의 일생을 다 바쳤다. 그는 40년이라는 교육생애에서 자신의 수양과 학술연구에 힘썼으며 높은 덕망으로 많은 제자들을 키워냈다. 또한 행정사무의 분야에서도 온갖 심혈을 기울였고 교육에 정진함에 있어서 조금도 소홀하지 않았다. 늘 적극적으로 과학연구를 진행하여 부단히 새 것을 창조하기에 노력하였으며, 성심성의로 동료와 선생들을 대하였고 남을 잘 배려하였다. 학생들 가르침에 있어서 그는 항상 자신의 행동으로써 모범을 배워주었고, 가장 소박한 언어와 진실한 행동으로써 학생들에게 어떻게 학습하고 어떻게 사람이 되는가 하는 것을 가르쳐주었다. 그는 독특한 학식과 참다운 인격으로써 많은 학생들의 존중과 사랑을 받았기에, 지금까지도 연변대학교 역사학과 후배들의 본보기로 남아 있다.

3. 조선족 교육사 연구의 선구자

: 허청선許青善(1928~현재)

김해영金海英

허청선

1928년 함경북도 명천군 상가면 서부덕 출생.

1943년 연길 소영자로 이주, 마반산 국민우급학교 4학년에 편입.

1945년 간도사도학교 입학.

1949년 연변대학교 정치경제학부 입학, 곧 역사학부로 전공 전환.

1952년 10월 연변대학교 졸업, 연변대학교 심리학 교연실 교사로 남음.

1957년 교육학·심리학 교연실 대리 주임.

1959년 연변대학교 교무처 비서.

1961년 교육학·심리학 교연실 주임.

1978년 교육학·심리학 교연실 회복, 주임 역임.

1989년 퇴직, 연변대학교 교학검사지도조(교학독도조) 조장 역임.

2013년 연변대학교 와룡학술상 수상.

1. 머리말

내가 처음 허청선 교수님을 만난 것은 2007년 석사 과정을 졸업할 때였다. 그때 나는 연변대학교 세계사학과에서 조선역사를 전공하며 졸업논문 답변을 갓 마쳤을 즈음이다. 박사학위 공부를 더 하고 싶다는 나의 생각을 여기저기 알리던 중 역사학과의 김태국 교수님과 민족연구원의 박금해 교수님의 소개로 허청선 교수님을 만나 뵙게 되었던 것이다. 나를 본 교수님의 첫 물음은 "공부를 마친 다음에 어디 다른 곳에 가지 않고 연변대학에 올 수 있겠소?"였다. 매우 직설적이었지만 아주 부드러우면서도 여지가 없이 강경한 태도였다. 나 역시 솔직하고 단호하게 "아이와 남편이 연변에 살고 있는데 어디로 가겠습니까? 저는 박사공부를 꼭 하고 싶습니다"라고 당장에서 답을 드렸다.

그때 이미 팔십이 되셨던 교수님은 정말 노장답게 한마디로 매우 깔끔하셨다. 외모며 성격이며 말투 모두 그러했다. 여차여차해서 대학의 모 부서 행정직으로 취직할 기회가 생겨 교수님을 찾아가 상담을 받았을 때도, 교수님은 추호의 동요 없이 "행정직을 한다고 해도 박사학위를 받은 다음 해야 되오"라며 단호히 그리고 엄격하게 말씀해 주셨다. 지금 돌이켜보면 나한테는 아주 중요한 전환점이 된 사건이었다. 그 후 내가 박사학위를 받는 과정에, 그리고 연변대학에 돌아와서까지 10년 동안 뵈어온 교수님의 모습은 언제나 그렇듯 겸손하고 정갈하며 한 점 흐트러짐이 없으셨다. 80세의 고령에도 불구하고 꿋꿋이 집필하시는 모습, 언제나 다정다감하게 건강을 조심하라 타이르시는 모습, 알뜰히 모으신 귀중한 자료들을 언젠가는 나에게 맡기시겠다며 늘 아껴주셨던 탓인지 비록 직접적인 사제관계를 맺지는 않았지만 나는 오래전부터 교수님을 스승으로 생각하고 많은 것을 배우고 있었다.

사실 나는 교수님의 생애를 정리하는 글을 집필할 자격이 못되는 사람이다. 하지만 아마 내가 교수님의 상당한 학술저서가 출판되었던 80대 태반을 곁에서 지켜본 복이 이런 인연을 만든 것 같다. 그러나 여러 가지로 걱정이 되어 교수님께 직접 문의하고 의견을 청취하며 이 글을 작성하였다. 따라서 대화를 나누는 동안 교수님께서 흘리셨던 기분의 변화와 기색을 함께 적기로 한다.

2. 학업

1) 어려운 생활 속에서도 계몽교육을 받았으니

허청선 교수님은 1928년 8월 조선 함경북도 명천군 상가면 서부덕 마을에서 허금동과 태은금의 독자로 태어났다. 일제 식민지시대라 조선인 대부분이 어렵게 살았지만, 서부덕 산골은 매년 풍재 때문에 농사조차 되지 않는 두메산골이었다. 물산이 풍부하지 못한 산골짜기에서 교수님 일가는 더욱 째지게 가난한 삶을 겪어야 했다. 먹을 것이 없어 기밀 껍질을 벗겨 죽을 쑤어 먹고 소나무 껍질을 벗겨 가마에 삶아 방치로 두드려 송기떡을 빚어 먹기도 하는 어려운 생활이었다.

그럼에도 불구하고 교수님께서는 공부의 기회를 놓치지 않으셨다. 당시 교수님 댁에서 소를 키웠는데, 소깔(소 먹이는 풀) 베는 임무는 늘 교수님 몫이었기에 소깔 베기 싫어서라도 공부를 해야겠다는 결심을 내렸다고 하신다. 그리하여 8~9세가 되었을 무렵부터 근처의 강습소에서 공부를 시작하였다. 당시 강습소는 일본 침략자들이 학교가 없는 산골 오지에 세우고 주로 일본어 교육을 시키던 교육 장소였다. 당시 학생은 3명 밖에 없었고 선생님도 단 한 분이었지만, 다행히 교수님은 김동섭이라는 훌륭한 선생님을 만나셨다. 교수님을 유달리 예뻐하셨던 김 선생님은 교수님이 집이 멀어 돌아가기 곤란할 때면 곁에 재우며 공부를 시켰고, 칠보산도 데려가는 등 무척 아껴주셨다고 한다.

어느 날 김동섭 선생님이 산수 공부를 하는 데 필요하다며 주판을 준비하라고 하시자, 교수님은 혼자 싸리나무를 베어 15리가 넘는 장에 내다 팔아 준비하셨다는데, 그 주판을 지금도 간직하고 계셨다. 80년 전 어려웠던 시절에 공부할 수 있는 계기를 만들어 준 어린 시절 선생님을 생각하시며, 교수님은 마치 그때의 소년 시절로 돌아가신 듯 눈시울을 붉히셨다.

2) 이주를 해서도 공부에 대한 마음은 여전하니

1943년 교수님이 16세가 되던 해 온 가족이 연변으로 이주하였다. 이유는 따로 없이 그냥 너무 가난했기 때문이었다. 연고라 하면 고향 뒷집에 살던 셋째 삼촌이 간도에 이주했는데, 그 분과 연락이 닿자 아버지가 자리를 잡으러 먼저 떠나고 교수님과 셋째 삼촌이 어머님과 함께 기차를 타고 두만강을 넘어 마반산(磨盤山) 역에 도착한 것이었다. 왜 이주는 늘 겨울에 했을까? 마반산에 내려 소영자 마을을 향해 한참을 걸어가는 그 길이 왜 그리 추웠던지, 교수님은 마치 당시의 느낌이 새록새록 되살아난 듯 몸을 움츠렸다. 아무 것도 없이 가난해서인지, 아니면 허허벌판이라서인지, 또 아니면 입은 것이 적어서였는지 아무튼 간도 땅에 들어선 그 당시 너무나도 추웠다는 것이다.

드디어 소영자의 어느 지주 집 헛간에 온돌을 펴고 자리를 잡았다.

엄동설한에 나무 문짝으로 바람이 쌩쌩 흘러드는 집에서 식구들은 굶거나 얼어 죽지 않은 것만으로도 다행으로 생각하고 있었다. 그러나 16세의 교수님에게는 굶주림이나 추위 따위는 큰 문제가 아니었다. 오로지 공부를 해야겠다는 일념뿐인 교수님은 이사를 한 뒤 바로 학교에 입학할 준비를 하였다. 학교를 수소문 한 결과, 현재 중앙소학교 자리에 있던 국자가 국민우급학교가 가장 좋다는 소문을 듣고서는 바로 그 학교로 찾아갔다. 교수님 혼자서 말이다. 지금이야 교통이 편리하여 마반산이 비록 편벽하다 하더라도 반나절이면 연길 시내에서 볼일을 다 보고도 남을 법하지만, 그때로서는 하루가 족히 걸리는 거리였다. 공부를 하고 싶다는 의지로 혼자 생면부지 학교를 찾아갔던 그 용기에 탄복하지 않을 수 없었다.

교수님께서는 4학년에 입학하기를 원했고, 학교에서는 시험을 봐야 한다고 했다. 시험 결과가 매우 좋아 입학이 가능했지만, 문제는 당시 1원이나 하던 학비였다. 돈 한 푼 없이 무작정 찾아갔던 교수님은 어쩔 수 없이 되돌아서게 되었고, 다른 학교를 찾을 수밖에 없었다. 당시 소영자에도 학교가 하나 있었는데 그 학교는 4년제여서 교수님에게는 부합되지 않았다. 결국 교수님은 학비를 받지 않는 마반산 국민우급학교 4학년에 편입하게 되었다.

3) 일편단심 진학하고자 하는 마음이 간절했으니

소학교를 채 졸업하지 못한 채 해방을 맞이한 교수님은 연길사도학교에서 보궐시험이 있다는 소식을 듣게 되었다. 동네 사람에게 사도학교 위치를 물어서 무작정 찾아가 시험을 보았다. 그런데 시험에 중학교 수준의 문제까지 있어서 아는 문제만 풀고 나온 뒤, 아무래도 못 붙었을 거라는 생각에 다시 소학교로 돌아가 공부를 계속하기로 결심하였다. 당시는 학교에 방을 붙여 합격자 명단을 공개하던 시절이라, 학교 동쪽 벽에 방을 붙이는 날 행여나 하고 이름을 찾던 중 반갑게도 본인의 이름을 발견하였고, 곧 간도사도학교 학생이 되셨다.

어느 때도 공부는 맛깔스럽고 재미있었다. 교수님께서는 늘 그랬듯이 공부를 위해 태어난 사람처럼 공부에 목말라 했고 연길사도학교를 다니면서도 상급학교에 진학할 기회가 오기만을 기다렸다. 당시 사도학교에서는 여러 방면에서 우수하던 교수님을 연변일보사 기자로 추천하였고 담임 선생님이 두 번씩이나 담화를 했음에도 불구하고, 교수님은 진학을 우선으로 생각하셨다. 공부에 대한 마음이 그토록 간절했던 것이다. 그러던 중 1949년 연변대학교가 설립되고 제1기 학생을 모집한다는 소식을 들었다. 학업을 늘 갈망하고 진학의 기회가 있을 때마다 놓치지 않았지만, 대학에 진학하는 길이 이렇듯 불쑥 다가올 줄은 몰랐다. 무작정 신청하고 무작정 시험을 쳤는데 입학통지서를 받았을 때 교수님의 기쁨은 이루 말할 수 없었다.

교수님은 연변대학의 제1기 학생으로 선발되어 1949년 3월 20일부터 대학공부를 시작하였다. 처음에 정치경제학부에 입학했지만, 얼마 후 역사에 더욱 관심이 있음을 확인하고는 곧 역사학부로 전공을 전환하셨다. 다채로운 4년간의 대학생활을 보내고 마침내 1952년 10월 2일 교수님의 학업생애가 한 단락이 되는 졸업을 맞이하였다. 그리고 졸업과 함께 연변대학 심리학 교연실의 논리학 교원으로 남아 공식적인 사업을 시작하였다.

허청선 교수님의 학업 생애는 그야말로 집념과 아집으로 표현할 수 있다. 교수님은 대학을 졸업하기까지 오직 대학교 졸업증만 가지고 계신다. 소학교와 사도학교 졸업증은 졸업 이전에 먼저 상급학교로 진학하는 바람에 가질 수 없었던 것이다. 이처럼 학업에 대한 굴할 줄 모르는 집념과 꼭 해내고야 말겠다는 아집은 교수님께서 그 어려운 시기를 감내하며 공부를 할 수 있도록 이끌어준 원동력이었다. 어려운 가정환경, 공부 분위기가 사회적으로 보급되지 못한 상황, 곁에서 이끌어주는 이렇다 할 멘토조차 없던 상황에서 학업을 계속 견지할 수 있었다는 것은 실로 대단한 일이었다. 바로 교수님의 강한 집념과 아집이 있었기에 가능한 일이었으니, 이는 또한 훗날의 교육 사업에서 거대한 업적을 쌓을 수 있게 만든 밑거름이 되었다.

3. 교육 및 연구활동

1) 내가 교육학과에 가겠소

1952년 10월부터 교수님은 연변대학 심리학 교연실의 논리학 교원으로 교육 및 연구활동을 시작하였다. 당시 사범교육을 받는 학생들은 반드시 논리학을 이수해야 했는데, 얼마 지나지 않아 교육학부 학부장이 조선으로 귀국하는 바람에 교육학을 가르칠 교원이 부족하게 되었다. 학교에서는 논리학 교사 가운데 한 분을 교육학 교사로 전근시키기로 하였다. 그때 심리학 교연실에는 세 분의 논리학 교수가 계셨는데 누구도 교육학부로 가려 하지 않았고, 당시 갓 학교에 남은 교수님이 자진하여 교육학 교연실로 넘어갔다. 그런데 때마침 교육학부가 해체되면서 교육학 교연실과 심리학 교연실이 교육학·심리학 교연실로 통합되어 역사학과에 속하게 되었는데, 그때가 바로 1957년이었다. 교연조 주임은 한진옥 교수님이셨는데 그 분이 교무처로 전근된 뒤로 교수님이 대리주임을 맡게 되었다. 그리고 1959년 한진옥 교수님이 돌아오시자 교수님은 대학교 교무처 비서 업무를 맡게 되었다. 그리고 1961년 교육학・심리학 교연실로 돌아오셔서 주임 업무를 맡으신 뒤로 줄곧 퇴직, 아니 퇴직 이후 현재까지도 민족교육 활동을 이어가고 계신다.

문화대혁명 기간 대부분 지식인들이 겪었던 바와 같이, 교수님 역시 비판을 받게 되었다. 중국에서는 해방 이후 줄곧 소련의 교육학을 표준으로 삼았는데, 1958년부터 1966년까지는 그간 지침으로 여겨 온 카이로후(N. A. Kaiipob) 교육학이 거짓과학이라 지목되었다. 소련의 교육학과 심리학은 수정주의라 전면 비판되었고, 민족교육이라는 용어 자체도 부정되었다. 결국 교수님 역시 그 핍박으로 농촌으로 좌천되어 빈하중농의 재교육을 받게 되었고, 1973년 학교로 돌아오신 뒤에는 교무처 업무를 맡아하셨다. 그리고 1978년 3월 교육학・심리학 교연실이 회복되어서야 다시 연구 및 교학에 복귀할 수 있었는데, 그 뒤로 꾸준히 교육학・심리학 교연실의 교육 및 연구 활동을 주도해 오신 것이다. 자진하여 교육학으로 옮기신 뒤 현재까지 70년 가까이 연구 활동을 해오시면서 교수님은 단 한 번도 후회하신 적이 없다고 하셨다.

2) 교육 연구는 역사 연구가 우선이오

1978년 3월 7일 교육학・심리학 교연실이 회복되었고 교수님도 주임 직무를 회복하였다. 이어서 같은 해 4월 3일 교연실 회의에서 조선족 교육의 과학적인 연구방향을 토론하며, 조선・한국・일본의 교육 연구를 교육학과 건설의 특색과 우세로 정하기로 합의를 보았다. 그러나 연구를 하려고 보니 무엇을 먼저 해야 할 지 막막한 상황에서, 교수님은 역사 연구를 우선으로 해야 한다는 주장을 하셨다. 교수님께서는 지금 생각해도 그러한 주장은 매우 정확하고 확실한 견지였다고 하시며 자부심을 내비치셨다.

우선 조선족 교육연구는 한진옥 교수님을 선두로 연구팀을 구성하여 연구를 시작하였고, 조선・한국・일본 교육연구는 천홍범 교수님을 중심으로 연구팀을 구성하였다. 막상 연구를 하려니 자료 비축이 너무나도 빈약하여 도저히 연구를 수행할 수 없는 상황이었다. 그 원인을 찾아본다면, 일단 1957년 이전까지는 소련의 교육학과 심리학을 계통적으로 수용하였지만, 1958년부터 1966년까지 그것을 전면적으로 비판하게 되면서 모택동 교육사상과 당의 교육방침을 주된 이론으로 삼게 되었던 상황 때문이었다. 이러한 영향으로 인해서 민족 교육은 전혀 연구될 수 없었고, 자료 비축을 생각할 겨를도 의식도 없었다.

이때 교수님은 한진옥 교수님을 하얼빈・장춘・대련 등으로 파견하여 각 지역의 도서관을 찾아다니며 2개월 간 자료를 수집하도록 하였다. 돌아와 구체적인 상황을 보고하는 한진옥 교수님의 이야기를 들으면서 교수님은 연구 인력이 부족하고 사료가 없는 조건 아래 독자적으로 연구를 진행한다는 것은 매우 어려운 일이라는 판단하셨고, 결국 공동 연구의 길을 선택하기로 하였다. 당시 동북조선민족교육과학연구소에 역사연구실이 있었으므로 일단 거기와 합작하기로 결정하였는데, 문제는 이러한 외부 기관과의 합작을 위해서는 권위 있는 인물이 앞장서야만 했다. 교수님은 당시 연변대학교 박규찬 총장님과 김유훈 부총장님을 찾아가 부탁했고, 마음이 통하였던지 박규찬 총장님은 이 일을 전폭적으로 지지해주셨다. 그리하여 『연변교육사』 편찬이 시작될 수 있었다.

시작이 반이라고는 하지만 아무런 사료가 없는 상황에서 집필하기란 무척 어려운 일이었다. 교수님 말씀대로라면 쌀이 있어야 밥을 지을 것이 아니냐는 것이다. 사료 부족 문제를 어떻게 해결할까 백방으로 궁리하던 중, 교수님이 마침 장춘의 학술대회에 참석할 일이 있게 되었다. 당시 장춘역 앞에는 조선족 여관이 하나 있었는데 대부분 장춘으로 출장 가는 각 지역의 조선족들이 이 여관에 묵었다고 한다. 때마침 이 여관에는 당시 연변조선족자치주 교육지를 편찬하는 사료수집 인원들이 묵고 있었는데, 교수님이 우연히 이들과 만나게 된 것이다. 다행히 그 분들은 자신들이 가진 자료들을 서슴없이 내어주겠다고 약속했고, 교수님은 돌아오시자 곧바로 교연실 자료원을 보내 빠짐없이 모두 복사해오셨다. 당시 사료를 정리한 자료원은 수준이 매우 높아 교수님께서 말하는 자료마다 척척 내어주셨다고 하는데, 그때가 1980년이었다.

사료 수집이 끝나자 곧 『연변교육사』 편찬에 매진하였다. 박규찬 총장님이 주필을 맡고, 편집의 구체적 업무는 교수님이 담당하였다. 교수님은 편집 원칙부터 편찬요강과 목차를 알심 들여 작성하셨고, 더불어 몇 부분의 집필까지 맡으셨다. 그리고 원고에 대한 총체 심열은 교수님과 당시 동북조선민족교육과학연구소 역사연구실 연구원이셨던 강영덕 선생님이 함께 해주셨다. 마침내 1987년 연변대학 심리학·교육학 교연실 이름으로 편찬된 조문판 『연변교육사』가 출판되었다. 그리고 2년 뒤인 1989년 중국어판 『연변교육사고』가 출판되었는데, 이 책은 당시 중국소수민족문고에도 수록되었다.

교육사 연구는 여기서 끝난 것이 아니었다. 『연변교육사』 편찬이 일단락 되자 교수님은 곧 『중국조선족교육사』 편찬에 착수하였다. 그러나 이때에도 역시 사료가 없는 것이 문제가 되었다. 앞서 경험을 바탕으로 이번에는 좀 더 확실한 사료 확보를 위해 박규찬 총장님과 당시 연변조선족자치주 권녕하 부국장님 명의로 동북3성 민족교육처와 목단강시 교육학원 민족교연부에 방문 및 좌담회 제강이 포함된 통지를 보냈다. 곧 교수님을 중심으로 연구팀이 구성되었고 설도 쇠지 못한 채 목단강을 시작으로 하얼빈・심양・장춘 등 지역을 답사했다. 각 지역마다 민족교육처에서 상당한 지원을 해준 덕택에 각 지역 기초교육 실제와 학교 책임자들을 만날 수 있었다.

당시 주요 토론 내용은 『중국조선족교육사』 편찬의 필요성과 절박성, 사료 수집과 지방교육지 편찬, 조직기구 형성의 문제 등이었다. 이에 따라 각 성의 주요 책임자들을 중심으로 하는 특별 조직이 구성되었는데, 흑룡강성에서는 민족교육연구부 주임 최범수, 요녕성에서는 요녕사범학교 교장 김광세, 길림성에서는 민족교육처 허일준 등이 주도 인물이었다. 이 분들은 이미 퇴직을 하셨지만 민족교육사업에 적극적으로 나서주셨고, 워낙 각 지역 민족교육의 거두들이라 일이 일사천리로 진행되었다. 그때 상당히 많은 사료가 확보되었다고 한다. 마침 북경에서 조선족 교육사와 관련된 책이 출판되었는데 교수님을 비롯한 집필진은 이 책을 견본으로 참고하면서 마침내 1991년 5월 『중국조선족교육사』 편찬을 완성하였다. 이것으로 비교적 완전하게 중국조선족 교육의 역사가 정리되었고, 소수민족 교육사 연구에 매우 큰 공헌을 한 성과였다. 그 뒤로도 허청선 교수님은 강영덕 선생님과 함께 꾸준히 내용을 보완하면서 1997년 2월 『중국조선족문화사대계』의 한 내용인 「교육사」(북경: 민족출판사)를 집필하셨는데, 당시 이 글은 다른 소수민족의 음악사・체육사・과학기술사 등을 집필하는데 견본으로 선택되었다.

3) 대학원생을 키워야 민족교육이 살지 않겠소.

민족교육 특히 조선족 교육사 연구를 제대로 하고 싶은 욕심은 가득하였지만 대학원생이 없는 것이 매우 큰 문제라고 생각한 교수님은

1984년 교연실 회의에서 대학원생 양성자격을 신청해보자는 제안을 하셨다. 그런데 당시 교연실의 다른 선생님들은 교수 수가 적고 역량이 부족하다는 이유로 그 제안을 부결해 버렸지만, 그냥 포기하실 교수님이 아니었다. 이듬해인 1985년 교수님은 또 다시 대학원생 양성 문제를 교연실 회의 안건으로 제기하였다. 다른 선생님들은 여전히 내키지 않는 기색이었지만, 교수님은 "시작이 절반이다, 조건이 안 되면 만들면 되지만, 관건은 방향이 옳은가 하는 것이다. 방향이 정확하다면 반드시 밀고 나가야 하고 향후 부딪치는 어려움은 헤쳐 나가면 될 것이며, 문제가 생기면 내가 책임지겠다"고 단호히 대학원생 양성자격 신청을 밀어붙였다. 신청을 결정했지만 특색을 살리지 않으면 인가되기 어려운 상황에서, 교수님은 민족교육과 민족심리 연구 방향을 특성화 전략으로 제시하면서 드디어 민족교육을 주된 연구방향으로 하는 교육기본이론 석사연구생 양성자격 신청을 하게 되었다.

당시만 하더라도 대학원생 양성 자격은 국무원 소속의 학위중심에서 인가하는 상황이었다. 그런데 웬걸 단번에 인가된 것이다. 당시 민족교육 연구방향으로 하는 석사연구생 모집은 전국에서 처음이었다. 그리하여 1985년부터 교육학・심리학 교연실에서 민족교육 연구방향의 연구생을 모집하게 되었고, 두 명의 학생이 시험을 보아 제1기 학생으로 박태수 교수님이 공부를 하게 되었다. 그리고 다른 한 명의 여학생은 표현 능력을 인정받지 못해 입학이 거부되었다는데, 훗날 교수님은 그 여학생에게 미안한 생각이 들어 연변교육출판사에 추천하셨다고 한다.

우여곡절 끝에 민족교육방향의 연구생을 모집하고 수업을 시작하게 되었다. 문제는 그 당시 민족교육 관련 책이 너무 적었다는 것이다. 관련된 책이라야 『민족교육』이란 잡지와 『민족교육사강』이라는 저술 한권이 전부였다. 교연실 주임으로서 자료도 없이 막중한 교학임무를 다른 사람에게 맡기기는 어려운 사실, 모든 대학원생 교학을 교수님 혼자 도맡아 하시면서 밤잠도 제대로 못 주무셨다고 하신다. 교수님은 주로 민족교육학, 조선족교육사, 민족교육사, 교육원리 등의 강의를 맡으셨고 교육고전읽기 과목을 특별 강좌로 강의하셨다. 그리고 퇴직한 후에도 2000년까지 10년이 넘도록 석사 연구생을 키우셨다.

그 외에도 교수님은 민족교육연구를 더욱 촉진해야겠다는 생각으로 민족교육연구실을 따로 구성하여 천홍범 교수님을 연구실 주임으로 삼았는데, 이 연구실은 훗날 조선족교육연구소가 되었고 현재는 민족교육연구소로 활동하고 있다.

4) 퇴직은 했지만 할 일은 태산이오

1952년 연변대학을 졸업한 후 대학에 남아 만 36년이라는 세월을 보내신 교수님은 1989년 12월 퇴직하셨다. 하지만 퇴직은 다만 하나의 절차뿐이었고, 오히려 퇴직 후에 더욱 깊이 연구에 매진하셨다. 연변대학교 교수교학검사 지도팀의 팀장을 10년간 역임하시면서도 조선족교육사 연구를 계속 하셨고, 오히려 퇴직 후에 굵직한 편저들이 쏟아져 나왔다. 1991년 한글판 『중국조선족교육사』가 편찬되었긴 하지만 교수님은 늘 중국어판 『중국조선족교육사』가 없는 것이 안타까우셨다. 뜻이 있는 사람에게 길이 있고, 뜻이 있는 사람은 뜻을 이루기 위해 모든 노력을 다 한다고 했던가? 교수님은 강영덕 선생님과 함께 편집인원을 조직하여 조선족교육의 전문사 형식으로 각 장절을 설계한 특색 있는 『중국조선족교육사』를 편찬하였다. 교수님께서 퇴직하신지 꼭 20년 만인 2009년이었는데, 그 책은 160만자에 달하는 방대한 작업이었다.

그 밖에도 퇴직 후의 교수님에게는 일이 끊이지 않았다. 『조선족100년실록』에 수록될 「교육편」과 『조선족교육인물록』을 편찬하고 『조선족교육사료집』을 정리하는 등, 2000년대 이후 교수님은 그동안 축적했던 자료들을 세상에 알리는 작업을 하셨다. 현직에 계실 때는 늘 업무에 시달려 연구할 시간이 부족했지만 퇴직한 후에 조금 여유를 가지고 연구만 들여다보니 정말 그동안 해 놓지 못한 일들이 너무 많았구나 하는 생각이 드셨단다. 그래서 교수님께서도 웃으시면서 퇴직하고 나니 할 일이 더 많이 보였고 더 많은 욕심이 생겼고, 결국 퇴직 후에야 더 많은 성과들을 이룩하게 되었다고 매우 겸손하고도 감개무량하게 말씀하셨다.

4. 연구성과 및 학문적 공로

1) 연구성과의 구체적 내용

허청선 교수님의 연구 중점은 조선족교육사이다. 1987년 출판한 『연변조선족교육사』를 선두로 1989년 중국어판 『연변조선족교육사고』를 이어서 펴냈다. 한글판 『연변조선족교육사』는 한글판 우수도서 1등상, 길림성사회과학우수 성과상을 받았고, 『연변조선족교육사고』는 중국소수민족문고에 수록되어 길림성 교육학회에서 주최한 교육과학연구교류회에서 교육과학연구성과 우수상을 받았다. 그 후 2001년부터 2005년까지 출판된 『중국조선민족교육사료집』 총 4권 5책은 길림성 장백산우수도서 1등상을, 동북3성 우수도서 1등상(북경)을 받았다.

2009년에 출판된 『중국조선족교육사』(중국어판) 역시 동북3성 우수도서 1등상을 받았는데, 교수님은 그 가운데 세 부의 주필을 맡았고, 제강 제정과 본문 일부의 집필과 심열을 담당하였다.

1987년 7월에 출간된 『연변조선족교육사』는 중국에서 조선족교육사 연구서의 효시이자, 전국에서도 소수민족 교육사 분야 최초의 저서이다. 곧이어 1989년 4월에 출간된 중국소수민족문고의 하나에 포함된 중국어판 『연변조선족교육사고』가 뒤를 이었고, 1991년 5월에는 『중국조선족교육사』가 출간되었다. 이 과정에서 허청선 교수님을 비롯한 집필진의 머릿속에는 또 하나의 착상이 움트기 시작하였는데 그것이 바로 중국조선족 교육사료들을 책으로 묶는 일이었다. 사료의 바다를 헤치면서 진행하는 고된 기초연구의 길을 젊은이들은 결코 하기 어려울 것이다. 교수님은 오랜 경험과 오랜 세월 단련된 고도의 각오로 이 일을 도맡아 하셨다. 특히 박규찬 전임총장님의 한마디는 매우 오래도록 교수님을 견지할 수 있게 해 주셨다. 바로 "교육사료집 간행은 교육사 간행에 못지않은 의의가 있을 겁니다. 혹은 더 중요한 가치가 있다고도 할 수 있지요. 그런데 이것 역시 우리가 하지 않으면 누가 하겠습니까? 시간이 지나면 더 어려울 것이니 우리가 이 책을 마저 해내서 후대들에게 넘겨줍시다."

결국 이 제의는 동북3성 및 연변 민족교육 행정부문의 호응을 받았고 길림성교육위원회 한영렬 부주임은 사료편집위원회 주임직을 기꺼이 맡아 물심양면으로 편집사업을 지지해 나섰다. 허청선 교수님 역시 의례 자신의 일이라고 생각하시고 강영덕 교수와 함께 바로 편집사업에 몸을 맡기셨다. 그러나 비용이 해결되지 못해 잠시 편찬이 중단되기도 하였는데, 이 정황을 알게 된 박문일 전임총장님께서 출판 비용을 해결해 주시고, 여러 차례 교육출판사 지도자들을 찾아 토론하며 편집연구지도도 해주셨다. 그것이 결국 10년이라는 시간을 들여 완성이 되었고 조선족교육 연구의 거작으로 자리매김하게 되었다.

2009년 출간된 『중국조선족교육사』(중국어판)는 새로운 사회발전과 새로운 시세에 발맞추어 과학적 발전관으로서 조선족 교육사를 분석한 거작이다. 이 저술은 세 가지 특징을 가지고 있었는데 다음과 같다. 첫째는 조선족 교육사의 발전 과정을 돌이켜보며 부동한 역사 시기의 교육 성격과 특징 및 그 발전 규칙을 탐색하고, 역사의 기본 경험과 교훈을 총화하며 역사를 거울로 민족교육 혁신의 길을 걸을 것을 강조하였다. 둘째는 중국조선족교육이 중국 소수민족교육 중 하나로서 중국공산당과 중국정부의 민족교육이론과 정책의 정확한 지도 아래 민족교육의 우수한 전통을 전승하여, 전국 일류의 소수민족교육으로 발전하였다는 점이다. 셋째는 당면 형세에 대한 과학적인 분석을 기반으로 민족교육이 직면한 엄준한 도전과 새로운 기회를 잘 살피고, 한층 개방적인 사상과 과학적인 태도로써 민족교육의 열점과 난점을 정시해야 하며 실사구시적으로 21세기 민족교육을 개혁하고 도약 발전시켜야 할 정책적 사고를 제기하였다.

그 외에도 교수님은 『조선족기초교육자료색인』, 『조선족교육100년실록』, 『조선족교육인물록』, 『김유훈평전』 등 저술들의 주필을 담당하셨다.

2) 연구성과의 학술적 의의

이상 교수님께서 이룬 교육사 분야의 연구 성과들은 다음과 같은 학술사적 의미를 지니고 있다.

첫째, 개척적이고 창의적인 성과라는 점이다. 『연변조선족교육사』와 『중국조선족교육사료집』은 조선족 교육사 연구의 징표이자 중국 최초의 창조적인 조선교육과학 연구 성과물이다. 이 연구들은 연변대학교 전임 총장 박규찬 교수와 전임 부총장 김유훈 교수 및 연변조선족자치주교육국 부국장 권녕하 등 지도자들의 전폭적인 지지와 지도를 받았을 뿐만 아니라, 동북3성 민족교육처에서 책임지고 지방 사료를 제공해 준 것에 힘입어 완성되었다. 1996년 비용 부족으로 사료집 편찬사업을 약 3년간 중단했을 때에도, 당시 연변대학교 총장이셨던 박문일 교수님의 적극적인 지원을 받아 연구팀을 재구성하여 마무리할 수 있었다. 이상 교육사 편찬 연구사업은 1983년부터 연변대학교 교육학·심리학 교연부와 강영덕 교수(동북조선민족교육과학연구소)의 협동으로 진행된 것이다.

둘째, 조선족교육사 연구를 추진하는 데 밑바탕이 되었다. 특히 한국을 비롯한 국외 연구자들에게 조선족 교육사 연구의 기초를 마련해 주었으며 동북조선족지방교육사 연구의 주된 참고자료가 되었다. 한국 인하대학교 박사논문인 「간도한인민족교육운동사」에서는 『연변조선족교육사』와 『중국조선족교육사』의 내용을 총 30여 곳에서 인용하였고, 일본의 『와세다대학사회과학종합연구』(2011.3.)에 실린 「중국조선족의 이동과 교육」 논문에서는 『조선족교육사료집』의 내용을 총 11곳, 『중국조선족교육사』 내용을 2곳 인용하였다. 최근 20년에 걸쳐 조선족교육사와 관련된 논문이나 저서를 확인해 보면 그 어디나 『연변조선족교육사』와 『중국조선족교육사』 및 『중국조선민족교육사료집』을 참고하지 않은 연구가 없을 정도이니, 이 몇 부의 저술들은 실로 조선족교육사 연구에서 획기적인 한 획을 그은 성과라 할 수 있다.

셋째, 국내외적 영향이 매우 컸다. 교수님께서는 2006년 8월 중국조선족근대교육 100주년 학술대회의 기조강연에서 '역사 회고, 경험 총화, 도약 발전 촉진'을 주제로 조선족교육의 과거와 현재 및 미래에 대한 전반적인 총화를 했다. 이 글은 교수님께서 편찬한 『중국조선족교육연구』에 실려 많은 사람들의 참고가 되고 있다. 또한 조선학 국제학술대회에서 발표한 「조선족교육의 형성과 발전」은 『조선학연구』에 수록되었고, 1992년 연변대학교출판사에서 일본어로 번역하여 일본외국어외국문학연구 간행물에도 실리게 되었다. 2009년에는 연변대학교 조선족교육연구소에서 '조선족교육의 현황・문제・대책'을 주제로 학술회의를 개최하였는데, 교수님은 기조강연으로 「다원문화배경하의 조선족 기초교육과정 개혁의 몇 가지 사고」를 발표하셨다.

허청선 교수님의 연구는 시종 중국조선족교육의 역사와 현실을 중심으로 진행되어 왔으며, 이는 조선족교육사 연구의 튼실한 기초를 다지는데 매우 중요한 선구적 역할을 하였다.

5. 연구 사상

허청선 교수님은 중국의 저명한 교육학자이자 연변대학교 교육학과 창시자의 한 분이시다. 1952년 연변대학교를 졸업하고 대학에 남은 뒤부터 줄곧 교학현장에서 학생을 가르쳐 왔으며 교육학과의 설립과 체계 구축, 학과 건설과 발전, 대학원 석사과정 개설 등 방면에서 커다란 공헌을 하셨다. 한마디로 교수님은 중국조선족교육연구의 산 증인이시다. 교수님의 사업경력은 그야말로 조선족교육연구사라고 할 수 있을 정도이다. 그렇다면 교수님의 고된 65년 연구 생애에서 가장 강력하게 주장하셨던 연구 사상은 어떤 것일가? 정리해 보면 다음과 같은 몇 가지가 핵심이 아닌가 생각된다.

1) 연구의 관건은 역사요

교수님은 교육연구에서 역사적 안목을 중시하였다. 역사는 단순한 과거가 아니라 오늘과 내일의 교육을 진단하고 파악하는 '살아있는 과거의 샘'이라는 것이다. 문화대혁명이 끝나고 교육학・심리학 교연실 주임직을 회복했을 때, 교수님은 연구를 하기는 해야겠는데 무엇을 먼저 할지 막막했다고 한다. 해방 초기에 축적된 자료들은 매우 제한적이었고, 문화대혁명을 거치면서 연구가 단절되고 상당수 자료들이 소실된 상황이었던 것이다. 아무런 참고대상이 없고 연구방향이 분명하지 않았던 시점에, 교수님은 과감히 연구를 하려거든 뿌리부터 해야 한다는 관점을 제시하였다. 즉 모든 연구는 원천부터 파헤쳐야 탄탄하고 착실하게 진행될 수 있다는 것이다. 교수님은 지금도 조선민족이 중국 땅에서 해온 교육 이야기를 처음부터 차근차근 정리하는 작업이 필요하므로 결국 역사연구가 우선이라는 결론을 내렸던 것이 매우 정확한 관점이었고 당시 실정에 맞는 선택이었다고 말씀하셨다.

2) 자료가 기초라오

연구의 대상을 조선족교육사로 정하였지만 무엇을 어떻게 해야 할지 막막했던 것도 사실이다. 당시는 모든 것이 방금 회복된 상황이라 변변한 자료실도 없었다. 그 때 교수님은 역사를 연구하는 관건은 사료에 있음을 확고히 하였다. 특히 역사연구에서 1차 자료가 매우 중요한데, 정말 허허벌판에 초목 하나 없는 그러한 상황이라 해도 과언이 아니었다. 사실 사료 축적은 매우 고되고 시간이 소모되는 작업이었다. 교수님의 문제의식은 매우 분명하였다. 새로운 영역이나 마찬가지인 조선족교육을 연구하기 위해서는 우선 역사연구를 해야 하고 역사연구를 보다 확실하고 진실하게 하기 위해서는 자료가 축적되어야 한다는 논리였다. 당시까지만 하더라도 조선족교육 나아가 중국의 소수민족교육에 관한 연구는 거의 전무한 상황이라고 해도 과언이 아니었다. 전국적으로도 본 민족에 관한 연구, 특히 교육을 중심으로 하는 연구는 조선족이 가장 첫 선두를 떼었다고 봐야 할 것이다.

자료를 수집하기 위해 교수님은 동북3성 어디든 다니지 않은 곳이 없었고, 확실한 경로를 통해 빠른 시일 안에 자료를 체계적으로 모았다. 당시 노교수였던 한진옥 교수님을 파견하여 일차적으로 동북3성 각 지역 도서관을 중심으로 샅샅이 훑어서 정리하고, 다음으로 연변조선족자치주 교육지 편찬팀이 모은 자료를 확보하였다. 그런가하면 교수님께서는 두 차례에 걸쳐 북경에 있는 중국군사학원 당안실에 방문해서 당시 군정대학 역사당안자료를 수집하였다. 그리고 이러한 자료를 중심으로 우선 일차적인 작업 성과인 『연변조선족교육사』를 완성하였다.

이처럼 분명한 의식을 가지고 자료를 모아 출판을 마무리하기까지 족히 10년이 걸렸다. 교수님의 자료에 대한 집착과 신념이 없었다면 아마도 나를 포함한 상당히 많은 박사과정생들이 졸업논문을 완성하지 못했으리라. 나는 2011년 갓 연변대학교에 돌아왔을 때, 한창 교육사료집 증보판을 편찬하시던 교수님을 도운 적이 있다. 비록 2년이라는 짧은 시간이었지만 교수님이 작업하시는 걸 보고 깜짝 놀랐다. 현대화된 시스템을 활용할 줄 모르시는 교수님은 컴퓨터나 스캐너 없이 모든 것을 수작업으로 진행하셨다. 자료를 복사하고 가위로 잘라 붙인 다음 그 내용을 손으로 옮겨 적으시거나 원 자료에 쪽지를 써서 붙여놓기도 하면서 하나하나 알심 들여 작업을 하고 계셨다. 그렇게 탄생한 것이 우리가 현재 보고 있는 사료집이라고 생각하니 정말 존경심이 한층 더해졌다. 만약 내가 곁에서 그 과정을 지켜보지 않았더라면 아마도 교수님의 노고를 정말 몰랐으리라. 교수님은 자료 특히 사료만큼은 보물단지처럼 아끼셨다. 그리고 "이제 이 방의 자료들은 네가 관리해라"라고 거듭 말씀하셨는데, 그만큼 교수님께서 자료를 아끼는 마음을 느낄 수 있는 말씀이었다.

3) 합작을 해야 하오

교수님은 연구에 있어 독불장군이 없다고 하셨다. 혼자서 아무리 노력해도 안 되는 일이 있기 때문에 꼭 힘을 모아야 잘 될 수 있다고 하시면서, 『연변조선족교육사』를 편찬할 때 이야기를 늘 입버릇처럼 말씀하셨다. 당시 교육사를 편찬하고자 하는 생각은 간절했지만 교육학 · 심리학 교연실에 교사가 단 세분이라서 도저히 일을 할 수가 없음을 고민하다가, 공동 연구가 가장 합리적인 해결책임을 확신하고 동북조선민족교육과학연구소(당시 연변민족교육연구소)와 합작하는 길을 선택했다고 하셨다. 그것이 인연이 되어 퇴직 후에도 동북조선민족교육과학연구소 강영덕 선생님과 지속적인 합작을 통하여 많은 성과들을 내실 수 있었다. 합작의 관건은 주동적으로 권위 있는 지도자의 지지를 얻는 데 있었는데, 어찌되었건 합작이 연구의 기초라는 것이 교수님의 관점이고 교수님께서는 지금도 그 선택이 매우 정확했다고 거듭 강조하셨다.

4) 과제는 방법론이요

교수님의 또 하나의 관점은 연구란 무작정 한다고 되는 것이 아니라는 점이다. 무엇보다 과제를 중심으로 연구팀을 구성하는 것이야말로 연구의 핵심 방법론이라는 관점이다. 교수님의 이러한 관점은 새롭게 연구를 배우는 후학들에게 직접적인 가르침이 되었다. 많은 후학들은 사실 어떻게 연구를 시작해야 할지 막막해 한다. 연구 과제를 신청하거나 스스로 과제를 수립한 뒤 연구를 진행하는 것은 무작정 진행하는 것은 매우 큰 차이가 있다. 교수님은 이미 수십 년 전 그러한 전통을 교육학·심리학 교연실의 전통으로 만들어놓으셨기 때문에 우리 후학들은 상당한 도움을 받았다. 이와 같은 교수님의 주장은 전통으로 앞으로도 계속 이어질 것이다.

5) 끈질긴 의지력이 있어야 하오

매일 같은 작업을 수십 일 또는 수 개월 끈질기게 한다는 것은 매우 고통스러운 일이다. 그래서 하나의 연구에 몰입하기 어려워하는 사람들이 태반이지만, 교수님은 예외이신 것 같다. 한 가지 일을 보통 수 개월 내지는 수 년을 잡아 꾸준히 집중하며 하나하나 성과를 만들어내시는 과정을 지켜보면 놀라움을 금치 못할 수밖에 없다. 젊은 학자들도 감당하기 힘든 일들을 80이 훨씬 넘어서도 꾸준히 견지하실 수 있는 강한 의지력과 정신력에 감탄을 보내지 않을 수 없었다. 90 고령에 오르신 지금도 가끔씩 박문일 전임 총장님과 회의를 하시고 늘 사무실을 집처럼 생각하시며, 앞으로 할 일을 구상하고 실천에 옮기는 교수님의 의지력은 모든 후학들이 배워야 할 연구 정신이다.

6. 맺음말

머리말에서도 이야기했지만 나는 사실 교수님의 생애를 적어내는 작업을 할 자격이 못되는 사람이다. 그런데 교수님과 족히 53년이라는 세월의 격차를 두고 있지만, 교수님과 대화를 하게 되면 왠지 잘 통하는 것이 신기했다. 80 고령의 교수님을 처음 만나 뵈어서 지금까지 꼭 10년 동안 교수님과 많은 대화를 나눌 기회가 있었다. 하지만 이번처럼 교수님의 생애를 자세히 여쭐 기회는 없었다. 공식적인 사제관계는 아니지만 그 이상으로 많은 가르침을 받았기에, 마침 이 기회에 교수님의 생애를 직접 적을 수 있게 되어 진정 무한의 영광으로 생각한다.

내가 기록한 이 몇 만자의 글은 교수님의 삶 가운데 빙산의 일각에 불과할 것이다. 특히 교수님의 연구 업적을, 그리고 그 업적을 쌓기까지 들인 교수님의 들인 공은 그 어떤 글로서 표현해도 부족할 것이다. 교수님께서 일생에 걸쳐 축적하신 조선족교육사의 연구성과는 앞으로도 소중하고 값진 자산으로 길이 남게 될 것이다. 대학 졸업 후 65년 동안 연변대학교에 몸담고 조선족교육 연구에 공헌하시며 쌓아온 그 업적을 생각하면, 조선족교육사 연구의 선구자라는 글의 제목이 충분치 않다는 느낌이 없지 않지만, 이제 우리의 몫은 교수님의 선구자 정신을 본받아 훌륭한 후계자가 되는 것이다. 조선족교육 연구에 한생을 아낌없이 바치신 교수님은 오늘도 책상머리에서 조선족교육을 고민하고 계신다. 교수님의 연구는 아직도 현재 진행형이다. 허청선 교수님께서 오래오래 건강하셔서 조선족교육 연구가 교수님의 연구를 기반으로 날로 창성해가는 모습을 지켜봐 주시기를 기원한다.

|주요저술 목록|

『연변조선족교육사』, 연변교육출판사, 1987.
『연변조선족교육사고(중문)』, 길림교육출판사, 1989.
『중국조선족교육사』, 동북조선민족교육출판사, 1991.
『중국조선민족교육사료집』 1～4권, 연변교육출판사, 2002～2005.
『중국조선족교육연구』, 연변교육출판사, 2006.
『중국조선족교육의 역사와 발전연구』, 연변교육출판사, 2008.
『중국조선족교육사(중문)』, 연변교육출판사, 2009.
『조선족교육사』 상・중・하, 연변교육출판사, 2014.
『조선족기초교육자료색인』, 연변교육출판사, 2014.
『김유훈 평전』, 연변대학출판사, 2017.

「교육」, 『중국조선족문화사대계』, 민족출판사, 1997.
「교육발전」, 『중국조선족백년실록』, 중국문사출판사, 2016.

4. 조선족 문학사 연구의 정초자

: 권철權哲(1929~2007)

리광일李光一

권철

1929년 3월 27일 강원도 평강군 수전면 기산리 출생.

1936년 3월 흑룡강성 영안현 동강촌으로 이주.

1937년 영안현 동경성 동신소학교에 편입.

1942년 12월 영안현 성서소학교 보습과에서 공부.

1945년 1월 영안현 중마하 수상철공소에 견습공으로 취직.

1946년 3월 동경성 세환진중학교 2학년에 입학.

1946년 9월 호열자로 모친과 동생 타계.

1947년 12월 사란진소학교 교원으로 취직.

1949년 연변대학교 조선언어문학학부 제1기생으로 입학.

1952년 10월 대학 졸업.

1953년 동북사범대학교 중문학부 중국현대문학연구생으로 입학.

1956년 2월 연변대학교로 돌아와 중국현대문학 강의.

1960년 5월 중국작가협회 연변분회 부비서장, 연변문련 당조성원·상무이사.

1962년 연변대학교 어문학부 교수, 중국문학 학과장, 어문학부 당총지부 부서기.

1972년 조선어학부(한국어과) 초대 학부장.

1979년 9월 연변대학교 과학연구처 처장 겸 조선족 역사어문연구소 부소장.

1979년 중국작가협회 가입.

1983년 11월 연변대학교 민족연구소 소장.

1988년 연변대학교 조선언어문학연구소 소장.

1992년 정년퇴임.

2007년 9월 8일 78세를 일기로 연길에서 타계.

북경대학교 조선문화연구소 겸직연구원, 중국소수민족문학학회 이사, 길림성 민속학회 이사, 조선족민속학회 부이사장, 중국작가협회 연변분회 이사.

1. 머리말

권철 교수님과 안면이 있는 사람이면 모두 그의 훤칠한 키와 뚱뚱한 몸매를 기억한다. 특히 주량이 엄청나 연변대학교 개교 초기 4대 금강의 한 사람으로 타인의 추종을 불허하였음은 지인들이 오늘도 입에 올리고 있다. 하지만 겉모습과 달리 교수님은 조선족의 저명한 교육가이자 학자이며 중국조선족문학사 연구의 정초자이다. 특히 연변대학교에서 중국현대문학사, 중국조선족문학사 학과목의 창설과 조선족문학평론, 조선족문학자료수집, 현지답사를 통한 실증적 조사연구, 그리고 중국의 소수민족 및 국외조선민족문학과의 비교를 통한 공시적인 확대연구에서 줄곧 피타는 노력을 경주해왔다. 그는 평생을 두고 중국조선족문학사의 정립과 연구사업에 모든 심혈을 바쳤으며, 중국조선족문학 연구에 큰 기여를 한 큰 평론가이다.

중국조선족 문학이 중국내 소수민족 문학의 차원 뿐 아니라, 민족문학 분야에서도 매우 중요한 지위를 차지하고 있음은 주지의 사실이다. 특히 한국 현대문학의 암흑기를 메우는 많은 작품들이 해방 전 이 지역에서 창작되었다는 점은 더욱 의미를 가진다. 이런 점에서 조선족문학사를 연구하고 정립하는데 있어서 권철 교수님의 업적은 더욱 세인의 주목을 받지 않을 수 없다.

2. 생애

권철 교수님의 본명은 권효철이다. 1929년 3월 27일(음력 2월 17일) 조선의 강원도 평강군 기산리에서 부친 권녕목(權寧穆)과 모친 최병태(崔炳泰)의 2남 1녀 중 장남으로 태어났다.

부친은 농민이었는데 독실한 가톨릭신자였다. 1936년 3월 만 7세 되던 해에 조선에서 생활을 영위할 수 없게 되자, 이미 중국으로 건너온 조부와 숙부를 찾아 온 가족이 흑룡강성 영안현 동강촌으로 이주하였다. 동강촌에 정착한 후 입에 풀칠이라도 하기 위하여, 부모님들은 농사를 짓는 한편 두부장사도 하고 목재판에 다니기도 하였다. 새끼돼지를 판 돈을 밑천삼아 자그마한 구멍가게를 꾸리기도 하였지만 1942년에 파산했다.

지식에 대한 욕망으로 불타오르던 소년 시절의 권철 교수님은 어려운 가정형편에도 불구하고 중국에 이주한 다음해인 1937년 영안현 동경성 동신소학교에 편입하여 1942년 12월에 졸업하였다. 생활난으로 학비를 댈 수 없어 진학의 꿈은 접어두고, 2년 간 기차로 통학하며 영안현 성서소학교 보습과에서 공부하였다. 보습과를 졸업한 뒤 중학교는 엄두도 못 내고 '관비'로 공부할 수 있는 사도학교에 시험쳤으나 입학하지 못하고 보결생이 되었고, 그 후 집에서 농사도 돕고 땔나무도 하면서 가정생활을 도왔다.

1945년 1월, 기술을 배워야 앞날이 있다고 생각하여 집에서 약 2리가량 떨어진 영안현 중마하 수상철공소에 견습공으로 취직하였다. 하지만 기술은 배우지 못하고 고된 일만 하였다. 16세의 소년이었던 그는 어른들과 함께 진종일 땀을 흘리며 풀무질도 했고 뻘겋게 달아오른 쇳덩이를 잔뼈가 쑤셔나도록 해질녘까지 두드려야 했다.

1945년 8·15광복과 함께 그해에는 풍수를 거두었고 또한 중학교도 설립되었다. 1946년 3월에 집에서 10리 떨어진 곳에 세워진 동경성 세환진중학교에 응시하여 2학년에 입학하였으며, 한 학기를 마치고 곧바로 3학년으로 진급하였다. 하지만 불행도 뒤따랐다. 그해 9월 호열자로 모친이 세상을 뜨고 동생마저 저세상으로 보내야 했다. 설상가상으로 농사마저 흉년이 들어 엎친 데 덮친 격이 되었다.

1947년 중학교를 졸업하고 그해 12월에 집에서 60리 떨어진 사란진소학교에 교원으로 취직하였다. 이미 중학교 시절 학생회 부장과 지부장 등 간부로 활약했던 그는 교직에 몸담고 있었지만 만족할 수 없었고, 마냥 승학의 기회만 기다리고 있었다. 소학교에서 교원으로 있었지만 편벽한 시골초등학교였기에 그는 교도주임 등 역할을 하면서 후진양성에 전념하는 한편, 아울러 승학을 차근차근 준비하였다. 결국 교장에게 승학 의도를 밝혔는데 교장은 물론 학부모들도 모두 반대하면서 계속 교편을 잡아줄 것을 간곡히 부탁하였다. 하지만 그의 결의를 돌릴 수는 없었고, 마침내는 1948년 하반기에 사직서를 제출하였다.

교직을 사임한 뒤, 그는 조선의 김일성종합대학교나 원산 등지의 대학교에 진학하려고 하였다. 이때 연길에 동북조선인민대학교(현재 연변대학교의 전신)가 성립된다는 소식을 듣고 조선으로 나가려던 생각을 접고 시험 준비에 몰두하였다.

할머니, 아버지, 동생 등 식구들은 마치 과거시험을 보는 서생처럼 여기고 일심정력으로 뒤받침을 해주었다. 할머니는 어미 없는 애라고 하여 떠나기 전날 밤에 떡을 쳐주었다. 뜻인즉 찰떡처럼 단방에 붙으라는 것이다. 권철 교수님은 이런 건 애들한테나 할 짓이라고 여겨 여간 민망하지 않았으나, 할머니의 정성을 생각하여 숙부님이 가져온 찰떡까지 두 그릇이나 먹었다고 한다. 아들의 이런 모습을 보고 부친은 속으로 자식이 대학에 입학하면 허리띠를 졸라매서라도 뒷바라지를 해야 하겠다고 마음먹었다. 그리하여 쌀 두 가마니를 판 돈을 여비로 주었다.

가족의 따뜻한 관심과 격려 덕택이었는지 아니면 그의 극성스런 진학욕심 때문이었는지, 1949년 권철 교수님은 연길에서 시험을 보고 바로 입학통지서를 받았다. 그리하여 그는 연변대학교 제1기생이 되는 영광을 맞게 되었다. 입학증을 갖고 집에 돌아가니 식구들은 장원급제하였다고 기뻐하였다.

부친이 쌀 두 가마니를 학비로 내놓자 숙부도 한 가마니를 내놓았다. 쌀 세 가마니면 5개월의 하숙비는 넉넉하였다. 헌데 이 쌀을 한마을에 살다가 연길로 이사 간 엄 씨네 집에 부쳤더니, 아편장사를 하던 그가 공안국에 붙잡히며 가장집물이 차압당하는 통에 쌀 세 가마니도 몽땅 잃게 되었다. 몸 붙일 곳을 잃게 된 그는 학교 학생지도부에 퇴학신청을 하였다. 마침 학교에서는 연길시 신흥가에 식당을 꾸리고 가정형편이 어려운 10여 명의 학생들에게 무료 숙식을 제공하였는데, 그 혜택을 받아 공부를 계속할 수 있게 되었다.[1]

권철 교수님은 문학에 남다른 애착을 가지고, 정판룡・하수홍・리철준 등 동창생들과 함께 『개간』이란 필기잡지를 꾸렸다. 이 잡지는 학생들에게서 들어온 원고를 8절지에 철필로 깨알같이 써서 책을 맨 다음 학급 학생들에게 돌려보게 하였다. 『처녀지』는 문학도들이 창작활동을 전개하는데 적극적 역할을 일으켰다. 대학 시절 장학금을 받으며 열심히 공부에 전념하며 학생회 간부직을 맡기도 하였고, 졸업할 당시에 이미 중국공산당 당원이 되었다.

1952년 10월 우수한 성적으로 대학교를 졸업하였다. 당시 학교 측에

---

1 현룡순, 『겨레의 넋을 지켜-연변대학 조문학부가 걸어온 45성상』, 연변대학출판사, 1994, 5쪽 참조.

서는 우수한 학생들을 선발하여 대학원생으로 추천하였다. 권철 교수님은 같은 반 동창생인 임휘 교수님과 함께 당시 중국의 3대 사범대학의 하나인 동북사범대학교 중문학부 중국현대문학 연구생으로 입학하였다. 당시의 이름 있는 문학사가인 전사기(田思基) · 하선주(何善周) 등 교수들의 지도 아래 중국현대문학사를 깊이 연구할 좋은 기회를 가지게 되었다. 1956년 2월 석사 과정을 원만히 마친 그는 1960년 5월까지 모교에 돌아와 어문학부 교수로 취직하여 중국현대문학을 가르치게 되었다. 이 기간 그는 중국작가협회 연변분회에 가입하였고 어문학부 당지부서기, 연변대학교 당위원회 위원 등 직책을 맡았다.

연변문단 건설을 강화하기 위한 당시 사업 수요에 의해, 권철 교수님은 학교를 떠나 1960년 5월부터 1962년 4월까지 만 3년 동안 중국작가협회 연변분회 부비서장, 당지부 선전위원, 연변문련 당조성원, 상무이사 등 직무를 지니고 연변문학의 건설을 위해 혼신의 힘을 바쳤다. 그 후 문화대혁명 직전에 다시 학교로 돌아와 연변대학교 어문학부 교수로 사업하면서 중국문학 학과장, 어문학부 당총지부 부서기로 일하였다.

1972년 조선어학부가 정식으로 비준되어 성립된 후 1979년까지 그는 초대 학부장을 지냈으며 수많은 제자들을 길러냈는 바, 그 중에는 1972년 입학하여 1975년에 졸업하고 현재 중국 인민대표대회 위원장으로 있는 장덕강(張德江)도 포함된다.

문화대혁명이 끝난 뒤 1979년 9월부터 1983년 11월까지 연변대학교 과학연구처 처장 겸 조선족 역사어문연구소 부소장으로 일하면서 학교 과학연구의 활성화에 기여하였고, 1983년 11월부터 1988년까지 민족연구소 소장을 맡아 조선족 언어 · 문학 · 역사 등 분야의 연구를 진두지휘하였다. 이 시기 중국사회과학원 민족문학연구소, 중앙민족대학교, 신강대학교, 요녕대학교, 길림성 사회과학원 등 관계 부문과 밀접한 연계를 맺고 여러가지 연구과제들을 새롭게 개척하고 추진해 나갔다. 1988년부터 연변대학교 조선언어문학연구소 소장을 맡아하면서 조선족문학사편찬과 조선족문학자료 수집정리를 내실있게 진척시키면서 조선족문학 연구에 박차를 가하였고, 1992년에 정년퇴임을 하였다.

1979년에 중국작가협회에 가입하였으며, 이외에 북경대학교 조선문화연구소 겸직연구원, 중국소수민족문학학회 이사, 길림성민속학회 이사, 조선족민속학회 부이사장, 중국작가협회 연변분회 이사 등 사회 직무를 겸하였다. 그리고 정년퇴임 후에도 권철 교수님은 조선족문학 사료수집과 연구에 혼신의 정력을 쏟아부었다. 자료 수집을 위해 한국 학자와 함께 용정으로 가던 중 차사고로 13대의 늑골이 골절되는 중상을 입었지만, 완쾌한 뒤에도 낙관적인 정신으로 마냥 학문연구에 정진하였다.

만년에 사모님과 사별하고 새롭게 사모님을 맞아 행복한 만년을 보내려 하였지만, 다년간의 과로로 하여 불치의 골수암에 걸렸다. 2년간의 투병과정에 사모님은 자신을 잊고 권철 교수님의 병 치료와 수발에 온갖 정성을 다하였다. 하지만 효험을 보지 못하고 2007년 9월 8일, 78세를 일기로 세상을 하직하였다.

3. 최초의 조선족문학사 정립

권철 교수님은 중국조선족문학사의 정초자이다. 그는 평생을 두고 중국조선족문학사 연구에 모든 심혈을 바쳤고, 가장 성과가 큰 평론가이다.

현재 조선족문학은 디아스포라라는 새로운 연구 시각으로 학계의 주목을 깊이 받고 있다. 하지만 1960년대까지 재만 조선인문학에 대한 주목은 일제강점기의 공백을 메우려는 욕심에서 이루어졌으며, 문학사적 연구보다 작가 및 작품 연구에 집중되었다. 국내외를 막론하고 당시 조선족문학 연구의 기초자료나 문학사 체계 등은 거의 공백이나 다름없었다.

1956년 동북사범대학교에서 대학원 공부를 마친 교수님께서는 귀교 후 중국현대문학사 과목을 맡으셨다. 중국현대문학을 연구하고 교수하는 가운데서 교수님은 중국조선족문학을 연구할 당위성과 필요성을 느끼게 되었다. 말하자면 조선족문학은 반드시 중국현대문학의 한 부분으로 떳떳한 위상을 세워야 한다는 것이다. 교수님의 제의로 1957년부터 조선언어문학부 내부에서 중국조선족문학사 정립에 관한 문제들이 논의되기 시작하였다. 그러나 그때의 국내 정치상황이나 학문적 여건으로 인해 조선족문학사에 대한 본격적인 연구는 가능하지 않았다. 교수님은 우선 조선족문학 사료의 중요성을 인식하고 사료수집 작업에 착수하였다.

1958년 7월 중공중앙선전부에서 중국소수민족문학사 편찬에 관한 제1차 좌담회를 소집하였는데, 여기에 권철 교수님께서 참석하였다. 회의는 당시 선전부 부부장 주양이 직접 사회하였다. 이 자리에서는 지금까지 중국문학사 저술들이 한족 문학사에 국한된 나머지 역사사실에 부합되지 못한 한계를 지적하고, 중국문학은 한족과 여러 소수민족을 포괄한 중국의 모든 민족문학의 총화라 강조하였다. 그리고 소수민족의 구체적 상황에 따라 계획적으로 민족문학개황 혹은 민족문학사를 편찬할 것을 안배하며, 처음으로 「소수민족문학사 편찬사업 개요」라는 문건을 하달하였다. 이 문건은 연변주당위원회 선전부를 통해 연변대학교 당위원회에 전달되었다. 이미 연변대학교 교학개혁에 따라 조선언어문학학부에서는 중국조선족문학사 과목을 신설하고 학과목의 성격에 따라 중국현대문학의 범주에 포함시켰고,[2] 중국현대문학 담당인 권철 교수님에게 강의를 맡기기로 결정하였다. 당시 조선언어문학학부의 당지부 서기이며 중국조선족문학사 강의를 맡았던 교수님은 이 문건을 보고 문학사 편찬사업을 다그쳐야 할 필요성을 절실히 느꼈다.

그는 『조선족문학사』 편찬을 위해 조직구성, 사업계획, 조사팀 건립 등 일련의 준비사업을 거쳐 1959년 봄에 『중국조선족문학사』 편찬팀을 조직하였는 바, 그가 조장을 맡고 김현근 · 박상봉 · 허호일 · 임휘 등 교원과 조문학부 8기생(1960년 졸업생) 전부를 조사팀에 참가시켜 동북 각지에 파견하여 조사작업을 진행하였다. 이리하여 조선족문학사 편찬사업은 힘찬 첫걸음을 내디디게 되었다.

교원과 학생들로 조직된 조사팀은 조선족 집거구를 찾아다니며 많은 자료들을 수집하였다.[3] 학생들은 선생님들의 지도 밑에 연변의 숭선과 청산리, 흑룡강성의 목단강과 밀산 등 동북 각지로 돌아다니며 자료 수집을 하느라 옹근 한 학기 동안의 귀중한 학습시간을 바쳤다. 조사팀은 조선족 집거구에 들어가 중국조선족문학 특히 해방 전 중국조선족문학에 대해 한 차례 전면적인 조사 및 수집활동을 벌였다. 이 학급의 학생 박두렬은 목단강 지구에서 문학사자료를 수집하던 중 그의 형님이 석유궤짝 밑에 깊이 간직해 둔 까마귀 작 『혈해지창』과 『싸우는 밀림』의 필사본을 얻어냈다. 이 필사본의 발굴은 중국조선족문

---

2 당시 조선족문학을 중국소수민족문학의 일부분으로만 인식, 즉 국가적 시점에서 인식하였다.

3 현룡순, 『겨레의 넋을 지켜-연변대학 조문학부가 걸어온 45성상』, 연변대학출판사, 1994, 149쪽 참조.

학에서 매우 귀중한 자료가 되었고, 이때 조사팀이 수집한 자료들은 훗날 『중국조선족문학사』를 편찬하는데 중요한 기반을 이루었다.

자료 수집의 토대 위에서 1959년 말에 권철 교수님이 조장을 맡고 김현근・박상봉 등 7명이 참가한 중국조선족문학사 편찬팀이 정식으로 건립되었다. 이 팀은 1960년 4월에 『연변조선족문학사요강』(타자본), 같은 해 11월에 『중국조선족문학발전 개황 집필제강』(초고, 타자본)을 만들었고, 그 해에 『연변문학사』라고 제목으로 초고를 완성하여 학교 지도부에 성과로 제출하였다. 이 초고는 초보적이나마 처음으로 정리한 조선족문학사인데, 그 후 『중국조선족문학사』가 정식으로 고고성을 울리는데 큰 작용을 발휘하였다. 권철 교수님은 이 문학사 초고사업의 책임자였을 뿐 아니라 주요 집필자 중 한 명이었다.

1960년 8월 북경에서 열린 전국 제3차 문예사업일꾼대표대회 기간에 '제2차 소수민족문학사 편찬사업 좌담회'에 연변대표로 참석했던 권철 교수님은 문학사 편찬사업의 방향을 더 명확히 할 수 있었다. 그리고 이듬해 4월 박상봉 교수님과 함께 중국사회과학원 문학연구소에서 소집한 소수민족문학사 토론회에 참석하였다. 중국의 저명한 시인인 하기방이 사회를 맡은 이 토론회에서는 소수민족문학사의 초고에 대해 의논하였다. 권철 교수님은 이 자리에서 「중국조선족문학사 편찬요강」(수정본)을 소개하였고, 회의에서 돌아온 뒤 조문학부의 교수와 연변문단의 지명인사들을 모아 「중국조선족문학사 편찬요강」과 『조선족문학개황』을 세 차례나 토론하였다. 그리고 1962년부터 다시 연변대학에서 '중국조선족문학' 교수를 시작하였다. 비록 필수과목으로 지정되지 못하고 '전제강의'라고 하였지만, 이는 중국조선족문학사에 대한 정리, 교수, 연구작업이었고, 또한 중국조선족문학사를 정립하려는 권철 교수님의 오랜 꿈의 첫 실현이었다는 점에서 사적의의를 갖는 장거였으며, 후대들에게 우리 민족문학사의 얼을 심어주는 보람찬 작업이었다.

권철 교수님을 핵심으로 하는 중국조선족문학사 편찬소조가 바야흐로 보람찬 첫걸음을 내딛고 있을 때, 중국 국내에서 정치폭풍이 불기 시작하였다. 교수님도 상급의 지시에 의하여 1964년부터 선후로 두 차례 교단을 떠나 사회주의교육운동에 참가하게 되었으며 중국조선족문학사 편찬사업 역시 부득불 중단되었다. 잇따라 1966년 5월부터 문화대혁명이 시작되자 교수님은 '반동학술권위', '연변의 주양(周揚)'이라는 검은 모자를 쓰게 되었고, 항일연극 『혈해지창』을 가르치고 교수하고 『연변문학』(1959.1. 당시 주필 임호)에 발표한 것이 죄가 되어 '조선수정주의 첩자'라는 혐의로 박해받았다.[4]

1979년 2월 중공중앙선전부와 국가민족사무위원회는 연합으로 곤명에서 제3차 소수민족문학사 편찬좌담회의를 소집하고, 10여 년 중단되었던 소수민족 문학사 편찬사업을 다시 시작할 것을 제기하며 구체적인 사업계획을 수정하고 추진하였다. 이 회의에 참석하고 돌아온 교수님은 회의 내용을 연변조선족자치주 당위원회 선전부에 보고하고, 중국조선족문학사를 집필할 구체적인 계획을 작성하였다. 여러 부문의 인사들이 토론한 결과, 당시 이 사업을 책임졌던 장일민(선전부 부부장)의 창의에 따라 그때 금방 성립된 연변문학예술연구소(당시 책임자 박찬구)를 『중국조선족문학사』 과제를 풀어나가는 조직자로 내세웠다. 연변문학예술연구소에서는 1979년에 권철 교수님과 조성일(당시 연변문련 비서장)을 초빙하여 중국조선족문학사 편찬작업을 정식으로 시작하게 하였다. 두 사람은 함께 『조선족문학개황』을 집필하기 시작하여 그해 7월에 초고를 완성하였다.

---

4 최삼룡, 「우리 문학이론계의 걸출한 개척자, 근실한 경작자 권철」, 『문학과 예술』 1기, 1998 참조.

그 후 연변조선족자치주 당위원회 선전부 주최로 연변 문학계를 비롯하여 요녕성 문련과 흑룡강성 문련 등 30여명 대표가 모여앉아 초고를 깊이 있게 토론하고 많은 귀중한 의견을 제출하였다. 1979년 9월에 권철 · 조성일 두 사람의 노력으로 보다 전면적이고 체계적이고 과학적인 수정본이 완성되었다. 이 원고는 처음 권철 · 조성일의 이름으로 1979년 『연변대학학보』에 발표되었고 그 후 『연변문예』(1980년 2~3월호)에 전재되었으며, 1981년 가을에는 일본 잡지 『삼천리』에 번역 게재되었다. 1983년 9월에 중국사회과학원 문학연구소에서 편집 출판한 『중국소수민족문학』(상, 중, 하)의 중책에 권철 · 조성일의 『중국조선족문학』이 발표되었고, 1986년 연변교육출판사에서 출판한 『중등사범학교 어문교과서』 제7책에 권철의 『조선족문학』이 실렸으며, 1986년 민족출판사의 잡지 『진달래』에 권철의 「근대 조선족문학발전 개관」과 「중국조선족 현대문학에 대한 고찰」이 발표되었다.

1958년부터 시작하여 32년의 세월동안, 많은 사람들의 협력에 힘입어 『중국조선족문학사』는 점차 사적체계를 형성하고 그 내용도 과학성을 띠게 되었다. 비록 20세기 후반기, 새로운 역사시기라고 하지만 아직도 많은 제한이 남아있던 시기에 조성일 · 권철이 편저하고, 조성일 · 권철 · 최삼룡 · 김동훈이 집필한 『중국조선족문학사』(연변인민출판사, 1990)가 처음으로 세상에 고고성을 울렸다. 이로써 문학사가 없었던 조선족문학의 공백을 메웠다. 그 후 권철 교수님은 해방 전 조선족문학을 수정 보완하여 『중국조선족문학』 상권(연변대학교출판사, 2000)을 세상에 내놓았다. 문학사가 출판된 뒤에도 교수님은 겸손하게 학술성과를 다른 사람에게 돌리며, 이 문학사는 많은 결함이 있으므로 앞으로 보다 훌륭한 문학사 저술이 나올 것을 기대하면서 『중국조선족문학사』를 보완하기 위한 자료발굴을 진행하였다.

4. 조선족문학 연구와 인재양성

권철 교수님은 중국조선족문학사 정립에 큰 공헌을 하였을 뿐 아니라 조선족문학 연구에서도 독보적 존재였다. 교수님은 『중국 현대문학사』(공저), 『중국조선족문학사』(공저), 『조선족문학연구』(주필), 『연변지역 조선족문학연구』(공저), 『중국조선족문학연구』(주필) 등 5부의 저작과 대형 문학자료집 『중국조선족문학선집』 전(前) 5권(300만여 자)을 집필・편찬하였고 「중국조선족문학개황」, 「조선족소설문학론」, 「신채호론」, 「리욱론」, 「김창걸론」등 80여 편에 달하는 논문을 발표하여 조선족문학 연구의 조직지도자 및 집필자의 역할을 훌륭히 감당하였다.

교수님께서는 1950~60년대 조선족문학평론 및 문학사연구의 개척자로서 창조적 기량과 성과로 인하여 일찍이 자치주 창립 10주년에 '연변자치주 정부상'을 수여받았다. 권철 교수님의 문학 연구에서 특기해야 할 것은 1990년 연변인민출판사에서 출판된 『중국조선족문학사』(편저)이다. 이 책의 편찬은 방대하고도 체계적인 공정이었으며, 조선족문학이론에서의 획기적인 대사로 주목되었다. 이로써 중국에 조선족문학사가 없던 서글픈 국면을 돌려세웠고, 국외 문학사연구의 전문가들로부터 긍정적 평가를 받게 되었으며, 그 결과 1992년 길림성인민정부에서 수여한 장백산문예상을 받았다.

교수님은 끈질긴 저술 활동과 더불어 1961년부터 중국・한국・일본에서 개최된 중국소수민족문학사 초고토론회, 중국소수민족문학학회 학술토론회, 조선언어문학 국제심포지움 등 대형 학술회의에 10여 차례나 참석하여 조선족문학사를 중심으로 한 전문연구 분야에서 엄밀한 논증을 거친 독자적 견해들을 피력하여 학계에 큰 파문을 던졌다. 그리고 조선족문학사 연구를 국내 제1위의 수준으로, 해외에서도 괄

목할만한 최상의 수준으로 끌어올렸다.[5]

1989년 광서인민출판사에서 출판한 『중국소수민족문학』(현대문학) 제3장의 「중국조선족문학」, 『중국대백과사전』에서 신채호 · 김창걸 · 리욱 · 김철 네 항목, 『중국현대문학사전』(편찬자의 한 분)의 중국조선족 작가 및 조목. 그리고 『중국소수민족문학』의 「조선족문학개술」 등은 중국조선족문학을 한족과 기타 형제민족 인민들에게 소개함에 있어서 마멸할 수 없는 작용을 하였다. 그리고 우리 민족의 자랑스러운 저항시인 윤동주의 시와 업적을 한족들에게 소개하기 위하여, 교수님께서는 정판룡 교수 등 동료들과 함께 많은 시간과 정력을 소모하며 몇 년의 노고를 거쳐 손수 서문을 쓴 『윤동주 유고집』을 출판하였다.

교수님은 개혁개방시기를 맞이한 후 중국조선족문학을 세계에 진출시키는 일환으로 우리 문학을 한국과 일본에 소개하는 작업을 줄기차게 추진하였다. 10여 차례 일본과 한국에 다녀오면서 글을 쓰고 특강을 하고 논문을 발표하고 문학대화를 조직하는 여러 가지 형식으로 우리 문학을 외국에 소개하였다. 그중에서 1992년 12월 한국 '윤동주의 달'에 발표한 「중국에서 윤동주」, 일본 제4차 국제고려학연구회에서 발표한 「중국조선족문학사 정립에 제기되는 몇 가지 문제」, 1996년 겨울 임헌영 교수가 사회한 문학대화 '한민족문학의 어제와 오늘'에 발표한 언론, 숭실대학교 소재영 교수 등과 함께 집필한 『연변지역 조선문학 연구』 등 저서는 한국에서 중국조선족문학을 이해하고 연구하는데 큰 작용을 하였다. 이외에도 한국의 영남대학교, 동국대학교, 경주대학교, 숭실대학교, 연세대학교, 한림대학교, 춘천대학교, 강원대학교, 국민대학교, 중앙대학교 등 여러 대학에 교수님의 발자국이 찍혔다.

교수님은 대학 시절 스승이신 김창걸 교수님의 해방 전 문학에 대해

---

5 김동훈, 「권철교수 교직년보 및 문학연구업적」, 『문학과 예술』 1기, 1998 참조.

깊이 있게 천착하여 많은 자료들을 수집하고 연구를 진행하였다. 그의 끈질긴 노력에 힘입어 현재 해방 전 조선족문학작품집인『싹트는 대지』를 발굴하여 후세의 연구자들에게 귀중한 자료를 제공하였다. 뿐만 아니라「우리 향토문학의 개척자」,[6]「김창걸의 창작생애」,[7]「김창걸의 생애, 작품과 그 연구현황」[8] 등 논문들을 통해 김창걸 교수님을 처음으로 향토작가로 인정하여 학계의 주목을 받았다.

이외에도 한국학계에서도 논란이 많았던 '북향회'에 대해 깊이 있는 연구를 진행하였다. 한국학계에서는 '북향회'를 1935년 강경애・안수길・이주복이 세운 동인회라고 인정하였는데, 권철 교수님은 상세한 고찰과 검증을 통해 이에 대한 반론을 제출하였다. 그는 논문「'북향회'의 전말」[9]에서 '북향회' 창립 시기는 1933년이며, 강경애는 동인이 아니라 동인회의 지도자격 인물이었다고 지적하였다. 이런 지적은 1930년대 조선족문학에 있어서 최초의 동인회에 대해 올바른 학술적 인식을 가져오는데 큰 역할을 하였다고 할 수 있다.

인재 양성에 있어서 교수님의 업적 역시 매우 크다. 교직에 계시는 동안 교수님은 중국현대문학사, 노신 연구, 모순 연구, 문학이론, 중국조선족문학사 등 과목을 강의하셨다. 이 가운데 중국조선족문학사에 관해서는 1958년 '중국조선족문학' 과목이 설치된 후 강의를 맡으셨는데 후일 취소되었고, 1962년 하반년에 당시 3학년 학부생(1962년 졸업생)부터 선택과목으로 '중국조선족문학'을 재개하였지만 문화대혁명으로 인해 다시 취소되었다. 그후 1981년 하반년 4학년 학부생(1981년 졸업생)부터 '중국조선족문학사'를 선택과목으로 다시 강의를 시작하였다.

---

6 『천지』, 1986.8.

7 『연변일보』, 1986.5.24.

8 『문학과예술』, 1996.5.

9 『문학과예술』, 1988.5.

1958년부터 1994년까지 장장 36년간 교수님은 교단에서 학부생들에게 '중국조선족문학사' 강의를 하셨다. 이 기간 연변대학 조문학부 졸업생들은 모두 권철 교수님을 기억하고 있으리라 생각된다. 교수님의 강의는 격정은 높지 않되 풍부한 사료와 엄밀한 체계성은 학생들로 하여금 교수님의 박식함에 놀라움을 금치 못하게 하였다.

뿐만 아니라 처음으로 조선족문학 석사연구생을 양성함으로써 차후 조선족문학연구의 후비역량을 비축하였다. 조선문학 석사연구생 모집은 이미 1979년부터 시작되었다. 당시 조선문학연구 및 석사연구생은 조문학부의 과학연구에 있어서 중점이었다. 이에 비해 조선족문학 석사연구생은 모집하지 못하였다. 그러다가 1986년부터 권철 교수님께서 조선족문학 석사연구생을 모집하기 시작하였다. 총 3기에 걸쳐 4명의 석사연구생을 양성하였는바, 교수님은 늘 친자식마냥 연구생들의 학습에 온갖 정열을 쏟아 부으면서 연구생들의 학위논문을 엄하게 지도하며 표기법까지 놓치지 않고 틀린 곳을 지적하곤 하였다. 뿐만 아니라 해방 전 조선족문학관련 박사학위논문에 대해서 자신이 소장한 귀중한 자료들을 아낌없이 내놓으면서 후진들이 속히 성장하도록 격려하였다. 권철 교수님의 멀리 보는 안광 때문에 이미 조문학부에는 조선족문학을 연구하는 연구진이 초보적으로 형성되었다.

5. 기초자료 구축과 정리

권철 교수님이 1950년대부터 동북3성을 누비며 수집된 조선족문학 자료는 이미 학계에 정평이 나 있다. 권철 교수님은 문학현장의 사실을 확인하기 전에는 펜을 들지 않는, 역사의식이 투철한 문학사가이다. 해방 전 문학사를 집필하기 위해 상해의 서가휘(徐家匯) 국가도서관, 남경의 용반리 8호, 서안의 섬서사범대학 도서관, 광주의 중산대학 도서관 등 중국 경내 수십 개의 도서관과 박물관을 누비며 해방 전 토막토막의 문학자료들을 귀중히 베껴다가 연구소 자료실에 쌓아두었다. 그리고 『독립신문』, 『천고』, 『진단』, 『민성보』, 『북향』, 『카톨릭 소년』, 『조선의용대통신』 등 20세기 초엽과 1920~30년대의 신문 잡지들을 복사해다가 그 문학적 가치를 손수 감별하고 '북향', '혈해지창', '이욱 시', '김창걸 소설', '함형수의 작품' 등 귀중한 문학유산에 대한 유력한 증거, 증언들을 자기 발로 몸소 확인하였다. 윤동주 묘소의 답사와 생가의 복원, 최서해 · 강경애 · 안수길 · 천청송 · 김조규 · 채택룡 등 작가의 문학유적에 대한 현지조사를 통해 문학사료에 곁들인 수많은 사건과 인물, 작품의 살아있는 현장성을 입증하였다. 1990년 8월 일본 오사까에서 열린 국제학술회의에 가는 길에도 심양시 교외 소가툰에 사시는 70 고령의 신옥화 여사를 찾아 그의 해방 전 예술활동의 한 토막 역사를 꼭 확인하고야마는 그런 끈질긴 성미였다. 해방 전 출간된 문학지 『북향』, 소설집 『싹트는 대지』, 시집 『재만조선인시집』, 안수길의 소설집 『북원』, 장편소설 『북향보』 등 일련의 귀중한 문학자료들이 거의 다 선생님의 발에서 추적되었으며, 그것들은 현재 위만주국시기 조선인문학연구에서 더없이 귀중한 자료로 이용되고 있다.

교수님께서 해방 전 위만주국의 신문인 『만선일보』를 찾기 위해 도문시 한 거민가정을 방문하여 거미줄이 천만갈래로 뒤엉킨 낡은 집 천정에 뚱뚱한 몸체를 들이밀고 반세기나 묵은 삭을 대로 삭은 톱밥무지를 헤쳐가며 그 밑에 깔린 해방 전 신문을 뒤져내던 일은 오늘도 문학사료 수집자들에게 하나의 미담으로 전해지고 있다. 워낙은 『만선일보』라고 해서 천정에서 뒤져낸 것이 해방 전의 『매일신문』이었다는 유감은 있었지만, 집요하게 문학자료를 추적하는 선생님의 학구적 태도는 우리의 본보기가 되고 있다. 1990년대 초반 교수님은 한국 연세대학교 도서관을 통해 끝내 『만선일보』의 일부분을 구입하여 최저의 우송료만 받고 전부를 연구소 자료실에 기증하였다. 『만선일보』의 출현에 힘입어 여러 편의 전문 저작과 10여 편의 논문들이 발표되어 오랫동안 감춰진 사실들이 새롭게 확인되면서 학계에 큰 파문을 일으켰다. 이밖에도 300여수에 달하는 항일가요와 교가·군가·창가의 수집·발굴·정리에 바쳐진 교수님의 숨은 노력과 공로는 실로 막대하다.[10]

권철 교수님은 항일가요 연구에서도 독보적 위치를 차지하고 있다. 그의 항일가요 연구는 대한제국 시절의 창가부터 광복 전 항일가요까지 섭렵하고 있다. 소설문학에 대한 정리 못지않게 시가문학에 대한 정리와 연구는 조선문학사에서 잊혀질 뻔했는데, 이것들을 하나하나 밝혀내는 데 중요한 업적을 남겼다. 특히 동북항일연합군의 항일가요 조사는 임시정부의 광복군 군가로만 알려졌던 남한의 항일가요 연구를 온전하게 재구성하는 데 중요한 역할을 하였다.

광복 전 조선문학사 연구는 광복 이후까지 영향을 미친다는 점에서 중요한 의미를 지니고 있다. 권철 선생의 항일가요 연구는 구전가요의 수집과 필사본 정리를 통해서 이루어졌는데, 출판을 생각할 수 없었던 어렵고 힘든 시절의 자료를 수집함으로써 기록문학이 가지고 있는 한계성을 극복한 성과이다. 또한 동북지역 조선문학사에서 잊혀진 문사들을 발굴해내는 데에도 온 힘을 쏟았다. 이학성·김창걸 및 청년 문사 송몽규 등의 발굴은 조선문학사의 지평을 넓히는 데 기여한 바가 크다. 잊혀진 작가의 발굴은 조선민족의 문학사를 풍성하게 할 뿐 아니라, 광복 전 조선민족의 항일정신이 면면히 이어져 왔다는 점을 밝히

---

10 김동훈, 앞의 책 참조.

는 계기가 되기도 할 것이다.

권철 교수님의 자료 조사는 동북지역 조선민족 문학뿐 아니라 남북한 문학의 정통성을 밝히는 데도 중요한 몫을 차지하고 있다. 우리에게 익히 알려진 〈용정의 노래〉의 작사가 윤해영의 공과를 밝힘으로써 광복 후 남한의 대표적 가곡으로 자리잡은 〈선구자〉에 대한 왜곡을 바로잡기도 하였다. 또한 항일가요 뿐만 아니라, 소설문학, 구비문학, 연극까지 두루 섭렵하였음은 그의 광대한 문학적 지평을 의미함과 동시에 조선민족 문학 전반에 대한 깊은 애정을 보여주고 있다. 권철 선생에게 더 많은 시간이 허여되었다면 광복 후 조선민족 문학까지 그 지평이 넓혀졌을 터인데, 그것을 다 이루지 못하고 떠난 것이 못내 아쉽기만 하다. 책으로 출간하지 못한 수많은 자료들과 조선민족 문학의 자료 조사를 했던 장소와 기억들을 영영 찾을 수 없다는 것도 동북지역 조선민족문학의 크나큰 손실이라고 할 수 있다.

교수님은 수집된 자료들을 독점하지 않고 학계의 많은 학자들과 공유하였다. 국내의 많은 학자들이 권철 교수님으로부터 자료를 제공받았을 뿐만 아니라 한국의 오양호·채훈·이명재·이기서·허세욱·홍일식·정재호·조규익 등 석학들도 권철 교수님과 자료를 교환하며 공유하였다.[11]

현재 조선문학연구소(전신은 조선언어문학연구소) 자료실에 소장된 1940년대부터 1960년대에 이르는 자료들은 모두 교수님이 직접 수집 혹은 복사한 것이다. 이 가운데서 대표적인 문학지와 신문들은 아래와 같다. 『연변문화』,[12] 『문화』,[13] 『연변문예』,[14] 『아리랑』,[15] 『연변문학』,[16]

11 최삼룡, 「우리 문학이론계의 걸출한 개척자, 근실한 경작자 권철」, 『문학과 예술』 1기, 1998 참조.

12 『연변문화』는 1948년 10월 『대중』을 이어받아 창간된 종합잡지이다.

13 『문화』는 1949년 7월에 창간되었다.

14 『연변문예』는 연변문련 주비위원회의 기관지로서 1951년 6월에 창간되어 9월까지

『연변』,[17] 『연변문예』,[18] 『교육통신』,[19] 『연변청년』,[20] 『장백산』,[21] 『송화강』[22] 등 문학지와 『종합지』, 『인민신보』, 『인민일보』, 『민주일보』, 『동북조선인민보』. 이런 귀중한 자료들은 특히 광복 직후 조선족문학 연구에 있어서 매우 귀중한 자료라 할 수 있다.

이외에 윤동주 묘소 발견과 생가 복원에 있어서 교수님의 업적을 지적하지 않을 수 없다. 1985년 일본 와세다대학의 오오무라 교수님 부부가 연변대학에 1년 간 체류한 적이 있었는데, 기실 한국에서 용정에 윤동주 묘소가 있다는 정보를 입수하고 그것을 찾으러 온 것이다. 이에 조문학부의 권철 교수님과 이해산 교수님 등이 오오무라 교수님과 함께 용정 인근 공동묘지를 샅샅이 훑으며 윤동주 묘소를 찾기에 나섰다. 하지만 일이 쉽게 풀리지 않았고, 거의 포기상태에 이르렀을 무렵 우연히 윤동주와 더불어 송몽규의 묘소까지 발견하게 되었다. 이러한 사례는 단지 학술의 차원을 넘어서, 지역사회에 문학 전통과 항일정신을 기리는 좋은 귀감이 되었다.

뿐만 아니라 윤동주 생가를 복원하는 데에도 교수님의 공적이 컸다. 정판룡 교수님과 한국 해외한민족연구소 이윤기 소장님이 윤동주 생

3기를 내고 폐간되었다. 1954년 1월에 연변문련의 기관지로 다시 『연변문예』가 창간되어 1956년까지 간행되었다.

15 『아리랑』은 1957년에 창간되었고 1958년까지 총 24기를 간행하였다.

16 『아리랑』이 제25기(1959.1.)부터 『연변문학』으로 개칭되었다. 1961년 2월, 총 50기를 마감으로 종간되었다.

17 『연변』은 종합성 잡지로서 『연변문학』이 종간된 후 1961년 5월에 창간되었다. 1966년 9월에 문화대혁명으로 정간되었다.

18 『연변문예』는 1974년 4월에 창간되었다. 문화대혁명 때 종간된 『연변』잡지를 이은 것으로 인정할 수 있다.

19 『교육통신』은 1948년에 창간되었다.

20 『연변청년』은 1955년 1월에 창간되었다.

21 『장백산』은 문예지로서 1957년에 연변인민출판사에 의해 창간되었다.

22 『송화강』은 1960년에 창간되었다. 문화대혁명 시기 종간되었다가 1981년에 복간되었다.

가의 복원을 합의한 이후, 권철 교수님은 사무총장 격으로 불철주야하며 생가의 원형을 완벽히 복원하기 위하여 원자재까지 까근히 살폈다. 천신만고 끝에 윤동주 생가와 같은 시기에 지어진 동일한 구조의 가옥을 발견하여 구입한 후 윤동주 생가 옛터에 복원시켰다. 지금까지 그곳을 다녀간 국내외 유지인사들이 얼마인지 헤아릴 수 없고, 지금도 관광철이면 많은 사람들이 생가를 찾아 고인의 명복을 빌곤 한다.

또한 김창걸 문학비를 세우는데도 교수님의 심혈이 많이 들었다. 관련 인사들과 끊임없는 교류를 진행하면서 연변대학의 제1대 교수이자 은사이신 김창걸 교수님의 문학비를 중국에 처음으로 자리 잡은 장재촌에 세웠고 후대들에게 우리 문학과 교육의 기본 흐름을 알게 하였다. 이 뿐만 아니라 강경애 문학비를 세우는 일에 있어서도 김병민·김재용 교수님을 도와 많은 조언을 하며 지극정성으로 돕는 등, 해방 전 연변에서 활동했던 문인들의 기념사업에 많은 공헌을 하였다.

기초자료 구축에 있어서 비켜갈 수 없는 것이 곧 『중국조선족문학대계』 편찬사업이다. 이미 많은 자료들을 수집하고 소장하고 있었지만 어디까지나 분산된 상황이었다. 조선족문학의 발생지에 자리를 잡고 있는 연변대학교의 경우 이곳에서 조선족문학자료를 집대성해야 할 사업이 급선무로 제기되었다. 이런 점을 감안하고 권철 교수님은 당시 조선언어문학연구소 소장으로 있던 김동훈 교수님과 함께 반복적인 연구를 거쳐 해방 전 조선족문학작품을 대상으로 대계를 편찬하기로 결정하였다. 학교 과학연구처의 협조로 이 프로젝트는 한국학술진흥재단의 지원을 받게 되었고 구체적인 편찬작업에 들어가게 되었다. 자료의 가치를 확보하기 위해서는 현대가 아닌 발표 당시의 표기법을 따르기로 하였다. 국내외의 저명한 학자들로 편집위원회를 구성하고 다년간의 작업을 통해 『한시집』과 안수길·현경준 등 유명 문인들의 작품집이 볕을 보게 되었으며 학계의 높은 평가를 받게 되었다.

하지만 그 후 여러 가지 여건으로 하여 한국학술진흥재단의 후원을 받지 못하게 되면서 이 작업은 일단락을 짓게 되었다.

그 후 연변대학교 채미화 교수와 연세대학교 허경진 교수의 합작으로 대산문화재단프로젝트로 『중국조선민족문학대계』가 선정되면서 다시 활력을 얻게 되었다. 이번에도 교수님은 김동훈・허휘훈 교수님 등 여러 교수님들과 함께 대계의 체계를 확립하고 30권으로 된 문학대계를 설계하였다. 이 문학대계는 이미 출판되었다.

1950년대 중후반 국내에서 극좌적인 정치노선이 판을 칠 때 교수님의 일부 글들이 당시의 지배적 정치구호와 문학시책에 순응하였고 동시에 일부 사람들의 마음에 상처를 주었던 것은 사실이다. 하지만 개혁개방시기에 이르러 교수님은 자신의 과오를 깊이 반성하고 자세를 바로잡기에 애타는 노력을 경주하였다. 이 시기 교수님은 쟁론적인 언행을 삼가고 시책에 편승하는 글보다는 학술적인 논문을 주로 썼다. 이는 자아성찰과 부끄러움을 감지하는 인격이며 미덕이라고 할 수 있다. 때문에 주변의 많은 사람들의 인정과 존경을 받게 되었다.

학자의 유기적 생명은 유한이지만 학문적 생애는 무한이라고 할 수 있다. 평생을 중국조선족문학의 사료수집과 정리, 조선족문학사정립, 조선족문학 기초자료구축에 바친 권철 교수님의 학문적 노력에 의해 조선족문학 연구는 체계적이고 과학적인 발전일로를 내닫고 있으며 앞으로 더욱 많은 학자들이 가세하리라 믿는다.

|주요저술 목록|

『조선족문학연구』(공저), 흑룡강조선민족출판사, 1989.
『중국조선족문학사』(공저), 연변인민출판사, 1990.
『연변지역 조선족 문학연구』(공저), 숭실대학교 출판부, 1992.
『광복전 중국 조선민족 문학 연구』, 한국문화사, 1999.
『중국조선족문학』 상, 연변대학출판사, 2000.
『중국조선민족문학대계』(주편), 흑룡강조선민족출판사, 2002.
『중국조선민족문학대계』(명예주필), 보고사, 2007.

「중국조선족문학개황」(공저), 『연변문예』 1기, 1980.
「근대중국조선족문학개관」, 『진달래』 15기, 1984.
「우리 향토문학의 개척자」, 『천지』 8기, 1986.
「중국조선족현대문학에 대한 고찰」, 『진달래』 18기, 1987.
「'북향회'의 전말」, 『문학과 예술』 5기, 1988.
「청년문사 송몽규의 형적을 더듬어」, 『문학과 예술』 5기, 1994.
「시인 윤동주 50주기를 맞이하여」, 『문학과 예술』 6기, 1995.
「〈룡정의 노래〉의 작사자 윤해영과 광복 전 시작」, 『문학과 예술』 3기, 1996.
「김창걸의 생애, 작품과 그 연구현황」, 『문학과 예술』 5기, 1996.
「시인 리욱의 생애와 시작」, 『장백산』 2기, 1997.
「문학사편찬사업을 두고」, 『장백산』 3기, 1998.
「조선민족문학자료 연구현황과 나의 관견」, 『문학과 예술』 6기, 2002.
「중국조선족문학유산의 정리를 두고」, 『문학과 예술』 3기, 2006.

쉴 줄 모르는 권형 : 문학사가 권철 선생

정판룡

권형과 나

내가 권철 형님을 알게 된 것은 1950년 조문학과로 전학하면서부터이다. 원래 나는 수학물리학과에서 공부하고 있었는데 문학하는 친구들의 추김을 받고 2학년 때 조문학과로 넘어왔다. 그때부터 권철 형님과는 한 반 학생이며 줄곧 오늘까지 함께 연변대학에서 일을 했으니 정말 오랜 친구이자 동창이고 오랜 동사자이다.

권철 형님은 나이가 나보다 몇 살 위다, 그의 출생 년이 1929년이어서 자기는 20년대 사람이라고 하면서 30년대인 우리 앞에서 '우쭐'거릴 때가 많다. 우리가 3학년에 다닐 때 우리 반에도 단지부(團支部)가 건립되었는데 권형이 서기가 되고 나는 선진위원이 되었으며 1952년 졸업 시에 우리는 함께 입당선서를 하였다. 그러니 권형과 나는 그 어떤 연분을 타고난 사람이라고 생각할 수도 있다.

졸업 후 나는 학부에 남아 뚜렷한 전공방향도 없이 시키는 대로 학생들에게 이것저것을 강의했지만 권형은 '행운'이 터 졸업하자 곧 동북사범대학에 가서 연구생공부를 하게 되었다. 그는 그때로 보면 상당히 정규적인 연구생반에서 중국현대문학을 계통적으로 배우게 된 것이다. 그러기에 권형은 우리 중국조선족으로는 가장 일찍 중국현대문학을 전공한 사람이라고 할 수 있다. 그때까지 연변대학에는 중국문학을 체계적으로 깊이 연구한 선생님이 한 분도 없었다. 건교 초기에 이규

해라고 하는 선생님이 상해로부터 오셔서 우리에게 중국문학을 가르쳤는데, 전공이 고전문학이어서 그런지 현대 부분은 말 타고 꽃구경하는 식으로 간단히 소개만 하고 그만두었다. 그리하여 소위 제1기 문과 졸업생이라는 우리는 노신은 워낙 큰 작가이기에 들어 알기는 하지만 기타 중국의 작가나 시인 심지어는 곽말약・모순・파금 같은 사람도 잘 몰랐다. 그러다가 1956년 권형이 조선족으로는 맨 처음으로 중국현대문학전공의 연구생반을 졸업하고 학교에 돌아와 정식으로 중국현대문학교수를 시작한 것이다.

1954년 여름 나는 소련유학 예비생으로 선발되어 북경외국어대학에 갔다. 이어 소련에 가다보니 권형과는 근 7~8년을 서로 만나지 못했다. 내가 학교에 있을 때는 그가 장춘에 가고 그가 학교에 돌아왔을 때는 내가 소련에 갔기 때문이다. 1960년 5월 중순 사과배꽃이 한창 피던 계절에 나는 소련 유학을 끝맺고 학교로 돌아왔는데 그때 정거장에까지 나와 마중한 사람이 곧 권형이다. 권형은 동북사범대학 연구생반을 졸업하고 돌아오자마자 곧 어문학부 당지부서기직을 맡았다고 한다. 그때는 학교만이 아니라 학부에서까지 당의 절대적인 영도를 하던 때라 학부의 서기면 곧 학부의 일인자였다. 그는 나를 보자 곧 내가 돌아오는 날을 기다렸다고 하면서 자기는 작가협회로 조동가게 되었으니 학부의 일은 내가 맡아야 할 것 같다고 하였다. 대학선생이 작가협회로 가다니? 나는 그의 이 말이 잘 이해되지 않았다. 더군다나 권형처럼 연구생반을 졸업한 대학선생이 작은 지방 작가협회 비서장으로 간다는 것은 어쩐지 '큰 인재가 작은 일에 쓰이는 것'처럼 느껴졌다.

그런 사정이 있어서 그렇게 된 것이니 별다르게 생각할건 없네. 자네가 소련에 있는 기간 중국에서는 큰 정치변혁이 일어났네. 자네도 들었겠지만 1957년의 반우파투쟁과 그 뒤에 있는 반우경, 민족정풍운동가운데서 많은 문예계 사람들이 우파분자로 되거나 민족주의분자로 되었네. 연변문예계에서만 보아도 우리가 아는 사람들은 거의 다 타도되었단 말이네. 이렇게 되니 작가협회에서도 비서장을 할 만한 사람이 없어 한동안 날더러 와서 해보라고 하니 어떻게 거절한단 말인가? 하물며 이것은 당의 지시란 말이네.

지금도 '당의 지시'라고 하면 꼭 들어야 할 것으로 생각하는데 그때는 더 말할 것 없이 '당의 지시'는 무조건 절대복종해야 하는 것으로 누구나 생각했다. 이렇게 1960년 5월, 내가 돌아오자 권형은 곧 작가협회 비서장으로 조동되고 내가 대신 조문학부 당총지서기로 되었다.

알고 보니 권형은 바로 반우파투쟁의 전야인 1956년 여름에 학교로 돌아와 중국현대문학을 가르치는 한편 학부사업에 참가했다. 그런데 불과 1년도 못되어 그 무서운 반우파 투쟁이 터졌으며 이어 대약진, 인민공사운동이 일어났다. 반우파 투쟁은 주로는 교육계・문예계 등 지식인들 속에서 진행되었는데, 조금이라도 귀에 거슬리는 말을 했거나 글을 쓴 사람은 모두 우파로 되어 혹독한 비판을 받았으며 감옥에 가거나 노동개조를 하지 않으면 안 되었다. 이런 환경에서 누구든지 이런 운동에 의문을 가지거나 우파로 된 사람에게 그 어떤 '동정심'을 보이기만 하면 큰일 났다.

내가 돌아와 보니 당시 우리 학교에도 우파분자까지는 되지 않았어도 당시 투쟁에 적극적이 못되거나 우파로 된 사람에게 동정을 표시했다가 비판을 받거나 지어는 처분을 받은 사람들이 적지 않았다. 이러고 보니 반우파 투쟁 때부터 그 뒤의 대약진, 반우경, 민족정풍 등 끊임없는 운동 속에서 살아가자면 누구나 극좌사상에 물들지 않을 수 없었다. 나는 천만 다행히 그런 '극좌시기'에 국내에 있지 않았기에 별일 없었지만 그 뒤 내가 문화혁명에 참가하고 보니 그런 환경에서 누구든지

극좌사상의 영향을 얼마간 받지 않을 사람은 없다는 것을 느꼈다. 권형은 바로 극좌사상이 살판 치던 반우파 투쟁 시기에 학부사업을 했으며 또 중국현대문학교원으로 부득불 소위 문예계사상투쟁에 참가해야 했으니, 지금 시각으로 보면 좌적이라고 할 수 있는 말도 더러 했을 것이고 글도 썼을 것이다. 특히 문예계의 반우파 투쟁이 시작되면서 연변에서는 대학의 문학과 선생들이 비판성적인 논평들을 많이 쓰게 되었는데 그로 하여 권형은 그 뒤 적지 않은 정신상의 불안과 가책을 느꼈다. 권형은 여러 차례 나에게 그 시기에 그가 쓴 소위 평론은 거개가 몽둥이평론이며 긍정할 가치가 없는 것들이라고 하였다. 그런 역사적 교훈이 있어서 그런지 1963년 학교에 다시 돌아온 뒤부터는 그 어떤 구체적인 작품이나 작가에 대한 평론을 쓰지 않았다. 그 대신 그는 우리 문학의 발전력사의 발자취를 더듬으며 지난날 우리문학발전에 공헌을 한 작가시인들의 유산을 정리하는 사업에 모든 정력을 기울였다.

그러나 평론가 최삼룡 씨의 말처럼 50년대 권철 선생을 위수로 하는 일부 연변대학 문학교원들의 평론은 농후한 시대적 제약성을 가지고는 있지만 진정한 의미에서의 문학비평은 이때부터 시작되었다고 보아야 한다. 그 이전에도 우리 조선족문학에는 평론활동이 없은 것은 아니지만 다수는 감상을 발표하거나 문학상식을 소개하는 정도였다.

파비서장(破秘書長)

권형이 작가협회로 조동된 뒤 내가 그의 사업을 계승하기는 했지만 어찌된 셈인지 내가 한 일과 그가 한 일은 많이 달랐다. 권형은 혁명열조가 전례 없이 높았던 대약진시기의 당서기이니 마치도 전선에 나가 싸우는 군대 지휘관처럼 사람들을 한없이 '투쟁'에로 이끌었지만, 나는 소위 '3년 자연재해(기실은 3년 간의 대약진 착오)'로 하여 전국이 경제 곤란에 부딪쳐 갑자기 '혁명열조'가 낮아지던 시기의 당 간부인지라 권형과는 달리 소위 정책을 강조하면서 대약진시기에 빚어진 '좌'적인 편향을 시정하는 일들을 했다. 이를테면 '우파분자'로 된 사람도 개조태도가 좋으면 우파 모자를 벗겨준다거나 대약진시기에는 학생들도 공부는 하지 않고 '혁명'이거나 '노동'만 하여 학교질서가 말이 아니었는데 이런 것을 시정하고 다시 교학질서를 세우는 것들이었다. 다시 말하면 권형은 폭풍우와 같은 혁명시기의 간부였고 나는 풍랑이 잦아든 소위 조절시기의 간부였다. 이렇게 되니 나는 자연 권형이 일하던 시기에 나타난 일부 '편향'들을 시정하게 되었으며 그 시기에 비판을 받거나 아래로 내려간 사람들에게 정책을 시달하는 일들을 하게 되었다.

그런데 그때도 알 수 없는 일은 중국의 정치란 한동안 계급투쟁을 느슨하게 하며 정책을 조절하던 것이 나라의 경제상황이 얼마간 호전되자 1963년에는 '계급투쟁을 절대 잊어서는 안 된다' 하는 벼락같은 호령이 내렸다. 학교는 다시금 "혁명시기"로 들어갔다. 얼마 전까지 강조되던 '조절', '정돈'은 간데 온데 없어지고 또다시 '총 노선, 대약진, 인민공사' 세 폭의 붉은 기를 높이 추켜들어야 한다고 하였다. 이렇게 되니 이 몇 년 간 내가 한 소위 '조절', '정돈'은 '우경'이라는 것이다.

이럴 즈음에 작가협회로 갔던 권형이 학교로 다시 돌아왔다. '조직의 수요'에 의해 가기는 했지만 연구생 공부까지 한 사람이 행정사무를 보려니 재미없어 여러 번 돌아가겠다고 했더니 다시 돌려보내더라는 것이다. 친구들은 그때부터 그를 '파비서장'이라고 놀려주기 시작했다. 비서장직에서 파직당한 사람이라는 뜻인데 누가 맨 먼저 그런 이름을 달아주었는지는 잘 모르겠지만 오래 동안 친구들 사이에 유행된 것만은 사실이다. 파직당한 것이 아니라 하기 싫어서 돌아온 것인데 우리는 그렇게 자주 그를 골려주었다.

'혁명고조시기'에 서기질을 한 권형이 돌아오고 또 '정돈시기'에 서기

노릇을 한 나와 함께 있으니 우리 둘 사이는 기실 아무런 생각도 없었지만 일부 사람들 속에서는 우리 둘을 놓고 말이 돌기 시작했다. 권형은 마치 어문학부에서는 대약진시기를 대표하는 사람이고 나는 정돈시기에 대약진시기의 혁명성과를 부정하고 소련에서 배워온 수정주의로 학부의 사업방향을 돌리려고 한 사람이라는 것이다. 지금 보면 별문제가 아닌데 그때로 보면 그렇게 말할 수도 있었다.

당시 우리 당의 노선은 어느 정도 '좌'쪽으로 기울어지고 있던 때라 60년도 초에 실시한 소위 '조절', '정돈'은 경제곤란을 극복하기 위한 잠시적인 후퇴일 뿐 기본노선은 아니었다. 그러기에 경제가 얼마간 회복돼서 곧 다시금 '계급투쟁'을 강조하였고 마지막에는 문화대혁명이라는 전대미문의 정치운동을 발동하기에 이르렀다. 그런데 나는 그때 그 잠시적인 후퇴의 뜻을 모르고 반우파 투쟁 및 대약진시기에 잘못 비판받은 사람들을 '동정'해주거나 끊임없는 정치운동으로 하여 혼란해진 교학질서를 진심으로 정돈하려고 애를 쓴 것이다. 그러니 그때로 보면 나의 이런 생각이거나 행동은 더 말할 것 없이 '우적(右的)'인 것만은 사실이다. 이리하여 나는 1963년부터 비록 학부 당총지서기 직에서 정식으로 물러나지는 않았지만 물러난 것이나 다름없는 처지로 되었다.

그러나 나는 오랫동안 이 문제에 사상이 달통되지 않아 나를 '우적'이라고 비판하는 사람들에 대해 불만을 품고 있었다. 그러나 권형은 그때도 이 문제에 대해 퍽 침착했으며 친우의 의리를 지키고 있었다. 당시 당의 기층조직에서 일하고 있는 우리들은 언제나 상급에서 시키는 대로 했을 뿐이지 제절로 생각해서 한 일은 거의 없다는 것이다. 이런 상황에서 설사 '우적'인 착오를 범했다고 하더라도 어느 한사람의 책임을 추궁하거나 사업에 대한 시비를 한다는 것은 단결에 불리할 뿐 그 어떤 좋은 결과도 얻지 못한다는 것이다. 그리하여 어문학부에 파벌이 있다는 무의미한 시비에 그는 시종 참여하지 않았으며 또 이로

하여 우리 사이가 멀어진 적도 없다.

쉴 줄 모르는 권형

권형은 천생 일 없이는 못사는 사람이다. 나이 70이 넘은 오늘에도 다른 사람 같으면 진작 집안에서 손주 애들이나 보고 있으련만 여전히 젊은 교수처럼 연구생도 지도하고 강의도 한다. 권형이 작가협회에 있다가 학교로 돌아온 것도 기실은 일을 하기 위해서이다. 1961년 4월 중국사회과학원 문학연구소에서는 소장 하기방(何其芳)의 주최 하에 중국소수민족문학사토론회를 소집했는데, 권형은 그 회의에 참가하여 「중국조선족문학사 편찬요강」을 소개했다. 그는 기실 그때부터 학교에 돌아와 중국현대문학을 교수하는 한편 중국조선족문학사 편찬사업을 계속하려 했다. 그러나 학교에 돌아온 뒤 그는 할일이 없었다. 날따라 긴장해지는 정치형세는 문학사 편찬 같은 일을 할 수 없게 하였을 뿐만 아니라 그런 생각만 해도 죄가 되였다. 더욱이 1964년부터는 전국의 대학생과 대학의 교직원들은 모두 사회주의교육운동에 참가해야 한다고 하여 학교에 갓 돌아온 권형은 학생들을 데리고 연속 2년간 시골에 내려갔다. 뒤이어 문화대혁명이 일어나니 쉴 새 없이 또 이 정치운동에 참가해야 했다.

권형도 우리처럼 큰 벼슬은 못했지만 학부의 당서기 노릇을 했으니 운동대상인 집권파에 속했다. 그리하여 수시로 비판투쟁을 받을 수 있었지만 학교로 보면 그리 중요한 집권파도 아니고 나처럼 '수정주의 묘목'도 아니기에 정식 '끌어낸 반혁명'으로는 되지 않았지만 언제나 속은 태우고 있었다. 벼슬이야 작든 크든 집권파이고 또 한때는 작가협회 비서장까지 지냈으며 평론 글도 몇 십 편 썼으니 그때 말로 적어도 '검은 선(黑線)'에 속하는 인물인 것만은 사실이었다. 그리하여 놀려주느라고 그랬는지 아니면 정식으로 그렇게 불렀는지는 몰라도 한때는 권형을 '연변의 주양(周揚)'이라고 불렀다. 주양은 원래 중공중앙선전부 문예를 관장하는 부부장이고 중국에서는 일인자 평론가였는데 문화대혁명이 터지면서 곧 '문예흑선(文藝黑線)' 대표인물로 되여 그 누구보다 먼저 타도된 사람이다. 그러니 권형을 '연변의 주양'이라고 한 것은 연변 범위에서는 주양과 같은 지위에 있는 사람이라는 말이다.

그때는 각급 정부와 당 조직이 모두 파괴되고 군중반란조직들이 살판을 치던 때라 우리같은 소위 집권파나 수정주의로 낙인을 받은 사람들은 반란조직에서 오라고 하면 무조건 와야 하고 가라고 하면 가야했고 그렇지 않을 때는 집에 잠자코 앉아있어야 했다. 어디에 잘못 나섰다가 홍위병에게 발각되는 날이면 큰 봉변을 당했다. 언젠가 어문학부의 전직 서기로 있던 현룡순이 다른 '집권파' 하나와 같이 몰래 거리식당에 갔다가 그만 반란파 학생을 만나는 바람에 차려놓은 음식도 못먹고 도망친 일이 있는데 당시 우리 모두의 심리상태는 그러했다. 이런 상황에서도 잠자코 앉아있지 못하는 우리 권형만은 한 군중조직에 찾아가 거기서 강판글도 써주고 등사일도 도와주었다고 한다. 권형은 남달리 글씨 쓰는 재주가 있어 등사용 강판글을 잘 썼다. 지금도 이따금 우리 앞에서 강판글을 인쇄한 것처럼 쓴다고 자랑을 하곤 한다.

1970년 가을부터 연변대학에서는 학생을 모집하기 시작했다. 원 어문학부는 한족학생이 중국어문을 배우는 중문학과와 한족학생이 조선말을 배우는 조선어학과로 나뉘어 졌다. 민족대학의 뿌리를 뽑느라고 조문학과마저 없애버린 것이다. 나는 중문학과 책임자로 되고 권형은 조선어학과 책임자로 되었다. 당시 학부를 군대식으로 연(連)이라고 불렀는데 우리는 제각기 중문 연장, 조선어 연장이라는 세상 그 어디에도 없는 그런 특별한 관직에 취임했다. 연장이니 겉보기에는 그래도 그 무슨 권력이 있는 것 같지만 위에서는 노동자선전대가 굽어보고 아래에서는 공농병 학생들이 감시하는 바람에 우리같은 '채 개조되지 못한 자산계급 지식분자'들은 낭떠러지 앞에 선 사람처럼 자기의 언행에 특별히 주의를 해야 했다. 권형도 연장으로 있는 동안 별별 모자를 다 써보았으며 마음고생도 적지 않게 했다. 한번은 조선어 연의 한 여학생이 농약을 먹고 자살을 했는데 그것은 수정주의교육 노선의 핍박에 의해 죽은 것이라고 하는 바람에 학부의 간부들은 더 말할 것 없고 보통교원들까지 혼쫄이 났다.

'4인방'이 타도되고 역사적 의의가 있는 3중전회가 있은 뒤에야 권형도 마음 놓고 글도 쓰고 연구도 할 수 있었다. 그러나 이때는 그의 나이가 50을 넘은 때였다.

권형이 조선족문학연구를 다시 시작한 것은 아마도 1979년부터인 것 같다. 1979 년 2월 권형은 곤명에서 열린 전국 제2차 소수민족문학사 편찬회의에 참가했는데 그 회의에서 근 20년 간 중지되었던 소수민족문학사 편찬사업이 전국 범위에서 가동된 것이다. 저주로운 '4인방'이 타도되고 3중전회가 열리면서 이제부터는 '계급투쟁'을 그만두고 경제건설을 한다고 하니 우리는 날 것처럼 기뻤다. 나도 이때 10여 년 간 정지되었던 외국문학사 편찬을 다시 시작하여 1980년에 제1책을 출판하였다. 권형도 이때 조성일과 함께 『중국조선족문학발전개황』을 집필하였으며 1986년에는 『중국조선족문학사』 편찬사업에 정식 착수하였다.

조선족문학의 발전력사로 보인 1945년 8·15부터는 당시 문인들이 대부분 생전이며 많이는 우리 자신이 직접 겪은 일들이기에 선색도 명확하고 자료도 얻기 쉬웠다. 그러나 8·15이전의 상황은 이렇지 못했다. 조선인이 집거한 동북지구는 일찍부터 일본의 식민지로 되었었고 또 그 뒤의 전란 등 원인으로 하여 전해진 문학자료가 많지 못하며 또 그나마도 전혀 정리되지 않고 있었다. 『만선일보』, 『민성보』 같은 신문도 얻을 수 없었으며 또 그 당시 출판되었으리라고 여겨지는 작품집 같은 것도 얻기 어려웠다. 그리고 8・15이전 중국에서 활동한 많은 조선인 문인들은 그 뒤 조선 아니면 한국에 나가 그 나라의 문인으로 되었으니 이들을 중국조선족문학이라고 할 수 있는가 하는 문제도 제기되었다. 이런 상황에서 광복 전의 문학사를 쓴다는 것은 하늘에서 별 따기만치 어려운 작업이었다.

그리하여 이때부터 권형은 간고한 광복 전 우리문학사자료 수집사업에 달라붙었다. 그는 상해 서가회(徐家滙) 도서관, 남경대 도서관, 광주 중산대학 도서관, 북경 백림사 고서도서관, 서안 섬서사범대학 도서관 등 광복 전 조선인 문인들의 활동궤적을 따라 전국 대도서관, 박물관들을 찾았다. 권형과 함께 문학사 편찬에 참가한 김동훈 선생의 말대로 그는 중국 경내 수십 개의 도서관, 박물관, 서류관을 누비면서 두터운 먼지 속에서 고달픈 잠을 자고 있는 해방 전의 토막토막의 사료들을 열심히 베껴다가 크라프트지로 한 책 한 책 포장하여 연구소 자료실에 쌓아두었다. 그 가운데는 『천고(天鼓)』, 『진단(震旦)』, 『독립신문』, 『민성보(民聲報)』, 『북향(北鄕)』, 『신한청년』, 『조선의용대통신』 동 본세기 초엽과 20~30년대의 보기 드문 신문과 잡지들이 들어있다. 그리고 해방 전 신문 『만선일보』를 찾기 위해 그는 연변은 더 말할 것 없고 장춘・심양・대련 등지에 가서 신문이 있을만한 서류관, 박물관, 도서관은 모두 찾았으며 지어는 도문의 한 거민집 천정에 이 신문이 보존되었을 가능성이 있다는 말을 듣고 그 집에 가 친히 천정에 올라가 톱밥 밑에 깔려있는 옛날 신문을 찾았는데 찾고 보니 일본의 『매일신문』이더라는 일화는 오늘까지 사람들 속에 널리 전해지고 있다. 지성이면 감천이라고 권형은 몇 해 후 끝내 이 『만선일보』를 한국 연세대학교 한 도서실에서 찾아냈다. 권형은 1979년부터 오늘까지 장장 20년간 문학현지답사와 자료수집사업을 하루도 끊은 적이 없다. 그리하여 그는 조선족문학사의 '산 사전'으로 되었으며, 그의 이런 노력으로 하여 우리의 문학사도 국내 다른 형제민족의 문학사와 마찬가지로 풍부한 사료에 기초를 둔 문학사로 되었다.

금년이면 권형도 고래희(古來稀)의 나이가 된다. 이전도 그랬지만 지금도 이 나이가 되면 대부분 사람들은 말 그대로 흔히 양로생활을 한다. 권형도 그런 생각을 했던지 연길시 부근 농촌에다 집 한 채를 사놓았다. 그러나 권형은 지금도 틈만 있으면 여느 사람과 마찬가지로 강의하고 학부회의에도 참가하며 글도 쓰고 이전처럼 '줄기차게' 술도 마신다. 그의 근 20년의 노력으로 우리의 문학사가 풍부한 사료기초에 서게 되니 학문적으로 우리 문학을 연구하는 사람도 많아졌다. 권형은 언녕 정년퇴직을 한 사람이지만 조선족문학을 전공하는 박사생 석사생이 있기만 하면 학교에서는 그를 다시 부른다. 쉴 줄 모르는 권형, 조선족문학사의 기틀을 잡아준 권형을 우리는 존경한다.

1999. 4. 6.

5. 한국근대사 연구의 개척자
: 김광수金光洙(1931~현재)

박철朴哲

김광수

1931년 11월 24일 길림성 용정시 동성용향 용산촌 출생.

1938년 1월 ~ 1944년 12월 용정시 용산소학교 공부.

1945년 10월 ~ 1949년 3월 연길시 연변사범학교 공부.

1949년 4월 ~ 1952년 10월 연변대학교 역사학부 공부.

1952년 10월 ~ 1956년 7월 연변대학교 역사학부 전임강사, 조교수.

1956년 7월 ~ 1961년 3월 김일성종합대학교 연구원(대학원) 공부.

1961년 3월 ~ 1966년 3월 연변대학교 역사학부 전임강사.

1966년 3월 ~ 1968년 7월 연변언어역사연구소 연구인원.

1968년 8월 ~ 1968년 11월 연변조선족자치주혁명위원회 모택동사상학습반 연수.

1968년 11월 ~ 1969년 4월 연변조선족자치주 5·7간부학교 연수.

1969년 4월 ~ 1969년 12월 연변대학교 정치학부 전임강사.

1970년 1월 ~ 1970년 12월 연변조선족자치주 5·7간부학교 연수.

1970년 12월 ~ 1978년 7월 연변대학교 조선어문학부 전임강사.

1978년 7월 ~ 1980년 9월 연변대학교 역사학부 조교수, 부교수.

1980년 10월 ~ 1993년 11월 연변대학교 조선문제연구소 부교수, 교수.

1993년 중국 국무원으로부터 정부특수수당 획득자로 선정됨.

1993년 12월 정년퇴직.

1. 머리말

지금 연변대학교의 한국사 전공 대학원생 학위수여 과정은 역사학부에 설치되어 있다. 하지만 1979년 처음 한국사 전공 대학원생을 모집할 때에는 조선문제연구소에 학위 과정이 개설되어 있었다. 그 해 연변대에서는 5개 전공에서 대학원생 총 16명을 모집하였는데, 그 중 조선사 전공[1] 중 연구방향이 한국근현대사였던 대학원생 3명의 지도교수가 김광수 선생님이었다. 김 선생님은 이렇게 중국 최초의 한국사 전공 대학원생 지도교수가 되었다.

1986년 9월 선생님은 제2기이자 마지막으로 대학원생을 모집했는데, 이때 필자 역시 선생님 문하에서 한국근대사를 공부하는 행운을 얻었다. 처음 뵙게 된 장소는 본관 3층에 위치한 조선문제연구소였다. 50대 중반의 선생님은 숱이 적은 머리가 희끗희끗하고 인자한 인상과 푸근한 성품을 지녔다. 그는 우리들에게 온화하고 부드러운 어투로 따뜻한 인사말에 이어, 대학원 입학은 단지 학문세계로의 첫 걸음일 뿐이며, 학문은 배워서 이루는 것이라 하지만 인내와 끈기로 고독과 외로움의 시련을 잘 견뎌야 한다는 의미심장한 말씀을 해 주셨다.

당시에는 그 뜻을 미처 이해하지 못했지만 훗날 세월이 흘러서야 그 참뜻을 점차 깨달았다. 배워서 이룬다는 것은 능력과 실력을 가리키고, 인내와 끈기는 학문하는 자세와 마음가짐을 말한다. 학술연구라는 것은 먼저 중요한 논저를 대량으로 열독하고 나서 관련한 선인들의 연구성과에 대한 종합적인 분석과 판단을 통하여 창의적인 결과물을 내

---

1 연변대학교는 1984년 1월 국무원으로부터 조선사(정식명칭은 世界地區史·國別史(朝鮮史)) 석사학위 수여권을 승인받았다.(國務院批准,「第二批碩士學位授與單位及其學科·專業名單」, 1984.1.13)

는 것이다. 이는 또한 많은 시간과 정력을 쏟아야 할뿐더러 늘 학술연구의 자세를 뒷받침해주는 고독이 따르는 법이다. 입학 때 뵌 선생님의 겸손하고 온화하면서 자상한 모습이 무척 인상이 깊어 지금도 기억이 생생하다.

2. 생애

김광수 선생님의 원적은 조선 함경북도 명천군 아간면이고, 태어난 곳은 길림성 용정시 동성진 용산촌으로서 모아산국립공원 동남쪽 자락 유서 깊은 해란강반에 위치한다. 1938년 소학교에 입학할 때만 해도 집안 형편이 그리 넉넉하지 않았지만 학교를 다니기에는 별 지장이 없었다고 한다. 하지만 미구에 가중된 부친의 각기병(1939년)과, 설상가상으로 집안의 주요한 일손이던 조부의 사망(1942년) 등이 연달아 닥치면서 가정경제는 최악의 상황으로 내몰리게 되었다. 이렇듯 가세가 기울었지만 선생님의 부모님은 도리어 공부만 열심히 하면 대학까지 보내준다고 약속하며 격려하였다.

선생님은 일찍부터 학습에 대한 열정과 애착심이 남달랐다. 부모님의 기대에 부응하기 위하여 열심히 공부하였고 성적도 뛰어나서 학교 선생님과 마을 사람으로부터 칭찬과 귀여움을 많이 받았다. 그러나 소학교를 우수한 성적으로 졸업했지만 중학교 수업료가 없어 진학을 포기하고 집안 농사일을 돕기 시작하였다.

광복을 맞이한 해 10월, 선생님은 보결시험을 거쳐 연길사범학교에 들어가 공부하면서 해방의 감동과 희열을 경험하였다.[2] 2년 여간 선생님은 공부에 꾸준히 노력하면서도 어려운 집안의 크고 작은 일을 도와야 했다. 3학년 때 병석에 누워 계신 아버지를 대신하여 집안 농사일을 도맡아 하면서도 이듬해 우수한 성적으로 사범학교 초급반을 마치고 고급반으로 진학하였다. 하지만 시련은 여기서 끝나지 않았다. 공교롭게도 1949년 3월 연변대학교가 설립되어 학생모집을 시작할 때, 집안 식구 모두가 재귀열을 앓아 드러누웠다. 친구로부터 대학생을 모집한다는 소식을 와병 중에 전해들은 선생님은 병마와 싸우면서 참답게 시험을 준비하여 끝내 연변대학교 제1기생으로 입학하게 되었다.

대학에 입학했지만 당시 정세는 공부에만 전념할 수 있는 시대가 아니었다. 1학년 후학기인 10월 1일 새 중국이 성립된 지 얼마 안 되어 한국전쟁이 발발한 뒤부터 비행기·대포 애국헌납운동, 증산절약운동, 애국공약약속운동, '삼반오반(三反五反)' 운동, 반혁명진압운동 그리고 애국위생운동이 연거푸 일어났다. 해방 후 새 정부로부터 집과 토지를 분배받은 선생님은 중국 국민으로서 의무와 권리를 다하기 위하여 이런 군중운동에 적극 참여하였고, 공산당의 지도하에 있는 군중조직인 중국신민주주의청년단에도 가입하였다.

이와 동시에 학생으로서 본업인 전공 공부도 소홀하지 않았다. 평소에 공부를 게을리 하지 않았기에 성적은 늘 좋은 편이었다. 2학년 2학기에는 기관지염으로 시작하여 급기야 폐침윤(肺浸潤)이라는 진단을 받아 해당 학기의 절반 이상 병결로 수업을 듣지 못했음에도 불구하고 학기말 시험에서 단 하나의 낙제과목 없이 무난히 진급하여 학우들을 깜짝 놀라게 하였다. 선생님은 대학 4년 기간 줄곧 대학원 진학이나 모

---

2 1945년 광복 직후 만주국 간도성립 연길사도학교는 연길사범학교로 교명을 개명하였다. 1946년 8월 교명을 길림성립 민주학원 교육학부, 1948년 3월 교명을 연변고급사범학교로 개칭했다가 같은 해 12월에 길림성립 연변고급사범학교로 바뀌어 초급반과 고급반으로 나뉘었고 학제는 각각 3년이었다.

교에 남는 것을 목표로 삼아 최선을 다해 공부하였다.

1952년 10월 선생님은 대학을 우수한 성적으로 졸업하고, 22세라는 약관의 나이에 모교의 조교(전임강사)로 임명되어 인생의 새로운 여정을 시작하였다. 대학 교수가 된 기쁨도 잠깐일 뿐, 이듬해 초 고향집과 토지개혁 때 분배받은 땅을 처분하고 부모님을 비롯한 가족을 연길로 모셔왔다. 당시 집안에 병고가 많아 늘 2~3명의 환자가 누워있었는데, 선생님이 항상 병원에 업고 다녀야 하는 형편이기 때문이었다. 부친은 구학(舊學)을 많이 읽은 분이었는데, 오랫동안 병석에 누워 극심한 생활고에 시달리면서도 늘 힘이 되어주시던 분이었다. 하지만 오랜 기간 투병 중이던 김 교수의 모친과 남동생이 연길로 이사하던 그 해에, 그리고 부친은 이듬해 선후로 세상을 하직하였다. 남은 여동생마저 늑막염을 심하게 앓으며 늘 흉통을 호소했다. 게다가 경제난까지 겹쳤을 때, 어느 여름날 저녁 선생님은 강가에 혼자 앉아 감상에 젖은 노래를 조용히 부르면서 스스로를 위로하였다고 한다.

이러한 난관 속에서도 선생님은 역사학과에서 한국근현대사 강의를 담당하는 가운데 세미나 지도와 시험 관리 등의 역할도 맡게 되었다. 졸업한 지 며칠 지나지 않아 강단에 서게 된 선생님은 기쁘기도 하고 긴장도 되었지만, 학생들의 기대에 부응하고 실망을 주지 않도록 강의 대강에 따라 참답게 수업계획을 짜고 강의안을 만들어 첫 강의를 성공리에 마쳤다. 수업이 끝난 후 학과의 노교수들로부터 처음인데도 불구하고 능숙하게 잘 했다는 칭찬과 격려를 받았다니, 노력하는 사람에게는 언제가 그에 상응하는 대가가 따르기 마련이다.

1956년은 선생님의 일생에 있어서 아주 뜻깊은 한해였다. 이 해에 중국공산당에 가입하고 강사(조교수)로 진급하였으며, 같은 해 7월 국비 유학생 신분으로 조선의 김일성종학대학 대학원에 들어가 한국근대사를 공부하게 된 것이다. 새 중국의 건국 초기(1954~66) 각종 형식으로 조선에 보낸 유학생 수는 183명이고 그 중 대학원생은 13명에 불과했다.[3] 당시는 유학생 선발 기준이 매우 엄격하였는데, 거의 매년마다 관련 공문서가 하달되고 최종적인 비준권은 국가 일급 관련 부처에 집중되어 있었다. 여러 단계에 걸쳐 지원자의 정치역사배경과 가정출신 및 사회관계, 사상품질, 정치소질, 생활품격 등을 엄격히 심사하였고, 이제까지 정치운동에서의 정치사상의 표현을 중요시하고 정치상에서 절대적으로 믿음직하다는 것을 보증받게 하였다. 동시에 신체검사와 학력수준 및 외국어 능력도 중요했다. 선생님의 「출국학습인원(出國學習人員) 심사등기표(審査登記表)」를 보면 1956년 3월 26일 본인 스스로 기입한 상술한 내용 외에 등기용지 마지막 두 번째 페이지에는 추천 부처인 연변대학교의 심사의견이 아래와 같이 씌어있었다.

김광수 동지 본인의 역사는 청백하고 그 가정역사와 사회관계가 명백하며 그의 가정은 조부 때부터 순수한 농민이고 부친도 길림성 연길현(현재 용정시) 용산촌에서 농업에 종사하다가 1954년에 사망하였다.

해당 동지는 1949년 입학한 이래 일관적으로 공부에 노력하여 우수한 성적을 거두었으며 아울러 각종 정치운동을 통하여 정치사상의 자각을 향상하였으며 1952년 4월 중국신민주주의청년단에 가입하였다. 1952년 우리 학교를 졸업한 후 본 학교 역사학과에 남아서 조교를 담임하였으며 조선근대사과목을 가르쳤다. 이 과정에서 뚜렷한 진보가 있었는데 수업에서 책임지며 정치사상성을 관철하려고 노력하였다. 동시에 선진적인 교수대강을 학습함에 있어서 그 태도가 허심하고 성적을 거두었다. 그는 과학연구의욕과 새로운 사물에 대한 접수능력이 강하고 생활이 소박하며 품행이 바르다.

---

3 章開沅 외, 『중국인유학사』 下, 사회과학출판사, 2013, 837쪽.

그 하단에 심사인 지관용(池寬容), 복사인(複査人) 김문보(金文宝), 비준인(批准人) 림민호(林民鎬)가 한 줄에 기명날인하였는데,[4] 그 날짜는 당해 3월 29일이다. 마지막 페이지 윗부분에 동의한다는 심사의견에 중공연변지위 선전부의 공인을 날인했고 하단에는 심사인・복사인 ・비준인 이 차례로 기명날인했는데, 비준인은 중공지위 제2서기 요흔(姚昕)이었고 날짜는 3월 31일이다.

70여 년 전 위의 유학생 선발 기준과 조건은 합격자로 하여금 자연스레 긍지감과 성취감을 가지게 했을 뿐더러 나아가서 책임감과 사명감을 깊이 느끼게 하였다. 출국 전 북경에서 선생님 등은 중앙고등교육부 유학생관리사(留學生管理司) 애대염(艾大炎) 사장(司長)으로부터 조선유학의 주요임무와 주의사항을 들었다. 첫 1년은 대학원 예비 과정인데 주요 임무는 러시아어 공부를 하는 것이었다. 조선에 가서 조선의 문화와 역사를 배우고 연구함에 있어서 러시아어 공부를 1년씩이나 먼저 해야 한다니 처음에는 못내 내키지 않았다고 한다. 하지만 이미 주요한 교과과정으로 규정한 만큼 1년 동안 열심히 학습하여 상당한 수준에 이르러 사전의 도움으로 원전을 읽을 수 있었다. 선생님은 당시 1951년 파견된 제1회 소련 유학생 고경덕(高景德)이 성적이 빼어나 준박사 과정을 건너뛰고 레닌그라드 칼리닌공정대학[5] 기술박사학위를 곧 취득하게 된다는 신문 기사를 읽고 큰 감명을 받았다고 한다.[6] 선생님은 우선 준박사학위를 기한 내에 따는 것을 목표로 삼고, 예비과정에서 먼저 학위논문 제목을 정한 뒤 관련 자료를 수집, 분석하여 그 후

4 당시 지관용은 한국전쟁 때 인민군 7사단 선전과 간사 출신으로서 중공연변대학 당위조직부 부장이었고, 김문보는 당위서기이며 임민호는 전임(專任) 부총장이었다.

5 1992년 샹트페테르부르크 국립기술대학으로 개명하고, 2015년 샹트페테르부르크 로열이공대학이라고 다시 개칭하였다.

6 「우리나라 소련유학생 高景德이 박사학위를 받게 되다」, 『인민일보』, 1956.5.22. 1956년 국내 유학 열기는 문화대혁명 전 최고를 기록하였다.

3년 간의 정규 학위과정을 거치면 비교적 순리롭게 논문을 완수할 수 있다고 계획했다. 그리하여 바쁜 외국어 공부 중에도 따로 시간을 할애하여 『조선통사』 상(평양 사회과학출판사, 1956), 『조선중세사』(박시형, 평양국립출판사, 1956) 등의 서적과, 「반일민족해방투쟁에 있어서 프롤레타리아트 헤게모니를 위한 투쟁」(이청원, 평양, 1955) 및 중국과 조선의 역사 분야에서 최고 권위의 잡지인 『역사연구』, 『역사과학』에 실린 논문을 통해서 중국고대사분기 문제와 자본주의민족형성 문제에 관해 중점적으로 학습하였다. 이밖에 마르크스주의 경전도 전공학습과 결합시켜 열심히 열독하였다. 엥겔스의 『반류링론』, 『독일농민전쟁』, 『원숭이의 인간화에서 노동이 한 역할』 등과 레닌의 『유물론과 경험비판론』 등등이다. 특히 마르크스의 『자본론』과 소련과학원경제연구소가 펴낸 『정치경제학교과서』를 통해 유물사관에 기초한 사회경제 형태에 대한 분석과 연구에서 많은 계발을 받았다.

또한 한국사와 중국사는 서로 연관되거나 유사한 면이 많아 서로 비교하면서 공부하였다. 예컨대, 한국사의 삼국시대 사회경제구성 문제에 관하여 중국고대사분기에 관한 논쟁 내용과 비교하기도 하고, 조선에서의 자본주의민족형성에 관한 논쟁을 할 때 역시 중국에서 자본주의 발생과 자산계급민족형성에 관한 쟁점과 성과를 분석하고 참작하였다. 조선으로 나올 때 고등교육부로부터 학위논문 제목은 우선적으로 중국과 조선의 친선우호 관계사 방면으로 유의해달라는 당부를 받았지만, 여러 곡절 끝에 결국 「조선인민의 반일의병투쟁」이란 논문을 완성하여 『역사과학』(1960년 제6호)에 게재하고 이듬해 3월 귀국길에 올랐다.

그는 평양에서 공부하는 기간 한국근현대사 관련 서적과 문헌을 광범위하게 열독하고 필기하였을 뿐만 아니라, 많은 자료들을 수집하여 장차 귀국 후 연구에 대비하였다. 모교로 돌아와서 한국근현대사 강의와 연구를 병행하며 1963년 『연변대학학보』에 「조선문화계몽활동가들의 의병에 대한 태도」를 발표하였고, 같은 해 조선민주주의인민공화국 학위수여위원회로부터 역사학 준박사학위를 취득하였다. 1966년 3월 연변역사학회에 「批判蘇聯史學家對朝鮮三.一運動的歪曲」이란 논문을 제출하였다.

이렇듯 30대 초반의 선생님이 한국근현대사 연구에 최선을 다하고 있을 때 문화대혁명이 터졌다. 이 기간 동안 선생님은 여러 부처를 전전하다가 1978년에야 역사학부에 복귀하였다. 그리고 2년 뒤 학교의 특색화 학과와 전공 건설계획에 따라 세워진 조선문제연구소 조선역사연구실로 부름을 받고 옮겨가 1993년 말 정년까지 학문 연구와 후학 양성에 열성을 다했다. 선생님은 여러 차례 국내외학술회의에 참석하고 학술적 교류를 활발히 하였으며 선후로 중국세계민족연구회 상무이사, 중국조선사연구회 상무이사, 길림성조선한국학회 이사, 연변역사학회 이사 등을 역임하였다.

3. 학술연구

김광수 선생님의 학술연구는 역사적 원인으로 인하여 주로 1980년대에 이루어졌다. 이 시기 선생님은 학생 지도에 바쁜 일정을 소화해야 함에도 불구하고 학술연구를 지속적으로 해왔으며, 중국의 한국근대사연구 분야에서 독보적인 성과를 거두었다. 10여 년간 10여권의 저작(번역서와 공저 포함) 및 수십 편의 논문을 발표했는데, 아래에서는 대표적인 성과 몇 개를 추려 소개하려 한다.

1) 「조선민족의 형성과 민족운동(朝鮮民族的形成和民族運動)」

이 논문은 선생님이 1980년 6월 북경에서 소집된 중국세계민족연구회의 제2차 학술토론회에 참가하며 준비한 것이다.[7] 원래 제목은 「조선자산계급민족의 형성과 민족운동(朝鮮資産階級民族的形成和民族運動)」이었는데 같은해 말 『연변대학학보』에 게재할 때와 이듬해 회의 측 논문집으로 공식 출판할 때 제목을 수정하였다.[8]

선생님은 마르크스・레닌주의 민족문제에 관한 과학적 이론의 지도하에 풍부한 역사자료를 수집하여 조선민족의 형성과 민족해방운동 간의 관계를 깊이 있게 연구하였다. 첫 머리에서 스탈린의 "민족은 단순한 역사적 범주가 아니라 자본주의 발흥기라는 특정시대에 속한 역사적 범주이다"라는 이론을 인용하고, 오직 자본주의 발전만이 민족의 기본적 특징을 최종적으로 형성시킨다고 지적하면서, 그러한 이론을 실제와 연계하여 자신의 견해를 논술하였다.

첫째, 조선민족의 형성은 그의 특수한 역사적 조건이 있으며 19세기 후반기로부터 시작하여 20세기 초기까지 기본적으로 완성되었다. 조선민족의 형성과정과 민족운동은 밀접한 연계가 있으며, 조선민족운동의 흥기와 발전은 민족의 형성에 큰 촉진 작용을 하였다.

둘째, 이 시기 조선은 점차 반식민지반봉건사회로 전락되어 가는 시기로서, 근대 조선민족의 형성과정은 재난과 고통으로 휩싸였다. 근대

---

7 1983년부터 중국세계민족연구학회로 개칭함. 환향(宦鄕), 비효통(費孝通)이 명예이사장을 맡았다.

8 논문집 명칭은 『世界民族硏究論文集』, 四川民族出版社, 1981이다.

조선자본주의발전은 비록 비교적 미약하지만 애국적 민족운동은 도처에서 일어났으며, 조선자산계급민족운동의 형성은 바로 자본주의 발전의 기초 위에서 그리고 애국주의민족운동 가운데서 형성되었다. 이런 정황은 조선민족해방운동의 내용이 반제반봉건의 투쟁이라는 것을 결정하였다.

셋째, 조선근대사에서 시종 '위로부터'와 '아래로부터'의 운동이 일어났다. 전자는 정치상에서 비교적 명확하게 자본주적 요구를 제출하였지만 광범위한 대중운동을 자기의 영향 아래에 두지 못하였을 뿐더러 심지어 대중운동의 반대편에 서 있었다. 후자는 폭넓은 대중에 그 기반을 두고 경우에 따라서 자본주의적 요구도 일부 반영하지만 정치상 보수적인 슬로건도 내세울 때도 있다. 양자 모두 반제국주의의 과업을 수행하기 때문에 민족운동의 주요한 세력임에 분명하다.

넷째, 조선근대사에서 조선민족운동을 세 단계로 나눌 수 있다. 제1단계는 참가자 범위가 극히 제한된 '위로부터'의 운동이고, 제2단계는 농민이 위주인 평민운동이다. 제3단계는 거국적인 국권을 회복하고 독립을 수호하는 투쟁이다.

다섯째, 조선민족해방운동의 영도자는 한계가 있는 자산계급이 아니고 봉건청년관리에서 민주주의영향을 받은 일부 사람들이 담당하게 된다.

이 논문은 중국 명문대학인 복단대학교에서 펴낸『세계통사논문자료색인(1949~1984)』에 포함되었다.[9]

---

9 『世界通史論文資料索引』一九四九--一九八四, 上冊, 復旦大學出版社, 1987, 10쪽.

2) 『조선근대사(朝鮮近代史)』

중국에서 처음 간행된 한국근대사에 관한 저작으로, 1860년대 반침략투쟁으로부터 시작하여 1919년 3·1 인민봉기에 이르는 시대를 종합한 책이다. 오랜 기간에 걸쳐 연변대학교 역사학부와 대학원 교재로 사용되었다.

레닌은 "마르크스주의가 우리에게 하나의 기본적인 선색을 가리켜 주어서 우리로 하여금 모호하고 혼란스러운 상태에서 규율적인 것을 찾을 수 있게 하였다. 이 선색이 바로 계급투쟁론이다"라고 지적하였다.[10] 선생님은 유물사관의 자각적인 지도하에 본서를 편찬하였는데 그 목록에서도 이를 충분히 살펴볼 수 있다.

제1장 근대조선인민의 반침략투쟁의 개시
제1절 19세기후반기 국제국내정세
1. 동방에 대한 자본주의열강의 침략
2. 세도정치에 의한 정치의 문란과 3정착취의 강화
3. 대원군의 '폐정개혁'
제2절 외래자본주의의 침략을 반대한 조선인민의 투쟁
1. 조선에 대한 미국의 침략개시
2. 프랑스함대의 군사적 도발을 격퇴한 조선인민의 투쟁(병인양요)
3. 미국함대의 군사도발을 격퇴한 조선인민의 투쟁(신미양요)
제3절 개화사상의 산생과 개화파의 형성
제4절 조선에 대한 일본의 침략개시와 통상항구의 개방
1. 민씨세도정치의 출현과 '운양'호사건

10 『論馬克思、恩格斯及馬克思主義』, 인민출판사, 1953, 26쪽.

1. 고부농민봉기

2. 농민군의 발전과 전주점령

제3절 전주화의와 집강소의 설치

1. 전주화의

2. 집강소의 설립과 폐정개혁

제4절 농민군의 재기와 실패

1. 조선에 대한 일본간섭의 강화

2. 농민군의 재기와 공주전투

3. 농민전쟁의 성격, 실패원인과 역사적 의의

제5절 갑오개혁

제4장 갑오농민전쟁후의 반침략반봉건투쟁과 민권운동

제1절 갑오농민전쟁후의 조선의 정치정세

제2절 조선인민의 초기반일의병투쟁

1. 반일의병투쟁의 폭발

2. 의병투쟁의 성격, 의의와 실패원인

제3절 조선에서 일러 모순의 격화와 열강의 이권약탈

1. 일러 모순의 격화

2. 제국주의국가들의 이권약탈의 강호

제4절 민권운동의 발생과 발전

제5절 반제반봉건투쟁의 확대

1. 활빈당의 무장투쟁

2. 노동자와 농민들의 투쟁

제5장 일본의 강점을 반대하는 조선인민의 투쟁

제1절 일본의 조선에 대한 강점정책의 강화

제2절 반일의병투쟁의 재기

제3절 통감부통치하의 조선

제4절 의병투쟁의 전면적 앙양

1. 서울시민의 봉기와 군인폭동

2. 의병투쟁의 전면적인 앙양

3. 의병투쟁의 성격, 실패원인과 역사적 의의

제5절 애국문화계봉운동의 앙양

제6절 일제의 조선강점

제6장 일제식민통치 첫 시기의 무단통치와 3·1인민봉기

제1절 무단통치의 건립과 조선인민의 처지

1. 무단통치와 우민정책

2. 일제의 식민지경제체계의 건립

3. 조선인민의 비참한 생활처지

제2절 일제식민지통치초기의 반일투쟁

1. 반일무장투쟁

2. 반일정치투쟁

3. 반일애국문화운동

4. 노동자 농민의 투쟁

제3절 3·1인민봉기

1. 3·1인민봉기의 준비

2. 3·1인민봉기의 폭발

3. 3·1인민봉기의 실패원인, 역사적 의의와 교훈

목차에서 보다시피, 선생님은 계급투쟁으로 한국근대사 분기의 표준을 삼아야만 생산방식의 발전변화를 잘 구현할 수 있으며, 역사가 앞으로 나아가는 운동규율을 정확히 밝힐 수 있다고 굳게 믿었다. 또한 계급투쟁이론으로부터 근대한국의 발전의 기본적인 길은 마땅히 반제반봉건의 민족해방투쟁이라고 지적하였다. 그리고 한국자산계급

은 태생적으로 나약하여 결국 민족해방운동의 지도계급이 될 수 없으며, 한국에서 반제반봉건투쟁이 승리를 얻으려면 반드시 노동계급과 그 정당의 지도가 있어야 한다고 하였다.

머리말에서 저자는 본서가 가지는 의미를 다음과 같이 설명하였다.

> 중·조 두 나라는 지난 역사시기에 정치·경제·문화 등 여러 분야에 걸쳐 밀접한 연계와 교류 속에서 발전하여 왔으며 이러한 가운데서 많은 친선적인 역사를 엮어놓았다. 그러므로 조선사를 학습하는 이것은 중국사의 연구에 도움을 줄 것이며 우리로 하여금 지금 날로 깊어가는 중·조 간의 친선관계를 더욱 꽃피게 하는데 기여할 수 있게 할 것이다.
>
> 뿐만 아니라 조선사는 세계사의 한 부분이므로 조선사의 학습은 세계사의 이해를 더욱 깊어지게 할 것이다.
>
> 역사적으로 볼 때 우리 조선족의 역사는 조선사와 갈라놓을 수 없다. 때문에 조선사 학습은 조선족사의 연구와 이해에 중요한 도움을 주게 될 것이다.

3) 『조선간사(朝鮮簡史)』

1981년에 선생님은 연변대학교 한국사 교학의 수요를 만족시키기 위하여 『조선근대사강의』를 편술하였다. 그리고 1983년 4월 『조선사강의』(의견청취고)가 연변대학 인쇄공장에서 인쇄되었는데, 원시사회부터 3.1 인민봉기까지의 내용 중 근대사 근대사 부분을 선생님이 집필하였다. 이 책은 역사학부와 대학원 교재로 사용하는 한편 여러 부문에 보내어 관련 전문가들의 의견을 수렴하면서 반복적으로 수정되었다. 마침내 1986년에 이르러 연변대학교 더 나아가서는 국내의 여러 관련 연구기관 및 독자들에게 한국사를 널리 알리기 위한 의도 아래 연변교육출판사를 통하여 『조선간사』라는 서명으로 출간하였다.

이 책은 원시사회부터 20세기 초 3.1 인민봉기까지 기간을 도합 16장으로 나눠 서술하였는데, 선생님이 근대사에 해당하는 11~16장을 맡았다. 그리고 변증유물주의와 역사유물주의의 입장에서 그 관점과 방법을 활용하며 구체적인 사실을 통하여 한국근대사의 발전 규율과 특성을 천명하는데 노력하였다.

선생님이 집필한 부분은 마르크스・레닌주의 이론지도가 잘 스며들어 있으며 관점이 명확한 바, 예를 들면 본서 12장 '조선 인민이 자본주의국가의 침략을 반대하다 '강화도조약'을 체결'한 과정을 분석하며, 자본주의국가가 동방국가에 대한 침략형세를 치중하여 논술하는 가운데 "불안한 아세아제국은 하나하나씩 야심만만한 유럽인의 포획물로 전락되었다"라는 엥겔스의 말을 인용하여 거시적으로 독자들에게 깊은 계시를 주었다. 풍부한 자료를 가지고 조선인민의 혁명투쟁과 민족해방투쟁에 대하여 계통적으로 설득력 있게 논술하였다. 또한 저자의 독창적인 학술견해도 보이는데, 예컨대 20세기 초 조선의병투쟁사에 대한 분석을 통하여 독자들로 하여금 "의병의 애국주의정신이 조선민족의 각성을 촉진하였다"라고 절실히 느끼게 하였다.[11]

이 책은 출판 이후 지금까지도 연변대학 역사학과 및 기타 관련 전공의 한국사 교재로 사용되며 학생들의 호평을 받았다. 또한 신중국 건립 이후 최초로 한국사를 체계적으로 서술하여 한국사를 알리는데 일정하게 공헌하였다는 점에서 중요한 의의가 있다. 1988년 이 책은 길림성 제1차 사회과학우수성과상을 수상하였다.

---

11 1986년 9월 23일 저명한 학자 정칙민(丁則民) 선생의 김광수 교수에 대한 학술감정 내용.

4. 제자양성

앞서 언급했듯이, 선생님은 갖은 역경을 딛고 대학을 마친 뒤 모교에서 역사학과 한국근현대사 강의를 시작하였다. 이후의 교직 생애는 역사적 환경으로 인하여 세 단계로 나뉜다. 첫 단계는 졸업 후부터 김일성종합대학 유학 전까지이고, 두 번째 단계는 1963년도부터 문화대혁명 전까지이다. 세 번째 단계는 정식으로 역사학과에 복직한 1978년부터 정년까지이다.

선생님이 교직 생활을 시작한 이듬해 초부터 연변대학교도 국내 여타 대학들과 마찬가지로 소련의 선진적 경험을 따라 학습하여 전면적인 교수개혁에 돌입하였다. 선생님은 소련과 국내 여타 대학의 선진적인 경험 이외에도, 가르치는 과목의 특성상 김일성종합대학의 교수요강을 참고하여 연변대학교 역사학과에 적합한 교수요강을 작성하였는데, 특히 과목의 과학성과 체계성 및 사상성을 강조하였다. 구체적으로 역사시기 획분, 김일성의 항일투쟁사, 박헌영 도당사건 등을 객관적으로 재해석 하였다. 또한 학생들의 이해 수준과 소질 제고를 염두에 둔 교수안을 짜고자 각고의 노력을 기울였다. 늘 강의안 관련 문헌과 최신연구 성과들을 섭렵하여 계통적으로 학습하였으며, 인용문의 출처를 밝혀 학생들에게 제시하고 자료철을 작성하였다.

일찍부터 선생님은 대학이 고등교육기관이자 연구기관이라는 점을 인지하고 수업과 연구는 서로 영향을 주고받으며 제고된다고 믿었다. 교재연구와 연계하여 19세기말 조선토지제도를 학습하였으며, 러시아 자본주의발전사 공부를 통하여 조선자본주의발전사 연구의 기초를 닦았다. 그리고 정상적인 수업 외에 학생들의 창의력 제고에 도움이 되는 세미나도 형식에 치우치지 않게 참답게 조직하였으며 학생들이

질의 내용에 따라 특정한 제목을 가지고 단체 보도(輔導)를 조직해줬다.

김 선생님의 수업은 학생들과 선배 교원들의 호평을 받았으며 조교(전임강사)로 부임한 지 4년도 되지 않아 강사(조교수)로 진급하였다. 그리고 강사 진급과 거의 같이 시기인 1956년 7월 평양으로 유학을 떠나 1961년 3월 김일성종합대학 대학원 과정을 이수한 뒤 모교로 돌아왔다. 1963년 5월 김일성종합대학 대학원에서 역사학 준박사(석사)학위를 받으면서 역사학과 준박사 1호가 되었는데, 당시 연변대학교에는 준박사학위 소지자가 몇 명 되지 않았다. 그러나 얼마 후 일어난 '10년 대동란(大動亂)' 혹은 '10년 호겁(浩劫)'으로 불리는 문화대혁명으로 꿈도 제대로 못 펼 쳐 보고 정상적인 수업과 연구를 10여년 중단 당하였다.

1970년대 말 개혁개방의 봄바람을 따라 김 선생님도 다시 한국사연구와 수업을 본격적으로 시작하였다. 1979년 연변대학교 조선문제연구소에서 처음으로 대학원생을 모집하였는데 전공이 한국근현대사였다. 아직 정식교재도 없는 상황에서 선생님은 교수안을 짜고 수업을 진행하기에 밤낮 가릴 것 없이 열중하였다. 짬짬이 시간을 들여 체계적인 대학원용 한국근현대사 교재를 편술하였는데, 지금도 국내 여러 대학의 한국학 관련 학과들에서는 이 책을 교재로 쓰고 있다.

아래의 표는 김 선생님이 개혁개방 이후 학부 및 대학원생을 대상으로 한 수업상황 통계표인데, 당시 수업 업무가 얼마나 과중했는지 잘 보여주고 있다.

기간	과목	학생수	매주 수업시간	총수업 시간
1980.2~1980.7	大學院生論文指導	2		80
1980.9~1981.7	大學院生論文指導	2		160
1981.8~1982.8	大學院生論文指導	2		400
1982.8~1983.1	朝鮮近代史(歷史學部選擇科目)	20	4	160
1983.6~1983.7	歷史學部本科卒業生論文指導	6	36	216

기간	과목	학생수	매주 수업시간	총수업 시간
1983.10~1984.1	朝鮮近代史(朝鮮文學大學院生)	2	4	120
1983.8~1984.1	朝鮮近代史(歷史學部選擇科目)	20	4	160
1984.1~1984.7	朝鮮農民戰爭史特講(大學院生)	1	2	100
1984.5~1984.7	歷史學部卒業論文指導	5	30	180
1985.2~1985.7	朝鮮古代中世紀史(選擇科目)	20	4	160
1985.9~1985.11	朝鮮農民戰爭史特講(大學院生)	2	2	100
1985.9~1985.12	朝鮮近代史(歷史學部選擇科目)	25	4	100
1985.12~1986.1	朝鮮近代史(民族史大學院生)	3	4	80
1986.5~1986.7	歷史學部本科卒業生論文指導	5	36	180
1986.10-1986.12	朝鮮經濟史(近代部分)大學院生	1	4	40
1986.10~1987.7	大學院生指導	5		400
1986.10~1987.7	朝鮮近代史特講(大學院生)	5	6	216
1987.2~1987.7	朝鮮近代經濟史概論(大學院生)	5	4	80

선생님은 1952년 교편을 잡은 이래 나라와 사회를 위해 수많은 학생들을 가르쳤다. 참답게 지식을 전수할 뿐 아니라 훌륭한 인성을 길러주는 데에도 소홀하지 않았다. 학생들을 말로만 가르치지 않고, 스스로의 높은 인격과 민주적인 학술풍격 그리고 엄격한 학문적 자세로 제자들을 길러냈다. 옛날 맹자가 "현자(賢者)는 타인을 교화시키는 데 있어서 먼저 자신의 몸의 덕을 밝게 하여 타인을 명덕(明德)으로 이끌어준다"고 말했는데, 이야말로 김광수 선생님의 솔선수범하는 태도와 처신을 적절하게 비유한 말이다.

김 선생님이 손수 배양한 대학원생은 8명에 불과하지만 지금 대부분 본교와 국내외 대학에서 교직생활을 하며 훌륭한 성과를 거두고 있다. 그 중 제1기생인 김성호 교수는 중국한국사연구회 전임 회장이고 제2기생인 박찬규 교수는 현임 회장으로서, 현재 연변대학교에서 제자들을 길러내며 중국의 한국사연구를 이끌고 있다.

김 선생님은 한평생 대학에서 교직생활을 해왔다. 그의 고매한 인품과 끊임없이 배우는 자세는 평생 제자들의 귀감이 되고 있다. 선생님은 겸손하고 온화한 분이다. 하지만 수업과 학술연구에서 그의 올곧은 선비의 성품을 볼 수 있었다. 필자는 미수를 바라보시는 스승님의 건강을 기원해마지 않는다.

|주요저술 목록|

『朝鮮槪況』, (내부발행), 1975.
『朝鮮近代史講義』, (내부발행), 1981.
『歷史辭典』, 연변인민출판사, 1982.
『李朝史話』 하, 연변인민출판사, 1985.
『朝鮮近代史』, 흑룡강조선민족출판사, 1986.
『朝鮮簡史』(공저), 연변교육출판사, 1986.
『中朝友誼百年史話』(공저), 연변인민출판사, 1987.
『朝鮮近代史硏究』(공저), 연변대학출판사, 1992.
『朝鮮通史』(공저), 연변대학출판사, 1997.

「조선인민의 반일의병투쟁(1905~1910)」, 『역사과학』 제6호, 1960.
「조선문화계몽활동가들의 의병에 대한 태도」, 『延邊大學學報』 제2기, 1963.
「一八九五年~一八九六年朝鮮人民的義兵鬪爭」, 『延邊大學學報』 제3기, 1979.
「朝鮮民族的形成和民族運動」, 『延邊大學學報』 제4기, 1980.
「一八九四年朝鮮人民的甲午農民戰爭」, 『朝鮮史通訊』, 1980.
「淺淡辰國的國家性質」, 『朝鮮史通訊』 제3기, 1981.
「公元前三至七世紀朝鮮居民的歷史演變」, 中國世界民族硏究會 第二次學術討論會, 1982.
「試論李沂的敎育思想」, 『朝鮮史硏究』 제5기, 1983.
「淺談三・一運動幾個問題」, 『朝鮮問題硏究叢書』 제1기, 1983.
「三・一運動時期朝鮮西北人民的鬪爭」, 『朝鮮問題硏究叢書』 제2기, 1984.
「論甲午改革諸問題」, 『朝鮮問題硏究叢書』 제3기, 1985.
「二十世紀初朝鮮愛國文化啓蒙運動的興起及其基本內容」, 『朝鮮史硏究』 제6기, 1985.
「朝鮮東學的産生及其基本思想」, 『朝鮮硏究論叢』 一, 1987.
「朝鮮資本主義萌芽淺析」, 『朝鮮歷史硏究論叢』 一, 1987.
「朝鮮三・一運動在中國的反響」, 『朝鮮學: 韓國學與中國學』, 1993.
「高麗和李朝交替時期的改革」, 『亞洲史上十大改革』, 1994.

6. 눈물과 짝사랑의 시인

: 조룡남趙龍男(1935~2016)

최삼룡崔三龍

조룡남

1935년 2월 길림성 훈춘현 춘화향 출생.

1952년 7월 연변사범학교 입학. 동요 「반디불」을 발표하여 신동이라 불리움.

1955년 7월 연변사범학교 졸업.

1955년 7월 ~ 1957년 12월 훈춘조선족중학교 조선어문 교사.

1957년 억울하게 우파모자를 쓰고 교단에서 쫓겨남.

1979년 시정을 받고 훈춘제2고등중학 조선어문 교사.

1981년 연길소년궁에 전근, 예술지도원.

1984년 1월 연변인민출판사 문예편집으로 전근, 창작활동에 정진.

198?년 중국작가협회에 가입.

1994년 ~ 2004년 2기에 걸쳐 중국작가협회 연변분회 부주석.

1995년 정년퇴직 후에도 계속 많은 시와 수필을 발표.

2016년 11월 타계.

2002년 연변사범학원에 「반디불」 시비 건립.

2004년 룡정시 비암산에 「진달래」 시비 건립.

중국소수민족문학상, 길림성정부 장백산문예상, 연변주정부 진달래문학상 등 20여 차 수상.

1. 머리말

조룡남(1935~2016)은 중국조선족 시문학사에서 뚜렷한 한 획을 남긴 저명한 시인이다. 평범하지 않은 인생 경력과 특수한 문화 자원에 뿌리를 내린 그의 시는 가히 사상내용 및 형식수법 상에서 독창적인 일가를 이루었다고 결론내릴 수 있다.

조룡남은 1935년 2월 길림성 훈춘현 춘화향에서 태어났다. 1955년 연변사범학교를 졸업하고 교편을 잡으면서 과외로 시 창작에 정진, 1957년 반우파투쟁이 확대되던 와중에 억울하게 우파모자를 쓰고 노동개조대상이 되었다. 1979년 시정을 받고 훈춘 제2고등학교에서의 교사생활과 연길소년궁의 예술지도원을 거쳐 1984년부터 연변인민출판사 문예편집부 편집으로 일하면서 창작활동에 정진하였다. 1995년 정년퇴직 후에도 계속 많은 작품을 창작하였다. 2010년으로부터 병환으로 고생하다 2016년 11월 타계하였다. 시인이 타계한 후 2002년 그의 모교인 연변사범학교 교정에 「반디불」 시비가 세워졌으며, 2004년 룡정 비암산에 「비암산진달래」 시비가 세워졌다.

조룡남 시인은 일생동안 서정시 500여 수, 서정장시 20여 수, 동시 300여 수, 수필 수십 편 그리고 몇 편의 평론을 발표하였다.

만년에 지음으로 조룡남 시인과 지인으로 사귀었던 필자는 조룡남의 시에 대하여 이미 10여만 자에 달하는 글을 썼는데, 이 글에서는 조룡남의 문학에 대한 전체적인 조명을 시도하며, 조룡남 문학의 특점에 대한 개괄과 문학사적인 자리매김을 시도하여 보았다.

2. 문학신동에서 인민의 '죄인'으로

어릴 때부터 총명하고 열심히 공부한 조룡남은 훈춘중학교 역사 이래 공부를 제일 잘한 학생으로 기록되고 있다. 문학에 대한 끼도 남달라 이미 15세에 동요 〈공장〉을『소년아동』잡지에 발표하였고, 성인시 「불꽃」을『연변문예』에 발표하여 신동으로 불렸다. 조선족아동문학사에서 큼직한 한 획을 그었다고 높은 평가를 받는 동요「반디불」은 바로 조룡남이 연변사범학교 학생 시절에 지은 것이다.

반디벌레는 반디과에 속하는 작은 곤충인데 복부 뒷부분에 발광하는 체세포가 있어서 밤에 파란 불을 켜고 날아다니는 벌레다. 반짝반짝 하는 것은 반디벌레의 호흡절주로 일어나는 현상이라고 한다. 반디벌레는 오염이 없는 맑은 물에서 서식하며 다슬기를 먹고 자란다. 여느 어린이와 마찬가지로 조룡남 시인도 어렸을 때 여름밤이면 반디불을 쫓아다니며 반디벌레를 잡는 놀음을 놀았던 것이다.

동요「반디불」은 1953년 즉 조룡남 시인이 연변사범학교 2학년생, 17세 되던 해 여름방학에 집에 가지 않고 방학 독서 때 학교의 예능반에 다니는 김덕균(그때 16세)과 합작하여 창출된 노래다.

이 동요가 조룡남 시인의 대표작으로 될 수 있고 또 중국조선족 아동문학사에서 큼직한 한 획을 그은 작품으로 평가받는 것은 바로 동요의 생명이라고 할 수 있는 동심을 잘 파헤치고 잘 표현하였기 때문이라고 말할 수 있다.

이 동요에는 사물을 보는 어린이들의 시각적 형상도 있으며 유희를 하는, 다른 말로 표현한다면 장난을 하는 아이들의 몸동작도 보이며, 어린이들에게만 속하는 그런 언어도 있으며 심리의 변화와 기대와 환락의 풋풋한 표현까지 있다. 그리고 시적인 비유가 개성적이며 언어

또한 의성의태어의 재치 있는 이용 등 어디 한 곳 흠잡을 데 없이 깔끔하게 다듬어졌다.

아무튼 이 시가 교과서에 과문으로 선정되어 우리 민족의 대대손손에 유전되는 것은 당연하다고 해야 할 것이다. 그리고 조룡남 시인의 모교 연변사범학교 교정에 「반디불」 시비가 세워져서 세인들이 길이길이 흔상할 노래로 되는 것은 당연하다고 할 것이다. 한마디로 말하면 시인은 동요 「반디불」로 천부를 과시하였으며 영원을 쟁취한 것이다.

이밖에도 사범학교 학생 시절과 졸업 후 교원 시절에 그는 10여수의 시작품을 발표하여 당시 바야흐로 형성되던 조선족 시단에 유망주로 등단하였다. 그러나 운명의 신이 조룡남에게 준 시간은 길지 않았다. 1957년 전국을 휩쓴 반우파투쟁 확대화의 풍파 속에서 그는 덜커덕 우파모자를 쓰고 교단에서 쫓겨나 창작권리를 빼앗기고 심산 속에 끌려가 노동개조를 하게 되었다. 그때 조룡남의 나이 22세였다.

그가 우파로 된 이유 또한 황당하기 그지없다. 그가 반당, 반사회주의 독초를 썼다는 것이다. 여기서 독초로 몰린 시 「단가 2수」 중 첫 번째 시는 좌파들의 전혀 터무니없는 논리에 의하여 반당, 반사회주의 독초로 몰린 것이라 회고할 나위도 없으므로 생략하고, 여기서 두 번째 시만 보기로 한다.

> 벌써 이틀째 날건만
> 사방은 바다 출렁이는 물결뿐
> 아픈 날개 쉬여갈
> 바위 하나 없구나
>
> 무리에서 외로이
> 길 잃고 헤매이는 한 쌍의 기러기

힘은 진할대로 진해
금시 하나의 돌멩이처럼 곧추 떨어지듯—

희미한 달빛 아득한 수평선
갈곳은 어덴가? 구름과 파도…
그러나 무엇을 슬퍼할 것인가
날아가누나 한 쌍의 기러기

울음도 없이
용기와 신념도 잃지 않고
오 그들은 아직 굳세다
그 하나 꺾지 못할 사랑의 힘으로!

이것은 「단가 2수」의 두번째 수 「기러기—사랑하는 ㄱ에게」이다.

당시의 좌파들은 어째서 기러기에게 "아픈 날개 쉬어갈 바위 하나 없는가?" 또 어째서 이 한 쌍의 기러기는 "무리에서 홀로 났는가?" 이런 터무니없는 질문을 던졌던 것이다. 그 대답은 더구나 황당하여 '사회주의제도를 의심한다'는 것이었고 '집단주의를 반대한다'는 것이었다. 게다가 이 한 쌍의 기러기는 "사랑의 힘으로" 억세게 난다고 하였으니 이것이야말로 자산계급 애정지상주의라는 것이다.

기러기를 의인화하여 인간의 고상한 애정과 만경창파를 헤쳐 갈 인생의 길을 추구한 이 시는 시적 상상이 풍부하고 의경미가 독특한 바 비난 받을 아무런 근거가 없는 가작이다. 조룡남은 그때 벌써 대상의 감정화가 아닌 감정의 대상화를 깨닫고 그것을 시 창작에서 성공적으로 실천하였다. 참으로 대단한 시도였다. 당년의 '이발평론가'들이나 '코평론가'들이 이 시를 토벌하지 않았다면 오히려 웃음거리로 되었을 것이다. 조룡남의 운명을 결정한 이 시에서 기러기는 바로 조룡남의 불운의 운명의 상징이 되었으니, 그는 우파모자를 쓰고 20년간 말 그대로 무거운 십자가를 메고 고달픈 인생의 길을 걸어왔다.

몇 년 뒤에 우파모자는 벗어졌지만 정치상의 박해는 하루도 멈추어지지 않았는 바, "모자를 벗은 우파"라는 모자는 계속 쓰고 살아야 했다. 특히 지도자가 잘못 발동하고 반혁명분자들이 이용하여 이 나라와 인민들에게 대재난을 들씌운 문화대혁명 10년 간 조룡남의 삶은 추호도 나아지지 않았다. 이번에는 그가 쓴 동시 「과원의 꾀꼬리」가 대독초라고 평가되어 모자 벗은 우파에 현행반혁명이며 수정주의자라는 두 가지 모자를 합해 세 가지 모자를 쓰고 온갖 박해를 받았다.

휘휘휘 호호호
휘파람 불면서
무거운 석회통도 메어 나르고
얄미운 해충도 쓸어버리죠

사람들은 나를 보면
과원의 꾀꼬리라 불러요
하지만 나는 꾀꼬리만 아닌걸
나에게는 소중한 꿈이 있대요

어떻게 하면 온 마을을
꽃피는 과일 동산 만들까?
집집마다 창문만 열면
손을 내밀어 사과를 따게

어떻게 하면 한 나무에
백가지 과일 열리게 할까?
주렁주렁 가지 휘게 황금 과일 반짝
제일 높은 가지에선 황금별도 반짝

—「과원의 꾀꼬리」 2~5연

이 동시는 조룡남이 우파모자를 벗고 다시 교단에 선 지 2년 되는 1965년에 창작되었지만 작품을 발표할 권리가 없었으므로 수첩에 적어둔 미발표 작품이었다. "한 나무에 백가지 과일"이 황금알처럼 주렁주렁 열리게 할 소년학생의 꿈을 읊조린 이 시는 가택수색에서 발견되어 '유일생산력론을 선양'하고 '기술권위를 선양'하고 '개체생산을 선양'한 독초로 지목되어 1년 8개월간 반란파들에게 끌려 다니며 혹독한 투쟁을 받았다.

요컨대, 1957년의 반우파운동의 확대화로부터 1976년 문화대혁명이 종결된 후에도 또 3년 억울한 누명을 철저히 규정받을 때까지 조룡남의 삶은 한마디로 피와 눈물로 얼룩진 지옥편이었다.

조룡남의 시적인 표현대로라면 시 「술과 나」에서 쓴 것처럼 "수백 차 끌려가 취조를 당했고 / 온갖 중세기적 릉욕을 받았고", "훈춘벌 새바람에 눈물을 짰고 / 이도구 탄광굴에 가 구루마를 끌었고", "하마탕의 찌프린 하늘밑에서 / 대황구의 얼어붙은 빙판 위에서 / 노동하고 반항하고 매를 맞았다." 시 「나의 '공백'」에서 쓴 것처럼 "정말 젊었을 때가 없었던가?… // 없기야 왜 없었으랴만 / 그것은 꽃이 없는 봄 / 의혹, 오뇌, 방황, 우롱 / 속죄, 추방, 고역, 절망…", "이렇게 나는 비싼 값으로 / 청춘 20년을 역사에 지불하"였다. 시 「내 가슴 종유석」에서 쓴 것처럼 "그렇지, 그 비뚤어진 23년 세월 / 나는 개처럼 몰리고 북처럼 매 맞던 무슨 '분자' / 철창 없는 철창속의 죄 없는 '죄수'"였다.

우파모자를 쓰고 6년, 모자를 벗은 우파로 17년, 인민의 적으로서의 이 23년, 그동안 조룡남의 인생의 좌절과 상처받은 마음의 아픔과 가슴에 앙금으로 쌓인 한, 잊을래야 잊을 수 없는 한을 시인의 이 시구 외의 무슨 말로 표현할 수 있겠는가!

세월이 한참 흘러간 뒤 조룡남이 쓴 시 「황소」에서 그려진 황소의 이미지는 바로 조룡남의 불우한 일생에 대한 상징이라고 할 수 있다.

3. 눈물의 시인 조룡남

조룡남의 시를 통독하면 제일 먼저 떠오르는 생각이 조룡남의 시는 눈물의 시고 조룡남은 눈물의 시인이라는 것이다.

눈물이란 눈알 바깥면의 위에 있는 눈물샘에서 나오는 분비물이다. 흔히 눈물은 비극의식과 연관되어 슬픔, 고통, 시련을 상징하기도 하며, 정죄(定罪) 의식과 연관되어 참회와 회개의 상징이 된다. 한편 눈물은 인간에게 진실에 이르게 하는 촉매제가 되기도 하고 영혼의 정화를 의미하기도 한다.

시인은 어느 수필에서 눈물에 대하여 다음과 같이 이야기하고 있다.

> 눈물은 아름답다. 기쁨의 눈물도 아름답고 슬픔의 눈물도 아름답다. 어린애의 눈물도 아름답고 어른들의 눈물도 아름답다. 눈물은 마음이다. 마음속에서 솟아나는 맑은 샘이다. 마음이 깊을수록 샘의 뿌리도 깊은 법 환희, 감동, 분노, 비탄… 사람의 감정이 최고점에 이르면 눈물로 액화된다. 그래서 그 맛도 달고, 떫고, 아린… 진주같이 고귀한 눈물, 눈물 두어 방울

볼에 단 어린애를 본 일이 있는가? 눈물방울 떨구고 있는 어머니의 눈물 본 일이 있는가? 눈물을 마신만큼 대지는 비옥하고 풍요롭다. 눈물을 마신만큼 인생도 깊어지고 완성된다. 이것이 곧 눈물의 미학이다.[1]

조룡남의 제2시집 『그리며 사는 마음』(181쪽)에는 「시와 눈물」이라고 제목한 시가 있다.

찍하면 쿨쩍거리는 녀인처럼
나의 시에는 눈물이 많다
그래서 인제는 나 자신마저도
찝찌레한 눈물에 역증이 났다

울고 싶으면 가슴을 두드리며
속 시원히 통곡하고 그칠 것이지
시속에까지 끌고 와서
지루한 장마비처럼 찔금거릴건 무어냐고…

이렇게 시작된 이 시에서 시적 화자는 웃는 시 몇 줄 적어보았는데 거기에도 눈물이 달려있고 푸짐한 밥상에서도 속으로 울고 새 층집에 이사하던 날에도 눈물 속에서 모대겼다고 하면서 스스로 울기 위해 세상에 왔는가보다 라고 자탄하고 있다.

사실 조룡남의 시를 잘 읽어보면 조룡남의 시는 온통 눈물로 범벅이 된 세계이고 조룡남은 눈물의 시인이란 결론을 쉽게 내릴 수 있다.

이 졸문을 준비하면서 필자는 조룡남의 시에서 '눈물'이라는 단어가

---

1 조룡남, 『노래 저권의 추억』, 385쪽.

몇 차례 나오는가를 통계해 보았다. 제1시집 『그 언덕에 묻고 온 이름』에는 시가 145수 수록되었는데 62차 나오고, 제2시집 『그리며 사는 마음』에는 시 121수 수록되었는데 44차 나오고, 제3시집 『고향마을 동구 앞에서』에는 시 62수 수록되었는데 27차 나오고, 제4시집 『사람아 사람아』에는 191수가 수록되었는데 눈물이 77차 나온다. 여기에다 '울음', '통곡' 등 단어까지 합한다면 가히 결론 내릴 수 있는 바 '눈물'이라는 이 단어는 조룡남의 시에서 사용빈도가 제일 높은 단어이다. 이것은 단도직입적으로 조룡남의 시의 한 내용을 나타내고 있다.

이 많은 눈물을 일일이 고찰한다는 것은 불가능함으로 여기서 몇 개의 예를 들어보기로 한다.

너의 눈물에 닦아져
하늘은 저렇게 맑고
너의 눈물을 마시고
대지는 이렇게 푸르다

—「구름」 마지막 연

이제 5월의 꽃송이 붉게 피거든, 그것은
시인의 피 돋는 가슴인줄 알거라
이제 5월의 꽃잎 위에 이슬이 흐르거든 그것은
시인의 쓰린 눈물인줄 알어라

—「5월의 추억」 마지막 연

나의 시는 내가 걸은
먼 오솔길
자욱자욱 피눈물

—「나의 시」 제1연

아니다, 나는 나의 청춘을
망각의 묘지에 파묻지를 않았다
나는 그것을 나의 송진눈물에 싸서
고향의 언덕에 씨 뿌리였다

—「나의 '공백'」 제9연

그것은 40년 세월을 참고 참아온
그토록 기쁘고
그토록 서러운
황토빛 누런 눈물이었다

—「고향마을 동구 앞에서」 마지막 연

흐린 도랑물 같은 내 눈물 닦아주며
너는 나를 행복하게 해준다고 했지
너무 고마왔다
너무 즐거웠다

—「행복」 마지막 연

울면서 와서
울면서 가는
그 한 몸 그대로
눈물의 강

—「간」 1연

인용한 시련을 통하여 알 수 있는 바 조룡남의 시에서 눈물은 생리현상으로서 슬플 때 흘리는 눈물과는 퍽 틀리는 바, "쓰린 눈물", "피눈물", "송진눈물", "황토빛의 누런 눈물"이다. 그리고 조룡남의 시를 좀 깊이 읽어보면 때로 사랑도 눈물로 이루어진 사랑이요, 은하수도 구름도 비도 눈도 이슬도 강도 통째로 눈물이고 모든 꽃, 모든 산열매, 가을 전야에 익은 모든 열매 모두 눈물의 결정체이며 온근 삶 모두가 눈물이다.

이제 눈물이라는 단어가 없지만 시인의 끝없이 흐르는 눈물, 마음속에 넘치는 비애를 나타내고 있는 시 한 수 더 보자.

마디마디 울음에 목이 터져서
떨기떨기 꽃잎 위에 피물이 드는
두견새의 울음아, 구슬픈 울음
적막강산 외로운 나그네 혼아

천년을 울었건만 못다 울어서
마디도 못 꺾는 저 울음소리
이 몸도 울며 사는 작은 두견새
너와 함께 울며 살다 울며 가리라

—「두견새」 전문

보는 바와 같이 이 8행으로 된 이 시에서 "운다", "울음"이 9번 나오고 있다. 비록 "눈물"이라는 단어가 없지만 이 시는 완전히 한 수의 눈물로 점철된 시라고 볼 수 있다. 그리고 여기서 특히 힘주어 내세우고 싶은 것은 조룡남은 결코 자기 혼자의 아픔 때문에 눈물을 흘리는 것이 아니라는 것이다.

이상에서 볼 수 있듯이 조룡남의 시에서 눈물은 거개가 비극의식과 연관된 눈물이다. 원래 누구에게 죄를 지은 일이 없으니 당연히 그의 시에서 눈물은 정죄의식과 연관될 수 없었던 것이다.

종횡으로 우리 문학사를 회고해보거나 오늘의 문학현장을 조감해 보면 우리는 조룡남의 시에서 눈물에 대하여, 그에 내포되어 있는 비극의식에 대하여 보다 심각한 평가를 하여야 한다. 고대 동방문학은 전통적으로 비극의식이 담박하였는데다가 근대에 와서는 낭만주의 문학의 영향, 20세기에 들어와서는 이른바 사회리얼리즘 혹은 혁명적 리얼리즘과 혁명적 낭만주의 결합이라는 창작방법의 지배하에, 우리 문학에는 비극의식이 전무라면 과언이겠지만 수작, 명작 중에 비극의식의 작품이 적다는 것은 부인하지 못할 사실이다.

조룡남의 시에서 눈물은 바로 그 선명하고 투철한 비극의식과 그 비극의식과 당대 인민대중들의 비극적 삶과의 연대성으로 하여 중국조선족 문학사에서 차지하는 특수한 가치를 높이 평가하여야 할 것이다.

이에 대하여 한춘 시인은 다음과 같이 말한 바 있다.

> 우리 문학에는 비극의식이 거의 전무합니다. 그 육중한 비극의 본질을 파헤치는 작업은 그만한 생활체험과 그만한 사변능력과 그만한 사회의식이 확립되지 못하면 불가능합니다. 이 작업을 조 선생님이 하셨다는 겁니다. 이로써 우리 문단도 가히 어느 문단과 함께 어깨를 겨눌만한 전반적인 구조를 갖추게 되었다고 봅니다. 보통 말하는 사실주의, 낭만주의, 현대파 등 작품은 어느 문단에도 다 있다고 하겠지만 천지간의 우환의식을 앞세운 비장미의 작품은 어느 문단이나 다 있는 것이 아닙니다. 독자들은 조 선생의 작품을 통하여 역사의 혼돈과 국가의 패권을 전승할 수 있는 그 힘을 보게 됩니다. 조 선생님은 작품으로써 역사의 폭력과 학대 그리고 무상에 응한 작가라고 하는 것은 어불성설은 아닐 것입니다.[2]

4. 조룡남의 23년 지옥순례

우파모자를 쓴 1957년으로부터 철저히 벗은 1979년까지 조룡남은 억울한 눈물의 인생을 살았다. 그러나 우리는 조룡남의 이 23년은 결코 눈물만 흘리지 않았다는데 주목하여야 한다. 만약 눈물 한마디로 조룡남의 이 23년을 개괄한다면 시인 조룡남에게는 더 없는 유감일 것이고 또 눈물만 흘렸다면 오늘의 시인 조룡남은 존재하지 못하였을 것이다.

서방의 종교학에는 인생은 성직자의 순례라는 말이 있다. 여기서 성직자란 종교 직분을 맡은 교역자, 즉 신부・목사・선교사・승려 등을 말하고, 순례란 종교상의 성지(聖地), 영장(靈場) 등을 찾아다니며 참배하는 것을 말한다. 단테의 서사시 「신곡」을 바로 성직자의 순례기, 단테의 지옥여행이라고 비유하기도 하는데, 필자는 여기서 조룡남의 암흑했던 23년의 삶을 바로 성직자의 순례에 비유한다.

필자의 이러한 표현은 아주 정확한 것은 아니다. 단테의 순례는 천당에 있는 마리아와 베아드리체가 림보(limbus 고성소 古聖所)[3]에 있는 베리길리우스에게 구원하러 가달라는 의뢰에 의한 것이며 베리길리우스라는 시인의 안내가 있지만, 조룡남의 순례는 국가의 패권에 따르며 표면에 드러난 안내자가 없다. 더욱 다른 것은 단테의 순례는 진짜 성직자의 지옥과 연옥에 대한 순례이지만, 조룡남의 순례는 한 현대인의 종교보다 더욱 복잡한 밑바닥 인생의 체험이며 조룡남이 순례한 곳은 지옥이 아니라 현세이다.

---

2 한춘이 조룡남에게 보낸 편지에서(『노래 저켠의 추억』 뒤표지)

3 기독교에서 고성소란 지옥과 천당 사이에 있는데 기독교에 접할 기회가 없었거나 성(聖)의 세례를 받지 못한 어린이나 이교도들의 영혼이 거주하는 곳이다.

그러나 억울하게 우파모자를 쓰고 23년 고생한 조룡남의 삶은 지옥과 연옥을 거쳐 천국의 문 앞에 이르는 「신곡」에서 단테의 순례와 비슷한 점이 없는 것이 아니다.

첫째, 단테는 1303년 2월, 플로렌스에서 실권을 잡은 흑당에서 내린 종신추방이라는 재판을 받았으며, 조룡남은 1957년 좌파들에 의하여 반당, 반사회주의 우파모자를 쓰게 되었다. 이 아니 비슷한 운명인가! 그리고 조룡남이 23년 간 본 민생의 궁핍과 인간의 타락과 인격의 상실이 그래 단테가 지옥과 연옥에서 본 그 수많은 처참한 정경들과 비슷한 점이 없는가!

둘째, 그 억울했던 23년 간 조룡남이 지켜낸 생명의 존엄과 진선미에 대한 추구가 그래 단테의 견지한 그 고매한 인생추구와 비슷한 점이 없는가!

「신곡」의 지옥편 제29곡에서 단테는 "사람은 짐승처럼 살 수 없다. 사람은 마땅히 미덕과 지식을 추구하며 살아야 한다"라고 절규하였는데 "나의 시는 고달픈 / 순례자의 길 / 무거운 십자가 등에 지고서 / 영혼이 구원을 / 찾아 헤맨 길"[4] 조룡남의 이 시처럼 조룡남이야말로 단테의 이 절규를 실천한 사람이라고 할 수 있지 않은가!

셋째, 단테에게 이러한 고매한 포부가 있었기에 고대 로마의 저명한 시인 베리길리우스의 안내로 지옥과 연옥을 거쳐 마침내 천당의 문 앞에 이르는데, 조룡남도 바로 척각의 투사, 조선족의 저명한 작가인 김학철이를 '현대종교'로 삼고 노력에 노력을 거듭하여 끝내 "북간도의 긴 동굴"을 지나 끝내 해빙기의 강가에까지 나올 수 있었지 않았는가![5]

---

4 조룡남, 『나의 시』

5 여기서 현대 종교란 조룡남의 어떤 사적인 실존의 표현이라고 보아야 한다. 그는 「김학철－나의 종교」라는 시에서 김학철을 자기의 현대종교라고 칭하였다. 1957년 반우피투쟁의 확대화 중에서 조룡남은 우파모자를 썼고 김학철은 그때 중국국적이 없었기에 반동분자라는 모자를 썼는데 한 시기 우파개조농장에서 함께 노동개조를

이제 우리는 4권의 시집과 한 권의 설화집을 한마디로 조룡남이 23년 간의 순례기라고 말할 수 있을 것이다.

23년이란 이 순례 길에서 조룡남이 본 것은 무엇인가? 계급의 적으로 노동개조현장으로 끌려 다니면서 그는 당시 지배적 지위에 처하여 있은 좌경노선이 나라의 경제와 백성들의 삶을 얼마나 해쳤는가를 가장 가까운 거리에서 가장 뜨거운 피부로 느꼈을 것은 더 말할 것도 없겠지만, 더 심층적 의미에서 조룡남은 무엇을 보았는가?

우선 조룡남은 23년의 순례길에서 사냥개처럼 미쳐 날뛰며 아무나 물어대는 인간, 눈만 뜨면 남을 못살게 할 궁리만 하는 인간들, 평생을 나쁜 짓만 하다 간 악당들, 인간의 타락을 보았으며 인간의 이름을 가졌지만 인간이 아닌 짐승을 많이 보았다.

사람 물어먹기에 눈이 뒤집힌자
그게 미친개지 어디 사람인가?
제 욕심, 제 배때기만 채우는자
그게 돼지지 어디 사람인가?
남의 목숨 해치기 이골난자
그게 승냥이지 어디 사람인가?

— 「사람으로 살자」 2연

이 시련은 더 분석하지 않아도 조룡남의 체험에서 나온 것임을 알 수 있다.

하였다. 여기서 김학철을 자기의 종교라고 칭한 것은 김학철의 인격과 문학에 대한 숭상을 상징화한 것이라고 보아야 한다. 「북간도 땅의 긴 동굴」에서 김학철은 10년 옥살이를 끝내고 자기의 무죄를 선고하는 공판정에서 "나는 일찍이 이 북간도 땅에 이렇게 긴 동굴이 있으리라곤 생각을 못했습니다"라고 말하였다.

더욱 심각한 것은 조룡남은 그 지옥에서 겪은 자신의 타락에 대하여 심각하게 성찰하고 있다는 것이다. 여기서 그 서술을 반복하는 것은 조룡남 시인에게도 즐거운 일이 아니고 또한 필자에게마저도 괴로운 일이니 그만두고, 조룡남의 산문집에 수록된 수필 「잘 가라, 식도락」을 읽어보기를 권장하는 바이다.

다음 조룡남은 23년의 순례 길에서 어떠한 풍랑 속에서도 변하지 않는 진정한 사랑, 뜨거운 인정과 민중의 저력을 보았다.

조룡남에게는 「산꽃」이라고 제목한 시 한수가 있는데 이 시에서 조룡남은 "너는 담대한 꽃이었다 / 능욕도 짓밟힘도 두려움 없이 / 세월의 길 위에 조용히 피어나 / 기다리었지 갈망하였지 …… // 너의 미소의 그 부드러운 애무를 받으면서 / 나는 아픈 상처 아물구었고 / 너의 숨 막히는 그 향기에 취해 / 나는 고달픈 세상일을 웃어버렸다"라고 썼는데, 여기서 우리가 보는 산꽃은 바로 그 처참하던 세월에 조룡남이 찾은 인민의 형상이며 그 버림받은 척박한 땅에 피어나 자신의 형태, 색채, 향기와 아름다움으로 조룡남에게 생의 용기를 주고 문명의 영양물을 주고 불굴의 생명력을 준 인민의 뜨거운 인정과 생명저력의 상징이라고 볼 수 있을 것이다.

시인이 크나큰 감동을 품고 그려 낸 언 손을 입김으로 녹여주던 할머니, 약초를 캐다 어깨의 상처에 붙여주던 할아버지, 남몰래 해진 옷을 한 땀 한 땀 기워주던 아주머니, 까무러친 머리맡에서 열이 난 이마를 식혀주던 처녀, 그리고 시인의 불운한 운명 속에 뛰어든 '안해'는 바로 그 험악한 년대에도 조룡남에게 인간의 정과 인간의 온기를 쏟아주던 인민의 형상이다.

이들이 바로 흉년이 든 해 논물을 보면서 피우던 담배꽁초를 조룡남에게 넘겨주던 사람들이며(시 「담배」), 이들이 바로 허리는 꼬부라져도 심령 속엔 곧고 곧은 길을 간직한 사람들이며 (시 「할미꽃」), 이들이 조룡남으로 하여금 겨떡을 씹으면서도 온건한 걸음으로 고난의 년대를 걸어 넘게 힘을 준 사람들이며 (시 「나의 뼈」), 이들이 바로 험악한 가시밭 속에서도 용감히 뚫고나가라고 생활은 영원히 아름다운 것이라고 조룡남에게 미소를 보낸 사람들이며 (시 「영원한 미소」), 이들이 바로 조룡남의 고통의 절반을 갈라 이고 말없이 걸어 온 사람들이다(시 「안해에게」).

이들 중에는 시 「김동성이」에 읊은 동창생 김동성이도 있다. 그는 시인의 동창생으로서 조룡남이 우파가 되었다는 소식을 듣고 찾아와 고구마 한 사발을 사주고 "어느 개새끼 널 우파로 만들었니? 그 개새끼가 너만 우파로 만들었는 줄 아니? 이젠 우리 다가 우파로 된 게다"라고 소리를 지르고, 어느 한번은 '왕바신' 한 켤레 사들고 와서 "이 새끼, 정신 추구 일어서라, 네가 무너지면 우리 다가 무너지는게다"라고 소리를 질렀다.

이러한 인민의 사랑과 인민의 저력을 찾았기에 조룡남은 타락하지 않고 자살하지 않고 인간으로 살아남았으며 시인 조룡남으로 재생할 수 있었으며, 이러한 인민의 사랑과 저력에 바탕을 두었기에 조룡남의 시는 개체의 생명좌절의 비애와 고통의 반영으로 되면서도 '피와 눈물에 반죽된 시대의 고통과 설움'뿐이 아니라 인민의 '순결한 사랑과 신앙'에 대한 송가로 될 수 있었으며, 아울러 오랫동안 우리의 정치・경제・문화 등 제 방면에서 영향을 끼친 좌경노선에 대한 인민의 고발 혹은 역사폭력과 국가패권에 대한 저항으로 될 수 있었던 것이다. 후에 창작한 시 「산」에 그려진 산의 이미지는 바로 조룡남의 가슴에 오랫동안 살아있는 인민의 형상이라고 할 수 있다.

한마디로 23년의 지옥순례는 결국 시인 조룡남의 독특한 문화자원이자 에너지원이 되었으며 시인 조룡남에게 동세대의 다른 시인에게 없는 풍격을 부여하는 창작의 원천이 되었다.

1979년에 와서야 조룡남의 23년 지옥순례가 끝난다. 조룡남의 인생은 다시 상승선을 긋기 시작하며 좌절되었던 생명은 재생의 계절을 맞이하게 되었다. 새 시기를 맞아 조룡남의 시적 영감은 보뚝을 터친 물처럼 쏟아져 나오기 시작하였다.

여기서 우리는 시 「해빙기의 강변에서」 한 수만 보자.

강아, 흰 가슴 여미지 못한 채
죽어서 얼음이 되였던 강아
쫓겨 갔던 물새들 기슭으로 돌아오고
앙상하던 버드나무 새움이 트는구나

또다시 나는 본다
너의 파도의 장쾌한 옛 모습을
또다시 나는 듣는다
너의 출렁이는 환락의 노래 소리를

승냥이 떼처럼 불을 털며 덮쳐들던
미친 눈보라 자취를 감추고
죽어서도 쩡쩡 짜개지던 너의 가슴
비단결 새살로 아물어 푸르구나

어제날 두꺼운 얼음 밑에서
숨 죽이고 누구와만 나누던 귀속말
오늘은 와—와— 가슴 터쳐 말하며
하늘아래 자유로이 흘러가누나

나는 안다 강아, 네 속에 가득 차

끓으며 사품치는 그 많고 많은 말을
나는 안다, 풀려 내리는 해빙기의 강아
너는 정녕 반짝이는 무수한 눈물방울!

지금 내 가슴속에 흘러들어
가슴벽 세차게 때리며
너는 우는구나 강아!
너는 웃는구나 강아!

(1981년 4월 15일)

해빙이란 얼음이 녹아 풀리는 것을 가리키는 말이다. 해빙기란 바로 얼음이 풀리는 때라는 말일 것이다. 그러나 문학적으로 '해빙기'라는 말은 다른 정치적 색채와 상징적 의미가 있는 단어다.

첫 사회주의 국가 소련에서 있은 일이다. 1953년 스탈린이 사망하자 잠시 집단지도체제가 들어섰으며 새로운 지도자로 등장한 흐루시초프는 소비에트에 새로운 생명력을 부여하는 작업의 일환으로 스탈린의 개인숭배를 비판하는 운동을 추진시켰다. 이에 따라 지식인들 사이에서 학문과 창작의 자유를 요구하는 분위기가 형성되었다. 이러한 분위기 속에서 일리야 에렌부르크는 『해빙』이라는 소설을 1954년에 발표하여 스탈린 시대에 경직되었던 의식형태의 해체를 주장하였던 것이다. 분명한 것은 중국에서 문화대혁명의 종결과 개혁개방의 실시는 정치상 · 문화상에서 전혀 부동하지만, 중국의 지난 세기 70년대말 80년대초 정치상황과 문화상태는 어떤 의미에서 소련의 1950년대의 정치 · 문화 상황과 유사한 점이 있었던 것이다.

이 시에서 얼음이 녹는 강가에 서서 강물이 죽어 얼음이 되었던 겨울을 그려보며, 얼음이 녹아서 그 먼저 세찬 파도를 일구던 옛날을 그려보며, 오늘 장쾌한 노래를 부르며 바다로 흘러가는 강을 바라보는 시적 화자는 곧 시인 조룡남이다.

흰 가슴도 여미지 못하고 얼음처럼 꽁꽁 얼어붙은 강의 이미지는 바로 조룡남의 23년 세월의 상징이며, 와-와- 소리치며 자유롭게 흘러가는 해빙기의 이미지는 바로 개혁개방의 봄을 맞아 자유를 노래하는 시인 조룡남의 형상이다. 23년간 청춘 호시절을 빼앗기고 압제와 수난과 박해 속에서 살아왔던 가슴에는 이제 해빙기의 물결이 넘치면서 인생과 문학의 새로운 계절을 맞이한 것이다.

이 시는 정서가 고양되고 정열이 넘치며 박력이 있고 절주가 분명한 것으로, 읽는 이들에게 다함없는 격정을 안겨준다. 이 시의 특점은 바로 생명개체로서 조룡남 개인의 인생체험을 담아냈을 뿐만 아니라, 그것과 좌경노선의 지배 하에서 문화대혁명과 같은 대재난을 겪은 억만 인민대중의 역사적 비극을 끈끈히 융합시킨 결정인 것이다. 결코 개인의 신음이 아니다. 이러한 시적인 정열은 바로 역사적 비극과 현실적인 해방감 그리고 미래에 대한 드팀없는 신념이 있었기에 가능한 시적인 결과물인 것이다.

이 시는 전편 시가 제목으로부터 매 한 줄의 시구, 매 한 개의 시어가 전부 상징적으로 암시되었으며 주체의 객관화와 객체의 주관화가 통일된 수작으로 평가할 수 있다.

5. 짝사랑의 시인 조룡남

조룡남이 23년의 지옥순례를 끝내고 해빙기의 강변에 닿았을 때는

1979년, 이미 45세의 중년이었다. 그때로부터 다시 38년이란 세월이 흘렀다.

수백 편의 조룡남의 시는 제재가 풍부하고 주제가 다양하다. 이 한 편의 글로 그 것들을 전면적으로 담론하는 것은 전혀 불가능함으로, 여기에서는 주로 조룡남의 짝사랑과 생명존엄에 대해서만 말하고자 한다.

조룡남의 시집 4책에 수록된 500여 수의 시 가운데 애정시가 200수 약 40%를 차지하고 있다. 그리고 놀라운 것은 이 애정시 가운데 절반 이상이 짝사랑시라는 것이다.

'짝사랑'이란 사전식으로 해석하면 아주 간단하다. '남녀 사이에서 한쪽은 사랑하지 않는데 한쪽에서만 혼자 사랑하는 것 또는 그런 사랑' 이다. 그리고 '짝사랑에 외기러기'라는 말이 있다. 짝사랑은 아무리 해야 외기러기 신세밖에 되지 않는다는 뜻이다.

조룡남의 시에서 우리의 가슴을 가장 울리는 것이 바로 이룩하지 못한 사랑에서 오는 한 남자의 괴로움, 멀리 헤어진 사랑하는 여인에 대한 한 남자의 그리움, 사랑하는 님을 떠나보낸 한 남자의 그리움이다.

> 너는 깨기 어려운
> 하나의 아름다운 꿈이었다
> 기쁨을 준만큼 또 설음을 준
> 나의 애잡짤한 추억속의 녀왕이여
>
> —「옛꿈」 마지막 연

> 주는 것이 행복이라는 세상에서
> 나는 주며 살았 것만
> 남긴 것 하나 없이 주며 살았 것만

받은 보상은 한가슴 상처

—「억울한 사랑」 3연

"최고의 사랑"은
나에게 있어서도
세상 어느 누구에게나처럼

바라볼 수만 있고
가질 수는 없는
요원한 저 하늘의 별이었다

—「별」 3, 4연

이처럼 시인의 가슴에 맺힌 한의 덩어리가 얼마나 무거운 것이었고 가슴에 타오르는 정이 얼마나 뜨거운 것이었는가를 가늠할 수 있는 시는 너무나 많다.

"가장 큰 사랑이 나에게는 가끔 / 가장 큰 괴로움이더라"(시 「운명」), "죽어서도 한이 될 / 그리움으로 / 보고지고 보고지고 / 너를 찾는다"(시 「너를 찾는다」), "허나 바람아, 나는 안다 / 잠을 깨면 너는 또다시 찾으리 / 그 하나의 이름 애타게 부르며 / 하늘끝까지, 세월끝까지"(시 「바람아, 너는 누구를 찾고 있느냐」), "다시 돌아오지 않아도 된다 / 그러나 기억하거라 / 기다리며 사는 뜨거운 마음 하나 / 언제나 네 신변에서 고동치고 있음을"(시 「너를 보내며」), "네가 없는 5월도 / 5월이라 할가? / 라이라크는 피어도 / 나는 향기를 모른다"(시 「네가 없는 5월」), "너는 정말 / 날아갔는가? 나의 귀여운 새 / 나의 소중한 꿈 // 깊어가는 이 가을 날, 남은 것은 다만 / 병든 나와 / 흩날리며 떨어지는 병든 나뭇잎"(시 「날아간 새」), "네가 떠난 내 가슴 / 빈집 같은 내 가슴 / 버려져도 좋다 / 잊혀 져도 좋다 // 슬픈 추억도 아픈 상처도 / 뒤안길 무성하는 잡초 밑에 묻어두고 / 그리워도 이제 다시 묻지 않으마 / 울면서도 이제 다시 찾지 않으마"(시 「묻지 않으마, 찾지 않으마」), "이 썰렁한 계절에도 / 나는 어찌하여 / 속절없는 그리움 가슴을 태우며 / 이리 심한 열병을 앓고 있는가? / 이 무거운 나이에도 / 나는 어찌하여 / 하염없는 기다림에 애를 말리며 이리 모진 형벌을 받고 있는가?"(시 「억울한 사랑」) 등등.

우리는 앞 절에서 조룡남의 시는 눈물의 시라고 개괄한 바 있는데, 그 눈물이야말로 어떤 의미에서 짝사랑에 빠진 시인의 괴로움과 쓰라림과 서러움과 외로움과 그리움과 기다림과 아픔, 슬픔, 미움, 찾음, 울음, 꿈의 결정이라고 할 수 있다. 이러한 화자의 부르짖음은 바로 외기러기의 신세가 된 남자의 피맺힌 절규로서 우리의 가슴을 친다.

이 짝사랑에 대한 읊조림은 그 자체가 시적인 가치와 매력이 있다. 세상에 그 누구에겐들 짝사랑의 한이 없으랴만, 어느 석학의 극단적인 언어를 빌면 세상의 모든 사랑 자체가 워낙 짝사랑이라고 한다. 그렇다면 조룡남의 짝사랑 시는 인류의 가장 원초적인 정신실존에 대한 접근이라고 할 수 있겠다. 그러므로 사랑에서 가장 행복하다는 자아감각을 갖고 사는 사람이라도 조룡남의 이 시편들을 읽으면 느끼는 바가 없지 않으리라. 게다가 조룡남의 진정한 사랑, 순수한 사랑, 고상한 사랑에 대한 추구를 표현한 시편들과 연계시켜보면 우리는 조룡남의 짝사랑시의 의미에 대하여 보다 깊이 사색해보게 되며, 한발자국 더 나아가 조룡남의 짝사랑이 생성된 기본 이유 혹은 조룡남의 사랑과 가정과 행복을 파괴한 장본인은 누구인가 하는 문제에 대하여 깊은 생각을 해보면 우리는 조룡남의 짝사랑시의 가치에 대하여 보다 심층적인 해답을 찾을 수 있다. 여기서 필자는 잠깐 1980년대에 우리나라에서 한창 고조를 일으키던 상처문학의 대표작 중에서 어느 조룡남과 같은 우파 출신 주인공의 한마디 "나는 우리 조국을 사랑한다. 그런데 누가 나를 사랑하는가?"라는 말이 상기된다.

조룡남의 짝사랑시의 가치는 결코 여기에서 끝나지 않는다. 앞에서 개괄한 바와 같이, 조룡남의 지옥순례의 삶 23년을 통하여 알 수 있는 바 짝사랑은 시이기 전에 조룡남의 삶, 풋풋한 현실이었던 것이다. 조룡남의 짝사랑시가 그렇듯 우리의 가슴을 세차게 두드릴 수 있는 것은 바로 그 짝사랑시가 조룡남의 청춘과 바꾼 것이고 조룡남의 피와 눈물의 늪으로 된 가슴에서 우러나온 시라는데 그 원인이 있지 않을까.

좀 더 생각을 굴려 보면 조룡남의 짝사랑시는 또 다른 파생적 의의가 있다. 조룡남의 짝사랑은 원뜻의 파생적 의미를 확장하여 표현하면 그의 장장 23년간의 정치생활을 짝사랑이라고 비유할 수 있다. 가난한 농민가정에서 태어난 조룡남은 새 중국이 창건된 후 새 생활에 대한 큰 포부를 안고 내내 우수한 학생으로 공부에 열심이었으며 사범학교를 졸업한 다음 후대 양성의 신성한 교단에 섰다. 그리고 천부적인 시재와 문학에 대한 끼로 사회의 각광을 받으며 시단에 데뷔했고 자기의 목청을 다해 당과 조국을 노래했다. 그러나 어느 날 갑자기 그의 머리에는 날벼락같이 우파모자가 씌워졌고 그의 등에는 비운의 십자가가 무겁게 지워졌다. 이제 우리는 자연스럽게 조룡남의 짝사랑은 결국 우리의 생활에서 실제상에서 존재했던 역사폭력, 국가패권에 대한 저항이라는 결론을 내릴 수 있다.

6. 조룡남 시에서 생명존엄과 드팀없는 신념

우리는 앞에서 조룡남 시인을 눈물의 시인, 짝사랑의 시인이라고 결론하였다. 그러나 이것은 조룡남의 문학에 대한 전부의 결론이 아니다. 결론부터 말한다면 조룡남 시인은 눈물의 시인이고 짝사랑의 시인이면서 아울러 생명의 가수이며 신념의 가수이다.

여기서 먼저 조룡남의 시 「나의 뼈」를 보기로 하자.

조국은 나에게 뼈를 주었다
나의 육체가 땅을 딛고
꿋꿋이 일어설 수 있는 뼈를
활개치며 앞으로 걸어갈 수 있는 있는 뼈를
내가 중국사람의 인격을 가질 수 있는 뼈를
유엔의 연단에도
떳떳이 올라설 수 있는 뼈를

....

내 이런 뼈의 탓으로
너무도 일찍
운명의 십자가 등에 지고
산판에 가 나무를 찍고
탄광에 가 석탄을 파며
"속죄노동"을 했었다

내 이런 뼈의 덕분으로
인민의 고통을 나누어 짊어지고
겨떡을 씹으면서도
온건한 걸음으로

고난의 년대를 걸어 넘었다
나의 조국에 보답할 수 있었다

....

조국은 나에게 뼈를 주었다
특수 강철축이 되어
지렛대 되여
웅위로운 사업을 떠밀고 가는
중국지식인의 뼈를
인간영혼의 대리석기둥을

아, 이 뼈 속에
뼈의 성분 속에
나의 공민적자각과 책임이 있다!
세계와 미래에 대한 나의 응전이 있다!
썩지 않은 나의 신앙이 있다!

이 시는 직설적으로 그 재난의 나날에도 버리지 않았던 신념을 노래하고 있으며, 눈물과 짝사랑은 조룡남 시의 한부분일 뿐 전부는 아니고 그의 시에는 눈물뿐이 아닌 신념이 있으며 짝사랑뿐만 아닌 참사랑이 있다는 것을 나타내고 있다. 그 신념이란 조국의 미래에 대한 신념이었으며, 그 참사랑이란 바로 남녀의 사랑을 훨씬 초월한 조국과 인민에 대한 큰 사랑이었다. 바로 조룡남의 가슴에 이러한 신념과 이러한 큰 사랑이 있었기에 23년의 지옥순례가 끝나자 바람으로 그는 해빙기의 강가에서 목이 터지라 개혁개방의 새 시대를 노래할 수 있었고,

그 처절하던 역사의 상흔을 각광하고 권력의 비리를 비판하는 절창을 부를 수 있었던 것이다.

여기서 서정장시 「아, 청산골」을 보자.[6] 장시 「아, 청산골」은 시인이 23년 인생좌절의 유배지의 하나였던 청산골을 배경으로 삼았다. 시적 화자 역시 시인의 모델로서 20여 년 만에 1958년 대약진시기 수리공정의 옛터 청산골에 찾아온 당년의 노동개조범이다. 당년, 청산골 약진댐 건설장에 온 화자는 노동개조범이고 그의 누이 '순이'는 공청단 돌격대 대장이다. 그들은 당금 내일이면 들어설 공산주의를 위하여 가슴이 부풀었다. 순이는 첫날부터 땀흘려 '위성'을 날렸으나 '나'는 조작과 안전의 과학성을 설교한 것이 죄가 되어 우파분자에다가 '현행반혁명'의 모자를 하나 더 쓰고 투쟁을 받는다. 그러다가 안전조치를 제대로 대지 않은 탓으로 누이는 공지에서 죽음을 당하고 질을 보장하지 못한 약진댐은 낙성식을 치른 후 하루도 견디지 못하고 홍수에 뿌리 채 뽑혀 바다로 '약진'했다.

이렇게 인간을 존중하지 않고 자연의 법칙을 위반한 청산골의 비극을 시적으로 재현한 작품은 여동생의 죽음과 약진댐의 파멸로 하여 더욱 비극색채가 짙어졌을 뿐만 아니라, 새 생활의 건설자로 다시 건설할 설계도를 안고 청산골의 옛 공지, 누이의 무덤으로 찾아온 화자의 역사에 대한 회고와 새 생활에 대한 전망으로 엮어진 시편은 역사에 대한 심각한 반성으로 넘쳐흐르며 돌까지 타오르던 대약진 시대, 실패한 상처에 대한 애무로 절절하다.

> 누이야 내가 왔다 오빠가 왔다

---

6 이 시는 1980년 3월에 창작한 것인데 처음 『연변일보』 '해란강' 문예부간 465기에 게재되었다가 후에 시집 『그 언덕에 묻고 온 이름』에 수록되었다.

너의 오랜 잠을 깨우려고
잠든 우리의 강산을 깨우려고
청산골로 다시 오빠가 왔다.

어서 일어나거라
우리는 다시 시작하련다
너의 피로부터
나의 눈물로부터

누이야 이제 너의 무덤은
우리 진군의 새 기점되리라
너는 아느냐? 지금 오빠에겐
돌격대장이 얼마나 수요되는지를 …

저 멀리 성곽인양 치솟는 암회색바위를
그 늙은 주름살 깊은 도랑물로는
눈부신 해빛에 번득거리며
눈석이봄물이 흘러내린다

아, 이제야 풍만히 녹아흐르며
백리 청산골에 메아리쳐 흐느끼는
대지의 마음이다!
인민의 마음이다.

문화대혁명이 끝나고 개혁개방의 새 역사가 시작되는 시점에서 창작한 이 장시는 짙은 반성의식으로 돌출할 뿐만 아니라 역사와 현실,

죽음과 삶, 비극과 희극, 존재와 부재의 교차 속에 시인의 역사와 생명과 인간에 대한 심각한 사색으로 독특한 시적 매력을 풍기고 있으며 아울러 인간에 대한 참사랑과 미래에 대한 굳은 신념으로 우리를 감동시킨다.

조룡남의 시 가운데 이렇게 신념과 참사랑에 대한 시는 많지 않다. 시 「아, 청산골」처럼 굳건한 신념이 안받침 되고 미래에 대한 전망이 밝게 반짝이는 시라고 하여도 흔히 비극적 색채가 짙은 것을 쉽게 보아낼 수 있다. 우리는 이 점에 대하여 충분히 이해할 수 있다. 왜냐 하면 인간의 실존은 대체로 이성적이라기보다 감성적이며 혹은 감각적이기 때문이다. 매일같이 속죄노동에 끌려가고 반기아상태의 식생활과 추위에 손발이 시리고 심장마저 얼어드는 세월, 밤이면 또 검사서와 사상개조 보고서를 억지로 쓰는 나날에 미래에 대한 신념이 저 푸른 소나무처럼 불변하였고 조국에 대한 큰 사랑이 불길처럼 활활 타올랐다면 그것은 거짓말일 것이다.

조룡남 시인의 시작 노트에는 다음과 같은 구절이 있다.

> 인간의 가슴에서 눈물의 샘이 마르지 않으리라 믿기에 나는 시를 쓴다. 생활의 터전에서 사랑의 불길이 꺼지지 않으리라 믿기에 나는 시를 쓴다. 세상에서 돈 주고 사지 못하는 돈보다 소중한 것이 있다고 믿기에 나는 시를 쓴다. 상처투성이 심장에서 흐르는 방울방울 아픈 진정을 짜서 멸시도 받고 창피도 당하고 분개도 하고 탄식도 하면서 나는 시를 쓴다.[7]

단순하지 않고 복잡한 인생체험에서 오래 동안의 시간을 들여 발효되어 잘 만들어진 누룩냄새가 나는 이 몇 마디 말은 미래에 대한 신념

---

7 조룡남, 『노래 저견의 추억』, 341쪽.

과 조국과 인간에 대한 큰 사랑은 거짓이 아니라 진실이라는 것을 심각하게 보여주고 있다.

그러나 여기서 우리가 다른 시각에서 생각해 본다면 만약 조룡남에게 미래에 대한 신념이 없었더라면, 조국에 대한 큰 사랑이 없었더라면 어떻게 되었겠는가? 하는 문제를 제기할 수 있다.

우리는 반우파투쟁과 문화대혁명 중에서 참사랑이 완전히 없어지고 신념이 철저하게 무너진 적지 않은 '우파분자'들이나 '자본주의 길로 나아가는 집권파'들이 스스로 목숨을 끊었다는 것을 잘 알고 있는데, 조룡남 시인에게는 바로 미래에 대한 신념과 조국에 대한 큰 사랑이 있었기에 인간으로 살아남을 수 있었으며 시인으로 재생할 수가 있었던 것이다.

여기서 우리는 보다 심각한 문제에 부딪치게 되는데 그것은 즉 조룡남의 미래에 대한 신념과 조국에 대한 큰 사랑이 어데서 오는가? 하는 문제다.

이 문제에 대한 결론부터 말한다면 그것은 그 재난의 나날에도 완전히는 고갈되지 않았던 사랑, 뜨거운 인정과 민중의 저력이다.

「산꽃」이라고 제목한 시에서 조룡남은 "너는 담대한 꽃이었다 / 능욕도 짓밟힘도 두려움 없이 / 세월의 길 위에 조용히 피어나 / 기다리었지 갈망하였지…… // 너의 미소의 그 부드러운 애무를 받으면서 / 나는 아픈 상처 아물구었고 / 너의 숨 막히는 그 향기에 취해 / 나는 고달픈 세상일을 웃어버렸다"라고 썼는데, 여기서 우리가 보는 산꽃은 바로 그 처참하던 세월에 조룡남이 찾은 인민의 형상이며 그 버림받은 척박한 땅에 피어나 자신의 형태, 색채, 향기와 아름다움으로 조룡남에게 생의 용기를 주고 문명의 영양물을 주고 재생의 생명력을 준 인민의 뜨거운 인정과 생명저력의 상징이라고 볼 수 있을 것이다.

조룡남의 신념과 생명의 존엄을 나타내는 시도 너무 많다.

시 「토끼」를 보자. '토끼녀 수감'이라고 부제를 단 이 시에서 시인은 먼저 토끼는 약자이고 결함이 많다는 것을 지적하고 우점도 충분하게 열거해 준 다음 이렇게 썼다.

너는 자연의 지배자로 태어나지 못했어도
너의 사상은 생명의 가치를 주장하는
개방된 체계——
아니고서야 어찌 그런 위대한 선언을 하야
『너의 용왕의 병이
나와 무슨 상관 있다더냐!…』

—「토끼」

우리의 유명한 고전 명저 『토끼전』을 시적으로 다시 해석한 이 시야 말로 창조주체의 생명가치관을 분명하게 보여주고 있다. 용왕이나 토끼나, 아니 토끼보다 더 작고 미미한 미물이라도 생명의 가치는 평등하다는 것이다. 이것은 우리가 생명의 존엄을 고양함에 있어서나 생명에 대한 찬가를 고성함에 있어서 상식, 가장 기초적인 인식으로 되어야 할 개념이다. 솔직하게 말하면 생명의 절대적 평등에 대한 담론은 뭐 대단할 것도 없고 조룡남이 처음으로 시작한 것도 아니지만, 조룡남의 특수한 인생체험과 연계시켜보고 좌경노선이 지배하던 그 시대에 발생했던 종종의 웃지도 못하고 울지도 못할 사건들과 연계시켜보면 이 시를 다시 생각해보지 않을 수 없다.

우리 시대의 가장 오만한
하나의 머리를 떠받쳤던 지팡이

우리 겨레의 가장 꿋꿋한
하나의 배짱을 떠받쳤던 지팡이

그래서 불구의 외다리 김학철을
불멸의 삼족오(三足烏)로 만들었던 지팡이

선생님은 지팡이를 두고 가셨다
2맥만이 짚고 자신만만 걸어가라고

하늘이 무너져도 기둥삼고
대소大笑하며 우뚝 일어서라고

—「선생님의 지팡이」

이것은 시인이 김학철 선생을 노래한 시「선생님의 지팡이」의 몇 개 연이다.

보시다시피 이 시에서 조룡남은 척각의 항일투사, 조선족문학의 불세출의 작가 김학철을 그가 남겨놓은 지팡이에 기탁하여 가장 오만한 머리, 가장 꿋꿋한 배짱, 불멸의 삼족오라고 노래하였다. 김학철의 인생과 문학, 인격과 풍격에 대하여서는 여기서 긴 설명은 생략하지만 일찍 '북간도의 긴 동굴'을 24년간 순례하였던 '인민의 적', '반동분자' 김학철에 대한 조룡남의 시적인 찬양은 곧 생명의 존엄에 대한 노래이며 역시 생명의 가치, 생명의 존엄에 대한 예찬이다.

「토끼」와「선생님의 지팡이」 이 2수의 시를 분석한 기초 위에서 이제 우리가 조룡남의 500여 수의 시편들을 다시 읽어보면 그의 시세계에 높이 울리는 생명의 찬가를 들을 수 있을 것이다. 여기서 나는 독자들에게 조룡남의 시「눈꽃」,「돌」,「바위돌」,「수림」,「할미꽃」,「나무

잎 떨어지네」, 「북방의 수림에 5월이 오면」, 「민들레」, 「겨울수림」, 「해바라기」, 「사람으로 살자」, 「반디불의 노래」, 「내 이름은 개똥」 등 시편을 추천한다. 이런 시편들은 모두 작은 생명에 기탁하여 생명의 가치를 추구하고 생명의 존엄을 고양하고 생명에 대한 찬가를 부르고 있는 공통성이 있다.

7. 조룡남 시의 방법과 풍격

요즘 중국 시단과 더불어 조선족 시단도 고전시학에 근거한 사실주의시가 계속 전통의 맥을 이어오고 있으며 현대시, 이미지시, 상징시, 해체시, 입체시, 초현실주의시 등 여러가지로 명명되는 모더니즘과 포스트모더니즘 시도 발전하여 진정으로 다원화되고 백화만발하는 문학풍경을 이룩하였다. 이 와중에 조룡남 시인은 시종일관 고전시학에 근거한 사실주의 창작방법의 견지로 독특한 풍격을 창조하고 있다.

조룡남 시인의 일관한 풍격은 우선 시편마다 의미, 주제, 가치를 추구한 데서 과시되지만, 더욱 중요한 것은 바로 그 처참한 나날에 겪은 암담하고 굴욕적인 삶의 세부를 회고하면서 송진처럼 진한 눈물은 흘리되 결코 개인적인 악감은 내비치지 않으며, 인간의 천성적인 짐승스러운 구석을 리얼하게 파헤치면서도 자기와 대립면에 섰던 사람들을 극단으로 내몰지는 않으며 고마운 사람들에 대한 호감을 표백함에 있어서도 결코 감정의 울타리에 머물러 있지 않는 데서 충분히 과시되고 있다. 개인의 희로애락을 초월하는 역사의식과 이성의 광휘를 고스란히 간직하고 있는 시적 자세는 조룡남의 시로 하여금 개인의 희로애락을 시대에 대한 사색과 인생에 대한 탐구로 업그레이드시킬 수 있었던 것이다.

횡적으로 비교하여 보아도 조룡남의 시는 확실히 보수적이다. 그가 시에서 여러 번 쓴 것처럼 현대파에 대해서는 흥취가 없다. 그러나 새로운 세기에 들어서면서 조룡남도 사실주의시 밖의 일부 방법과 기교를 받아들이지 않을 수 없었던 것이다. 예를 들면 시적 대상에 주체를 투사시키는 면에서 조룡남의 시는 자기의 독창적인 풍격을 창조하고 있다. 한 수의 시에서 시적 대상으로 선정한 사물에 자기의 주체를 깊이있게 투사하면서도 그 대상의 형태, 색깔, 향기 등 객관적인 특수성을 충분하게 시화하고 있어서 한 수의 시에 객체의 주체화와 주체의 대상화가 잘 조화되고 있어서 이미지시 혹은 상징시를 많이 닮았다는 점이다. 조룡남이 생명을 예찬한 작품 중 어느 한 수를 골라 분석해도 이와 같은 결론을 내릴 수 있다.

그리고 전체적으로 조룡남의 사실주의시도 많이 변화된 모습을 찾아볼 수 있다. 예를 들면 중국 문단에서 20세기 80년대부터 지금까지 줄곧 논쟁이 구구한 신사실주의적인 요소가 조룡남의 시의 구석구석에서 보인다. 시 「그 언덕에 묻고 온 이름」, 「옥을 파간 자리」, 「그저 그렇게 산다」, 「황소」, 「잡풀」 등 대표적인 시들을 보면 세속화되고 전형화를 거부하는 경향이 뚜렷하다.

다음 조룡남의 시에서 돋보이는 것은 숭고미와 비장미다. 조룡남은 흘러간 역사에 대하여 회고하거나 개혁개방의 거대 현실을 노래함에 있어서나 위대한 인물의 영웅업적을 노래하거나 잡풀, 미물 등 보잘 것 없는 생명을 노래함에 있어서 내내 숭엄한 자세와 더불어 짙은 비극의식을 가지고 있다. 이것은 우선 조룡남의 23년 지옥순례자라는 인생경력과 끈끈히 밀착된 문학현상이라고 하여야 할 것이다. 정치상에서 인민의 적으로 획분된 조룡남이 국가의 패권에 저항한다는 본신이 얼마나 숭고하며 또 얼마나 비극적인가. 지옥에서 벗어나고 유배지를 벗어나 해빙기의 강가에 닿은 시인이 역사의 폭력, 국가의 강권에 대한 얼마나 뼈저린 한을 품었으며 눈앞에 벌어지는 시대의 거대한 변화를 바라보는 그가 얼마나 비장한 해방감에 잠겼으며 또 얼마나 숭고한 미래지향적인 꿈을 꾸었겠는가! 「실종된 민족」, 「사스레나무숲에」, 「두만강」 등 서정시와 장시 「아, 청산골」, 「꿀벌의 죽음」, 「민들레꽃」 등 작품은 조룡남의 시에 고유한 숭고미와 비장미로 광을 치면서 우리 시단에서 독특한 풍경을 이루고 있다.

여기서 서정서사시 「꿀벌의 죽음」 한 수만 보기로 하자.

조룡남의 서정장시 「꿀벌의 죽음」의 주제는 바로 꿀벌처럼 사는 생명은 가치가 있으며 위대한 생명이라는 것이다.[8] 이것은 귀에 못이 박히도록 들어온 상투적인 도리가 아닌가? 그럴 수도 있다. 그러나 「꿀벌의 죽음」의 매력은 세상 사람들이 다 아는 진리를 곱씹는데 있는 것이 아니라 시인의 체험과 사색, 예지와 감정에 기초하여 격정이 넘치고 눈부신 광채를 휘뿌리는 비반복적이고 숭고미와 비장미로 눈부신 시 형상을 창조한데 있다.

「꿀벌의 죽음」에서 시인은 우리에게 꿀 채집의 길에서 죽어간 꿀벌의 이야기를 들려주면서 아름다운 추구와 끊임없는 분투 그리고 부지런한 노동과 환락의 노래로 충만된 생명의 찬가를 부르고 있다.

무거운 화분통을 메고 산기슭 정든 판자집으로 돌아오는 길에서 소낙비를 만나 쓰러진 꿀벌은 그 무거운 화분통을 털어버리기만 하면 거뜬한 몸으로 다시 날 수 있으련만 커다란 사명감으로 하여 그는 이 길을 선택하지 않으며 자기 생명의 종말을 이미 예감하였을 때에도 마지

8 1988년 7월 11일에 씌어졌고 『연변일보』 1988년 7월 17일과 12월 22일 2회에 거쳐 연재되었다.

막으로 안간힘을 써서 다시 한 번 날아보고서야 신음소리를 거둔다. 보라! 얼마나 숭고한 사명감을 간직한 생명이며 또 얼마나 거대한 분투정신을 간직한 생명인가. 바로 이렇게 숭고한 사명감과 거대한 분투정신을 지닌 생명이었기에 또 그처럼 값지고 그처럼 빛나는 죽음을 할 수 있었던 것이다. 바로 이처럼 빛나는 죽음이기에 우리의 흠모를 자아내면서 강렬한 생명에 대한 갈망을 자극하는 것이다.

나는듯 쳐들린 비단날개에는
투명한 꿈이 건판처럼 사진 찍히고
춤추는듯 굽혀진 가느다란 다리에는
노동의 박자가 굳어지였다

볼록하게 튀어나온 귀여운 복안에는
비 개인 북녘하늘이 조용히 식었다
그는 죽었다. 머나먼 꿀 채집의 길에서
향기로운 풀을 깔고 빨간 노을을 덮고.

—「꿀벌의 죽음」

이것을 어찌 꿀벌의 시체에 대한 묘사라고만 볼 수 있겠는가. 이것이야말로 생명에 대한 찬가이며 노동에 대한 찬가이다.

죽음에 대한 이야기는 언제나 생명에 대한 이야기가 된다. 왜냐하면 죽음이란 언제나 생명의 결과이며 전화이며 죽음의 가치란 생명의 가치이기 때문이다. 그래서 시인은 꿀벌의 죽음을 쓰고 도저히 참을 수 없어서 꿀벌의 생명을 쓰고야 말았다.

명랑한 봄날 천자만홍 꽃들이 피어나

아롱진 미소로 손짓하는 푸른 산야로
정열의 노래 붕붕 날아갈 때
마음은 하늘처럼 부풀어 올랐다

일하며 노래 부르며 이 땅위에서 산다는 건
얼마나 큰 기쁨이었나
그의 노래는 그리 곱지 못했어도
소박하고 흥겨운 노동가요였다

꽃에 대한 알뜰한 사랑
꿀을 빚는 사업의 굳건한 신앙
노란 꽃가루 들쓰고 파고드는 추구 외에
세상에 또 무슨 낙취가 있으랴.

—「꿀벌의 죽음」

「꿀벌의 죽음」 제2악장에서 이렇게 꿀벌의 일생에 대한 찬가를 부른 후 시인은 붓끝을 날려 제3장에서는 꿀벌이 죽은 이튿날 아침 하나의 꿀벌이 죽었으나 새로 까난 수천 마리 꿀벌이 또다시 환락의 노래를 부르며 떼를 지어 산야로 펼쳐지는 비장한 화폭을 그렸다.

누가 꿀벌의 생명이 종결되었다고 하는가? 아니, 꿀벌의 생명은 영원한 것이다. 꿀벌의 정신, 추구, 노래는 영원히 계속되는 것이다, 개체의 이상, 정신, 추구가 군체의 이상, 정신 추구와 하나로 통일될 때 생명개체가 창조한 정신적 및 물질적 재부가 빛을 뿌리고 위력을 떨치는 곳에서 생명은 영원한 것이다.

조룡남의 다른 시에서와 같이 「꿀벌의 죽음」에서도 시인은 생활의 진실한 재현에 기초하여 자아의 이상, 신앙, 추구를 나타낸 것으로 특징적이며 시적 대상의 평이성, 시사상의 통속성, 시형상의 명확성으로 특징적이다. 그러면 창작방법, 예술기교에서 아무런 새로운 특점이 없는 「꿀벌의 죽음」이 우리의 큰 공명을 자아낼 수 있음에는 무슨 까닭이 있는가?

한마디로 말하면 그것은 시인이 평이한 시적 대상에서 보다 심각한 것을 발견할 수 있었기 때문이며 상식적인 고리로부터 보다 참신하고 다층차적인 사상을 승화해낼 수 있었기 때문이며 명확하면서도 독창적이고 비반복적이고 숭고미, 비장미가 흘러넘치는 시형상을 창조해낼 수 있었기 때문이다.

8. 맺음말

이제 졸문을 마칠 때가 되었다. 결론에서 필자는 조룡남 시의 한계와 문학사적인 자리매김에 대하여 몇 마디하고 싶다.

세상에는 완절무결한 사람이 없으며 세계의 문학에는 자체의 한계나 모자람이 없는 문학이 없다. 필자도 조룡남 시인의 문학에 한계가 있다는 것을 회피하고 싶지 않다.

첫째, 조룡남의 시 문학은 총적으로 고전시학에 기초한 사실주의 방법에 의거했다고 볼 수 있다. 이것을 나무랄 수는 없다. 사실주의 문학 방법과 원칙은 자체의 생명력이 있기에 국내외의 문학 현장을 조감해 보면 아직도 그 맥을 이어오고 있는 것이다.

그러나 세계문학의 흐름으로부터 보거나 당전 중국문학의 변화로부터 보거나 사실주의도 많이 변화된 양상이다. 세계의 20세기 문학은 사실 모더니즘과 포스트모더니즘 문학을 떠나서 담론하기 어려울 정도로 변화되었다. 앞에서 보았지만 조룡남 시인도 자기의 시의 면모를 개변시키려는 노력을 일정하게 경주한 것은 사실이지만 그 노력도가 약하고 그 성과가 미미하다는 것을 지적하지 않을 수 없다. 그의 시작품을 보거나 그의 시작 노트의 구석구석을 살펴보면 어떤 대목에서는 모더니즘과 포스트모더니즘에 대한 반감이 노골적으로 드러나고 있다. 조룡남의 인생경력으로 보거나 시적 탐구의 궤적을 살펴보면 이것은 조룡남의 당연한 선택이었겠다고 생각하면서도, 필자는 이것을 조룡남의 시 문학이 보다 더 높은 봉우리에 오를 수 있는 가능성을 무마시킨 결과를 빚어냈다고 본다.

다음, 장르상에서 조룡남의 시 작품은 다양하지 못하다. 전통적인 서정단시가 위주이며 풍격상에서 장엄하고 엄숙한 분위기가 풍기는 것들이 대부분이다. 그의 시작 노트를 통하여서도 보아낼 수 있는 바 시는 곧 서정시라는 개념에 매달려 있으며 내내 엄숙한 자세를 하고 있어서 해학, 익살이 부재하여 재미가 덜하다. 사회비판의 심도가 약하며 해학적이고 유모아적인 시편이 적으며 시가 내용상에서 자기의 인생경력을 크게 초탈하지 못하다는 인상을 준다.

이러한 한계를 지적하면서도 필자는 조룡남은 시로 생명의 영원을 찾은 중국조선족의 시문학 발전사에서 뚜렷한 한 획을 그은 걸출한 시인이었다고 평가한다. 그의 시는 자체의 독특한 문학자원으로 하여 텍스트의 내용과 형식, 사상과 방법에서 모두 독자적인 풍격을 이루고 있으며, 시문학에서 사실주의 방법과 원칙의 가능성을 증명한 시인으로 평가할 수 있다. 특히 중국조선족 문학사에서 상처문학의 대표적 작가라고 평가할 수 있으며 그의 대표적 서정시들은 우리 조선족 문학의 미래에도 커다란 영향을 끼칠 뿐만 아니라 조선족의 정신발전사에서도 귀중한 사료적 가치가 있다고 평가할 수 있다.

이러한 의미에서 조룡남 시인은 억울하게 인민의 적으로 획분되어 22세부터 45세까지 23년이란 잠재기는 큰 유감이 있지만 그 남다른 인생경력과 그 천부적인 시재와 경인적인 근면으로 시문학 창작에서 영원을 쟁취한 시인이라고 평할 수 있다.

최근 인문과학이 세분화되면서 우리에게는 아주 생소한 문화자원학이란 학과가 생성되었다. 여기는 문화자원학에 대하여 상세하게 강의할 자리가 아니므로 길게 펼치지 않고 몇 마디로 말하면 문화학의 한 분과로서 문화자원학이란 문화자원을 연구하는 학과인데, 문화자원이란 광의적 의미에서 사람들이 종사하는 모든 생산과 생활내용의 총칭으로서 그것은 주로 정신상태로 존재하고 협의적 의미에서 문화자원은 사람들이 직접 혹은 간접적 경제이익을 산생할 수 있는 문화내용을 가리킨다. 문학작품 활동까지 포괄한 문화 부문에서 문화자원이란 문화, 생활, 생산에 종사할 수 있는 반드시 갖추어야 할 전제 혹은 준비를 문화자원이라고 할 수 있다.

그렇다면 시인・소설가 혹은 기타 문인들은 제 나름대로 같지 않은 문화자원을 갖고 있다는 결론이 나온다. 어떤 시인은 종교신앙에 그 문화자원이 있고 어떤 시인은 혁명투쟁 혹은 전쟁체험에 그 문화자원이 있고 어떤 시인은 민족문화와 민족구전문화에 그 문화자원이 있다. 예를 들면 김학철 작가의 주요 문화자원은 항일혁명투쟁에 참가한 체험과 제국주의 감옥에서 4년, 사회주의 제도하에서 반우파투쟁과 문화대혁명까지 포괄한 24년 받은 수난의 인생경력이다.

조룡남 시인의 문학작품 활동의 주요 문화자원은 바로 그의 창작활동의 잠재기라고 개괄할 수 있는 1957년 반우파투쟁 확대화 중에서 억울하게 우파분자 모자를 써서부터 1979년 억울한 정치안건을 철저히 해결받기까지 23년 간 겪은 인생고이다. 이 시기에 받은 정치적 박해,

빼앗겼던 교편, 파멸되었던 문학의 꿈 그리고 이 시기에 겪었던 물질상의 궁핍과 정신상의 공포와 고독과 불안 등등이 바로 조룡남 시인의 문화자원이 된다. 만약 우리가 여기서 조룡남 시인과 동년배의 다른 시인을 비교해 본다면, 조룡남 시인은 확실히 특별한 문화자원이 있는 시인이란 결론을 쉽게 내릴 수 있다.

이렇게 먼저 조룡남 시인의 창작활동의 문화자원에 대하여 요해한다면 이제 그의 문학의 특점을 개괄하기가 힘들지 않다. 이러한 자체의 독특한 문학자원으로 하여 조룡남 시는 텍스트의 내용과 형식, 사상과 방법에서 모두 독자적인 풍격을 이룰 수 있었으며, 시문학 영역에서 사실주의 방법과 원칙의 한 가능성을 증명한 시인이 될 수 있었다. 특히 중국조선족 문학사에서 상처문학의 대표 작가라고 평가할 수 있는 그의 시들은 우리 조선족 문학의 미래에도 커다란 영향을 끼칠 뿐만 아니라 조선족의 정신발전사에서도 귀중한 사료적 가치가 있다고 평가할 수 있다.

|주요저술 목록|

『그 언덕에 묻고 온 이름』, 연변인민출판사, 1989.
『그리며 사는 마음』, 연변인민출판사, 1995.
『고향마을 동구 앞에서』, 도서출판 시와사람, 2000.
『반짝반짝 반딧불』, 대교출판사, 2002.
『사람아, 사람아』, 연변인민출판사, 2010.
『노래 저편의 추억』, 연변인민출판사, 2010.
동시집 『반디불 반짝 반짝』, 연변인민출판사, 2011.

조룡남의 대표작 몇 수

1. 기러기— 사랑하는 ㄱ에게(1956)[1]

벌써 며칠째 날건만
사방은 바다 출렁이는 물결뿐
아픈 날개 쉬여갈
바위 하나 없구나

무리에서 외로이
길 잃고 헤매이는 한 쌍의 기러기
힘은 진할대로 진해
금시 하나의 돌멩이처럼 곧추 떨어질듯

희미한 달빛 아득한 수평선
갈 곳은 어덴가? 구름과 파도…
그러나 무엇을 슬퍼할 것인가
날아가누나 한 쌍의 기러기

울음도 없이
용기와 신념도 잃지 않고
오 그들은 아직 굳세다

---

1 이 시는 조룡남을 우파가 되게 한 「단시 2수」 중 두 번째 시다.

그 하나 꺾지 못할 사랑의 힘으로!

2. 옥을 파간 자리(1986. 5. 9)

내 가슴에는 웅덩이 하나
그것은 오래전에 옥을 파간 자리
나는 모른다 그 옥이 지금은
누구의 머리를 장식했는지
누구의 목걸이에서 빛 뿌리는지

내 가슴에는 웅덩이 하나
그것은 오래전에 옥을 파간 자리
오랜 세월이 흘러갔건만
오늘도 웅덩이엔 허연 소금 돋치며
마를 줄 모르는 빗물이, 눈물(雪水)이 고이어 있다

3. 황소(1996)

황소는 명절도 생일도 없다
평생에 기쁜 날이 하루도 없다
아픈 채찍 아래 죽는 날까지
고역의 날과 날이 이어졌을 뿐

황소는 언제나 눈물 가득한 눈으로
세상을 바라본다
그래서 황소 눈에 비친 세상은

눈물에 잠긴 세상이다

황소는 울 때 원망같이 호소같이
엄마- 하고 부르고는 종시
그 뒷말을 잇지 못한다
그 뒷말은 무엇일가?

나는 형장을 끌려가는 죄수의 통곡에서
마침내 그 뒷말을 찾아냈다
엄마—
왜 날 낳았소!

4. 산[2]

산—
황소 잔등처럼 꾸부정한 산
슬퍼도 괴로워도 말이 없는 산

뼈를 깎아 집을 짓고
살을 긁어 논을 풀고
피를 짜서 술을 빚으며

2 이 시는 한어로 번역되어 2010년 모택동사상학술연구회와 北京亞視藝苑文化研究院 百名傑出共和國功勳者 1등상을 수상하고『中華驕子頌揚毛澤東』에 수록되었다. 이 시는 또 시「고향정회」와 함께 2011년 中國紀實文學硏究會 최고창작상을 수상하고『盛世華章當代頌詩大典』에 수록되었다.

세월처럼 뻗은 긴 영마루위에
수난의 족속을 업어 키운 산
하나의 희망을 품어 기른 산

산을 닮은 겨레이길래
가슴속엔 산이 솟고 숲이 설레네
믿음도 충정도 산처럼 무겁네

죽어서도 산이 되고 지고
머리에 태양을 이여 나르는
장백의 뫼봉우리 되고 지고

산—
아버지 허리처럼 꾸부정한 산
기뻐도 즐거워도 말이 없는 산

5. 사스레나무숲에 (1985. 6.)

잔포한 바람은 자기 형태처럼
너이 체구를 비틀어 놓았구나
혹독한 추위는 가무잡잡하게
너의 살갗을 얽어 놓았구나

뿌리 박을 동틈조차 바로 없는 곳에
바람 받아 모대기는 자연의 이붓자식

무슨 광풍에 불행의 씨앗이 날려왔더냐
어느 동란에 재난의 뿌리가 옮겨졌더냐

허리 굽히고 머리 수그린 저 나무는
닻줄을 메고 배를 끄는 인부 같구나
아예 땅에 엎드린 저 나무는
원시적 갱 속에서 벌벌 기는 탄부 같구나

홀연 눈시울이 뜨거워남은
나도 한그루 사스레 나무였기 때문인가
해 짧고 구름 많던 북국의 유배지
대북성은 어디더냐 서남차는 어디더냐?

생명을 창조한 거룩한 조물주는
노망하여 너희들을 잊은지도 오랜듯
광풍만이 기승부리며 세월을 날아가고
돌사태만 아우성치며 기억을 파묻는다

그래도 봄이 오면 저 태양만은
안개와 구름을 간신히 헤집고
심령의 상처를 어루만지며
누운 가지에도 푸른 잎 돋혀주더라

7. 조선족 어학계의 큰별

: 리득춘李得春(1938~2013)

김광수金光洙

리득춘

1938년 10월 길림성 훈춘현 경신향에서 출생.

1952년 길림성 훈춘시 제2소학교 졸업.

1955년 길림성 훈춘시 초급중학교 졸업.

1958년 연변 제4고급중학교 졸업.

1963년 연변대학교 어문학부 조문전업 졸업.

1963년 ~ 1969년 연변대학교 통신학부 조선어교연실, 전임강사.

1969년 ~ 1972년 연변대학교 어문학부 조선어교연실.

1972년 ~ 2010년 연변대학교 조선어학부 조선어교연실.

1973년 ~ 1974년 북경대학교 동방언어문학학부 조선어교연실 사전편찬.

1980년 동북3성 조문저작 우수상(『조선어자습독본(朝鮮語自習讀本)』).

1989년 8월 16일 연변대학교 우수교원.

1988년 ~ 1996년 연변대학교 조선언어 박사연구생 지도팀 팀장.

1982년 ~ 2010년 『연변대학학보』 편집위원회위원.

1990년 ~ 2010년 『중국조선어문』 편집위원회위원.

1991년 9월 전국우수교사, 훈장과 상장 받음(발급단위: 국가인사부, 국가교육위원회).

1993년 ~ 2010년 중국조선어학회 상무이사.

1993년 10월 1일 중화인민공화국 국무원 정부특수 수당금 수혜자.

1996년 6월 1일 『민족어문』 제5~6기 편집위원회 위원.

1997년 2월 10일 연변대학교 아시아아프리카언어문학 박사연구생 지도교수.

1997년 5월 ~ 2004년 1월 중화인민공화국 국무원 학위위원회 제4기 학과평의팀 성원.

1997년 9월 26일 해방군외국어학원 겸직교수.

1997년 11월 30일 하남대학교 겸직교수.

1998년 3월 6일 산동대학교 겸직교수.

1998년 6월 9일 길림대학교 겸직교수.

1998년 9월 중국민족언어학회 상무이사.

1998년 10월 9일 한글발전유공자 포상, 훈장 및 국무총리상 수상.

1999년 9월 11일 연변대학교 건교 50주년 특수공헌상.

2000년 3월 10일 길림사범대학교 겸직교수.

2005년 6월 『중국민족고문자문헌연구총서』 편집위원회 위원.

2007년 9월 26일 조선어문사업 특수공헌자 영예칭호.

2007년 9월 30일 연변대학교 와룡학술상.

2009년 11월 30일 대한민국 동숭학술상.

1. 머리말

2013년 1월 16일, 중국조선족 어학계의 큰 별이 졌다. 후학들에 대한 자애로움과 제자들에 대한깊은 사랑을 남긴 채 조용히 빛을 거두었다. 평생의 정열과 학술의 힘을 오직 연변대학교와 중국의 민족어학계를 위해 몰부어 오신 리득춘 교수님께서 74세를 일기로 우리 곁을 영원히 떠나셨다.

그로부터 오늘까지 어언 4년 반이라는 세월이 흘렀지만 활기에 넘쳤던 밝은 모습과 "나라 말씀이 중국에 달라 문자와로 서로 사맛디 아니할새…"라고 읊으시던 우렁찼던 그 육성은 아직도 우리들 마음 속에 그대로 깊이깊이 남아있다.

한국 서울시립대학교 성기철 교수님은 조문에서 "고인의 명복을 빕니다. 연변대만이 아니라 중국의 한국학에서 큰 별이 졌습니다. 평소에 연락 한 번 제대로 못한 것이 무척 아쉽습니다. 올 봄에 제가 혹 연변에 들를지도 몰라 그렇게 되면 뵈려니 마음먹고 있었는데, 저로서도 너무 귀한 벗을 잃었습니다"라고 적으셨다.

연변대학교의 훌륭한 중층간부이고 원로교수이시며, 우리 조선어학의 거두이시고 중국의 민족어학계의 저명한 학자이신 리득춘 교수님은 ……

2. 가난했던 소년시절

1930년 봄, 첫돌이 지난 큰딸을 업고 이불 한 채와 쪽바가지를 차고 두만강을 건너온 리득춘 교수의 아버지 이종모씨와 어머니 조두일씨. 갓 풀리기 시작한 강 얼음이 와르륵 무너지는 바람에 차디찬 얼음구덩이에 빠진 이종모씨가 아내가 던져준 이불과 막대기의 힘을 빌어 겨우 살아났다는 눈물의 두만강 옛이야기……. 그렇게 힘겹게 건너와 발붙인 첫 정착지가 훈춘현 경신향이었다. 남의 집 집사로 있던 아버지와 온갖 허드렛일을 다했던 어머니는 좀 더 큰돈을 쥐어보려고 훈춘현 현성으로 내려왔다.

1938년 10월 19일, 불어난 식솔들 때문에 좀처럼 피지 못하는 어려운 살림에 2남 4녀 중 둘째아들로 태어난 리득춘이다. 큰아들 동춘의 이름에 이어 막내아들에게도 득춘, '봄을 얻으라'라는 뜻으로 이름을 지어줄 만큼 부모님은 따뜻한 봄날을 갈망하였다.

광복을 맞은 후 훈춘 술 공장에 나가게 된 아버지와 떡장사로 시장바닥을 누벼야 했던 어머니에게는 매일 매일이 여섯 자식의 배를 채워주기 위한 고된 삶이었다. 떡을 팔지 못하는 날이면 여기저기에서 쌀을 꿔와야만 했다. 어린 득춘이는 되풀이되는 째진 가난 속에서도 밝고 씩씩하게 그리고 구김없이 자랐다.

득춘이가 14살 나던 해, 6년 동안 맹장으로 앓으시던 아버지가 갑자기 돌아가시자 어머니는 주렁주렁 아들딸들을 거느리고 큰 아들네 집에 얹혀 살게 되었다. 형님 내외의 적은 노임으로 생활난을 겪으면서도 훈춘현 제2소학교와 훈춘현 초급중학교를 무사히 졸업하게 된 것은 무던한 형수님 덕분이었다고 늘 감사해했다는, 만년에도 형수님과 각별한 사이였다는 리득춘이다.

형수 강귀복 씨는 "하여간 소학교, 중학교 시기 3호 적극분자, 우수학생 영예는 몽땅 득춘이가 독점하는 형편이었다네. 어렸을 때부터 책벌레였지요"라고 늘 외우듯이 자랑스럽게 말씀하셨다고 한다. 가난이 싫었지만 그렇다고 기가 죽을 어린 득춘이는 더욱 아니었다. 누나들이 쓰던 치분깍지 같은 것들을 모아 두었다가 폐품 수구소에 팔아 책을 사봤다는 그였다. 최근까지 보관되어 왔던 소년 시절 학교통신부에는 거의 번마다 "학습에 열중하며 성적이 우수하다. 타인의 학습을 잘 도와준다. 문화오락 활동에 적극적으로 참가하며 성적이 매우 좋다. 학습의 여유시간을 이용하여 과외독서에 열중한다"라고 씌어져 있었다.

가난에 쪼들렸던 그 세월에 초등학교 때 벌써 「나무」 등 동시를 쓰기 시작하였고 중학교 고등학교 시절에는 과외로 연극을 창작하고 연기에도 열중했던 열혈문학청년으로 성장하였다. 훗날 동요작곡가 김종화 선생이 곡을 붙인 동요 「나무」가 전국동요축제에서 2등상을 받았는데, 그때 어린이들이 늘 즐겨 부르던 동요가 되었고 소학교 음악교과서에 오래 동안 기재되어 있었다. 훈춘고등중학을 졸업한 리득춘은 1958년 8월 연변대학교 어문학부 조문전업에 입학하였다.

그 해는 또 먹장구름이 리득춘 일가에 씌우기 시작한 해이기도 했다. 아버지처럼 믿었던 형님이 하루아침에 우파 모자를 쓰고 왕청현 라자구진에 노동개조로 끌려갔던 것이다. 가족들도 밖에 나가면 우파가족이라는 이유로 머리를 들지 못했던 억장이 무너지는 1년 간이었다. 형님은 노동개조를 마치고 돌아왔지만 그 여운은 오랫동안 가족을 괴롭혔다. 사실 리득춘 교수가 1977년이 되어서야 오매에도 그리던 정치생명을 가지게 된 이유도 바로 가족의 역사 때문이었다고 한다. 그 본인의 학습성적과 지니고 있은 장래성에 한해서는 부정을 하지 않았다. 아니 할 수 없었던 것이 유일하게 남은 역사의 정확성이 아니었을까 싶다.

워낙 순수문학에 뜻을 두었던 리득춘은 진로에 대해 고민을 하기 시작했다. 대학공부를 하는 동안 언어학에 대한 연구 가치를 차츰 깨닫게 된 그는 기초언어에 대한 연구의욕을 가지게 되었다. 그리하여 졸업 후 연변대학교 통신학부 조선어 교연실 전임강사로 남게 되면서부터 언어학에 대한 본격적인 연구를 시작하게 되였다.

3. 후대양성에 필생의 정력을

심한 생활고와 지식인에 대한 각박한 시대를 겪은 리득춘 교수에게 교수사업과 학술연구는 유일한 돌파구였고 삶의 신조였다. 1970년대 '공농병대학(工農兵大學)'시절, 전국 각지에서 뽑혀 온 한족 학생들을 이끌고 농촌 각지를 다니면서 '밖으로 나가 공부하기(開門辦學)'의 쓰고 단맛을 보았던 젊은 시절의 리득춘 교수이기도하다. 그에게는 가족보다 학생들과 함께 하는 시간이 더 많았다. 1년의 절반 이상을 학생들과 함께 농촌에 내려가 있으면서도 어쩌다 집에 있는 주말이면 늘 객지생활을 하고 있는 학생들을 불러들이곤 했다. 10여 명의 학생들이 줄지어 선생님 댁을 찾았고 따뜻한 밥상에 둘러 앉아 학생들과 함께 보내는 것을 행복으로 여긴 리득춘 교수였다. 그때의 그 학생들이 훗날 국내외 여러 부문에서 두각을 나타내는 인물로 추천되었는데, 그들 역시 그때 있었던 일을 회억하면서 가장 잊을 수 없는 것이 주말마다 찾아갔던 리득춘 교수님 댁이었다고 했다.

가난은 뿌리가 깊었다. 부모로부터 물려받은 밑바닥이 난 살림은 1남 1녀를 가진 후의 결혼생활 후에도 오래 동안 교수님을 괴롭혔다. 책

가방이 없던 젊은 시절, 헝겊보자기에 교수안을 싸서 어깨에 메고 남들이 다 타는 자전거를 사지 못하여 비가 오나 눈이 오나 매일 연집하를 건너 공원 뒷산을 넘어 출퇴근을 했어야 했다. 하지만 교단에 서는 그의 모습은 항상 당당하고 거침이 없었는 바, 그 어려웠던 어학의 기초학과목인 조선어고문헌선독을 이야기하듯 알기 쉽게 가르치셨다. 어린 시절부터 끈질기기로 소문난 그에게 가난은 동력이었고 어쩔 수 없는 현실이었다.

중년에 이르러 주로 석사연구생, 박사연구생 양성에 힘을 기울인 선생의 제자 사랑은 더욱 뜨거워졌다. 그 사랑을 원 없이 받아 온 제자들은 "학술사업을 위해서는 그 어떤 괴팍한 성격의 소유자들과도 따뜻하게 손을 잡아야한다"고 하시던 말씀을 영원히 잊을 수 없다. 학생들의 졸고에 빨갛게 줄을 그어 바로잡아주셨으며 제자들이 "아바이"라고 다정하게 부르면 허물없이 응해주시곤 하였다. 때론 친구처럼 제자들과 노래방에서 〈백 명의 위인〉을 힘차게 부르셨던 은사님이셨고 학술연구 방면 뿐 아니라 생활면의 고민도 무람없이 들어주시던 선생님이셨다. 성과 앞에서 겸허했던 자세와 학술에 대한 신조는 우리 제자들의 영원한 본보기이며 목표이다.

한편 학술에 있어서 더없이 철저했던 교수님은 제자들 칭찬에 인색했다. 석사, 박사 연구생들 중에는 나이든 학생들도 많았다. 인생 이야기로 꽃을 피울 때에는 너무나 친절한 선배님이시다가도 일단 논문에 대한 토론이 시작되면 더없이 엄격한 분이었다. "겉보다도 내실을 갖추어야 학술계에서 살아갈 수 있다"고 늘 제자들을 닦달하셨다. 선생님이 돌아가신 후 영전을 우러르며 제자들은 이런 이야기를 주고 받았다. "석, 박사 공부를 하면서 욕을 안 먹어 본 사람이 있었나요? 그렇게 선생님은 우리를 자식처럼 편달해 주셨어요. 선생님의 욕이 없었더라면 오늘날 우리가 없었을 겁니다. 부모님 같았던 선생님의 욕이 그립

습니다." 그렇게 교수님께서는 늘 제자들 때문에 속을 끓이셨다.

1993년 7월부터 반년 동안 서울대학교 한국문화연구소 특별연구원 겸 교환교수로 가셨던 것을 계기로 여러 번 한국에 다녀올 때마다 책을 한 트렁크 씩 무겁게 지고 오셔서는 나이든 제자들에게 나누어주곤 하였다. 제자들 칭찬에 인색했지만 늘 국내외 학술회의에 이끌고 가서 여러 유명한 학자들에게 자신 있게 소개해주셨기에, 여러 제자들은 지금도 한국의 학자들과 스스럼없이 교류하며 많은 걸 배워가고 있다. 그런 진심 어린 지도를 받고 우리 제자들은 많이들 성장해왔다.

1963년 졸업해서부터 2011년 상반년까지 리득춘 교수님은 줄곧 연변대학교라는 하나의 우물만을 파셨다. 장기적으로 기초조선어, 조선어고문헌선독, 조선어발달사, 조선어수사학, 조선어사 등 교수 임무를 담당하면서, 중국조선어 고등교육 과정체계를 건립하고 완성하였으며 수천 명의 조선어 고급전문인재를 양성해냈다. 그동안 선생이 배양한 수많은 학부생, 석사연구생들은 국내외 여러 조선어문 관련사업과 교육부문에서 활약하고 있다. 그의 제자들은 이미 국내 여러 대학 조선어학과의 인솔자로, 더 나아가 관련연구 부문의 저명한 학자들로 명망을 떨치고 있다. 그뿐만이 아니다. 리득춘 교수님은 국내 조선어연구의 중견으로 될 수 있는 조선어학박사 14여명을 친히 양성하였으며, 특히 1988년에 박사연구생 지도팀 팀장을 맡으시고 정판룡 교수와 협력하여 중국조선족 제1기 언어학 박사연구생 양성에 열정과 노력을 아끼지 않았다.

현재 조선어학계에서 활약하고 있는 리득춘 교수님의 제자들로서는 강보유 교수, 염광호 교수, 김기석 교수, 최건 교수, 김영수 교수, 김광수 교수 …….

젊은 시절의 생활난으로 기관지 천식이라는 지병을 앓으신 교수님이시다. 병환을 숨기면서 피땀으로 하나하나 펼쳐낸 저서와 교과서들로는 『고대조선어』, 『중세조선어개요』, 『조선어기초교정』, 『초급조선어』, 『중조사전』, 『간명한국어백과사전』, 『조선어어휘사』, 『한조어문문자관계사』, 『한문(韓文)과 중국음운』, 『광복이후 조선어논저목록』, 『한국어표준어법』, 『조선어언어역사연구』, 『조선어발달사』, 『중조언어관계사』, 『중조언어문자관계사』, 『한국어어법교정』 등 40여권이나 된다. 그 중 『초급조선어』는 1996년 길림성 우수교재 1등상을, 『한조어문문자관계사』는 1995년 전국대학교인문사회과학 연구성과 국가급 2등상을, 『조선어발달사』는 2007년 동북3성 조선문우수도서 1등상을 받았다.

4. 지속적인 학술연구

논문발표, 학술회의 등 활동이 중단되었던 험한 세월에도 꾸준히 밀도 있는 조사와 연구만을 이어왔던 리득춘 교수님이시다. 오늘날 세상에 내놓은 수많은 연구업적은 바로 젊은 시절부터 세심하고 지속적인 연구가 있었기 때문이다.

1985년 부교수, 1992년 6월 교수로 승진한 교수님은 정년이라는 개념도 없이 연구를 중단하지 않았다. 다년간의 연구과정에서 교수님은 자신의 연구방향을 명확히 하고 시대적인 특징을 갖추었으며, 학과 교차적인 연구 영역을 개척함으로써 조선어 전문연구 및 그 성과가 하나의 계통성을 띄게 하였다.

선후로 「한국어 한어기원 한자어 및 한국어 단독 사용 한자어 연구(試析韓國語漢源漢字詞和韓國獨有漢字詞)」(2005), 「세기교체기 한국어 새 단어 중 한자어 고찰(世紀之交韓國語新詞中的漢字)」(2004), 「중국에서의 한국학 연구(中國的韓國學研究)」(2006) 등 150여 편의 학술 논문을 국내외 학술 간행물에 발표한 교수님은 '중 · 조 언어문자관계 비교연구'와 '중국조선어연구'의 새로운 영역을 개척한 한 분이시며 중국조선어 문법체계를 확립함으로써 국내외 학술계의 높은 평가를 받으셨다.

리득춘 교수님은 「명청시기 조선어 번역서에 반영된 근대 한자음운체계(明清時期朝鮮朝翻譯韻書中所反映的近代漢語音韻体系)」, 「중국문자 음운과 한국 언어문자생활(中國文字音韻和韓國語言文字生活)」, 「조선 한조번역사와 조선어 관련 연구(朝鮮漢朝翻譯史与朝鮮語關系研究)」, 「조선언어역사연구(朝鮮語語言歷史研究)」, 「연변조선족 이중언어문제 연구(延邊朝鮮族双語問題研究)」 등 묵직한 항목으로 여러 차례 중국 국가인문사회과학 중점항목, 중국 국가교육부 중점항목, 중국 길림성 사회과학기금항목 등의 연구를 원만하게 완수하셨다.

「조선운서와 명청음계(朝鮮韻書与明淸音系)」가 발표된 후 한어 언어관계 연구 영역에서 독특한 학술지위를 부여받은 리득춘 교수님은 학계로부터 "이 항목의 연구성과는 중요한 학술가치와 실용가치를 갖고 있으며 중국 언어학 사업의 발전에 적극적인 공헌을 하였다"라는 평가를 받았고, 또한 중국의 저명한 음운학가인 녕계복(宁継福) 선생으로부터 "근대 한어에 대한 전면적인 정리와 계통적인 비교는 리득춘 선생의 이 항목부터 시작된 것이다"라는 높은 평가를 받으셨다.

리득춘 교수님은 늘 학생교양이나 학술연구는 국제간의 교류를 떠나서는 '우물 안의 개구리 신세'밖에 될 수 없다고 하시며, 서울대학교와 김일성종합대학은 물론 미국 · 대만 · 인도 등 국외 여러 조선어연구부문과의 교류를 중히 여겨 오셨다. 1988년을 계기로 국내의 여러 대학에서 펼쳐지는 학술대회는 물론 일본의 고려학국제학술토론회, 한국의 국제한국어교육학회 외 90차, 러시아의 원동대학 국제교학교류회, 조선의 김일성종합대학 국제학술교류회, 대만의 환태평양한국학 국제학술대회 등 98차에 달하는 국제학술회의에 참석하시어 대담히 자신의 학술연구성과를 발표하고 선진적인 연구성과를 받아들였으며 국제 · 국내에서의 연변대학교의 지명도를 높이는데 큰 공헌을 하셨다.

리득춘 교수님께서 땀흘려 쌓으신 학문적 업적은 연변대학에서의 조선어교육과 연구의 기틀을 마련하였고, 중국에서 조선언어학계의 학술연구 방향을 제시하고 그 연구범위를 넓혀주셨다. 리득춘 교수님은 중국민족어학계에서 조선민족의 언어연구의 학문적 위치를 높였으며, 세계적으로 우리 민족의 언어연구에 마멸할 수 없는 공헌을 하셨다.

5. 불멸의 성과

리득춘 교수님은 중조언어문자 비교연구 방면에서 중국의 조선 · 한국학 연구의 발전 및 중국조선족 학계의 한국학 고등교육사업에 불멸의 공헌을 하였다.

1991년부터 여러 차례 국가인사부와 국가교육위원회에서 발급한 우수교사의 영예를 받아 안은 리득춘 교수님은 1993년에 국무원 정부특수수당 수혜자(國務院政府特殊津貼授予者)로 선정되었다. 이외 연변대학교로부터 연변대학 과학연구 1등상, 건교50주년 특수공헌상 등 10여 차의 영예와. 길림성 정부 및 길림성 교육위원회에서 발급하는 길림성 사회과학연구 40년이상 특수학술성과상(吉林省社會科學研究40年以上特殊學術成果奬), 동북3성 조선어문 특수공헌상 등 15차 이상의 수상을 받으셨다.

일찍 1998년에 한국으로부터 한글발전유공자로 포상 받고 훈장 및 국무총리 상장을 받았으며, 2007년에는 한국고등교육재단과 연변대학교에서 공동으로 설립한 중국 한국학의 최고 권위인 와룡상을 수여받았고 2009년에는 대한민국 동숭학술상을 수상했다.

2011년 정년퇴직을 맞이하기까지 선후로 연변대학교 조문학부 조선어 교연실 주임, 조문학부 학위평정위원회 위원, 연변대학교 학술위원회 부주석, 중화인민공화국 국무원 학술위원회 학과평의팀 성원, 중국교육부 중점연구기지－중・조・한・일 문화비교연구중심 주임, 연변대학교 동방문화연구원 원장 등 중직을 맡았던 선생은 북경대학교, 산동대학교, 길림대학교, 낙양해방군외국어대학교, 천진사범대학교의 겸직교수를 역임하셨다. 아울러『연변대학학보』,『동강학간(東疆學刊)』,『민족어문(民族語文)』,『한국학과 중국학(韓國學和中國學)』,『중국민족고문자문헌연구총서(中國民族古文字文獻硏究叢書)』등 중문 잡지와『조선학연구』,『중국조선어문』등 조선어 잡지의 편집위원을 맡으셨고, 중국조선어학회 상무이사, 중국민족언어학회 상무이사, 중국 알타이어학분회 부주석 등 직무를 역임하시며 중국에서의 한국어교육과 연구 뿐 아니라 전반 외국언어문학의 학과 건설에도 큰 기여를 하셨다.

평생의 정력을 교육과 연구사업에 몰부으신 리득춘 교수님, 교수님의 50성상은 학부생 교육, 석박사양성, 과학 연구와 학과 건설이 전부였다고 해도 과언이 아니다. 연변대학교 조문학부의 언어학인재양성의 수요로 70여세 고희의 연세에도 박사연구생 수업을 맡아하시고, 연변대학교에서 제일 오랫동안 재직에 계신 분으로 남았다.

2011년 12월에 지나친 병독으로 쓰러지신 선생님, 10여 일간의 구급치료 끝에 눈을 뜨시고 하신 첫마디 말씀이 "내 가방을 찾아주오……"였다. 강의안이 들어있는 가방을 찾으셨던 것이다. 사실 정신을 잃으신 동안 선생님은 강의하러 들어간 환각으로 사셨던 것이다. 그때 우리 제자들은 뭉클한 가슴을 어쩔 수 없었다. 퇴원하신 후에도 심한 후유증 때문에 몸을 일으킬 수도 없으면서 그 동안 중단한 논문 집필을 빨리 끝마쳐야 한다고 하시며 누워서 원고를 보시던 모습이 눈에 더욱 선하다.

실로 교수님의 일생은 교육자의 일생으로서 '강의(講課)'와 '학술(學術)'이라는 네 글자를 떼어놓을 수 없었다. 우리 연변대학교는 물론이요 전국의 유명한 대학들의 한국어 강당에는 선생님의 가르침을 받은 제자들이 수없이 많다.

병마 때문에 부득이 퇴직을 해야만 했던 그날, 먼 모아산을 바라보시면서 후-하고 한숨을 쉬시는 선생님의 뒷모습을 보면서 인생의 전부였던 연변대학교를 떠나시는 외로움과 아쉬움을 필자는 뼈저리게 느끼게 되었다.

오늘도 제자들을 굽어보실 우리 선생님, 항상 그 편달을 가까이에 느끼며 우리는 항시 선생님을 그리고 있는 것이다.

|주요저술 목록|

『조선어자습독본(朝鮮語自學讀本)』 2, 연변인민출판사, 1976.
『라디오강좌 조선어(廣播講座朝鮮語)』 1,2,3, 연변인민출판사, 1981~1983.
『조선어어휘사』, 연변대학출판사, 1987.
『한조사전漢朝詞典』(공저), 북경상무인서관, 1989.
『조선어기초교정朝鮮語基礎教程』 1, 연변인민출판사, 1990.
『속성조선어자습독본速成朝鮮語自學讀本』 1, 2, 3, 연변인민출판사, 1992.
『초급조선어』, 동북조선민족교육출판사, 1992.
『한조언어문자관계사』, 동북조선민족교육출판사, 1992.
『조선어 한자어음 연구』, 서울: 박이정출판사, 1994.
『고대조선어문선 급 중세조선어개요』 상, 하, 연변대학출판사, 1996.
『한문과 중국음운(韓文與中國音韻)』, 흑룡강조선민족출판사, 1998.
『조선어역사언어학연구』(편저), 서울: 역락출판사, 2001.
『광복후조선어논저목록지침서』, 서울: 역락출판사, 2001.
『조선대음문헌표음수책(朝鮮對音文獻標音手冊)』, 흑룡강조선민족출판사, 2002.
『한국어표준문법(韓國語標準語法)』, 길림인민출판사, 2002.
『조선어발달사』, 연변대학출판사,2006.
『조선어언어역사연구』, 서울: 역락출판사, 2006.
『한중언어문자관계사연구(韩中语言文字关系史研究)』 上, 下, 연변교육출판사, 2006.
『한국어문법교정(韩国语语法教程)』, 상해외국어교육출판사, 2009.

「조선문자의 창제에 대하여」, 『교육통신』(사회과학판), 1964.
「'ㅸ'종성고('ㅸ'終聲考)」, 『연변대학학보』, 1979.
「조선한자음 'ㆍ'의 상고음 고증(개요)」, 『연변대학학보』, 1980.
「한자어가 증가된 력사적 실태에 대한 고찰」, 『연변대학학보』, 1982.
「신경준과 '훈민정음운해'」, 『조선어문통신』, 1982.
「조선어중의 만주어차용어와 동원성분(朝鮮語中的滿語借詞與同源成分)」, 『민족어문』, 1984.
「'훈민정음' 창제 이전의 조선어 서사수단에 대하여」, 『조선어학습과연구』, 1984.
「16세기 조선한자음에 남아있는 한어 상고음 고찰(漢語上古音在十六世紀朝鮮漢字音中的遺存)」, 『민족어문』, 1985.

「'로걸대언해'와 '박통사언해'의한 어차용어와 그 력사적 연혁」, 『연변대학학보』, 1986.
「'정읍사', '서경별곡', '청산별곡'의 난해어구에 대하여」 1~2, 『중국조선어문』, 1987.
「조선어연구에서의 새로운 성과」, 『중국조선어문』, 1988.
「'사성통해' 금, 속음 고찰('四聲通解'今俗音初探)」, 북경: 『민족어문』, 1988.
「미모종성을 재차 론함」, 『조선언어문학론문집』, 연변대학출판사, 1988.
「지섭치두자의 조선고대음」, 『조선학연구』 제1권, 1989.
「훈민정음 기원의 이설－하도기원론」, 『중국조선어문』, 1989.
「민족문화사연구의 새로운 발단」, 『중국조선어문』, 1990.
「이른바리두음의 최초의 기원에 대하여」, 『중국조선어문』, 1991.
「번역박통사의 한어표음에 대한 초보적 감별」, 『조선학연구』 제3권, 1990.
「한자어의 고유어화에 대한 관견」, 『중국조선어문』, 1991.
「중국인에 대한 한국어교육」, 『말』 제15집, 서울연세대학교, 1991.
「'경민편'원문구결에 대하여」, 『중국조선어문』, 1992.
「해방 후 중국에서의 조선어력사연구」, 『중국에서의 조선어발전과 연구』, 연변대학출판사, 1992.
「조선어와 한어의 음운론적 대비」, 『중국조선어문』, 1993.
「조선학자들의 명청 한어음운 연구」, 『어학연구(語學硏究)』 30, 서울대학교, 1994.
「중국인에 대한 한국어교육현황과 문제점」, 『한글학회』 별쇄본, 1993.
「차자표기연구와 중국음운학」, 『한국문화(韓國文化)』 14, 서울대학한국문화연구소, 1993.
「우리말 계통연구에서 나선 분기」, 『중국조선어문』, 1994.
「몽골어와 조선어의 비교중의 조선어단어(關於'蒙古語詞和朝鮮語詞的比較'中的朝鮮語詞)」, 북경: 『민족어문(民族語文)』, 1994.
「한국 한자어와 중국어의 대조에서 나타나는 구조적 및 의미적 차이」, 『말』 19집, 서울연세대학교, 1994.
「中國의 韓中 二重言語사용에서제기되는문제」, 서울: 『2중언어학회지(二重言語學會志)』 11號, 1995.
「중국에서의 한국어교육의 급속한 부상과 한국어의 위치」, 서울: 『교육한글』 10호, 1997.
「'・'(아래아)음 한자의 고대음운과 향가 해독」, 『음성학과언어학』, 서울대학교, 1996.

「언어침입과 언어침입에 대한 대책(역문)」, 『중국조선어문』, 1996.
「한자문화와 조선한자(漢字文化與朝鮮漢字)」, 『동강학간(東疆學刊)』, 1997.
「중국인용 조선어교재와 관련되는 몇 가지 문제」, 『중국조선어문』, 1997.
「외국인을 위한 조선어/한국어교재의 토사용 비교」, 서울: 『한국어교육』 제8집, 1997.
「세계와 중국에서의 우리말」, 『문화산맥(문화총서4)』, 흑룡강조선민족출판사, 1999.
「중국동포의 모어로서의 한국어교육의 어제와 오늘」, 『새국어생활』, 서울국립국어연구원, 1998.
「제2언어로서의 한국어교육의 현황 및 발전추세 그리고 그 문제점」, 『한국어문교육』 제8집, 한국교원대학교, 1999.
「모어로서의 조선어교육이 직면한 문제와 해결방도(朝鮮語(母語)教育面臨的問題及解決途徑)」, 북경: 『민족어문(民族語文)』, 1998.
「겨레의 말과 피」, 서울: 『한글새소식』, 1998.
「훈민정음 창제설과 비창제설」, 『중국조선어문』,1999.
「'한청문감 '범례고찰」, 서울: 『한글』 총245호, 1999.
「한국어교수에서의 문화교육에 대한 학습수감」, 서울: 『중국에서의 한국어교육』, 2000.
「세기의 교차점에서 21세기에 대비한 조선어교육」, 『중국조선족공동체연구』, 2000.
「21세기 재중동포의 언어전망」, 『새국어생활』 10, 국립국어연구원, 2000.
「중어 모국어 화자를 위한 한국어 문법 용어에 대하여」, 『중국조선어문, 2003.
「래모의 고려 역음(關於來母的高麗譯音)」, 북경: 『민족어문(民族語文)』, 2002.
「어휘사의 측면으로 본 우리말 어휘 발달의 몇 개 문제」, 『중국조선어문』, 2002.
「우리말 외래어에 대한 소견」, 『연변일보』, 2002.09.19.
「한국어교육의 현황과 과제」, 『중국조선어문』, 2003.
「조선왕조의 한어연구 및 주요성과(朝鲜王朝的汉语研究及其主要成果)」, 북경: 『민족어문』, 2003.
「세기교체기 한국어 신어중의 한자어(世纪之交韩国语新词中的汉字词)」, 북경: 『민족어문』, 2004.
「조선어어휘의 2원체계와 한원사」, 『조선어연구』 4호, 흑룡강조선민족출판사, 2004.
「중국 한국학의 홍기와 전망」, 『한국어교육』 제15권, 국제한국어교육학회, 한국문화사, 2004.

「역대한국중한번역간술历代韩国汉韩翻译简述」, 낙양: 『해방군외국어학원학보』 139기, 2005.
「한국 한자어의 기준에 대한 관견」, 『새국어생활』 1, 서울국립국어원, 2006.
「조선어계 통설 연구」, 『중국조선어문』 1, 2006.
「최세진과 그의 저서 '훈몽자회'」, 『조선어언어력사연구』, 흑룡강조선민족출판사, 2006.
「한국어 한자어와한원사(朝鲜语汉字词和汉源词)」, 북경: 『민족어문』 167기, 2007.
「새천년 중국에서의 한글의 생명력」, 『제2차한국어학회국제학술대회논문집』(한국고려대학교), 2008.8.16~18, 『세계속의한글』(서울도서출판박이정), 2008.12.20
「한국어계통설과중한조기대응어」, 『중국조선어문』 6기, 2009.
「조선한자음 성모의 특징에 대하여」, 『조선-한국언어문학연구』 7, 북경민족출판사, 2009.

8. 꾸준한 평론가이자 문학사가

: 최삼룡崔三龍(1939~현재)

최일崔一

최삼룡

1939년 2월 길림성 룡정시 태양향 출생.

1963년 7월 연변대학교 어문학부 조선어문전업 졸업.

1963년 7월 ~ 1979년 7월 흑룡강성 오상현과 길림성 화룡현 조선족중학교 교사.

1975년 12월 중국공산당 가입.

1979년 7월 연변교육출판사에 전근, 조선어문교과서 편집.

1983년 12월 ~ 1985년 12월 연변교육출판사 부총편집.

1985년 12월 연변사회과학원에 전근. 『문학예술』 주필, 문학예술연구소 부소장·소장 역임.

1988년 중국작가협회 가입.

1993년 문학예술 이론연구원 직함을 받음.

1999년 4월 정년퇴직.

정년 후 문예평론가로 활약, 해방 전 중국조선족문학자료 발굴과 연구에 정진. 중국소수민족문학연구회의 우수논문상, 길림성정부 장백산문예상, 연변주정부 진달래문예상 등 20여차 수상.

1. 머리말

최삼룡 선생은 중국의 조선족문학 연구에 있어서 꾸준함과 끈질김으로 정평이 난 현장평론가이자, 많은 성과를 이룩한 문학사가이며 서지학자이다. 1945년 8 · 15항일전쟁 승리 후 소학교에 입학하고 건국 후 신중국에서 대학 교육까지 받은 그는 대약진과 문화대혁명 등 중국 현대사의 파란을 피하지 못했지만 큰 좌절 없이 정규교육을 받으며 문화지식을 공부하였으며, 정치적으로도 '소선대원', '공청단원', '중국공산당원'으로 성장하였다. 취직한 뒤에는 오상조선족중학교와 화룡제2고급중학교 교사로 17년, 연변교육출판사 편집으로 5년, 연변사회과학원 문학예술구소 연구원 · 부소장 · 소장으로 8년 간 재직하며 맡은 바 직책을 큰 오류 없이 완성하였다. 특히 중국 조선족문학예술 비평과 연구에 있어서 괄목할 성과를 쌓았을 뿐 아니라, 정년퇴임 후에도 왕성한 정열로 중국조선족 문학의 문헌자료의 발굴과 정리 및 연구에서 풍성한 성과를 올리고 있다.

1939년 2월 길림성 연길현 태양향 용성촌(현재의 연길시 조양천진 용성향)의 함경북도 무산군 출신의 이주민 가정에서 태어난 최삼룡 선생은 연변제1고등학교를 거쳐 1958년 연변대학교 어문학부 조선언어문학학과를 졸업하고, 선후로 흑룡강성 오상조선족중학교와 화룡현제2고급중학교 등에서 교편을 잡았다. 1975년 12월 중국공산당에 가입하였고, 1979년 7월 연변교육출판사에 전근하여 조선어문교과서 편집실에서 근무하다가 1983년 12월 연변교육출판사의 조선어문 및 정치 · 역사 · 지리 · 음악 등의 교과서 편집과 출판을 책임진 부총편을 맡았다. 그 후 1984년 12월 연변사회과학원 문학예술연구소에 전근하여 『문학과 예술』 주필과 부소장 · 소장을 역임했고, 1993년 문학이론연구원 직함을 획득한 뒤 1999년 4월 정년퇴임 하였다. 재직 시기에는 주로 중국조선족 문학예술 영역의 현장평론가로 활동하였지만, 퇴임 이후에는 현장평론 활동과 함께 중국조선족 문학사의 저술과 해방전 만주조선인 문학 관련 자료의 발굴・정리・출판에 정진하여 다수의 문학사와 문헌집 등을 출간하였다.

최삼룡 선생의 연구는 대학을 졸업한 직후인 1963년 시작되었다. 1963년 『송화강』 제5기에 발표한 문학평론은 선생의 평단 데뷔작이다.

1963년 7월 최삼룡 선생은 연변대학교 조선언어문학학과를 졸업하고 흑룡강성 오상시(五常市)의 오상조선중학교의 조선어문 교원으로 취직하였다. 대학 문을 나온 지 얼마 되지 않은 새내기 문학도가 평단에 등단할 수 있었던 것은 여려서부터 남다른 학문적 열의와 학생 시절부터 꾸준히 견지해 온 문학공부가 맺은 결실이라고 할 수 있다.

선생은 어려서부터 문학에 대한 흥취가 각별하여, 닥치는 대로 작품을 읽고 시・수필・소설 등을 써오면서 나름대로 꾸준하게 문학공부를 해왔다. 대학 5년(당시 중국의 대학 학제는 5년이었다)동안 독서와 공부만 해온 '책벌레'로 이름이 높았으니, 당시 유행어대로 하면 전형적인 '지전불홍(只專不紅, 전공에만 열중하고 정치나 이데올로기에는 관심이 없는 사람을 폄하하여 이르는 말)'이었다.

그렇게 졸업 학년이 되자 정판룡 선생의 지도를 받아 작성한 졸업논문 「장편소설 안나 카레리나에서 레브 톨스토이의 여성관 문제」는 '선생님'들의 높은 평가를 받았다.[1] 사실 1963년 조선언어문학학부 졸업생 20여 명의 논문은 연변대학교 개교 후 처음 제출된 졸업논문이었는데, 최삼룡 선생의 글은 우수논문에 당선되어 조문학부 전체 학생들

---

1 그때는 대학에서 교수제가 폐지되었기에 '교수'라는 칭호를 쓰지 않고 '선생님'으로 칭하였다.

앞에서 공개발표를 하는 영광을 안게 되었다. 대학에서 꾸준하게 쌓아 올린 탄탄한 학문적 기초가 있었기에 선생은 졸업 직후 곧바로 평단에 두각을 내밀 수 있었다.

그때부터 금년(2017년) 『장백산』 제6기에 「석문주의 시에서 고향」을 발표하기까지 54년의 기간 동안, 최삼룡 선생은 근 300여 편의 평론과 논문을 비롯하여 저서와 편저 40권 등 합계 천여 만 자에 달하는 저술을 완성하였다. 최삼룡 선생의 학문적 성취는 크게 두 갈래로 귀납이 가능한 바, 첫째는 중국조선족 문학예술에 대한 현장평론 및 문학사적인 연구와 집필이며, 둘째는 중국 조선족문학의 전사(前史)라 할 수 있는 만주 조선인문학의 자료 발굴 및 정리이다.

2. 현장평론과 문학비평

최삼룡 선생의 문단 활동은 현장평론으로부터 시작되었는 바, 데뷔작이 1963년 『송화강』 제5기에 게재한 평론 「「우사로 가는 길」을 읽고」이다.

현장평론은 명확하게 정의를 내리기 힘든 범주이다. 여기서는 신문잡지의 문학기자들의 보도 혹은 대학이나 연구기관의 교수나 연구원들의 논문과 구별되는 평론이라고 이해하면 큰 무리가 없을 것이다. 예를 들면 처음 발표되는 작품이나 작품집과 동시에 발표되는 평론과, 발표된 지 얼마 되지 않은 작품이나 작품집에 대한 평론을 대체적으로 현장평론이라고 할 수 있을 것 같다.

먼저 최삼룡 선생의 작가들의 작품 혹은 작품집과 동시에 발표한 평론에 대하여 보기로 하자. 최삼룡 선생의 현장평론은 1985년 12월 연변교육출판사에서 연변사회과학원 문학예술연구소로 이직한 뒤부터 본격적으로 시작되었는데, 현재까지 70여 편 쓴 것으로 기록된다. 그중 가장 대표적인 글로 「김성휘 시문학의 최고봉—장편서사시 「사랑이여 너는 무엇이길래」를 평함」(1987), 「박화의 푸른 종소리 서문」(1997), 「반일투쟁에 대한 사시적 재현—김운룡의 장편소설 『광야의 아리랑』론」(2001), 「농민생활의 변화와 최국철의 소설—최국철의 소설집 『여름은 더운 계절이 아니다』」(1998), 「김파의 장편서사시 「천년고국—고구려」 시론」(2005), 「탈경전의 포부와 독창적인 창작자세—심명주의 시집 『간밤에 꽃이 피였습니다』에 붙여」(2006), 「물빛으로 다듬은 시혼, 진선미에 대한 끈질긴 추구—김동진의 근작을 평함」(2007), 「리임원의 시집 가을편지에 붙여」(2008), 「꽃처럼 아름다운 시—리임원의 시집 『바다가 육지로 되지 않는 까닭은』」(2014), 「민족의 과학자들을 기리기 위한 김영금 작가의 보람찬 작업—실화문학집 『빛나는 탐구의 길을 평함』」(2016), 「인생이 녹아 흐르는 매력적인 서정시—김준의 시집 『쑥의 향기』」(2016), 「허동식의 시에서 바람과 풍경, 존재와 부재 그리고 언어와 이미지—허동식의 풍경 속을 첨벙거리는 바람의 낙서」(2017) 등등이다.

작품집에 부록의 형태로 수록되는 서발(序跋)식 평론은 원고형태로 된 작품을 놓고 집필해야 되는데, 인쇄가 되지 않은 수백 매 내지 수천 매를 읽는다는 것은 실로 쉽지 않은 일이었다.[2] 집필도 집필이겠지만 현장평론은 바로 그 현장성 때문에 발표과정에도 수많은 곡절을 동반하는 경우가 많았다. 일례로 「김성휘 시문학의 최고봉—장편서사시 「사랑이여 너는 무엇이길래」를 평함」(1987)을 들 수 있는데 집필에서

2 요즘은 타이핑으로 집필을 하게 되어 펜으로 일일이 쓰고 고치고 지우고 하는 번거로움이 많이 줄었지만 70대 종반의 노인인 선생에게 있어서는 진정 힘든 작업이 아닐 수 없다.

발표에 이르기까지 무려 7년 가까운 시간이 걸렸다.

1986년 봄, 시인 고 김성휘 선생은 이 장편서사시의 집필을 마친 뒤 문단의 동인들과 함께 간담회를 열었다. 그 자리에서 김성휘 선생은 작품의 줄거리를 소개한 뒤 핵심적인 부분들을 낭송했다. 간담회에 참가한 최삼룡 선생은 폭넓은 내용과 시대적인 주제 그리고 시적 포용력에 매료되었다. 1년 뒤인 1987년 김성휘 선생은 일부 수정한 작품을 들고 최삼룡 선생을 찾아 시집의 발문으로 수록될 평론 한 편을 부탁했다. 작품의 분량이 240자 원고지 2,000매가 넘었다.

최삼룡 선생은 3개월 동안 공을 들여 평론을 완성했고 김성휘 선생 또한 무척 만족하여 민족출판사에서 시집을 출간할 때 평론을 함께 수록할 것을 약속했다고 한다. 그런데 김성휘 선생이 학술교류 차 한국에 갔다가 그곳의 출판사와 『사랑이여 너는 무엇이길래』의 출판을 약속하였는데, 출판사에서 단행본에 평론을 수록하는 것을 동의하지 않아 이 글은 빠질 수밖에 없었다. 민족출판사 또한 판권을 문제삼아 출판을 포기하게 되었고, 김성휘 시인이 타계한 후 연변인민출판사에서 시집을 출간할 때에도 평론을 수록하는 것을 동의하지 않았다. 결국 1994년 이 평론이 발표되기까지 무려 8년이라는 세월이 걸렸다.

2007년 소설가 김혁은 장편소설 『국자가에 서있는 그녀를 보았네』를 투고하기 전에 최삼룡 선생을 찾아와서 단행본에 수록될 평론을 부탁하였다. 40여 만 자의 초고를 두 번 읽고 두 달의 시간을 거쳐 평론은 썼는데 3년을 기다려도 아무 소식이 없었다. 알고 보니 출판사에서 이 장편소설의 출판을 허가하지 않았던 것이다. 결국 작가의 끊임없는 노력을 거쳐 2013년에야 『장백산』에 실려 빛을 볼 수 있었다.

현장평론은 일반적인 평론이나 논문 쓰기와는 환경이 많이 달라 특수한 난제에 봉착할 수도 있다. 예를 들면, 평론가는 작품의 첫 독자로서 완전하게 새로운 텍스트에 대하여 순수 개인의 느낌이나 판단을 표출해야 하기 때문에 더 많은 책임감과 부담감을 느끼지 않을 수 없어 지극히 주관적이고 또한 그로 인하여 현장평론은 보다 많은 모험을 겪을 각오를 가지고 완성해야 하는 것이다.

「반일투쟁에 대한 사시적 재현—김운룡의 장편소설 「광야의 아리랑」론」(2001)의 집필 과정은 작품집과 동시에 발표되는 평론의 집필에 얼마나 많은 심혈을 쏟아야 하는가를 증명하고 있다. 2000년 10월, 소설가 김운룡이 장편소설 「광야의 아리랑」의 원고를 보내와 평론을 부탁했다. 육필로 쓴 원고는 자그마치 200자 원고지 3,500매에 달했다. 원고지를 한 장 한 장 번지며 한번 읽는 데 3주일은 걸리는데, 평론을 위한 정독은 적어도 두세 번 필요해 읽는 데만 3개월이 걸려야 했다. 그것보다 더 힘든 것은 작품이 항일투쟁을 소재로 한 소설로 많은 실제 인물과 역사사실이 등장하고 있어, 역사학자가 아닌 최삼룡 선생에게는 이들 인물과 사건을 이해하는 것이 급선무였다. 그래서 신변에서 구할 수 있는 항일역사자료들을 탐독하는데 소모한 시간만 해도 또 3개월이 걸렸다. 이리하여 근 1년 만에야 평론 한 편을 완성할 수 있었다. 그런데 이 작품은 저자가 시도한 대하장편소설의 제1부로, 평론이 발표되자 성급하고 주관적인 평론이라는 비판으로부터 일방적으로 칭송만 늘어놓은 '만세평론'이라는 혹평까지 들어야 했다.

「탈경전의 포부와 독창적인 창작자세—심명주의 시집 『간밤에 꽃이 피였습니다』에 붙여」(2006)는 정지용문학상 수상작으로 평심위원회의 위촉을 받아 시집에 수록되어 발표된 평론이었다. 하지만 신인을 경시하는 문단의 분위기 그리고 상당한 정도에 이른 이른바 '문단파벌' 사이의 알력 때문에 적지 않은 문인들은 시집을 읽어보지도 못한 상황에서 평심결과에 이의를 제기하고 시인과 평론가에 대한 불만을 토해냈다. 그래도 시집이 출간된 후 완성도가 높은 시작들 때문에 더 이상의 물의는 없었고 독자들의 긍정을 받을 수 있었다.

현장평론은 바로 이런 일이다. 때론 도에 지나친 비판을 받기도 하고, 때론 시비에 휘말리기도 하는 일이 현장평론이다. 하지만 최삼룡 선생은 지금도 문인들의 청탁을 받으면 거절하지 않고 평론을 쓴다. 신인들의 작품평은 "첫 작품 혹은 첫 작품집의 출간인 만큼 어느 정도 도움은 되겠지" 하는 기대감에서 쓰고, 나이 지긋한 문인들에게는 "'마흔에 첫 보선'이라고 어렵게 펴낸 첫 작품집인데, 큰 도움은 못돼도 위로는 되겠지" 하는 기대감에 쓴다. 이렇게 쓴 평론이 무려 수십만 자에 달한다. 예를 들면 『문학과 예술』에 1993년 한 해에 5편을, 『도라지』에 2013년 한 해에 5편을 발표하였고, 『장백산』에 2016년 5편, 2017년 5편을 발표하였다.

작품과 함께 발표되는 현장평론은 어쩔 수 없이 평론가의 주관이 많이 개입되고 세월의 고험을 겪지 못한 한계가 있지만 편집자의 일에 도움을 준다는 가치가 있고, 또 저자 특히 신인들에게는 고무와 격려가 될 수 있다는 점에서는 의미있는 일이라고 최삼룡 선생은 믿고 있는 것이다.

그렇게 꾸준하게 이어온 평론 활동으로 최삼룡 선생은 1994년 첫 개인 평론집 『각성과 곤혹』(흑룡강민족출판사, 1994)을 출간하였는데, 이는 중국조선족문학사에 공식적으로 출간된 첫 개인평론집이다. 그 뒤로 『격변기의 문학선택』(흑룡강조선민족출판사, 1999), 『인체의 심도와 문체의 다양화』(연변인민출판사, 2005) 등을 출간하였다.

또한 최삼룡 선생의 평론 활동은 현장평론에만 머무르는 것은 아니다. 현장평론의 태생적 한계를 절감하던 선생은 시야를 확장하여 중국조선족의 문학 현장을 전반 문학사의 흐름과 관련시켜 사고하기 시작하였고, 작품과 그 작품이 놓인 시대적 문화적 담론 환경, 그리고 작품과 저자의 인생경력의 관련성에 주목하였다. 그렇게 선생의 문학평론은 현장성과 함께 문화비평의 색채도 띄게 되어 현장평론가와 함께 '학자평론가'의 이미지를 굳혀가기 시작하였다. 대표적인 평론으로 「김학철의 인격과 풍격」(1996), 「김학철의 임종유언고」(2004), 「새 시기 중국조선족문학의 총체변화」(1993), 「우리의 이야기군 1번-박선석」(1996), 「민족의 얼과 운명에 대한 심층사고-남영전 토템시 연구」(1995), 「1996년 중국조선족시단의 현주소」(1997), 「중국조선족 시 이해에서의 몇 개 초점」(1994), 「사랑의 시인 김응준」(2003), 「반세기 태운 시심, 50년을 키운 나무-리근영론」(2006), 「박선석의 소설과 농촌사회학-박선석의 소설을 보는 한 시각」(2008), 「중국조선족의 운명과 문학예술」(2016) 등 작품을 대표작으로 헤아릴 수 있다.

평론가로서 최삼룡 선생의 성취와 특징은 아래와 같은 몇 가지 측면으로 평가할 수 있다.

첫째, 평론의 대상 및 장르의 다양성 : 시평 활동에서 시작된 선생의 평론 활동은 1990년대 중반으로부터 점차 그 대상이 확장되어, 시평을 주로 하면서도 소설 · 수필 · 실화 · 극본 · 아동문학 · 민간문학 뿐 아니라 부분적으로는 희곡 · 드라마 · 무용 · 사진 등에 대한 평론도 진행하기 시작하였다. 이것은 중국조선족의 문학예술에 대한 시야가 넓어진 결과이며, 또한 1992년 연변사회과학원 문학예술연구소 소장에 부임하면서 자주 문학연구 모임을 조직하는 와중에 조직자로서 발표할 글을 많이 쓰게 된 결과이다. 그리고 문예 전반에 대한 선생의 해박하고 폭넓은 지식 소양과 관련되며 또한 꾸준하고 근면한 독서와도 관련이 있다.

연변사회과학원 문학예술연구소에 전근한 뒤부터 정년퇴직할 때까지 선생은 일간지 10종과 월간지 15종을 정기 구독하였고, "두 주에 책 한 권은 읽는다"는 자기와의 약속을 칼같이 지켜왔다. 퇴임 후에도 일간지 3종과 월간지 10종을 구독했으며 '두 주에 책 한 권'은 여전히 견지하고 있다. 또한 한 달에 두 번 정도 서점을 찾고 국내외 어디에 가든

서점부터 뒤지고, 헌책방과 헌책난전을 만나면 보물찾기를 하듯이 책들을 사들인다. 퇴임 후에 구입한 책만 해도 수천 권에 이른다. 꾸준한 독서에 힘입어 선생은 문예 제반 영역에 대한 폭넓은 지식을 갖추게 되었는 바, 가끔씩 연극과 무용에 대한 평론을 쓸 수 있는 것도 결코 우연은 아니라고 할 수 있다.

선생의 대표적인 소설 평론으로 「역사와 현실 그리고 인생－정세봉의 「볼세비크의 이미지」를 놓고 하는 생각」(1991), 「작가의 동기와 작품의 성과－최국철의 소설 「흘러가는 겨울을 놓고」」(1997), 「격변기의 삶의 양상과 창조주체의 문화선택(도라지 1993년 5기 소설특집을 놓고)」(1993), 「민족의 정신실존에 대한 투시와 사실주의의 가능성－류원무의 장편소설 『아리랑 열두 고개』」(2001) 등이 있고, 산문 평론으로는 「리성권의 실화문학을 놓고」(1992), 「충실한 인생, 차분한 문학－김영금의 수필을 론함」(1995), 「작가의 사명감과 담략 그리고 국한－김재국의 「한국은 없다」를 평함」(1997), 「후현대성과 신지식인의 풍격－「조선족대개조론」에 대한 쟁론에서 받은 계시」(2001) 등이 있으며, 아동문학평론으로는 「김철호 동시가 주는 계시」(2015) 등이 있다. 이밖에 연극 평론으로 「리광수 극문학을 론함」(2007), 「연극예술의 불황에 대한 사색」(2008) 등이 있다.

둘째, 평론 시각과 방법론의 전위성 : 문화대혁명이 갓 종결된 후 본격적인 평론 활동을 시작한 최삼룡 선생은 개혁개방의 물결 속에서 새롭게 등장하던 국내외 비평이론들을 열심히 공부하였으며, 아울러 '상처문학', '반성문학', '개혁문학', '신사실주의문학' 등 사조를 거치면서 전반적으로 천지개벽의 변화를 겪으면서 발전하는 전국의 문단 동태를 조감하면서 스스로의 문학관에 대한 끊임없는 성찰을 진행하였다. 다른 한편, 개혁개방으로 오랫동안 봉쇄되었던 나라의 문이 열리자 서양의 철학과 사상들이 밀물처럼 중국으로 밀려 들어왔는데, 최삼룡 선생은 니체의 생명철학, 프로이트의 정신분석학과 사르트르의 실존주의를 중점적으로 공부하였다. 그때 선생의 독서노트에는 아직도 니체의 생명철학을 공부하면서 쓴 "신이 죽고 인간이 탄생하였다, 태양이 부서져 뭇 별이 생겼다. 살신성인(殺身成仁)과 살신성인(殺神成人)" 그리고 프로이트를 공부하며 적은 "하느님이 만든 사전에는 행복이라는 단어가 없다, 인간은 욕망덩어리" 혹은 심신불이(心身不二)라는 글귀, 사르트르의 존재철학을 공부하며 적은 "타인은 지옥인가? 인간은 오늘을 산다, 자아설계와 자아실천" 등의 글귀를 볼 수 있다. 학문을 향한 열린 마음과 꾸준한 노력은 선생으로 하여금 영혼의 각성을 위한 계기를 찾게 하였다.

> 오래 동안 자기의 혼을 통째로 어느 신에게 저당잡히고 남이 만세를 부르면 만세를 부르고 남이 타도를 부르면 함께 타도를 부르던 자신의 모습을 생각하면 얼굴이 뜨거워지는 것을 금할 수가 없다. 다행스러운 것은 개혁개방의 물결 속에서 사상해방과 문화반성, 전통문화와 외래문화의 화합과 갈등 속에서 나의 영혼과 의식도 점차 각성되었다는 점이다. 주체의식이 각성되었고 인도의식이 각성되었고 예술문화의식과 창작방법 다양화의식이 각성되었다.[3]

이상은 선생이 자기의 첫 평론집 『각성과 곤혹』에 서문으로 수록한 폐부지언이다. 이렇게 주체의 자아성찰을 바탕으로 선생은 중국조선족문단의 관념갱신과 의식의 각성을 희망하였으며 고양하였다. 우리가 최삼룡 선생의 80년대부터 90년대 초반의 평론을 다시 살펴본다면 글에 '관념갱신'과 '의식의 각성'이라는 단어의 사용빈도가 높다는 것

3 최삼룡, 「자서」, 『각성과 곤혹』, 흑룡강조선민족출판사, 1994.

을 쉽게 알 수 있는 것은 우연한 현상이 아니다.

다른 방면에서 그는 새로운 관념과 의식의 각성을 체현한 새로운 작품들과 새로 등단하는 젊은 문인들을 예의주시하며 중국조선족문학의 관념갱신을 주창하였다. 최삼룡 선생은 한춘의 「시가관념을 갱신할 때는 왔다」[4]는 단평과 「시에서 새로운 돌파를」[5]을 높이 평가하고, 시단에서 논쟁이 분분하던 김정호의 모더니즘시 「추억」[6]을 열정적으로 찬양하였으며, 김파의 「립체시에 대하여」[7]를 둘러싼 논쟁에서 김파의 주장을 적극적으로 긍정했다.

여기서 우리는 최삼룡 선생의 평론 「우리 시단의 희망과 미래」[8]를 통해 그 전위성을 일목요연하게 알아볼 수 있다. 이 평론에서 선생은 젊은 시인들의 주체의식의 각성을 고양하며 석화의 「나는 나입니다」, 「고백」과 주성화의 「나와 봄바람」을, 인간의 내면세계의 발굴을 제창하며 김인선의 「인생살이」와 김송죽(녀)의 「생각」, 석화의 「나의 장례식」을, 시의 몽롱미와 산문미를 논술하며 리임원의 「저쪽세상」, 최룡국의 「발자국」을 열렬히 찬양하였다. 이들 시인들은 모두 당시 약관의 나이로 시단에 얼굴을 내밀기 시작한 젊은 시인들로, 40년의 세월이 흐른 지금 이들은 8명의 시인들은 모두 조선족 시단의 중견시인으로 성장하였을 뿐 아니라 조선족문화예술분야에서 모두 가볍지 않는 역할

4 「시가관념을 갱신할 때는 왔다」, 『흑룡강신문』, 1985.1.26.

5 「시에서 돌파를」, 『문학과 예술』 제2기, 1985.

6 김정호의 시 「추억」은 1985년 6월 제3차 '도문강여울소리' 시문학탐구회에서 발표되었는데 그 독창적인 이미지와 모더니즘적인 수법 때문에 즉석에서 큰 쟁론을 일으켰다. 최삼룡 선생은 그 후 백가쟁명을 전개한다는 취지에서 자기가 주필로 있는 『문학과 예술』 1986년 제5기에 「추억」을 게재하고 열정적으로 찬양하였으며 후에 그가 집필한 문학사에서도 이 시를 사적인 안광으로 평가하였다.

7 김파, 「립체시에 대하여」, 『연변일보』, 1986.4.10.

8 「우리 시단의 희망과 미래」는 『문학과 예술』 1985년 제3기에 게재된 후 여러 도서에 전재되었으며 평론집에도 수록되였다.

을 맡고 있는 바, 평론가 최삼룡 선생의 선견지명을 보아낼 수 있다.

특히 석화의 대표작 「나는 나입니다」에 대한 분석에서 우리는 당년 최삼룡 선생의 전위적인 평론자세를 선명하게 보아낼 수 있다.

어째서 이 시를 보았을 때 우리의 기쁨이 이다지도 컸는가? 여기에는 적어도 다음과 같은 네 가지 이유가 있다.

첫째, 이 시에는 인간은 다른 무엇이 아니라 인간이라는 심각한 사상이 담겨져 있다. 그리고 또 이 시에서 인간—시인의 무궁한 긍지가 넘쳐흐르고 있다. 인간으로서의 나는 신도 두렵지 않고 화초는 더구나 부럽지 않다는 것이다. 상상이 심각하다.

둘째, 이 시에는 인간의 거대한 형상이 그려져 있으며 인간의 거룩한 본질이 시적으로 해명되어있다. 인간이란 무엇인가? 그것은 세계의 총화이며 사회관계의 총화이며 세계의 통일이며 또 무한한 우주와 그 복잡성과 오묘를 겨룰 수 있는 '내우주'이다. 형상이 기특하다.

셋째, 이 시에는 또 인간은 수단이 아니라 목적이라는 심각한 사상이 담겨져 있다. 지난날 우리는 거의 습관적으로 인간을 나사못이거나 작은 풀에 비유하였다. 어떤 경우에는 이런 비유가 틀리지 않으며 문학적 표현으로 될 수 있는 것이다. 그러나 보편적으로 인간을 수단이나 도구로 보면서 인간의 권리와 존엄, 인간의 욕망을 짓밟거나 인간에 대한 관심마저 비판할 때에는 문제가 달라지는 것이다. 인간은 인간자체가 목적이다. 그래서 시인 석화가 "자꾸만 그저 꽃이나 나무나 돌이나 별이 되라고 하지 마십시오"라고 외친 것은 아주 옳은 것이다.

넷째, 이 시에는 또 개성해방사상이 심각하게 담겨져 있다. "나는 나입니다. 당신도 당신이 되기를 바랍니다." 이 시구는 인간은 제가끔 자기의 개성을 가지고 살자는 사상을 고도로 함축하였다. 내가 너와 같거나 네가 나와 같다면 세상에 무슨 네가 있고 내가 있겠는가! 이렇게 말하면 어떤 이들은 왜 당성과 계급성을 말하지 않고 개성만 즉 자아의식만 말하느냐고 질문할 수도 있다. 여기는 개성과 당성의 관계를 운운할 자리가 아니라 나는 그저 누구나 사람이라면 당원이기 전에 인간성이 있어야 하며 따라서 개성이 있어야 하며, 당원이 된 다음에라도 개성을 버릴 수도 없거니와 또 버려서도 안 된다는 것만 강조하고 넘어간다.[9]

셋째, 세밀하고 정확한 독해 : 주지하다시피 평론의 주요대상은 작품이다. 작가론도 작품론을 바탕으로 가능한 것이다. 평론의 대전제가 바로 평론 대상 즉 평론하게 될 작품을 정확하게 파악하는 것이다. 평론가들에게 있어서 이것은 상식이지만 실천에 있어서는 그렇게 쉬운 것이 아니다. 최삼룡 선생의 평론은 스스로 지적하듯이 독립적인 체계를 세우지 못했으며 때로는 주관적이고 심지어는 착오적이고 극단적인 판단까지 없지 않지만, 대상 작품에 대한 독해는 대체적으로 세밀하며 정확하다.

대표적인 예로 김학철 연구를 들 수 있다. 최삼룡 선생은 평론・논문・회상기 등 작가 김학철에 대한 글 15여만 자를 발표하였는데, 대표적인 글로 「김학철의 인격과 풍격」, 「김학철의 임종유언고」, 「김학철 문학의 발전궤적이 주는 계시」, 「20세기 신화에 대하여, 최후의 분대장론」, 「김학철에게서 들은 첫 문학강의」 등이 있으며 『중국조선족문학사』에도 수만 자의 내용이 들어있다.

이러한 글들을 집필함에 있어서 최삼룡 선생은 먼저 신변에서 구할 수 있는 김학철의 원작들을 최대한 정독하는 동시에 평단과 학계의 기존 성과들을 섭렵하고 나서 집필을 시작한다. 때로는 동일한 작품의 부동한 판본들을 대조하며 읽을 필요도 있고, 때로는 작품의 정확한

9 최삼룡, 「우리 시단의 희망과 미래」, 『각성과 곤혹』, 흑룡강조선민족출판사, 1992, 41쪽.

독해를 위해 김학철을 직접 찾아뵙기도 했다. 이러한 노력으로 최삼룡 선생의 글은 김학철 본인도 만족하고 기타 평론가 혹은 연구자들도 긍정하며 독자들도 수긍하는 평론이 될 수 있었다.

최삼룡 선생은 자기의 이러한 연구 자세를 평생 존경해온 정판룡 선생으로부터 전수받았다고 한다. 대학 졸업논문을 지도하며 정판룡 선생은 모스크바대학에서 부박사논문 「아・톨스토이의 「고난의 길」의 인민성」을 쓸 때를 회억하면서 최삼룡 선생에게 "나의 지도교수는 아・톨스토이의 장편소설 『고난의 길』 발표 전후 50년의 작가 및 대표작품 100부를 연구해 보고 논문 집필을 시작하라고 가르쳤다"라고 말했다.

예를 들면 최삼룡 선생은 졸업논문 「장편소설 『안나 카레리나』에서의 레브 톨스토이의 부녀관문제」를 집필하기 위하여 『안나 카레니나』 외에 『전쟁과 평화』, 『부활』 그리고 『레브톨스토이의 인생론』, 『레브・톨스토이 단편소설집』을 통독하였으며, 일부 작품들은 정판룡 교수의 적극적인 도움 아래 동북사범대학 도서관 장서를 빌려 읽었다. 또 어떤 작품은 조선문과 중문으로 번역된 것이 없어서 일본어를 아는 선생님들의 도움을 받아 내용을 이해하기도 하였다.

그는 연구대상으로서 텍스트를 정확히 독해하는 것은 평론을 쓰는 기본 자세인데, 이러한 자세는 평론을 쓰는 전제임은 물론이고 이러한 텍스트의 독해과정을 통하여 텍스트에 담긴 사상과 예술을 배울 뿐 아니라 작자의 인생과 문학을 배울 수 있다면서, 평론 활동은 기실 자기를 제고하고 성숙시키는 과정이라고 말한다. 아울러 장기간의 평론 활동을 통하여 최삼룡 선생은 우리의 작가와 시인들을 더욱 사랑할 수 있었다고 말한다.

영국의 19세기 녀류작가 G. 엘리어트는 "선량한 인간의 제1조건은 무엇인가를 사랑한다는 것이고, 제2조건은 무엇인가를 숭배한다는 것이다"라고 말했다.

여기서 선언하는 바 적잖은 지성인마저 분분히 정신의 정원에서 도망치며 적잖은 사람들이 숭고를 거절하는 이 시대를 피부로 느끼면서도 피흘리는 영혼의 모질음을 겪으며, 생존과 발전을 위하여 모질음을 하는 겨레들의 눈물겹도록 치열한 삶의 현장에서 눈길을 떼지 않고 붓대를 놀려 한편 또 한편의 글을 써내는 우리의 작가와 시인들을 나는 사랑하고 숭배한다. 그들이 있기에 나의 평론이 있는 것이다. 당신들에 대한 사랑의 마음, 숭배의 마음이 있어 나의 머리 우에는 항시 진, 선, 미의 태양이 솟아 찬란한 빛을 뿌리고 있는 것이다.[10]

이 몇 마디 폐부지언에서 우리는 평론가 최삼룡 선생의 열정적이면서도 차분하고 세밀한 자세를 보아낼 수 있다.

3. 조선족문학사의 정리와 연구

최삼룡 선생은 평론가이자 대표적인 중국조선족문학사 연구가이다. 1990년 출간된 중국조선족의 첫 문학사 『중국조선족문학사』[11]부터 북경대학교 조선문화연구소 주관의 『문학사』[12] 그리고 중앙민족대

10 최삼룡, 「작가의 말」, 『격변기의 문학선택』, 흑룡강조선민족출판사, 1999.

11 조성일·권철 주필, 조성일·권철·최삼룡·김동훈 공저, 『중국조선족문학사』, 연변인민출판사, 1990.

12 김동훈·권철 주필, 권철·김동훈·최삼룡·리광일·김만석·박충록 집필, 『문학사』, 북경대학교 조선문화연구소, 2006.

학교 조선어문학부에서 주관한 『중국조선족문학사』[13]에 이르기까지 최삼룡 선생은 모두 중요한 집필자로 참여했다.

이상 세 부의 조선족문학사에서 최삼룡 선생이 맡은 부분은 시가사, 산문사, 연극사 그리고 1945년 8·15해방 후 문학사 부분으로, 이는 선생의 평론 활동에서 보여준 사적인 시각 및 그 성과에 대한 존중이라고 할 것이다.

일찍 중국조선족문학의 첫 문학사 『중국조선족문학사』에서 최삼룡 선생은 1976년으로부터 1987년까지의 조선족문학의 역사를 서술했는데, 평소 선생의 평론 활동의 경력과 성취로 말하면 문화대혁명 시기의 조선족문학과 개혁개방 후의 문학 그리고 김철·김성휘·리근전 등 작가에 대한 사적인 논술과 평가 작업에 있어서 최상의 적임자였다고 할 수 있다. 1990년 『중국조선족문학사』는 국내외의 학계에서 큰 반향을 불러일으켰으며 문단과 학계의 높은 평가를 받았다.

그러나 최삼룡 선생은 이에 만족하지 않고 중국조선족문학을 보다 전체적으로 역사적으로 이해하기 위하여 초심으로 돌아가 역사적인 자료와 문헌들에 대한 공부를 전면적으로 하기 시작했다. 선생에 의하면 당대문학사(當代文學史)를 역사라고 부르는 것은 억지공사이다. 왜냐하면 아직 시간의 고험을 겪지 못한 동시대인의 문학에 대한 사적 서술은 사실상에서는 평론일 뿐이지 역사적인 결론이 될 수 없기 때문이다. 그래서 선생은 중국조선족의 첫 문학사에서 자기가 서술한 작품과 작가와 문제들이 시대의 변화 속에서 변화하는 모습을 조감하면서 많은 것들을 다시 생각하고 결론을 내려야 했던 것이다.

그리하여 1990년 첫 조선족문학사가 출판된 후 최삼룡 선생은 중국

---

13 오상순 주필, 오상순·김동훈·최삼룡·장춘식 공저, 『중국조선족문학사』, 민족출판사, 2007.

조선족의 문학 자료의 발굴과 공부에 더욱 노력하였으며 육속 중국조선족문학사에 관계되는 논문들을 집필하였다. 「중국조선족문학의 각성」이 그 대표적 논문이다. 이 논문은 첫 중국조선족문학사 집필에 참가하면서 접촉하고 사고한 문학 자료에 근거하여 수시로 자료들을 체계화하고 그때까지 발굴하지 못한 것들을 보충하거나 일부 오류적인 논술을 수정하는 취지에서 집필하였는데, 1989년 한국의 『민족혼(民族魂)』(구윤서 주필)에 게재되고 일본의 『역사비판(歷史批判)』에 전재되기도 하였다.

사실 첫 문학사가 집필될 때만 해도 학계의 대외교류가 원활하지 못했을 때여서 중국조선족의 많은 해방 전 문학 자료가 발굴되지 못했고, 설령 발굴되었다고 해도 한국・일본에서 발굴된 사료들이 연변에는 들어오지 못했으며 집필팀에서도 접촉하지 못하였다. 예를 들면 1930년대에 용정에서 간행된 『북향(北鄕)』, 1940년대 신경 즉 장춘에서 간행된 『만선일보』 같은 신문도 읽어보지 못했으며, 시집 『만주시인선(滿洲詩人選)』, 『만주조선시인집(滿洲朝鮮詩人集)』, 소설집 『싹트는 대지』와 『북원(北源)』, 『북향보(北鄕譜)』, 수필집 『만주조선문예선(滿洲朝鮮文藝選)』 등 중요한 자료들은 접해보지 못했던 것이다. 최삼룡 선생은 여느 학자들과 같은 마음으로 이러한 해방 전의 문학 자료들에 대한 연구는 비교적 완정한 중국조선족문학사의 저술에 필수적인 작업이라고 생각하였으며 아울러 이러한 재료들에 대한 연구에 착수하였다. 논문 「생명개체의 약동과 민족의식의 발로－리욱의 해방 전 시에 대하여」(1990)와 「리욱 시의 해방 전후 비교」(1997)는 바로 이와 같은 분위기 속에서 집필된 것이다.

사실 해방 전 문학 자료들이 많이 발굴되면서 그것들에 대한 사적인 평가는 하나의 문제로 제기되었다. 이러한 실정에서 최삼룡 선생은 한쪽으로 현장평론에 게으르지 않으면서 이미 발굴된 자료에 대한 정체성과 역사성에 대한 연구의 필요성을 각성하게 되었다. 그렇게 집필한 글들이 바로 「새시기 중국조선족문학의 총체변화」(1993), 「김성휘의 후기 시탐구」(1994), 「중국조선족 시 이해에서 몇 개 초점」(1994), 「중국조선족문학에서의 모더니즘」(1996), 「우리 시에서 동일성상실의 주제」(1998), 「90년대 중국조선족시의 실험의식」(1999) 등이다.

이런 평론에는 첫 문학사가 출판된 이래의 조선족문학에 대한 면밀한 고찰과 심각한 사색이 바탕을 이루고 있으며, 거대한 시대의 변화를 역사의 끝없는 흐름과 연계시키는 역사의식이 도도히 맥박치고 있다. 또한 조선족 문단에 새로 등장하는 문학신인들에 대한 조명이 돋보이는데, 문단에서 작가들의 세대교체에 초점을 맞추고 문학의식과 창작방법의 역사적 변화에 충분한 주의를 돌렸다.

이리하여 새로운 세기의 벽두에 지나간 20세기를 이성적으로 총화하려는 사회적 움직임 속에서, 최삼룡 선생은 중앙민족대학교 조선언어문학학부의 요청에 기꺼이 참가하여 『조선족문학사』 집필에 참가하게 된 것이다. 북경대학교 조선문화연구소에서 주관한 『문학사』와 중앙민족대학교 조선언어문학학부에서 주관한 『중국조선족문학사』에서 최삼룡 선생은 첫 문학사 집필에 참여한 이후 고심하여 얻은 학문적 성과들을 반영하기 시작하였다. 구체적으로 보면, 만주조선인의 시와 산문의 원작을 이용하고 『중국조선족문학사』가 출판된 후 조선족작가들의 새로 창작한 작품에 대한 연구 성과를 보충하여 문학사의 내용을 풍부히 하였다. 아울러 시대의 변화 속에서 중국조선족 인민대중의 삶의 변화와 문화의식의 변화에 따르는 문단의 정체상의 변화와 작가들의 의식 변화에 충분한 눈길을 돌렸다.

일례로 조선족산문사의 논술을 들 수 있다. 최삼룡 선생은 조선족문단에서 산문문학의 제로 상태가 끝나고 점차 산문문학대오가 형성되고 산문문학이 형태적으로 정착되어 드디어 중흥기를 맞이한 수필과 칼럼의 창작성과를 충분히 반영하기 위하여 노력했다. 선생은 우선 산문문학의 발전궤적을 발표된 작품의 양으로 보여주었다.

> 1949년 1편, 1950년 9편, 1951년 6편, 1952년 4편, 1953년 2편, 1954년 6편, 1955년 16편, 1956년 46편 이것이 실제 상황이다.[14]

1957년~1977년 사이에는 수필이 완전히 제로상태에 처하였다가 새로운 역사시기에 들어와서 점차 발전하기 시작하였다.

중국 조선족문단에서 발표된 산문으로는 1978년에 42편, 1979년에 70편, 1980년에 77편, 1981년에 37편, 1982년에 120편이다. 1985년부터는 드디어 산문이 1년에 수백 편 씩 발표되고 이따금씩 산문집이 단행본으로 출판되기도 했다. 1980년대 중반 이후로는 이와 같이 산문문학작품이 대량 쏟아져 나왔을 뿐만 아니라 산문을 공부하고 연구하는 사람들이 많아지고 산문문학대오가 형성되기 시작하였다.

김학철이 1984년 장편소설 『격정시대』를 탈고한 후 전문 잡문, 수필, 회상기, 전기문학 등 산문창작에 투입하였으며 산문일군 출신의 오태호가 많은 잡문과 실화를 창작하였으며 정판룡 교수가 많은 회상기와 기행문 등 산문을 발표하였다. 이들의 산문창작은 중국 조선족산문문학을 진흥시킴에 있어서 커다란 작용을 놀았다고 평가할 수 있다. 이밖에도 1980년대 중반에 이르러 길림의 시인 문창남이 많은 수필을 창작하였고 연길의 리성권이 신문통신의 수준을 진정으로 초월한 실화작품을 발표하기 시작하였으며 많은 신인들이 새로운 관념과 내용의 수필을 들고 나와 수필문단을 빛내기 시작하였다.

1990년대에 들어서면서 산문문학은 거족적인 발전을 가져오게 되였다.

---

14 『문학사』(공저), 북경대학 조선문화연구소, 2006, 359쪽.

10여년의 개혁개방과 현대화건설의 경험을 총화하면서 중국공산당이 사회주의시장경제체계의 정립을 당의 강령 속에 포함시킴에 따라 1990년대 중국의 정치, 경제, 문화 제 분야에는 심각한 변화가 생겨났다. 정치카리스마가 해체되고 의식형태의 신화가 저락되고 문화가 분리되고 사람들의 가치관이 크게 변화되었으며 게다가 또 시장문화의 발전, 통속문학의 발전, 광고문학, 매체의 발전에 따른 오락문화 등의 발전은 순수문학의 발전에 일부 장애도 조성하였지만 또 하나의 기회를 주기도 하였다. 특히 산문작가들에게 있어서는 공기나 햇빛이나 음식물처럼 필수적인 독립적인 인격과 자유로운 정신이 앙양될 수 있는 사회적문화적 분위기가 형성되기 시작하였던 것이다.

이리하여 1990년대 후반기에 들어서서 중국 조선족산문은 참으로 백화가 만발하는 계절, 여러 가지 양식, 다양한 주제사상과 예술방법이 서로 경쟁하면서 발전하는 새로운 시기에 들어서게 되었다.[15]

이렇게 산문문학의 발전궤적을 그려놓은 다음 최삼룡 선생은 새로운 역사시기 이래 김학철의 산문과 오태호・정판룡의 산문을 논술하였고 조선족 산문계에 새로 등단하고 인제는 중견작가로 성장한 리성권・문창남・리화숙・서영빈・양은희・리홍규 등의 산문을 분석하였다.

중국조선족문단의 변화에 대한 면밀한 고찰과 심각한 사고는 1990년~1999년의 극문학의 논술에서도 잘 표출되었다. 최삼룡 선생은 1990년대에 들어서면서 중국조선족문학은 예견하지 못했던 새로운 도전에 부딪혔는데, 시장경제의 충격으로 문학예술 발전의 외부적 여건은 어떤 의미에서 불리한 쪽으로 경도되었다고 하였다. 계획경제시대에는 국가가 대부분 문화경비를 보장해주었고 소수민족을 더 많이 배

15 위의 책, 367쪽.

려해주었지만, 시장경제 시대에 들어와서는 총체적으로 '젖을 떼는' 방향으로 나아가며 문화계통의 여러 가지 운영 시스템이 시장경제의 지배를 받게 되면서 자금조달방식이 크게 달라졌다. 이러한 사회생활 내지 대문화의 변화로 조선족문학예술계 내부에도 커다란 변화가 생기게 되였고 특히 연극 등 종합예술은 더욱 큰 변화를 치르게 되었다. 1990년대 극문학의 변화를 고찰해보면 우선 조선족극문학 대오가 크게 축소되었는데, 황봉룡・최정연・리철룡 등 극작가들이 선후로 세상을 떴고 또 많은 극작가들이 여러 가지 원인으로 창작을 그만두었으며, 김훈 등 일부 재간있는 극작가들은 다른 장르의 문학 혹은 문화 활동에 열중하느라 극문학에서 손을 뗐고, 새로 문단에 등단한 신인들은 소품 정도의 수준에 머물러 있었다. 극작가 대오의 이러한 축소는 필연적으로 극문학 작품의 생산을 축소시키고 이에 따르는 극예술의 불황을 초래하였다. 1990년대 초부터 10년 간 정식으로 출판된 극문학집은 『불타는 십자가』(1992)와 『사랑의 품』(리광수, 1999) 두 권밖에 없으며, 이 두 권에 수록된 절반 이상의 작품은 1980년대에 창작된 작품이었다.

1990년대의 연극무대를 회고해보면 조선족 연극예술의 여러 가지 품종에 미묘하고 거대한 변화가 생겼음을 보아낼 수 있다. 우선 '3로인'이 사라졌다. '3로인'은 조선족연극인들이 건국초기에 부단한 실천 중에서 창조해낸 독특한 연극예술품종 혹은 구연예술의 한 장르(한족들의 곡예)로서 근 반세기동안 조선족 특히는 연변의 조선족들 속에서 상당한 인기가 있었다. 그런데 대개 1980년대 말 1990년대 초부터 '3로인'은 무대에서 완전히 사라졌다. '3로인'은 산생 첫 시작부터 정치를 위해 복무하였고 당의 중심임무를 위하여 복무했다. 근 반세기 되는 세월 그 내용의 정치성・도구성・실용성과 함께 구성상에서 양극대립의 구조모식과 긍정인물의 절대적인 승리, 중간인물의 긍정인물에 의한 설복 그리고 부정인물의 철저한 실패, 거기에다 함경도 사투리의 무절제한 사용 등으로 개혁개방 후 문화의 대변화속에서 관중들에게 외면당하지 않을 수 없게 되였다. 지금 문자로 남아있는 제일 마지막 '3로인'은 「노랑령감」(리종훈, 1988)인데 이 작품도 역시 당의 농촌개혁, 그 중에서도 세대별 생산량책임제의 승리를 선전하는 것이었고 세대별 생산량책임제가 나온 다음에도 여전히 게으름을 피우는 노랑령감을 비판하는 것이다.

'3로인'이 쇠망하는 시기와 거의 같은 시기에 단막극도 우리의 무대에서 사라졌다. 단막극은 연극예술의 여러 장르 중에서 가장 기동적인 것으로, 오래 동안 조선족 연극무대에서 중요한 자리를 차지하였다. 그런데 사실상에서 1980년 초 김훈의 〈두부장사〉 이후 사상 및 예술 면에서 성공작인 작품은 거의 없었으며 지금 문자로 남아있는 제일 마지막 단막극은 〈시장의 아버지〉(1990)인데 이 작품이 무대에서 공연되었다는 기록이 없다.[16]

최삼룡 선생은 여기서 1990년대 이래의 조선족 극문학의 상황에 대하여 논술하면서 특히 단막극의 부진과 3로인 품종의 쇠망은 중국조선족의 삶의 정체적인 변화의 반영이며 또한 역사의 필연적 결과라고 결론하였다. 이러한 견해를 우리가 21세기에 들어선 이래의 조선족 극문학의 상황과 연계시켜 보면 최삼룡 선생의 독립적이고 정확한 판단에 더욱 수긍하게 된다. 선생의 이러한 논술은 조선족문학예술의 다른 분야의 변화에 대한 고찰에도 참고가치가 있다고 해야 할 것이다.

16 오상순 주필, 앞의 책, 402쪽.

4. 만주 조선인문학 자료 발굴과 정리

최삼룡 선생이 해방 전 만주 조선인문학의 문헌과 자료들에 대하여 관심을 갖기 시작한 것은 1999년 정년퇴임 이후부터였다. 2002년 중앙민족대학교 조선언어문학학부의 요청에 의하여 오상순 주필의 『중국조선족문학사』의 집필에 참여하게 되었다. 오상순·김동훈·장춘식 등 연구자들과 함께 구성된 집필팀에서 최삼룡 선생은 1945년 8·15 이후의 조선족 시문학사, 산문문학사, 극문학사를 맡게 되었다. 그와 비슷한 시기에 북경대학교 조선문화연구소의 요청에 의하여 권철·김동훈 주필의 『문학사』 집필에도 참여했는데 시문학사와 산문문학사 부분을 맡게 되었다.

집필 준비를 하면서 최삼룡 선생은 해방 전 만주 조선인문학에 대한 지식이 거의 공백에 가깝다는 것을 자각하게 되었다. 정년퇴임 전까지는 행정에 빼앗긴 시간이 많았고 이른바 현장평론에 열중하느라 문학예술연구소 자료실에 들어온 해방 전 자료들을 열심히 읽지 못했고, 학술교류 차 여러 차례 한국에 갈 기회가 있었지만 한국 도서관들에 소장된 해방 전 만주 조선인 문학 자료들을 뒤져 볼 생각을 못했던 것이다.

발등에 떨어진 불을 끄기 위하여 본격적으로 해방 전 만주 조선인문학에 대한 공부를 시작하였다. 『만주와 조선인』, 『간도문제』, 『만주시인집』, 『만주조선시인집』, 『싹트는 대지』, 『낙토만주(樂土滿洲)와 간도사화(間島史話)』 등 신변에서 구할 수 있는 만주 관련 문헌들을 읽었고 『만선일보(滿鮮日報)』 문예란을 뒤지기 시작하였다. 그 와중에 2001년 연변인민출판사 문예편집실에서 『중국조선족문학사료전집』의 친일문학선 편집을 맡아달라는 요청이 들어왔고, 그 요청을 받아들여 반 년 동안 공력을 들여 완성하게 되었다.

그런데 최삼룡 선생은 책의 내용, 특히 선제에 있어서 많이 부족함을 절감하였다. 우선 세밀함이 부족한 연구 태도를 검토하게 되었고, 자료의 발굴 작업은 연구 작업과 다르며 특히 현장평론처럼 단순하지 않다는 것을 새삼스럽게 깨닫게 되였다. "이래서는 안 되겠다. 자료 작업부터 다시 해야 하겠다!" 이렇게 다짐한 선생은 기회를 만들어 한국의 여러 도서관을 직접 찾아 해방 전 신문과 잡지들을 뒤져 더 많은 자료들을 찾아야 되겠다는 생각을 굳혔다.

2002년 8월, 학술대회 참가 차 한국에 간 최삼룡 선생은 대회가 끝나자 10여 일간 연세대학교 귀중본도서실에 붙어있었다. 처음에는 스승님들과 선배님들의 작업을 보완할 '이삭줍기'를 할 생각이었지만, 직접 보고 나니 아직 가을걷이도 채 못돼있음을 발견했다. 시간이 자라는 대로 시 400여 수와 수필 200여 편을 복사했지만, 소설・평론・동요・동시・동화 등 기타 장르의 작품들은 손도 대지 못하고 돌아올 수밖에 없었다. 그 뒤로 몇 년 동안 선생은 한국에 갈 때마다 연세대학교 귀중본도서실과 국회도서관의 장서들을 뒤져 만주 조선인 문학의 문헌들을 발견하는 족족 복사를 해왔다. 『만선일보』와 『만몽일보』는 통째로 복사하여 들고 왔다. 그러고는 노안을 무릅쓰고 판독하기 무척 어려운 자료들을 읽고 입력을 했다. 그렇게 선생이 편찬한 『항일문학선』(연변인민출판사, 2003), 『해방 전 현대시집성』(흑룡강조선민족출판사, 2004) 등 소중한 문헌자료집들이 육속 출간되었다. 후일 연변대학교와 연세대학교가 공동으로 추진한 『중국조선족문학대계』(전 30권) 중 『항일문학』, 『종합산문』(상, 하), 『민요집』, 『현대시』[17] 등 6권이 최삼룡 선생의 노고에 의해 탄생된 소중한 자료집들이다.

---

17 『중국조선족문학대계』(전 30권)은 2005년으로부터 2007년까지 한국의 보고사에서 출간하였다.

이에 대해 연세대학교 교수 허경진은 다음과 같이 말하였다.

> 문학대계 30권을 편찬하면서 연변의 학자 여러분을 알게 되었는데 가장 열정적인 학자가 바로 최삼룡 선생이다. 그 분은 『중국조선민족문학사대계』 가운데 6권을 책임 편집하였는데, 대부분 본인이 여러 해 동안 수집해 온 자료를 바탕으로 편찬하였다. 나는 중국조선민족문학 국제학술회의를 5년째 주관했는데, 해마다 그분의 열정적인 발표와 토론을 들으면서 함께 책을 쓰고 싶은 생각이 들었다. 조선민족문학에 대한 뜨거운 사랑과 해박한 지식, 방대한 자료, 그리고 컴퓨터를 연상케 하는 기억력이 부러웠다.[18]

2006년 3월, 한국 대통령 산하 '친일반민족행위규명위원회'에서는 최삼룡 선생에게 만주 조선인 친일문학에 대한 글을 의뢰하였다. 이것을 자기의 학문연구의 인생에 있어서 더없이 소중한 계기라고 생각한 선생은 흔쾌히 요청을 받아들였다. 선생은 2002년 연변인민출판사에서 주관한 『중국조선족문학사료전집』 제5권 『친일문학선』을 편찬하면서 맛보았던 실패를 만회하고 싶은 오기가 생겼던 것이다. 선생은 10여 년 동안 만주 조선인 친일문학에 깊은 관심을 돌려 새로운 자료를 조사・발굴・정리하고 이론적 검토를 진행하여 만단의 준비를 갖춰왔지만 출간할 기회를 가지지 못하고 있던 차였다. 의뢰를 받은 선생은 반년 동안 5만여 자에 달하는 논문 「재만 조선인 친일문학 연구」를 집필하였다. 이 논문은 '친일반민족행동규명위원회'의 심사를 통과하였을 뿐 아니라 한국민족문제연구소 임헌영 교수의 높은 평가를 받았다. 아울러 이 논문을 집필하는 과정에 나온 부산물로 『재만조선인친일문학작품집』(보고사, 2008)이 완성되었다. 이는 선생이 10년의 심혈을 기울

18 허경진・최삼룡, 「머리말」, 『만주기행문』, 보고사, 2010.

여 완성한 성과물로 2002년 출간된 『친일문학선』에 비해 훨씬 더 많은 자료를 보완하였고, 친일문학 연구의 새로운 시각과 계기를 제공해준 등 학술적 기여를 인정받아 대한민국 문화관광부의 '2009년 대한민국 우수학술도서'에 선정되는 영광을 안게 되었다.

여기서 대표적인 성과 몇 가지만 살펴보도록 하자.

첫째, 기존에 확인하지 못했던 친일 시가를 다수 보완하였다. 예를 들면 이학성(李鶴城)의 「첩보(捷報)」 등 3수, 유치환의 「북두성」, 「전야(前夜)」, 김조규의 「귀족」 등 친일시가를 처음 확인하고 수록하였다.

둘째, 수필에서 박팔양의 「한담객설(閑談客說)」, 「세색(世色)이 박여사(薄如絲)」등 새로운 자료를 발굴하였다. 특히 『만선일보』에서 1942년 1월 23일부터 비정기적으로 게재한 단문으로 일제의 압력에 의하여 어쩔 수 없이 발표된 글이기는 하지만 노골적인 친일경향을 보여주고 있어 당시 문인들의 사상적 분위기를 연구하는데 중요한 자료가 될 수 있었다. 기존 연구에서 한 두 편만 언급이 되었는데 최삼룡 선생은 11편 전부를 발굴하여 수록하였다.

셋째, 기존 연구에서 일부 규명되지 못한 문제들을 해명하였다. 예를 들면 김우석의 장막극 대본 〈김동한(金東漢)〉은 전형적인 친일작품이지만 저자의 정체가 분명치 않았다. 최삼룡 선생은 『만선일보』 1940년 12월 22일 '화제(話題)에 우석(寓石) 김영팔(金永八)은 동풍(東風)이 불어 통화(通化)로 가고'라는 구절에 근거하여 우석(寓石)이 친일작가 김영팔의 호임을 밝혀냈다. 이러한 연구 성과들로 하여 만주 친일연극의 연구는 새로운 전기를 맞이하게 되었다.

중앙민족출판사에서는 최삼룡 선생이 발굴・정리한 해방 전 만주 조선인문학의 문헌적 가치와 학술적 가치를 확인하고 문헌자료총서로 묶어 간행하게 되었다. 새로 발굴한 자료가 많았고 또한 한국에서 출간한 책들은 여러모로 접근성이 부족했기에 중국 조선족 독자와 연구자들에게 보급하기 위한 자료집을 기획하게 되었던 것이다. 그렇게 출간된 것이 『해방전아동문학』(상 · 하, 2011), 『항일시가집』(2012), 『민요집』(2013), 『해방전평론집』(2012), 『해방전산문집』(2013), 『해방전기행문』(2013), 『해방전현대시』(2016) 등 8권이다. 그중 『해방전아동문학』 2권과 『해방전평론집』, 『해방전기행문』 등은 처음 출간되는 자료들로 학계의 높은 평가를 받게 되었다. 그리고 이상 8권의 책에 채 수록하지 못한 다수의 자료들이 연변대학교 역사연구소에서 주관한 『중국조선족사료전집－언어문학편』에 수록되어 2014년 12월에 연변인민출판사에 의하여 출판되었다.

이처럼 1999년 정년퇴임을 한 뒤 본격적으로 시작한 해방 전 만주 조선인 문학의 자료 발굴과 정리는 일련의 소중한 성과를 이룩하였다. 아울러 그 과정에 집필한 해설과 논문 등 성과들은 『해방전조선족문학연구』(연변인민출판사, 2014)로 출간되었다.

5. 맺음말

최삼룡 선생은 50여 년의 저술활동을 통해 문학예술 평론 200여만 자, 문학사 3권(공저, 40여만 자 집필)을 완성하였고, 정년퇴임 후 해방 전 만주 조선인문학의 자료 발굴과 정리에 주력하여 자료집 20여 권을 완성하였다.

선생의 평론은 개혁개방 초기 중국조선족문단의 관념과 의식의 갱신을 적극적으로 추동하였고, 문학사의 연구와 저술을 통해 '중국조선족문학'의 사적인 정립을 위한 개척자적인 기여를 하였다. 또한 20여

권의 만주 조선인문학 자료집은 조선족문학 연구 나아가 한국문학 연구를 위한 필수적인 기반을 마련해주었다.

2015년 4월, 연변문화예술연구중심에서 주최한 최삼룡 선생의 저서 『해방전조선족문학연구』 출판기념회에서 연변문화예술중심 리임원 주임, 연변작가협회 최국철 주석, 중국사회과학원 민족문학연구소 장춘식 연구원, 중앙민족대학교 원로교수 황유복, 연변대학교 교수 리광일, 평론가 겸 수필가 장정일, 흑룡강민족출판사 원로편집 김성우, 연변인민출판사 문예부 주임 김정옥 등 문단과 학계 동인들은 이구동성으로 최삼룡 선생의 해방 전 만주 조선인문학의 자료 발굴과 정리 및 연구가 가지는 학술적 가치를 충분히 긍정하고 높은 평가를 내렸다.

평론가는 스스로 붙일 수 있는 명칭이 아니고 어디서 하사받는 작위도 아니다. 반세기가 넘는 세월 동안 평단에서 활약을 하면서 이룩한 성과들이 있어 최삼룡 선생은 평론가로 인정받아왔다. 선생 또한 평론가라는 칭호에 상당한 애착과 자부심을 갖고 있다. 하지만 선생 스스로는 늘 자신은 자기만의 이론체계를 세운 학자도 아니고 세인을 놀라게 한 성과를 거둔 평론가도 아니라고 말한다. 자기는 다만 어려서부터 시가 좋고 소설이 재미있어 문학의 길에 들어섰고, 읽고 생각하고 쓰는 일을 여태껏 해왔기에 책 몇 권을 내놓았을 뿐이라고 말한다. 또한 평론가이기는 하지만 자기의 평론이 어느 문인의 창작에 도움을 주었으리라고 생각한 적이 없다고 한다. 오히려 때론 흥분하여 과격한 언사로 작품을 평가하여 글쓴이의 마음에 상처를 준 적도 적지 않았으니 미안하고 부끄러운 생각이 들 때가 많다고 고백한다. 그러면서 선생은 시・소설・연극 심지어 무용까지 평론을 하게 된 것은 그냥 평론의 대상이 되는 작품들이 좋았고 즐겼기 때문이라고 말한다. 평론은 선생에게 있어 문학예술을 즐기는 하나의 '고전적인 방식'일 뿐이란다.

그래서 고희를 훌쩍 넘기고 여든을 지척에 둔 오늘에도 최삼룡 선생은 여전히 수많은 작품을 읽고 평론을 쓴다. 물론 평론이라는 현장성 때문에 예상 밖의 물의를 일으킬 때가 있고 심지어 비난과 미움을 살 때도 있지만, 선생은 중국조선족문학의 현장과 함께 해왔다는 긍지를 한가득 느끼고 있다. 하지만 선생은 굳이 자기에게 명칭을 붙여주겠거든 평론가라 하지 말고 독서가라 불러주면 기쁘겠다고 말한다. 하긴 지금도 매일 8시간 이상 독서와 저술을 하고 있는 분이니깐 독서가도 적당한 칭호라고 할 수도 있겠다.

최삼룡 선생의 노익장과 무병장수를 기원한다.

|주요저술 목록|

『작문지도』(공저), 연변교육출판사, 1982.
『글짓기요령』, 요녕민족출판사, 1984.
『박춘일회상기』(정리), 연변인민출판사, 1985.
『중국조선족문학사』(공저), 연변인민출판사, 1990.
『각성과 곤혹』(평론집), 흑룡강조선민족출판사, 1992.
『변혁기의 문학선택』(평론집), 흑룡강민족출판사, 1999.
『인성의 심도와 문체의 다양화』(평론집), 연변인민출판사, 2004.
『중국조선족문학사』(공저), 민족출판사, 2007.
『문학사』(공저), 북경대학조선문화연구소, 2006.
『김파론』, 한국 백암사, 2010.
『친일문학선』(편저), 연변인민출판사, 2002.
『항일문학선』(편저), 연변인민출판사, 2003.
『해방전현대시집성』(편저), 흑룡강조선민족출판사, 2004.
『항일문학』(편저), 한국 도서출판 보고사, 2006.
『종합산문』(편저), 한국 도서출판 보고사, 2006
『민요집』(편저), 한국 도서출판 보고사, 2007.
『현대시』(편저), 한국 도서출판 보고사, 2005.
『재만조선인친일문학작품집』(편저), 한국 도서출판 보고사, 2008.
『만주기행』(편저), 한국 도서출판 보고사, 2011.
『해방전아동문학』(편저), 민족출판사, 2011.
『항일시가집』(편저), 민족출판사, 2012.
『민요집』(편저), 민족출판사, 2013.
『해방전평론집』(편저), 민족출판사, 2012.
『해방전산문집』(편저), 민족출판사, 2013.
『해방전기행문』(편저), 민족출판사, 2013.
『해방전현대시』(편저), 민족출판사, 2013.
『음악가 김종화』(편저), 민족출판사, 2004년.
『김파명시』(편저), 민족출판사, 2008.
『중국조선족력사자료전집』 언어문학권 6-평론과 친일문학(편저), 연변인민출판사, 2013.

『해방전중국조선족문학연구』, 연변인민출판사, 2014.
『승리의 기록』(편저), 연변인민출판사, 2015.

9. 조선족 민족음악의 정초자

: 김봉관金鳳官(1940~현재)

신광호申光浩

김봉관

1940년 4월 12일 화룡 출생.

1948년 9월 ~ 1954년 7월 화룡중심완전소학교.

1954년 7월 ~ 1956년 화룡서가농업호조조, 초급사, 고급사, 인민공사.

1956년 9월 ~ 1962년 7월 화룡중학교 초중·고중.

1962년 9월 ~ 1963년 9월 화룡 태평촌 하향지식청년.

1963년 9월 ~ 1967년 7월 연변예술학교 작곡이론 전공.

1967년 9월 ~ 1972년 3월 도문시 신화서점 영업원.

1972년 3월 ~ 1980년 12월 도문시문공단 음악창작원, 악대 대장.

1980년 12월 ~ 1988년 10월 도문시문화관 부관장.

1988년 10월 ~ 1993년 4월 도문시가무단 단장.

1989년 ~ 2000년 도문시음악가협회 주석.

1989년 12월 도문시 제12기 인민대표 당선.

1991년 10월 중국공산당 당원.

1995년 연변음악가협회 이사.

1995년 중국음악가협회 회원.

1993년 4월 ~ 2002년 5월 도문시 창작편집실 주임.

1998년 연변민간예술가협회 이사.

2000년 도문시음악가협회 명예주석.

2002년 5월 퇴직.

2011년 연변민간예술가협회 고문.

1. 머리말

김봉관은 70년대 중반부터 지금에 이르기까지 애창되는 가요 〈일할수록 성수나오〉를 통해서 중국조선족 사회에 널리 알려진 작곡가이다. 그는 이 작품으로 작곡가로서의 입지를 다지고, 가요・판소리・기악곡・무용곡 등 여러 장르와 영역의 작품을 창작하면서 작곡가로서의 재능을 과시했다.

특히 그는 1960년 중반 음악예술 전문단체가 전무한 도문시의 황폐한 예술 환경에서 선후로 도문시총공회(노동자조합)의 '총공회문예선전대', '본보기극학습반', '도문시정치부문공단' 등을 창립하고 직접 악대대장・지휘・단장을 역임하면서 도문지역의 양호한 음악예술 환경 조성과 건설에 열성을 다함으로써 도문지역은 물론 연변조선족자치주 내지 중국조선족 정신문명건설에 기여한 바가 크다.

그러나 한생을 바쳐온 그의 예술생애의 가장 큰 보람과 업적은 그의 작품창작보다도, 1978년부터 1986년까지 동북3성 150여개 도시와 마을의 300여 곳을 직접 답사하면서, 5,000여 명의 민간예인의 방문을 통해 3,000여 수의 민요와 10여 건의 민간무용, 4개의 민간이야기 등을 채보하고 정리한 중국조선족 민간음악의 수집과 정리에 있다고 하겠다. 이는 중국조선족 예술발전에 대한 그의 가장 큰 역사적 기여라 할 수 있으며. 따라서 그의 기여는 중국조선족 민족음악 발전에 있어서 아주 중요한 위치를 차지한다.

아래에 삶의 행적과 함께한 그의 예술적 업적과 역사적 기여를 살펴보도록 하겠다.

2. 김봉관의 출생과 가정환경

김봉관은 1940년 4월 12일 화룡현 서가(西街)에서 아버지 김홍범(金弘范)과 어머니 이복순(李福順) 사이의 둘째 아들로 태어났다.[1] 그러나 태어난 지 이레 만에 어머니가 '장질부사'라고 부르던 콜레라로 별세하면서,[2] 6세까지 외할머니의 보살핌 속에서 자랐다. 당시 외가는 과자방을 운영했는데, 어린 봉관은 사탕과 과자를 마음대로 먹을 수 있어 더없이 행복했다고 하며, 그래서인지 고희도 훨씬 넘어 미수를 앞둔 지금에도 사탕과 과자를 아주 즐겨한다.

하지만 설상가상의 격으로 외가에서의 김봉관의 행복한 삶은 외할머니의 타계로 종지부를 찍고, 할아버지와 아버지, 형님, 그리고 김봉관까지 모두 남성으로 구성된 살림을 하게 되었다. 당시 아버지 김홍범은 1946년(토지개혁기)에 입당한 중공당원으로서 늘 지주와 부농 청산 같은 일로 집안일에 신경 쓸 여념 없이 바삐 보냈으며, 돌볼 사람이 없는 어린 봉관이는 바쁜 아버지의 '껌딱지'로 붙어 다녔다. 그리하여 집안일은 당연히 형의 몫이었고, 도저히 넘길 수 없는 '형아표' 시라지국을 먹기도 하면서 소년기를 보냈다. 3대 남자의 살림이다보니 집안일은 형의 몫이었던 것으로, 식사 준비를 맡았던 형이 한번은 시라지를 삶지 않고 국을 끓여서 너무나 질긴데다가 쓰겁기까지 해서 어이없는 웃음 속에 먹었다고 한다.

당시 봉관이 일곱 살 나던 해(1948년경)의 집안 살림은 극도로 빈곤했

1 김봉관의 출생 당시 화룡은 성관구라고 했으며, 행정구역상 동가・서가・남가・북가로 나뉘었다.

2 당시 일제가 퍼뜨린 세균 때문에 인명 피해가 컸는데, 김봉관의 어머니가 피해자의 한 사람이다.

는데, 그의 옷가지란 토스레 바지와 해방포 적삼이 전부였으며,[3] 적삼의 원단 해방포마저도 이불 등이었다. 특히 물 흡수에 뛰어난 솜의 성질 때문에 비 오는 날이면 다리에 감겨드는 토스레 바지로 인해 걷기가 힘겨워 애를 먹기도 했다. 신도 쓰레기무지 속 일제의 '찌게다비' 바닥 고무를 뜯어 벼집 신 바닥에 구리쇠줄로 꿰매어 신었다. 초중 2학년 때, 동급생 황원춘이 버린 구두를 주웠는데, 원래 발에 맞지 않아 버린 것이어서 발이 너무도 아팠지만, 보배처럼 아끼며 신고 다니기도 했다. 그러니 초중 졸업까지도 속옷을 입어보지도 못했고, 겨울에도 홑바지와 홑적삼에 외투가 전부였다.

그러나 김봉관은 이러한 빈곤 속에서 역경 극복의 능력을 키웠는데, 소학교 1~2학년 때부터 직접 소꼴을 베어 내다팔아 학용품을 마련했다.[4] 특히 바쁜 아버지를 따라다니며 어린 나이에도 '압박'과 '착취'라는 계급적 모순에 대한 인식의 눈을 떠 불우하고 빈곤한 약자에 대한 동정심이 자랐다.

그의 이러한 동정심은 추호의 주저 없이 사경에 처한 이들을 구해내는 커다란 용기와 담력으로 이어졌다. 땔거리 때문에 30리 상거한 도둑골에서 함께 석탄을 줍는 중 순식간 무너진 버럭무지에 묻힌 임신한 옆집 아주머니를 구출한 일(1954)[5], 어린 친구들의 무지한 방관 속에 숨

3 토스레는 솜을 꼬아 실을 뽑고, 다시 그 솜 실로 짠 천을 말한다. 해방포는 소위 풍천이라고 하는 천이다.

4 김봉관이 소학교 1・2학년이었던 당시에 소꼴 두 단에 10전을 팔 수 있었는데, 공책 1권(5전)과 연필 한 대(5전)를 살 수 있었다고 한다.

5 1954년 늦가을 어느 날 땔거리 때문에 14세 된 김봉관은 자신과 한 살 차이나는 옆집 아이 장승일과 그의 임신 중인 형수, 그리고 여동생 조순단(13살, 김봉관의 여동생)까지 4명이 30리 상거한 도둑골(과거 일제가 석탄을 캐면서 내 버린 버럭무지가 쌓여있는 골) 3미터 높이 버럭무지에서 석탄을 줍던 중, 버럭무지가 순식간 무너져 내리면서 옆집 아주머니가 묻혔다. 김봉관은 발버둥치며 울기만 하던 두 아이의 울음 속에 추호의 주저도 없이 옆집 아주머니를 구출했다.

져가는 여자 아이 엄장복을 구명한 일(1957)[6] 등이 그 증거다.

그러나 김봉관은 어린 나이에 두 사람의 목숨[7]을 구했음에도 사람들에게 알리지 않고 조용히 혼자만의 긍지를 느끼는 겸손의 미덕도 키웠다. 지금도 그는 그때 구한 두 사람의 안부를 궁금해 하면서, '내가 두 사람의 목숨을 살려주었는데, 하느님께서는 선불리 나를 데려가지 않을 것'이라고 하면서, 소싯적 사람 목숨을 구한데 대한 긍지와 함께 뛰어난 낙천성을 보이고 있다.

3. 어린 시절 음악과의 인연과 연변예술학교 입학

김봉관의 소시적 음악과의 인연은 초·중 입학 후 맞은 학교의 들놀이가 계기였다. 물론 1948년부터 화룡아마추어문공단, 1950년 참군 후 조선중앙방송국 연극부, 연극영화대학 사로청위원장, 조선중앙텔레비방송국 연출과 과장 등을 역임한 형 김봉룡(金峰龍)의 영향이 있었지만,[8] 진정 음악과 확실한 인연을 맺게 된 것은 들놀이 출발을 앞두고 학

6　1957년 김봉관이 17세 되던 초중 1학년 때, 방과 후 숙제를 마치고 집에 돌아와, 넘어지는 널판자와 함께 땅에 떨어져 호흡이 중지되고 심장이 고동을 멈추며 숨져가는 5~6세의 어린 여자 아이를 발견하고, 역시 추호의 주저 없이 어른들의 농학회학습반의 『농민식자독본』을 봤던 기억으로 인공호흡을 하여 살려냈다. 당시 김봉관은 '엄마'를 부르며 집으로 달려가는 여자 아이를 보면서 또 한 사람의 목숨을 구했다는 생각에 너무나 기뻤다고 한다.

7　김봉관 자신은 두 사람의 목숨을 구했다고 하지만, 구출된 옆집 아주머니가 당시 임신 중인 걸 감안하면 사실은 세 사람의 목숨을 구했다고 해야 할 것이다.

8　김봉관의 형 김봉룡은 1948년에 화룡아마추어문공단에서 로인·일본장교 등 역으로 활약하며 사람들의 인정을 받은 배우였다. 1950년 참군 후 북한 인민군에서 연극활동을 하다가 북한 중앙방송국 연극부, 연극영화대학 사로청위원장, 북한 중앙텔

교 관악대의 대고수(大鼓手)가 사정으로 결석하게 되어 임시로 대리 고수를 맡은 일이었다.

들놀이 출발을 앞둔 고수의 결석에 다짜고짜 "이제부터 이 대고를 네가 쳐라, 누구의 명이라고 감히 거역한다고, 허허허" 하며 놓은 선생님[9]의 '으름장'에 발동한 봉관이의 오기, 특히 그가 음악에 관심을 가져온 지 오래인지라 대고수의 역할은 식은 죽 먹기였다. 들놀이 장소에 도착해서 김봉관은 자신의 반급이 아닌 관악대의 대원들과 어울려 활동하느라 점심 도시락을 잃어버렸다. 그 뒤로부터 김봉관은 관악대 대장, 학생회 문화오락부 부장을 맡으면서 가도・농촌・공장・림장 등 순회 위문공연을 조직하였다. 이에 대해 오늘날 김봉관은 '죽은 소가 죽을 두드리면서 음악의 문에 들어섰다'고 한다.

이렇게 시작된 김봉관의 음악연은 그를 음악 예술의 삶으로 이끌었다. 고중을 마치고 김봉관은 도시 지식청년들을 한층 단련시키기 위한 나라의 '상산하향지식청년(上山下鄕知識青年)' 정책에 따라 1962년 제1기로 화룡현 태평촌의 '집체호'로 내려가 1년 간 하향지식청년 생활을 경험하게 되었다.

집체호로 내려가며 그는 음악과 담임 류영섭 선생님으로부터 손풍금을 선물로 받았는데, 김봉관의 출현은 쥐죽은 듯 조용하던 시골 마을의 밤을 떠들썩 즐거운 놀이판으로 바꾸어 놓았다. 저녁이면 일에 지쳐 일찌감치 잠자리를 찾던 농민들이 그의 손풍금소리가 있는 집체

레비방송국 연출과 과장 등을 역임했고, 1998년 함경북도 무산에서 별세했다. 형의 영향으로 김봉관은 어려서부터 대정금・하모니카・발풍금 등으로 간단한 노래들을 어렵잖게 연주했다.

9 다짜고짜 김봉관에게 대고를 맡긴 선생님은 소학교 때 반담임이었던 최종협 선생님이었다. 그는 일찍부터 봉관의 음악적 재능을 익히 알고 있던 터라, 아무런 주저 없이 봉관이에게 대고를 맡겼다. "이제부터 이 대고를 네가 쳐라, 누구의 명이라고 감히 거역한다고, 허허허" 하는 선생님의 부드러운 으름장에 봉관이 또한 "하면했지" 하는 오기가 생겼다고 한다.

호를 찾아 즐거운 춤판으로 노동의 피곤을 풀었다.

그때 마침 전국적인 범위로 '뢰봉(雷鋒) 따라배우기' 운동이 일었는데, 김봉관은 룡담촌과 태평촌 등을 돌면서 사진을 통한 뢰봉의 사적을 선전했다. 이렇듯 열성과 재능을 겸비한 김봉관을 촌에 눌러 둘 속셈으로 당시 태평촌 당지부서기는 그에게 촌의 양봉을 맡겼다. 김봉관 또한 그러한 속셈은 몰랐으나 양봉에 지극히 열성이어서, 당지부서기를 비롯해 촌의 누구나 그를 좋아하고 아꼈다. 그래서인지 그는 반세기가 지난 오늘날에도 그 시절의 추억이 오롯이 기억에 남는다고 한다. 하지만 그렇듯 즐겁고도 따뜻한 사랑 속에서도 김봉관은 그의 음악에 대한 열망과 꿈을 접을 수 없었다.

그러던 그에게 1963년 봄, 음악을 향한 열망의 꿈을 이룰 수 있는 천재일우의 기회가 주어졌다. 바로 화룡1중에서 진행되는 연변예술학교의 학생 모집이었다. 그는 촌의 모든 사람들 몰래 시험을 보았는데 1차 시험에 합격하였다. 그리고 한 주 후 연길(연변예술학교)에서의 정식시험을 위하여 '집에 일이 있다'는 핑계로 촌의 허가를 받고, 집(화룡)으로 가서 아버지로부터 여비 20원을 받았다. 그러나 시간이 늦어져 연길행 기차에 겨우 올랐으나 '규정을 어길 수 없다'는 원칙에 충실한 열차 승무원한테 쫓겨 화룡에서 30리 상거한 관지(官地)역에서 내릴 수밖에 없었다. 원인은 바로 기차 시간이 많이 늦어진 관계로 기차역까지 마차로 이동했는데, 마차 비용을 급히 주다보니 나머지 여비 모두를 마차에 흘렸던 것이었다. 하는 수 없이 그는 걸어서 집에 가 다시 아버지에게 20원을 받아가지고, 연길행 야간 화물열차로 연변예술학교를 찾았다.

밤중에 연변예술학교를 찾았던 김봉관은 당시의 정경과 감수를 다음과 같이 표현한다.

교문에 들어서니 저녁이어서 4층 건물인 예술학교 칸칸마다에서 흘러나

오는 피아노 소리, 빠요린 소리, 관악기 소리, 노래 소리…… 이 밤이야말로 세상에서 제일 황홀한 밤이었으며 꿈에도 생각하지 못했던 천당이었다. 보잘것없는 가난한 집 자식으로 이런 천당에서 학습하게끔 한 고마운 당과 모주석의 은혜에 꼭 보답하리라 몇 번이고 다짐하였다.

이것이 바로 음악을 향한 열망의 꿈으로 부풀었던 당시 김봉관의 진솔한 심정과 감수였다. 열성적인 음악 지망생 김봉관의 꿈은 바로 이로부터 본격적으로 실현되기 시작했으며, 그의 작곡가로서 음악인생이 시작되었다.

호사다마(好事多磨)라는 말이 있듯이, 급한 김에 돈을 흘려버려 두 번씩이나 여비를 꾼 것, 또 겨우 오른 기차에서 쫓긴 것, 더욱이 시험을 위해 자신을 그토록 좋아하고 사랑해주던 태평촌 사람들에게 지금도 마음에 걸리는 '거짓말'을 한 것, 이 모든 것이 어찌 보면 김봉관의 꿈의 실현을 위한 것이 아닌가 싶기도 하다.

마지막 정식시험에도 합격된 김봉관은 연변예술학교 작곡이론 전공에 입학했다. 입학해서부터 도문·량수·정암·훈춘 등 지역의 졸업생 순회공연에 합류하였으며, 얼마 안 되어 반급의 공청단 지부서기도 맡았다.

그리고 1964년부터 '작곡이론반급의 강의와 수업을 빈하중농 속으로'라는 지시로, '생산 노동의 실제와 결부시켜 산 지식을 배우기' 위해 피아노(2대)까지 해방표 자동차에 싣고 약 2년 간 화룡현 상화촌과 연변고무공장의 생산 현장에서 지냈다. 이 때 〈산간에 울리는 가야금 소리〉, 〈공장에 온 편지〉, 〈웰남은 싸운다〉(조곡)와 함께 반급 동기생들의 〈산골에도 만풍년 들었네〉(정준갑 작곡), 〈여량수레 영넘어 가네〉(김유식 작곡)와 같은 작품들을 창작하였다. 그리고 1965년에는 재학생임에도 '사회주의교육공작대' 신분으로 농촌(안도현 석문향) 지도에 나가기도 하면서 1967년에 졸업을 맞았다.

4. '꼬리 없는 소'의 '머저리 짓'과 '도문강 기적'

연변예술학교를 졸업한 김봉관은 도문시 신화서점으로 발령받았다. 도문에서 김봉관의 모든 행각은 작곡가의 입지 확립과 예술 전문단체의 창립과 함께 한 도문 예술문화 환경 건설의 '도문강 기적' 창조로 이어진다. 이 과정에 그는 '꼬리 없는 소', '머저리'라는 별명을 얻었다. 도문에서의 그의 50년 삶은 작곡가・예술가로서 가장 가슴 벅찬 격동의 삶, 보람의 삶이었다. 민요 집성의 참여도 바로 도문에서였다.

서점으로 발령받은 김봉관은 모든 일에 지극히 열성이었다. 특히 당시의 전시대비 방공호 뚫기에서도 그는 '꼬리 없는 소'라는 별명을 얻을 정도로 일에 열중했다. 워낙 과묵하고 조용하면서도 부지런한 성격의 소유자라 모든 일에서 그러했다.

그러면서도 김봉관의 생각은 여전히 음악에 있었다. 그는 선후로 도문시 '총공회문공단'(1968), '홍위병총부선전대'(1969), '본보기극 학습반'(1970), '도문시정치부문공단'(1971) 등 전문단체를 설립하고 직접 악대 대장 및 지휘 등을 맡았다. 그리고 '농업은 대채를 따라 배우자'와 같은 당시의 정치적 임무로 내려지는 공연을 포함하여, 농촌・공장・학교를 위한 위문공연과 외국손님을 위한 영빈공연을 했다. 한편 그는 가요・판소리・기악곡・무용곡 등 다양한 장르와 영역의 작품을 창작하며 작곡가로서 입지를 다져가며, 도문지역 예술문화 환경 조성과 정신문명 건설에 모든 힘을 이바지했다.

당시의 열악한 사회정치적 환경 및 음악예술 전문단체가 전무한 상황에서 직접 '총공회문공단', '홍위병총부선전대', '본보기극 학습반', '도문시정치부 문공단' 등을 조직 설립하면서 '무에서 유를 창출'한 김봉관의 예술 행적은 그 자신의 예술인생에서 뿐만 아니라 도문지역 예술문화 환경 조성과 정신문명 건설에 있어서도 '도문강 기적'이라고 해도 절대 과언이 아닐 것이다.

작곡가 김봉관에게는 공동창작작품 무용곡 〈풍년에 모주석을 그리네〉(박진우 · 리일남 · 김봉관)가 있다. 지금도 그는 이 작품에 대해 흥분과 아쉬움을 금치 못한다. 바로 3인의 공동작품인 이 곡 가운데 제3부가 김봉관의 창작인데 출판사의 실수로 김봉관이 아닌 박진우로 잘못 표기하였고, 또 가무단에서도 김봉관 제3부로 농악 무용곡으로 개편했는데 역시 박진우로 밝혔기 때문이다.

구체적으로 보면 이 작품은 제1부를 박진우, 제2부를 리일남, 제3부를 김봉관이 맡았다. 김봉관은 제3부에서 신통한 가락이 떠오르지 않아 밤잠을 설치다, 공연을 이틀 앞둔 날 자정도 훨씬 지난 시간에 불현듯 떠오르는 영감으로 흥분한 나머지 깊이 잠든 동료 작곡가 박진우를 깨워 곡조를 받아 적게 하면서 창작했다.

이렇게 어렵사리 창작된 작품이 당시(1971) 중국공산당 창건 50주년 연변조선족자치주 경축행사 전문단체 콩쿠르에서 세 번의 앙코르 공연을 하면서 큰 성공을 거두었다. 후에 이 작품은 도문시정치부문공단과 안도현문공단 · 화룡현문공단과 합동으로 이루어진 훈춘 공연에서 우수무용상과 우수작곡상을 수상했다. 공연의 성공과 수상은 제3부의 공이 컸다. 당시 3번의 앙코르에 대해 김봉관은 지금도 "정말 별난 일도 다 있지, 무용을 재청하다니"라고 하면서 감개무량해 한다.

김봉관은 도문의 50년 예술인생에서 29수의 가요, 판소리 음악 2편, 기악곡 2부, 무용곡 8부를 창작했다. 그의 음악창작은 퇴직 후에도 저술활동과 함께 계속 진행되었는데, 약 6수의 가요를 창작했다. 전직 작곡가로서 다산은 아니지만, 50수(부, 편)에 가까운 작품 중 14수가 상을 받은 것은 작품의 높은 작품성과 예술성이 널리 인정받았기 때문이다.

그의 작품을 구체적으로 살펴보면, 가요에 〈산간에 울리는 가야금소리〉(1964, 엄상준 작사), 〈웰남은 싸운다〉(1965, 리정문 작사), 〈공장에 온 편지〉(1971, 리정문 작사), 〈유쾌한 마차부〉(1973, 김봉관 작사), 〈공장에 온 편지〉(1975, 리정문 작사), 〈합작의료 꽃피워 간다네〉(1975, 정국초 작사), 〈일할수록 성수나네〉(1976, 강호혁 작사), 〈꽃피는 우리마을〉(1978, 량태수 작사), 〈군민은 한 마음〉(1978, 리만금 작사), 〈중남해 등불빛〉(1978, 김파 작사), 〈벨소리〉(1988, 작사 미상), 〈내 고향〉(1982, 리행복 작사), 〈휘바람소리〉(1983, 문혜영 작사), 〈들깨 꽃 핍니다〉(1984, 정몽호 작사), 〈로산의 영웅아저씨〉(1985, 작사 미상), 〈세월이 좋아서〉(1986, 리종환 작사), 〈우리네 박달수〉(1987, 오국봉 작사), 〈탁주타령〉(1988, 박상룡 작사), 〈산타령〉(1988, 석화 작사), 〈세상에 무엇이 제일 클까〉(1988, 작사 미상), 〈두만강 배노래〉(1992, 오국봉 작사), 〈연변아리랑〉(1992, 김학송 작사, 림성호 공동창작), 〈우리네 장백산〉(1995, 오국봉 작사), 〈가슴을 열어라〉(1996, 리수길 작사), 〈참회〉(1996, 오국봉 작사), 〈수레 몰고 돌아오네〉(1996, 김인덕 작사), 〈하얀 마음의 산〉(1997, 김동진 작사), 〈꿈속에서 살고파〉(1999, 오국봉 작사), 〈무지개 인생〉(2000, 유천 작사)이 있다.

퇴직 후의 작품으로는 〈우리아빠〉(2003, 김만석 작사), 〈우리인생 늴리리〉(2004, 최기자 작사), 〈우리집 곱돌장〉(2009, 김홍규 작사), 〈너도 나고 멋이로구나〉(2001, 김인덕 작사), 〈잘 꾸려보세〉(2012, 김철학 작사), 〈봄 아가씨〉(2013, 한일성 작사) 등이 있다.

그리고 판소리 음악으로는 〈산지기의 생일날〉(2005, 황상박 대본)과 〈로처녀 구혼기〉(2006, 김정권 대본)가 있고, 기악곡에 〈새천년을 향하여〉(1993, 퉁소 독주곡)와 〈연변아리랑〉(2004, 새납 독주곡)있으며, 무용곡에 〈풍년에 모주석을 그리네〉(1971, 리만금 안무, 제3부), 〈침직 여공〉(1972, 허정자 안무), 〈꼬마 사장님〉(1973, 장진강 안무), 〈모주석을 그리네〉(1976, 리만금 안무), 〈방치질 소리〉(1978, 리만금 안무), 〈사냥꾼의 노래〉(1982, 이종환 안무), 〈검은 심보〉(1982, 홍수천 안무), 〈전류〉(1983, 박미옥 안무)등이 있다.

이상의 작품 중 가요 〈일할수록 성수나네〉(1980, 강효혁 작사)가 제6기 전주 창작콩쿨 가작상, 가요 〈무지개 인생〉(2000, 최기자 작사)가 전국조선족가요응모 창작작품 2등상, 가요 〈잘 꾸려보세〉(2012, 김철학 작사)가 연변조선족자치주창립60주년 가곡창작응모 2등상, 〈고향땅〉(2013, 김봉관 작사)이 연변음악가협회 가곡응모 2등상을 수상했다.

그리고 무용곡으로는 〈풍년에 모주석을 그리네〉(1971)가 성·주 전문단체콩쿨 우수창작상, 〈전류〉(1983, 박미옥 안무)가 전력계통선발공연 우수창작상, 〈세월이 좋아서〉(1986, 이종환 작사)가 전주 전문단체콩쿨 우수작품, 〈세상에 무엇이 제일 클까〉(1988, 작사 미상)가 전국소년아동콩쿨 우수창작상, 〈하얀 마음의 산〉(1989, 김동진 작사)이 전국조선족가곡창작콩클 2등상, 〈연변아리랑〉(1992, 김학송 작사, 김봉관·림성호 곡)이 제5회 진달래문예상과 제26회 '하얼빈의 여름 음악회' 우수창작상을 수상했다. 기악곡으로는 〈새천년을 향하여〉(1993)가 동북3성조선족문예콩쿨 2등상, 〈연변아리랑〉(2004)이 제2·3기 진달래신인음악작품평의회 3등상을 수상했다. 또한 저서 『중국조선족민간음악집』(2008, 연변인민출판사)이 성·주 우수출판상과 제6회진달래문예상을 수상했다.

이외에도 그는 1983년에 길림성 문화청으로부터 '근로격려상', 1988년에 전국소년아동선발공연에서 조직·보도·창작의 우수상, 1998년에 중국민간가곡집성편찬위로부터 『예술학과국가중점항목민가집성』(길림성권 2권)이 2등상, 2009년에는 『중국조선족민간가곡집』이 길림성중점도서 1등상을 수상했다.

김봉관의 이상과 같은 업적은 국내외 매체들에 보도되었는데, 중국의 『연변일보』가 1995년 10월 15일자로 「배적삼서 풍기는 구수한 작품을 희망」을, 한국의 『조선일보』가 2002년 11월 23일자로 「조선족민요 수집 20여년 연변의 민족문화 지킴이」를, 한국의 『조선일보인터넷』이 2003년 10월 15일자로 「김봉관의 채취한 '청주아리랑'」을, 중국의 『과학과 문화』가 2009년 5월 11일자로 「중국조선족민간음악집출간」을, 중국의 『연변일보』가 2009년 5월 22일자로 「반세기만에 울린 교향곡」을, 중국의 『연변 라지오TV신문』이 2011년 8월 11일자로 「중국조선족 민간음악연구에 여생을 바쳐」를, 중국의 『연변일보』가 2012년 6월 18일자로 「민족음악을 위해 혼신을 불사르다」를, 중국의 『신보』가 2013년 10월 23일자로 「생명으로 그린 매 하나의 소리표」를, 중국의 『길림신문』이 2014년 1월 17일자로 「조선족음악예술에 생을 건 김봉관 선생」을, 그리고 중국 『노인의 벗』이 2014년 2월 19일자로 「조선족음악예술에 생을 건 김봉관 선생」을 보도했다.

또한 김봉관은 창작을 통한 작곡 활동과 함께 예술부문의 행정사무도 맡았는데, 선후로 도문시문화관 문예조 조장(1980), 도문시문화관 부관장 및 관장(1980.12~1988.10), 도문시가무단 단장(1988.10~1993.3), 도문시 창작편집실 주임(1993.4~2000) 등을 역임하며, 격변기 시장경제 속에서의 전문단체들의 방황을 감안하고 녹상청(彔像廳)(영상실)과 복인부(复印部)(복사실) 운영, 미술실 세 놓기 등으로 경제적 수익을 높여 직원들의 삶의 질 향상은 물론 피아노와 같은 새 악기를 구입하고 음향시설을 새로 구비하는데 큰 도움을 주었다.

그런데 그의 행정업무를 통한 경제활동은 이에 그치지 않고 부인의 '다방'에까지 '확장'되었는데, 부인이 다방을 운영해 얻은 수익금을 도문시음악가협회의 활동에 퍼부은 것이다. 이런 김봉관을 두고 주위 사람들은 악의 없는 '머저리'라는 칭호를 수여했다. 김봉관의 이러한 '머저리 짓' 덕분에 도문시음악가협회는 연변조선족자치주 가운데 가장 생기가 넘치는 음악가협회가 되었다. 주위 사람들의 '머저리' 소리에 김봉관 자신도 수긍이 간다고 한다. 그러면서도 그는 "도문시음악가협회 회원들이 그곳에 있는 동안만이라도 활개를 쭉 펴고 마음대로 날아보라고 그랬다. 그때가 바로 나 같은 '머저리'가 절실히 필요한 때였다"고 환한 웃음을 짓는다. 그에 대한 보답이라고 할까, 지금도 당시 동료들은 그의 노고에 대한 치하를 아끼지 않는다.

그러나 그에게 두만강예술단 간부들의 '12만원 사기사건'(1999)으로 인한 손실, 연변대학 로교수협회 산하 중국조선족전통음악연구소 해산(2004), 연변창극단의 무산(2006) 등 사건들이 생겼다. 특히 1999년의 두만강예술단 '12만원 사기사건'은 당시로서도 거액의 손실이었던 만큼, '실패의 원인이 타인을 맹목적으로 믿은 탓'이라는 그에게 큰 충격이었다. 이에 대하여 그는 '침통한 교훈'이라고 말하고 있다. 이 정도면 누구라도 김봉관이 장가 한 번 잘 갔다는 생각이 들 것이다. 새삼 그의 부인 김계화(金桂花) 여사에 대한 존경심이 우러난다.[10]

다행이라고 할까 아니면 보답이라고 할까, 오랜 동료와 주위 사람들은 그를 '물불을 가리지 않고 앞으로만 달리는 늙은 코끼리'라고 한다. "봉관이가 일을 많이 벌려 놓은 것은 사실이나, 어느 하나 딱소리 나게 마무리 지은 것이 없다. 그 중요한 원인은 마음이 착하여 쉽게 타인을 신임하여, 자신의 속심을 쉽게 타인에게 터놓는다"고 하면서, "봉관이를 나쁘다고 하는 사람이 나쁜 사람이다"라고 말한다.

이렇듯 분망한 활약 속에서도 김봉관은 「모내기 노래에 논함」(『예술

---

10 1944년 12월 6일 화룡에서 출생했다. 1953년 9월부터 1959년 7월까지 화룡중심소학교를 다녔고, 1959년 9월부터 1962년 7월까지 화룡중학교(초・중)를 마친 뒤, 1962년 7월부터 1965년 4월까지 화룡 태평촌에서 김봉관과 함께 하향지식청년으로 있었다. 그리고 1963년 4월부터 1969년 12월부터 화룡 복장사에 근무했고, 1969년 1월 2일 결혼 후 12월부터 도문시민족복장공장 기술원으로 임직하다가 1995년 12월 퇴직했다. 김봉관과의 사랑은 태평촌 시절부터였으며, 슬하에 아들(50세)과 딸(42세)을 두었다.

세계』, 1996.1～2), 「조선족민요의 유래에 대하여」(『예술세계』, 1996.3～8), 「조선민족유산연구」(『문학과예술』, 1998.2～6), 「지신밟기」(『조선민속연구』 3권, 1998), 「청주아리랑」(한・중 청주아리랑 학술세미나, 2003 ; 『예술세계』, 2004.7～8), 「김남호 선생의 음악창작에 대하여」(『예술세계』, 2005.1～2), 「우리민요」(『예술세계』, 2008.6), 「민족예술 보물고를 헤쳐가는 길에서」(『예술세계』, 2009.1), 「조종주와 배뱅이굿」(『예술세계』, 2009.2), 「반세기만에 울린 교향곡」(한국민요학회 국제학술세미나, 2009), 「박우선생님의 창작기교를 두고」(『예술세계』, 2010.2)과 같은 평론과 논문을 발표하면서 저술활동도 겸행했다. 이상을 보아 그의 주된 관심 분야가 민족문화유산 중의 보물인 민요에 있다는 것을 알 수 있다. 김봉관의 이러한 저술활동과 작품창작은 그 후 그의 민요집성 작업의 탄탄한 기반을 이루었다.

5. 무심결에 뛰어든 민요수집

도문의 50년이 그의 예술생애에서 가장 가슴 벅차고 보람찬 삶이었다면, 민요집성의 참여, 특히 수집된 자료의 정리는 중국조선족 민족음악의 발전에 있어서의 가장 큰 기여라 하겠다.

김봉관이 이 일에 참여하게 된 데에는 1978년 고 리황훈 선생의 건의가 계기를 이루었다. 그는 민요 수집이 창작에 도움이 되리라는 판단으로 이황훈 선생의 건의를 흔쾌히 받아들였지만, 그 과정에서 '민요수집은 단지 민족음악을 수집하는데 그치는 것이 아니라, 우리 민족의 얼을 되살리고 우리 민족 예술의 부강・발전을 위한 중요한 역사적 의의가 있음을 깊이 느끼게' 되어, 침식을 잊어가며 더욱 신중하고 참답게 자신의 역할에 충실했다.

이러한 인식이 있었기에 1983년 용정에서 열린 전주민요집성공작회의(全州民謠集成工作會議)에서 "우리는 앞세대에게 미안하지 않고 뒷세대에 부끄럽지 않게, 민족유산을 잘 발굴하고 정리하여 후대에 넘겨줘야 한다"라는 말로 민요 수집이 갖는 역사적 의의와 가치에 대한 인식을 피력하며 이에 대한 중시를 호소했다.

이러한 사상적 인식과 정신적 준비가 있었기에, 그는 창자들로부터의 불신,[11] 창자들의 연세로 인한 불안정함, 지속음의 후지부로의 대체, 섬세한 장식음과 다양한 굴림과 복잡한 농현의 기보상의 어려움, 그리고 인터뷰 대상 노인의 별세, 20kg이 넘는 녹음기를 직접 메고 다니고, 원활한 수집을 위해 억지로 마신 술로 인한 건강 악화 등등.[12] 여

---

11 〈청주아리랑〉을 수집할 때(1978.10.12) 훈춘 정남에서의 일화가 있다. 민요라는 말에 졸지에 장내가 불신의 분위기로 긴장되었다고 한다. "문화대혁명 때 잡귀신이요, 썩어 빠진 잡소리요, 봉건이요 하면서 못 부르게 하던 민요를 부르라고 하니" 모두가 불안하고 무서웠던 것이다. 할 수 없이 이튿날 친분 있는 집에서 다시 노인들을 모시고 촌의 지부서기가 직접 민요 수집 의의를 설명하고 나서야 "그래, 이제부터는 소리를 해도 괜찮단 말이요? 아무 노래건 상관 없지라?"라고 조심조심 민요를 부르기 시작했다고 한다.
〈초한가〉 수집 때에도 노인은 "나는 아무것도 모르오, 잘못 찾아왔쇠다"라고 단호히 거절했다가, 민요 수집의 의의에 대한 설명과 함께 나라의 도장이 찍힌 〈중화인민공화국문화부〉, 〈중화인민공화국민족사무위원회〉, 〈중국음악가협회〉의 증명 서한을 보고서도, 또 "박 아무개가 소리를 하여도 일없다는 글을 쓰고 지장을 찍으시오"라는 조건부에, 즉석에서 작성한 "박남선 로인께서 민족의 얼을 되살리는 사업에서 열정적으로 민요를 불러주어 집성사업에 커다란 기여를 하였음을 찬양한다"는 보증서까지 받고서야 안심하고 〈초한가〉를 불렀다고 한다.
박 노인의 이러한 불신에는 사연이 있었다. 바로 민요를 부른 것 때문에 문화대혁명 시기에 '잡귀신'에 몰렸는데, 아들이 "아버지가 계속 노래를 부르면 부자 관계를 끊겠다"는 말에, 술만 마셨다하면 노래가 절로 나오는 박노인인지라 "15년 동안 술을 끊고 지냈다"고 하면서, 눈물을 흘리면서 오늘은 "모주석이 계시는 북경에서 보내온 술이니 감사히 받아 마시겠수다"고 하면서 노래를 계속했다고 한다.

12 김봉관은 워낙 술에 약해 수집팀의 유일한 '보호대상'이었는데, 그도 길림시 알라디촌에서 한 노인의 짓궂은 권주에 서로의 감정과 분위기를 고려해 한 대접 마셨다가 고통스러워 한 적이 있다.

러 곤란을 극복하고 1978년부터 1986년까지 8년에 걸친 민요 수집을 원만히 마칠 수 있었다.[13]

만요 수집에서 김봉관은 늘 자리가 파한 자정 이후부터 또다시 녹음을 들으며 이튿날 아침 5~6시까지 40~50수를 기보했다. 그러고는 한두 시간 쪽잠으로 피곤을 달래고 8~9시경 다시 전날 방문했던 어르신들을 다시 찾아가 의문나거나 명확치 않은 부분을 확인하고 다음 목적지로 향하곤 했다. 이러한 일상이 몇 달, 몇 년 간 반복되자 그들의 건강에 비상이 걸려갔다.

그러나 건강에 이상이 있음을 번연히 알면서도 단절 위기에 놓인 민족문화유산의 발굴과 전승에 헌신적으로 일했다. 김봉관 역시 모든 것을 희생하며 수집에 열중했는데,[14] 매 한 수의 기보를 끝낼 때마다 보람의 희열을 느끼며 힘든 줄 몰랐다. 당시 김봉관은 수집팀 가운데 제일 나이가 어렸는데, 이미 타계한 정길운 · 리황훈 · 리동구 · 김태갑 등 선생들은 그에게 늘 독방을 주고 집에서 싸온 맛난 음식을 주었다. 당시 김봉관에 대한 그들의 관심과 사랑은 그의 드팀없는 사명감을 키워주었다. 김봉관은 지금도 그들과 함께 나날을 그리면서 "마냥 그네들이 생각난다. 그 정 때문에 그들의 비석을 세워주지 못할망정 그들의 공적을 세세대대로 기리기 위하여 천금 같은 눈을 잃어가면서도 책을 쓸 결심을 했다"고 한다.

---

13 이 민요 수집에는 민요 외에도 음악 · 무용 · 이야기 · 공예미술 · 풍속습관 · 생활풍습 등 많은 것이 망라된다.

14 김봉관은 자신의 뒷바라지를 묵묵히 해온 부인과 자식들에게 참으로 미안하다고 한다. 도문시가무단시절에는 공연 때문에, 문화관 시절에는 보도 때문에, 그리고 예술집성 시절에는 민요 수집 때문에 집일에 무심하다보니 부인의 출산과 생일도 기억하지 못했고, 더욱이 공연으로 인해 부친의 임종도 지켜드리지 못했다고 한다. 그래서 김봉관은 "세상의 혁명은 네가 없으면 못한다냐"는 가문의 꾸지람 속에 불효자식으로 낙인 찍혔고, 늦었지만 이제야 할아버지, 아버지, 어머니께 속죄한다고 한다.

6. 사명감으로 불사른 만년

2001년 퇴직하기까지, 김봉관은 평생 일에 쫓겨 아내의 생일과 출산은 물론 부모님의 임종조차 지키지 못했다. 퇴직 후엔 운동이나 여행 등 여가로 만년을 즐길 법도 한데, 그는 수집과정에서 '독차지하였던 사랑에 보답'하면서, '민족의 얼을 살리기 위해' 『중국조선족민간음악집』(2008), 『중국조선족민족기악대전』(2013), 『중국조선족아리랑』(2015), 『중국조선족민요문학전집』(2016.8) 등을 저술 출판하며 퇴직 전보다 오히려 더욱 바삐 보냈다.

그는 퇴직과 함께 매번 이사 때마다 다른 건 처리하더라도 모아놓은 민요자료부터 챙겼는데, 1년 반의 기간 동안 잉크 6병과 만년필 4대를 소모하며 그간 수집한 수자보를 5선보로 옮겼다. 그 정리된 것만도 6kg이 넘었다. 그리고 출판사의 요구에 따라 이를 다시 컴퓨터로 전산화(악보)했는데, 이 과정에서 아르바이트하는 딸에게 입력을 부탁하고, 70의 고령으로 프로그램(앙코르 : Encore)을 새로 학습하였다. 게다가 오작동으로 인해 두 차례나 다시 입력했지만 손녀의 장난으로 이동 디스크가 고장 나 결국 세 번 입력하는 어려움을 겪었다.

이렇듯 어렵사리 정리 출판된 것이 바로 『중국조선족민간음악집』이다. 이는 제1차(1952)[15]부터 시작하여 제2차(1961),[16] 제3차(1978)[17]에 걸쳐

15 건국 후 중국 정부는 어려운 상황에서도 여러 민족의 문예창달에 중시를 돌리고 여러 민족 민간문예유산의 발굴 수집과 정리에 인력 · 물력 · 재력을 아끼지 않았다. 따라서 국가 문예정책의 지시에 따라 연변을 위주로 하는 중국조선족 민간문예 발굴과 수집이 활발히 진행되었는데, 모두 4차에 걸쳐 마무리되었다. 그러나 문화대혁명 전의 제2차 수집과 문화대혁명 후의 제3차까지 수집이 마무리 되었고, 1987년 연변예술집성판공실 시기는 이전에 수집된 내용을 일부 보충하여 정리한 작업이라 함이 마땅하다. 1952년부터 1959년까지의 제1차는 연변조선족자치주 정부의 주도하에 연변지구민족예술수집위원회 설립으로 시작되었으며, 당시 연변조선족자치주 주장

완성된 민요수집에서 자신들의 모든 것을 바친 고 정진옥 · 고자성 · 김성민 · 안국민 · 조득현 · 리일남 · 신용춘 · 허금남(이상 제1차), 리황훈 · 정길운 · 김진 · 리인희 · 김태갑 · 동희철 · 왕보림 · 조성일 · 정준갑 · 김덕균 · 조순희 · 박만춘 · 권견(이상 제2차), 리황훈 · 정길운 · 김태갑 · 리동구 · 리행복(이상 제3차) 등 많은 음악가들의 생명이자 사명감의 결실이며, 민족문화유산 중의 가장 소중한 보물이다.

『중국조선족민간음악집』은 57년 동안의 각별한 보관과 8년(2001~2008)간의 저술 기간으로 완성한, 130만자에 달하는 거작(1,500여 페이지, 무게 4kg)

주덕해의 '불을 끄러가는 소방차의 속도로 민간예술에 대한 발굴 · 수집 · 정리 연구사업을 다그치라'는 당부가 미담으로 전해지고 있다. 구성원으로는 장진옥 · 고자성 · 김성민 · 안국민 · 최삼명 · 조득현 · 이일남 · 신용춘 · 허금남 등으로, 연변가무단, 연변예술학원, 연변라지오방송국, 연변인민출판사, 기타 문학예술단체 등에서 분산적으로 진행되었다. 민간 예인으로는 하태익 · 최자일 · 유영태 등이 참여했다. 그리고 제4차는 1987년 연변예술집성판공실의 주도로 진행되었는데, 김산덕 · 전병칠 · 김남호 · 김순련 · 김영애 등이 참여하였다. 연변예술집성판공실은 현재 연변문화예술중심이 되었다.

16 제2차 민요 수집은 국가 문화부와 중국음악가협회의 연합 통지 정신에 따라 연변민간문예연구조를 설립하여 1960년부터 1966년까지 진행되었다. 구성원은 이황훈 · 정길운 · 김진 · 이인희 · 김태갑 · 동희철 · 왕보림 · 조성일 · 정준갑 · 김덕균 · 조순희 · 박만춘 · 권견 등이다. 민간 예인으로는 우제강 · 조종주 · 조한룡 · 김문자 · 신옥화 · 박정렬 · 강성기 · 이병지 · 이금덕 · 이임룡 · 기상순 · 차송녀 · 김말순 · 김국환 · 김경모 등이 참여했다.

그리고 같은 시기 연변예술학교와 연변인민방송국과 등 학교와 매체들도 교재편찬과 육성자료 확보의 형식으로 민요의 발굴 · 수집 · 정리에 크게 일조했는데, 연변예술학교의 김진 · 조순희 · 정준갑의 활약이 두드러진다. 이들은 『가야금곡집』과 『조선민가집』을 유인본으로 각각 5권 편찬했다.

17 제3차는 2000년까지의 중국예술집성 완성에 대한 문화부와 국가민족사무위원회, 그리고 중국음악가협회의 3자 연합지시에 따라 1978년부터 1986년까지 진행되었는데, 수요에 따라 연변민간예술집성판공실을 설립했다. 구성원으로는 당시 연변조선족자치주 문화국 국장이었던 김창호가 단장을 맡았고, 정길운 · 이황훈 · 김태갑 · 김봉관 · 이동구 · 김성진 등 6명이었다. 이들 중 정길운 · 이황훈 · 김태갑이 문학을, 리동구가 사진 촬영을, 김봉관과 임성진이 음악과 록음 및 채보를 맡았다. 민간 예인으로는 우제강 · 조종주 · 조한룡 · 강성기 · 이병지 · 이금덕 · 차소매 · 이상철 · 신철 · 차송녀 · 김말순 · 이현규 · 서명봉 · 오수만 · 전속호 · 리복래 등이 참여했다.

으로, 중국조선족 민간음악의 수집・정리의 총화(민요 1,550수)이며, 중국조선족 민족음악의 사전이다. 김봉관 자신과 많은 동료 음악인들은 이를 '반세기만에 울려진 교향곡'이라고 경탄한다. 또한 이 책은 그의 『중국조선족민요문학전집』(2016)과 『중국조선족 아리랑』(2015)의 모태이기도 하다. 분류에 있어서는 민요 분류의 형식(장르, 유형)에 따라 민요, 단가 및 잡가, 아리랑, 신민요, 구전동요, 시조, 판소리 편단, 서도판소리, 창작판소리, 항일가요 등으로 분류하였는데, 조선민족 민간음악에 대한 형식 뿐 아니라 중국조선족의 역사와 음악사에 대한 이해에 도움이 될 것이다.

『중국조선족민족기악대전』(2013.6, 공동저자・부주필 안계린)은 4년(2010~3)의 저술 기간에 완성된 321만자에 달하는 또 하나의 거작으로, '기악'의 개념, 조선민족의 중국이주와 함께한 음악의 전입과 연행과 인물 및 그 제반 상황, 해방 후 국가 문예정책의 주도하에서의 악기의 개량,[18] 연주법, 연주형식, 인물 등에 대한 자상한 해설 및 소개와 함께 작품(총보)을 수록했다. 비록 김봉관 선생의 건강 때문에 황성렬 선생이 이어서 마무리하기도 했지만, 조선민족음악 특히 중국조선족 민족음악의 계승 발전에 크게 유익할 것이라 판단된다.

『중국조선족아리랑』(2015.5, 다인 공동)도 2년(2013.7~2015.5) 기간으로 완성한 45만 4천자에 달하는 저서이다.[19] 이 책은 조선민족의 정서적 구심점, 문화적 상징, 정신적 표상으로 부상된 〈아리랑〉의 의미와 사회성・시대성, 그리고 그 연행과 연구 및 〈아리랑〉을 모태로 한 작품 창작과 사회적 인식 등에 대해 다각적으로 분석했다. 내용상 〈아리랑〉의 연행을 통해 중국조선족의 중국 이주, 항일투쟁과 해방전쟁 등 중

18 소개된 악기들로는 단소・퉁소・새납・피리・저대(대금)・해금・양금・옥류금・가야금・장고・아쟁・거문고 등이다.

19 이 책은 이광인・박창묵・이훈・김영옥・김희관(글의 순서) 등의 공동저서이다. 그러나 6부 가운데 제2부과 제6부를 제외하고 모두 김봉관이 집필했다. 제6부의 7개 장 가운데 1・6・7장의 내용도 역시 김봉관이 집필하였다.

국 정착 과정에서의 피어린 투쟁, 그리고 정착 후 중국 사회주의 건설의 주인공 역할 등에 대한 것으로서, 한마디로 '중국조선족사'라 할 수 있다.

그리고 『중국조선족민요문학전집』(2016.8)도 7년(준비 6년, 정리 1년 : 2010~2016)의 기간을 통해 완성한 131만 1천자에 달하는 거작이다. 이 책은 김봉관의 문학적 시각으로 진행된 『중국조선족민간음악집』(2008.12) 편찬의 연속 작업이며, 조선민족 가사의 시문학적 인소에 대한 집착의 결정체이다. 김봉관은 머리말에서 "민요는 문학적인 민요(시 형식)와 음악적인 민요(가사형식)로 나뉜다. 이 책에서는 주로 음악적인 민요를 다루고자 한다"고 하면서, 수록된 민요의 정형률과 같은 노랫말의 율격뿐 아니라 구두어와 방언과 같은 비문화어(비표준어)에 대한 자세한 주해를 통해 독자들의 인식과 이해를 크게 돕고 있다.

위에서 언급한 그의 저서는 중국조선족 내지 전세계 조선민족의 찬란한 보물이자, 중국조선족 민간음악의 발굴 · 수집 · 정리의 일선에서 모든 것을 내걸었던 이들의 생명의 대가요 집념과 사명의 결정체이며, 김봉관의 고인들에게 올리는 최대의 선물이며 보답이다.

7. 맺음말

이상에서 서술한 바와 같이 김봉관은 작곡가로서 예술의 삶을 살아왔다. 그는 여러 장르와 영역을 아우르는 작품창작과 음악예술 전문단체의 창립으로 양호한 음악예술 환경을 조성하면서 도문지역 물론 연변조선족자치주 내지 중국조선족 정신문명 건설에 기여한 바가 크다.

그러나 그의 전반 예술생애 중 가장 눈부신 부분이 바로 중국조선족 민요자료의 정리와 출판이라 하겠다. 이는 건국 초기부터 중국조선족 민간음악의 발굴과 수집의 제일선에서 모든 것을 내걸고 일한 이들의 생전 노고에 대한 산자 김봉관의 최상의 선물과 보답이며, 중국조선족 민족음악과 전반 예술 발전에 대한 가장 큰 역사적인 기여이기 때문이다. 따라서 '대아(大我)'로서 김봉관은 한 점 부끄럼 없는 성공적인 예술가의 삶을 살았다고 하겠다. 그러나 그는 성공적인 '대아'의 실현과 함께 퇴직 전이나 퇴직 후나 집안 일에 전혀 무심하면서 참으로 '부끄러운' '소아(小我)'의 삶도 살았다. 다만 장가 한 번 잘 간 덕에 지금의 만 년도 평안히 잘 보내고 있다.

손을 꼬~옥 잡고 거니는 김봉관 부부의 다정한 모습이
오래오래 부르하통하 강변을 아름답게 장식해 주기를 바라면서
그들의 모든 노고에 경의를 드린다.

|주요저술 목록|

『중국조선족민간음악집』, 연변인민출판사, 2009, 성・주 우수출판상, 제6회진달래 문예상.
『중국조선족민족악기대전』, 연변인민출판사, 2013.
『중국조선족아리랑』, 민족출판사, 2015.
『중국조선족민요문학전집』 상, 하, 민족출판사, 2016.
『민간집성』(공저), 인민출판사, 1981.
『민요집성』(공저), 연변인민출판사, 1981.
『조선족민요집』(등사본)(공저), 예술연구소, 1982.
『중국민가집성』(길림성권 3권)(공저), 중국인민출판사, 1988.
『중국조선족사료전집・문화예술편』(공저) 제1권 편집위원, 2013.

〈리서방과 그의 안해〉, 『천지』 (4) - 이야기, 1985.
〈이 빼운 중〉, 『천지』 (6) - 이야기, 1986.
〈범진령〉,『도문시지』, 이야기천지 - 전설, 2009.

〈접시춤〉, 〈황소춤〉, 〈사자춤〉, 〈탈춤〉 —훈춘시, 1979.
〈승무〉, 〈조개춤〉, 〈학춤〉, 〈자라춤〉 —안도현, 1984.
〈장고춤〉, 〈편고춤〉, 〈부채춤〉, 〈칼춤〉, 〈물동이 춤〉, 〈손춤〉, 〈북춤〉, 〈삼삼춤〉, 〈탈춤〉, 1984.

〈모내기 노래에 논함〉, 『예술세계』 1～2, 1996.
〈조선족민요의 유래에 대하여〉, 『술세계』 3～8, 1996.
〈조선민족유산연구〉, 『문학과예술』 2～6, 1998.
〈지신밟기〉, 『조선민속연구』 3권, 1998.
〈청주아리랑〉, 한・중 '창주아리랑' 학술세미나, 2003.
〈청주아리랑〉, 『예술세계』 7～8, 2004.
〈김남호선생의 음악창작에 대하여〉, 『예술세계』 1～2, 2005.
〈우리민요〉, 『예술세계』 6, 2008.
〈민족예술 보물고를 헤쳐가는 길에서〉, 『예술세계』 1, 2009.
〈조종주와 배뱅이굿〉, 『예술세계』 2, 2009.

〈반세기만에 울린 교향곡〉, 한국민요학회 국제학술세미나, 2009.
〈박우선생님의 창작기교를 두고〉, 『예술세계』 2, 2010.

음악작품

〈산간에 울리는 가야금소리〉(엄상준 작사, 1964)
〈웰남은 싸운다〉(리정문 작사, 1965)
〈공장에 온 편지〉(리정문 작사, 1971)
〈유쾌한 마차부〉(김봉관 작사, 1973)
〈공장에 온 편지〉(리정문 작사, 1975)
〈합작의료 꽃피워 간다네〉(정국초 작사, 1975)
〈일할수록 성수나네〉(강호혁 작사, 1976), 제6기 전주 창작콩클 가작상.
〈꽃피는 우리마을〉(량태수 작사, 1978)
〈군민은 한 마음〉(리만금 작사, 1978)
〈중남해 등불빛〉(김파 작사, 1978)
〈벨소리〉(작사 미상, 1988)
〈내 고향〉(리행복 작사, 1982)
〈휘바람소리〉(문혜영 작사, 1983)
〈들깨 꽃 핍니다〉(정몽호 작사, 1984)
〈로산의 영웅아저씨〉(작사 미상, 1985)
〈세월이 좋아서〉(리종환 작사, 1986), 전주 전문단체콩클 우수작품.
〈우리네 박달수〉(오국봉 작사, 1987)
〈탁주타령〉(박상룡 작사, 1988)
〈산타령〉(석화 작사, 1988)
〈세상에 무엇이 제일 클까〉(작사 미상, 1988), 전국소년아동콩클 우수창작상.
〈두만강 배노래〉(오국봉 작사, 1992)
〈연변아리랑〉(김학송 작사, 림성호 공동창작, 1992), 제5회진달래문예상, 제26회 하얼빈의 여름 음악회 우수창작상.
〈우리네 장백산〉(오국봉 작사, 1995)
〈가슴을 열어라〉(리수길 작사, 1996)
〈참회〉(오국봉 작사, 1996)
〈수레 몰고 돌아오네〉(김인덕 작사, 1996), 방송 10대 히트곡.

〈하얀 마음의 산〉(김동진 작사, 1997), 전국조선족가곡창작콩클 2등상.
〈꿈속에서 살고파〉(오국봉 작사, 1999)
〈무지개 인생〉(유천 작사, 2000), 전국조선족 가요응모 창작작품 2등상.
〈우리아빠〉(김만석 작사, 2003)
〈우리인생 닐리리〉(최기자 작사, 2004)
〈우리집 곱돌장〉(김홍규 작사, 2009)
〈너도 나고 멋이로구나〉(김인덕 작사, 2001)
〈잘 꾸려보세〉(김철학 작사, 2012), 연변조선족자치주창립60주년 가곡창작 응모 2등상.
〈봄 아가씨〉(한일성 작사, 2013)
〈고향땅〉(김봉관 작사, 2013)

〈산지기의 생일날〉(황상박 대본, 2005)
〈로처녀 구혼기〉(김정권 대본, 2006)

〈새천년을 향하여〉(퉁소 독주곡, 1993), 동북3성조선족문예콩클 2등상.
〈연변아리랑〉(새납 독주곡, 2004), 제2, 3기진달래신인음악작품평의회 3등상.

〈풍년에 모주석을 그리네〉(리만금 안무, 제3부, 1971), 성・주 전문단체콩클 우수창작상.
〈침직 여공〉(허정자 안무, 1972)
〈꼬마 사장님〉(장진강 안무, 1973)
〈모주석을 그리네〉(리만금 안무, 1976)
〈방치질 소리〉(리만금 안무, 1978)
〈사냥꾼의 노래〉(이종환 안무, 1982)
〈검은 심보〉(홍수천 안무, 1982)
〈전류〉(박미옥 안무, 1983), 전력계통선발공연 우수창작상.

10. 개혁개방 이후 한국학 연구의 선두주자
: 김병민金炳珉(1951~현재)

최창륵崔昌竻

김병민

1951년 9월 11일(음력) 중국 흑룡강성 영안시 발해진 향수촌의 빈한한 농가에서 5남매 중 막내로 출생.

1957년 9월 ~ 1963년 6월 흑룡강성 영안시 발해진 강서소학교 학생.

1963년 9월 ~ 1966년 6월 흑룡강성 영안시 발해조선족중학교 학생, 문화대혁명 발발로 고등학교 진학의 길이 막힘.

1968년 4월 영안조선족중학 고등부 2학년에 편입하였으나 문화대혁명 당시 정책으로 귀향하여 농민이 됨.

1970년 12월 ~ 1975년 3월 길림성 교하현 주둔 중국인민해방군 46군단 136사단 406연대 보병 1중대에서 군복무, 부사관.

1975년 9월 ~ 1978년 7월 연변대학교 조선언어문학학부 학생, 연변대학 총학생회 회장.

1978년 7월 ~ 2014년 12월 연변대학교 조선언어문학학부 전임강사, 조교수, 부교수, 교수.

1979년 2월 ~ 1980년 7월 중산대학교 중문학부에서 중국 현대문학 연수.

1982년 9월 ~ 1985년 6월 조선민주주의인민공화국 김일성종합대학교 박사원 연구생, 준박사 학위 취득.

1987년 9월 ~ 1990년 6월 연변대학교 조선언어문학학부 박사 연구생, 박사학위 취득.

1990년 4월 ~ 1992년 9월 연변대학교 조선언어문학학부 부학부장, 학부장.

1992년 9월 ~ 1996년 6월 연변대학교 교무처장.

1996년 7월 ~ 1998년 10월 연변대학교 사범대 학장.

1998년 11월 ~ 2002년 12월 연변대학교 부총장.

2003년 1월 ~ 2012년 6월 연변대학교 총장.

2003년 ~ 2013년 제10기, 제11기 전국인민대표대회 대표.

1997년 ~ 2014년 6월 중국조선·한국문학연구회 회장.

2014년 ~ 현재 남경대학교 한국학연구센터 석좌 교수, 산동대학교 인문사회과학 1급 교수.

이외 원광대학교(2006), 히로사키대학(2009), 한국교원대(2011) 명예박사이며, 중국비교문학학회 상무이사(2014), 길림성 비교문학학회 회장(2012), 동방문학연구회 부회장(2005), 중국교육부 과학기술위원회 관리학부위원(2007) 등을 역임하였고, 국무원 특수수당(1997), 국가 우수 교학 성과상(2001), 용재학술상(2007), KBS 해외동포상(2013) 등을 수상함.

1. 머리말

김병민 선생은 20여 권의 저서, 백여 편의 논문, 수십 편의 문학평론과 수필 등 정열적인 문필활동을 펼치며 1990년대 중반 이후 중국 주류 학계에서 한국학 연구의 대표적인 주자로 활약한 저명한 학자이다. 또한 10여 년간 연변대학교 부총장과 총장을 역임하며 제도적 정비와 통합 캠퍼스 신축을 통해 21세기 민족교육의 새로운 플랫폼을 구축한 중국조선족의 저명한 교육가이기도 하다.

중국조선족의 지성사를 살펴보면, 중국조선족 제1세대 학자들로 이민창・김창걸・오봉협 등이 있었다. 중화인민공화국 성립 직후 대학교육을 받은, 선생의 스승이신 정판룡・최윤갑・박문일・박진석 등 선생이 엄격한 의미에서의 중국조선족 2세대 학자였다면 선생은 중화인민공화국 성립 이후 태어나 개혁개방을 전후한 시기에 학업을 완성하고, 탈이념적인 글로벌 시대에 학문 활동을 펼친 전형적인 중국조선족 3세대 학자이다. 그 선두에서 달렸던 선생은 다원적인 시각과 이론에 의한 새로운 학문적 패러다임의 구축, 역사와 현실 그리고 세계와 지역사회의 역동적 관계 속에서 중국조선족 교육 및 사회문화적 전통의 계승과 갱신이라는 시대적 과제를 완성하여야만 하였다.

근대적 과정에서 동아시아 전체가 격변의 시대를 겪기도 하였지만, 특히나 중국조선족은 제국주의 일본의 조선침략 및 만주지역으로의 세력 확장과 맞물린 근대 이민과정에서 형성된 극히 근대적인 특수 집단이다. 해방 전 '간도' 혹은 '만주' 지역에서 겪은 이들의 간난신고는 부분적으로 최서해 · 강경애 등의 소설에 의해 민족전체의 경험으로도 확장된바 있지만, 그 이후의 해방전쟁(국공내전), 문화대혁명, 개혁개방 등 역사적 사변들과, 조 · 중, 한 · 중 관계의 복잡한 역학 관계 속에서 이들이 체험한 삶과 그 현장은 타 집단의 추측을 불허할 만큼 특수하며 복잡한 것이었다. 이에 다난한 근현대 과정에서 겪은 특수한 역사적 체험은 사회 · 정치 · 문화 및 지역적 경계지대에 위치한 다중성과 더불어 중국조선족의 사회 · 문화적 특징과 정체성을 형성하는 기반이라 할 것이다. 그리고 역사적 체험이란 구체적인 삶의 현장에서 얻어지는 것이며 개개인의 삶의 경험이 누적되고 합쳐져 집단적 기억과 경험이 되는 법인만큼 '중국조선족'의 사회 · 문화적 내포는 이념과 이론에 의해서가 아니라 삶의 구체적 현장에서 얻어지는 것이었다.

연변대학교의 '평민(平民) 총장'으로 널리 존경받은 선생은 실제로 가장 평균적인 중국조선족으로서의 삶을 살아오셨다. 학계는 물론 중국의 정치인들이나 기업인들, 연변대학교의 동료들이나 제자들, 외국의 지인들 모두에게 늘 감동으로 다가가며, 젊은이들에게조차 친근한 벗인 선생은 바로 중국조선족의 삶의 체험에서 우러난 지혜와 미덕을 일신에 담지하고 있는 분이다. 그럼으로, 선생의 생애와 업적을 살피는 작업은 곧 중국조선족의 역사적 현장과 사회 · 문화적 의미를 되짚는 작업이기도 할 것이다.

2. 가난이 준 선물

중화인민공화국이 성립된 이태 후인 1951년 10월, 선생은 흑룡강성 영안시 발해진 향수촌에서 태어나셨다. 흔히 '신중국(新中國)'으로 호명되는 공화국의 1세대인 셈이다.

선생의 고향은 발해국의 오랜 수도로서 발해 제3대 문왕이 당나라 장안성을 모방하여 약 8분의 1 규모로 축소하여 축조한 상경 용천부, 즉 동경성에서 서북쪽으로 불과 3리가량 떨어진 곳에 위치하여 있다. 향수(響水)라는 마을 이름은 마을 서북쪽을 감돌아 흐르는 송화강의 가장 큰 지류인 목단강 강물이 낙차로 인해 멀리까지 그 여울소리가 들린다 하여 얻은 이름이라 한다. 마을 동쪽에는 발해 무사들이 무예를 연마하였다고 전해지는 현무호(玄武湖)와 발해국시기 벽돌을 굽던 곳으로 전해지는 둥글 산이 있다. 그리고 예로부터 황가(皇家)에 공납되었다고 전해지는 향수 입쌀은 화산폭발로 인해 형성된 현무암 위의 충적층에서 자라기 때문에 찰지고 빛깔 곱기로 유명하다. 이곳은 발해국시기에 이미 고구려 유이민이 수전 농사를 지었던 곳으로 보이나, 선생의 고향마을은 100 여 년 전 두만강을 건너온 근대 이주민들이 개척한 땅이었다. 선생의 가문은 1918년 할아버지이신 김인국(金仁國)이 자식들을 거느리고 국경을 넘으면서 중국에 정착하였고, 선생은 향수촌 남쪽 3리 경의 상향수(上響水)에서 태어났는데, 이곳은 조선족 9세대가 오붓하게 모여 사는 작은 동네였다.

그 시대를 살아온 거의 모든 이가 그러하지만 자연의 수려함과 풍요로움에도 가난과 고달픔은 결코 선생 일가를 빗겨가지는 않았다. 1951년 음력 9월 11일, 선생은 부친 김윤학(金允學)과 어머니 천숙선(千淑善) 사이의 4남 1녀 중 막내아들로 태어나는데, 태어나서 50일 만에 촉한으로 아버지를 여읜다. 그때 어머니 연세가 33세, 큰형이 11살이었다. 그리고 36세에 남편과 시숙을 잃은 큰어머니가 딸과 조카딸을 데리고 선생의 집에 들어와 살고 있었으니, 그 가난이야 이루 다 말할 수가 없었다. 아버지가 세상을 뜬 후, 선생의 7살 되는 셋째형과 4살 되는 누나가 동시에 폐렴에 걸리는데, 항생제인 페니실린을 맞아야만 살아날 수가 있었다. 페니실린 한 대 값이 쌀 한가마니 값이었고, 집에는 식량이라고는 고작 쌀 두가마니 뿐이었다. 선생의 어머니와 큰 어머니는 의논 끝에 쌀 한가마니만을 팔아서 셋째형을 살리고, 가슴 터지는 아픔을 누르며 누나가 죽어가는 것을 그대로 지켜볼 수밖에 없었다고 하니 참으로 통탄할만한 가난이었다. 또 언젠가는 어머니가 동네에서 30리가량 떨어져 있는 산으로 식량에 보탬이 되는 도토리 줍기를 떠나는데 어린 선생은 호기심으로 그 뒤를 따라갔다고 한다. 점심으로는 고작 수수떡 하나뿐인지라 어린 자식에게 그것을 먹이고 난 어머니는 허기를 이기지 못하고 집에 돌아오는 길에 쓰러지고 만다.

그럼에도 가난이 선물한 것이 있으니 가족의 끈끈한 사랑과 어려운 고비마다 도움을 준 이들에 대한 사은(謝恩)의 마음이었다. 어려운 생활을 이겨가는 가운데 어머니와 큰어머니는 친자매처럼 갈라놓을 수 없는 사이가 되었고 평생 다툼 한 번 안하고 살았다고 한다. 그리고 "우리 자식들과 후손들이 조금이라도 고생을 하고 기가 죽을까봐 두 어머니는 모두 고난과 아픔을 당신들의 몸으로 막아냈다."[1] 실로 "아, 가난, 가난한 나의 고향집에 얽히고설킨 사연들"[2]은 이루 다 말 할 수가 없는 것이었다. 특히 선생은 어려서부터 섬약했고, 유복자나 다름없는 막내였기에 두 어머니와 형님들의 유다른 사랑을 받으면서 자랐다. 중학교

1 김병민, 「두 어머니를 그리며」, 『와룡산 일지』, 연변인민출판사, 2013, 409쪽.

2 위의 글, 410쪽.

에 진학하자 선생은 집에서 10여 리 떨어진 학교를 매일 오고가야 했다. "겨울철 통학은 너무나 힘들었다. 신발과 털모자는 형님들이 쓰던 것을 물려받았지만 엄동설한이라 발이 얼고 귀가 얼기가 일쑤였다. 그때 겨울은 왜 그다지도 추웠던지, 꽁꽁 얼어서 동태가 되어 손을 호호 불면서 울상이 되여 집에 들어서면 어머니는 냉수를 담은 토기대야에 내 발을 담가서 냉기를 빼주면서 몰래 눈물을 훔쳤다. 어머니의 그 모습은 오늘도 내 가슴을 한없이 아프게 한다."[3] 실로 소박한 도리이지만 이 세상에서 정녕 값진 사랑은 가난 속에서의 사랑인 법이다. 그것은 삶에 희망을 주고, 어려움을 이겨가는 방법을 배워주며, 무엇보다 스스로의 소중함과 인간적 존엄을 깨닫게 해주기 때문이다.

한편, 가난은 삶이란 많은 이들의 도움 속에서 비로소 완성되는 것임을 깨닫게 해준다. 중국어 속담에 '물 한 방울의 작은 은혜도 넘치는 샘물로 보답 한다(滴水之恩, 涌泉相報)'는 말이 있는데 이는 주변 사람들이 흔히 선생을 형용하는 말이기도 하다. 선생은 선배 학자와 동료들을 기리는 『와룡산 일지』에서 자신에게 베푼 타인의 은혜에 대해 일일이 적고 있다. 예컨대 「허문섭 교수와 그의 환난지우 리해산 교수」에서는 조선 유학시험을 앞두고 시험 지도를 위해 직접 기숙사를 방문해준 허문섭 선생에 대한 고마움을, 「세상을 조용히 떠난 김동익 선생님」에서는 선생의 건강을 염려해 돼지염통을 구해다가 보일러실 연탄불에 구워준 고마움을 감명깊이 전하고 있다. 특히나 어머니가 남긴 유언은 더욱 절절히 다가온다.

> 사람은 세상에 태어나서 남들의 구원을 받고 도움을 받고 출세를 한다. 제가 잘나고 수준 있고 능력 있어 출세했다고 득의양양해서는 안 된다. 불

---

3 김병민, 「나의 중학생시절」, 위의 책, 415쪽.

행아인 너의 인생길에 길목마다 귀인이 있었음을 잊지 말아야 할지어다. 그래서 너는 좋은 운을 가지게 된 게다. 은인을 잊는 자는 소인배다. (…중략…) 반드시 지나친 욕심과 야심을 버리고 양심을 지켜라. 이것이 인간도리이니라.[4]

평범한 시골 마을에서 태어난 선생이 가난과 가족, 고향을 통해 터득한 삶의 지혜는 인정을 소중히 여기는 소박한 농가의 정서였으며 그 사랑과 보은의 마음이 선생이 세상을 향해 나아갈 수 있었던 원동력이었다.

선생의 삶에 또 하나의 근본적인 정서를 심어준 이는 선생의 큰형이었다. 열한 살에 아버지를 잃은 큰형은 말 그대로 듬직한 소년가장이었는데, 초등학교 시절에는 오전은 학교에 가고 오후에는 집에 돌아와 어린 선생을 업어 달래곤 하였으며, 중학교를 졸업한 후 단과대학인 농업전문학교에 진학하였으나 가족을 돌보기 위해 자퇴하고 사범학교 단기반을 거쳐 초등학교 선생으로 취직하였다고 한다. 그 이후 큰형은 고향인 흑룡강성 영안시에서 조선족 초등학교와 중・고등학교 교원으로 민족 교육사업에 평생을 바쳤으며, 나중에 조선족중학교 교장으로 퇴임을 하게 되는데, 그 위엄이 추상같아 '호랑이 교장'이란 별명을 얻기도 한다.[5] 어려서부터 선생은 큰형의 훈도를 받게 되며, 1957년 강서소학교에 입학하여 6년 간 우등생으로 공부하였다. 특히 시와 산문에 능한 문학청년이었던 큰형은 일찍부터 선생에게 그림책, 동화, 아동소설을 사주어 책을 가까이 하게 하였으며, 선생은 중학시절에도 큰형의 서가에서 『서유기』, 『삼국지』, 『수호지』 등 중국의 고전은 물론 조선

4　김병민, 「민족교육가—리희일서기와 박규찬교장」, 위의 책, 74쪽.

5　김병민, 「나의 큰형, 나의 스승」, 위의 책 참조.

현대문학 작품선집 등을 접하게 된다. 일찍부터 책을 사랑하는 마음을 키운 선생은 살벌하였던 문화대혁명 당시 홍위병들이 서점을 들이쳐 반동적인 서적이라며 닥치는 대로 책을 불사를 때에도, 면목이 있는 홍위병에게 사정하여 『청춘지가(青春之歌)』, 『홍기보(紅旗譜)』 등 중국 당대 작품들을 몰래 빼내 읽기도 한다.[6]

문화대혁명을 전후하여 중국 전반을 휩쓴 정치적 풍운은 청소년기의 선생으로 하여금 큰 역경에 처하게 하는데, 다행히도 어려운 고비마다 큰형의 훈도가 삶의 방향타가 되어준다. 1966년, 선생은 발해조선족중학교를 졸업하고 고등학교 입시를 준비하던 중 문화대혁명이 일어나 학업이 중단되었으며, 다시 1968년 4월에 이르러서야 영안중학교 고등부 2학년에 편입되나, 같은 해 10월 정부의 지시로 귀향하여 농민이 되고 만다.

그러한 상황에서 선생이 계속하여 지적 성장과 사회적 진출을 이룰 수 있는 유일한 길은 군복무였다. 농촌 호적과 도시 호적이 엄격히 구분되고 농민이 차별되던 시기였으므로 시골에 남아 있다가는 평생 '무식한 농민'으로 살기가 일쑤였다. 대신 군복무 경력은 사회적으로 크게 인정받는 경력 사항일뿐더러 중국공산당 입당도 비교적 쉽고 장교로의 진출 기회도 있었다. 1970년 12월, 군 복무를 위해 집을 떠나게 된 선생을 앞에 앉혀 놓고 큰형은 정중히 3가지 엄명을 내린다. 첫째 중국어 수준을 제고해야 하며, 둘째 중국공산당에 입당하고 장교로 발탁되어야 하며, 셋째 시골 처녀에게 연애편지를 보내서는 안 된다는 것이었다. 시골이란 곧 무지와 낙후, 폐쇄와 암울함의 대명사였으며 시골 처녀와 결혼을 하게 되면 평생 시골에 눌러 앉게 되는 법이었다. 그만큼 큰형은 선생이 훌륭한 사람이 되기를 간절히 바랐고 장차 선생의 사

6 김병민, 「나의 중학시절」, 위의 책, 419쪽.

회적 진출을 위해 고심참담하였음을 보여준다.

큰형의 가르침대로 군복무 기간 선생은 매일 중국어로 된 신문 읽기와 독서를 견지하였다. 모르는 한자가 있으면 휴대용 사전인 『신화자전(新華字典)』을 찾아보곤 하였는데, 군복무를 마칠 때가 되어서는 사전의 글들을 거의 외울 정도였다고 한다. 또한 중국어로 일기를 쓰고 독서필기를 하였으며, 특히 집에 편지를 보낼 때에는 반드시 중국어로 써서 보내곤 하였다. 하여 선생의 중국어 수준과 문장력은 빨리 제고되었으며 중대 지도원의 눈에 들어 보고서와 흑판보(黑板報) 작성, 무기관리 등을 담당하는 부사관인 문서(文書)로 발탁이 되었다. 이에 앞서 선생은 잠깐 고등학교를 다닐 적인 문화대혁명의 혼란 속에서도 큰형의 분부대로 중국어 공부에만 전념하였다고 한다.[7] 비록 군 복무를 마칠 때 공교롭게도 군 편제 축소 중이어서 장교로 발탁되지 못하였지만, 그간 닦은 중국어 실력은 장차 선생이 거대한 지식의 장이자 인류문명의 주요한 패러다임의 하나인 중국문화에로 시야를 넓혀갈 수 있었던 중요한 계기가 되었다.

선생이 아쉽게도 장교 발탁이 되지 못한 채 제대하게 되자, 군 연대정치부에서는 지방 정부에 성실하고 공부에 열중하며 많은 성과를 올린 제대군인이니 직업 배치를 해주거나 대학교에 추천하는 것이 좋겠다며 특별히 추천서를 보내주었다. 이에 지방정부에서는 수력발전소혁명위원회 부주임이라는 '시골직장의 간부' 자리를 제안하나, 이때에도 큰형은 그 유혹을 물리치고 대학교진학을 선택하도록 한다.[8] 이 시기는 '공농병(工農兵) 대학생'이라 하여 노동자, 농민, 병사 등 군중의 명의에 의한 추천을 통해서만이 대학 진학이 가능하였으며, 이에 선생은

7 위의 글, 420쪽.

8 김병민, 「나의 큰형, 나의 스승」, 앞의 책, 389~90쪽.

지방 정부의 추천을 받아 대학교에 진학하게 되는데, 워낙 가기로 결정된 학교는 대련경공업대학교이었다. 그러나 큰형은 공과보다 문과가 더 적합하다고 판단하여, 지방 정부와의 몇 차례 교섭 끝에 선생더러 연변대학교 조문학부를 지망하도록 하였다. 이에 선생은 1975년 9월 연변대학교 조문학부에 입학하게 되며, 비로소 본격적인 학문의 길을 걷게 된다.

선생에 대한 큰형의 훈도와 관련하여 또 하나의 일화가 있다. 선생은 중학교 3학년 진학을 앞두고 처음 기숙사 생활을 하게 되는데, 자율성이 부족한 탓에 학습 성적이 뚝 떨어진다. 이에 큰형은 선생을 찾아 포부가 없는 인간은 절대로 성공할 수 없다고 호되게 꾸지람을 한다.[9] 달리 보면 큰형은 무엇보다 시골 소년인 선생에게 보다 큰 세상을 향한 포부와 꿈을 심어준 분이었다. 큰형은 선생에게 역경과 다난한 시대를 이겨낼 수 있는 다른 한 힘, 즉 미래지향적이고 진취적인 마음가짐을 심어주었던 것이니, 이 또한 선생의 삶에는 큰 선물이었다. 실로 선생이 장차 학문의 길로 나아갈 수 있었던 것은 어려운 세월 속에서도 일찍부터 공부와 책에 재미를 붙이고 중국어 학습을 게을리 하지 않도록 요구하였던 큰 형의 훈도와 갈라놓을 수 없는 것이었다. 선생의 좌우명인 "더 높은 봉에 오르라(更上一層樓)"는 왕지환(王之渙)의 당시(唐詩) 「관작루에 올라서(登鸛雀樓)」의 한 구절인데, 이 역시 젊은 시절 큰형이 종이에 써서 늘 벽에 붙여 두었던 시구라고 한다.[10]

연변대학교에 이른 선생은 은사이신 정판룡 선생을 만나 자신의 인간적 · 학문적 폭을 키우고 큰 학자로 발돋움할 수 있는 기회를 맞는다. 정판룡 선생은 1950년대 중반에 소련 유학을 떠나 모스크바대학교에

9 김병민, 「나의 중학시절」, 위의 책, 417쪽.
10 한정일 · 량고범, 「김병민－연변대학 교장」, 『길림신문』, 2006.05.09, A2면.

서 후보 박사 학위를 따낸 외국문학을 전공한 학자이다. 정판룡 선생은 이념적으로 경직되고 폐쇄되어 있던 1960~70년대에 좀처럼 찾아보기 힘든 국제적 시야를 지닌 학자였을 뿐더러, 그 이후로도 뛰어난 식견과 드넓은 흉금, 문화 융합적 이념으로 시대를 선도한 대가였다. 특히 정판룡 선생은 "전략가다운 혜안과 선견지명"[11]으로 중국조선족 사회를 위해 많은 뛰어난 인재를 키워낸 교육가이기도 하였다.

선생이 대학에 입학하였을 때는 아직 문화대혁명 후기였는지라 정규적인 교육이 불가능하였다. 학생들은 1년 간, 연변대학교가 소재한 연길시에서 북쪽으로 수십 킬로미터 떨어진 황초구(黄草溝) 학교농장에 이르러 오전은 노동을 하고, 오후에야 수업을 보곤 하였다. 그때 정판룡 선생은 기숙사 구들 위에서, 흑판이나 준비된 강의안조차 없이 즉흥적으로 엥겔스의 『반 듀링론』을 강의하였는데, 시공간의 무한성이며 물질과 정신의 관계 등에 대한 명쾌한 해석들이 선생의 마음속에 현상 너머의 철학적 세계에 대한 탐구심과 동경의 씨앗을 심어주었다. 그 이후 학교 교육이 정상화 되자 선생은 장차 기자가 되고자 하는 꿈을 안고 한국 근대문학 작품들과 많은 외국문학 명작들을 읽으며 대학교 생활을 마치게 된다.

1978년 7월 우수한 성적으로 대학을 졸업한 선생은 많은 선생님들의 사랑을 받아 연변대학교 조선언어문학학부 중국 현대문학 강좌에 교원으로 남게 된다. 선생이 한 학기의 시간을 가지고 강의를 준비하던 중, 학부장이던 정판룡 선생의 부름을 받게 된다. 선생더러 중산대학교 중문학부에 1년간 연수하라는 하명이었다. 중산대는 교명부터가 국부 손중산 선생의 이름에서 따온 명문대로서, 근대 국민혁명의 진원

11 김호웅, 「그 두둑한 배짱과 선견지명: 정판룡」, 인하대학교 한국학연구소 편, 『연변학의 선구자들』, 소명출판, 2013, 228쪽.

지인 광주(廣州)에 위치하여 있는 대학이었다. 중국 동북지역에 위치한 작은 도시 연길과는 극으로 광주는 중국 대륙의 동남쪽 끝자리에 위치하여 있으며, 개혁개방의 선두 지역인 심천(深圳) 특구와도 이웃하여 있어서 경제적으로도 가장 앞서 있는 대도시였다. 정판룡 선생은 중산대에는 거물급 학자들이 많다면서 "중산대학에 가서 학문이 무엇인가를 알고 오오. 큰물에서 큰 고기가 노는 법, 사람도 깊은 물에 들어가 보아야 용기도 생기고 지혜도 커지는 법"[12]이라며 선생을 격려하였다.

1979년 2월 21일, 선생은 사흘 간 꼬박 일반석에 앉아 광주에 이른다. 남자들이 꽃을 수놓은 티셔츠를 입고 다니고, 공원에서 젊은 남녀들이 서로 키스를 하는 등 그 자유분방함이 선생에게는 다른 세상에 온 느낌이었다고 한다.[13] 연수기간 선생의 지도교수는 중문학부 학부장 우훙충(吳宏聰) 선생이었는데, 우훙충 선생으로 말하면 중일전쟁 당시 곤명(昆明)에서 설립되었던 전시 임시대학인 서남연합대학(西南聯合大學)[14] 출신으로서 중국의 저명한 작가이자 학자인 원이둬(聞一多) 선생의 애제자이기도 하다. 중산대학교에서 선생은 중국문학에 대한 체계적인 공부를 하게 되었으며, 루쉰(魯迅) 연구로 유명한 천저광(陳則光) 교수의 명강의를 들으며 루쉰 문학에 심취되기도 한다. 불타는 학구열에 선생은 연수기한을 1년 간 더 늘였으며 중국 고전문학과 고대 중국어를 포함한 다양한 학과목들을 청강하였다. 이처럼 중산대학교에서의 공부는 선생의 지적 욕구를 충족시켜 주고 학문적 눈높이를 키워주었을 뿐더러, 중국의 고전문학과 현대문학에 대한 탄탄한 소양을 갖출 수 있도록 함으로써 장차 한·중 비교문학의 길로 나아갈 수 있는 학문적 기

12 김병민, 「허문섭 교수와 그의 환난지우 리해산 교수」, 『와룡산 일지』, 앞의 책, 173쪽.

13 김병민, 「나의 회억」, 2017년 8월 17일 필자에게 제공한 원고.

14 국립서남연합대학은 중일전쟁이 일어나자 북경대학, 청화대학, 남개대학 등 세 대학이 곤명으로 이주하여 연합으로 설립한 전시 임시대학교로서 1938년 4월에서 1946년 7월 31일까지 존속하였다.

반을 다져주기도 하였다.

그럼에도 광주에서의 생활은 가난의 연속이었다. 선생은 초봉이 월 38위안이었는데, 호조금(互助金) 5위안과 식비 29위안을 빼고 나면 한 달에 4위안 정도 남곤 하였다. 그런 상황에서도 선생은 중문학부 자료실을 통해 많은 책을 구입하다나니 88위안이라는 거금을 빚지게 된다. 마침 연길에 돌아가면 혼례를 올리기로 한 약혼녀 김인옥(金仁玉) 여사가 결혼식에 입을 외투를 사오라고 150위안의 돈을 보내오는데, 선생은 그 돈으로 밀린 책값을 물고 대신 값싼 '짝퉁' 외투를 사서 돌아간다. 그 사실이 나중에 들통이 나고 말아 친인척 간에 유명한 일화가 되기도 한다.

연변대학교에 돌아온 선생은 1980년 2월 대학 동기이자 평생의 반려자인 김인옥 여사와 결혼을 한다. 사모님은 장녀로 태어나 성품이 너그럽고 의연한 분으로서 사정이 어려웠던 시댁 식구들을 오랜 세월 일일이 보살피며 선생을 열심히 내조하였을 뿐더러, 선생께서 마음 편히 공정한 공직생활을 할 수 있도록 여러 차례 연변대학교 교수로의 전근 기회를 단호히 사양하고 연변조선족자치주 번역국(飜譯局)에서 전문가로서 많은 성과를 내신 분이다. 얼마 지나지 않아 선생은 중국 교육부의 외국유학연구생 시험에 합격하여 1982년 9월에 김일성종합대학교로 떠나게 된다. 그때 역으로 환송을 나온 정판룡 선생은 꼭 학위를 받아가지고 오라고 신신당부를 한다. 김일성종합대학교 박사원에서 선생은 리동원(李東源) 교수를 지도교수로 현대문학을, 김춘택 교수에게서 고전문학을 공부하게 되며, 1985년 4월 15일 문학 준박사학위를 수여 받는다.

나중의 일이지만 한・중 수교를 전후하여 선생은 1992년 3월에서 5월까지 방문학자로 한양대학교를 다녀왔으며, 방문 기간 고전문학연구회, 민족문학사연구회, 동방비교문학연구회 등 학회의 월례 학술회의에 참석하여 논문을 발표함으로써 한국 학계와도 많은 학문적 소통을 하게 된다. 또한 1995년 7월에서 1996년 1월 사이에는 국제교류재단의 지원으로 특별연구원 자격으로 서울대학교 한국문화연구소에 머물면서 서울대 조동일 교수, 고려대 정규복 교수, 성균관대 임형택 교수 등 한국의 대표적인 고전문학 연구자들과 창작과비평사의 백낙청 · 최원식 등 저명한 학자들과도 인연을 쌓게 된다. 그리고 이러한 경력으로 하여 선생은 남북을 아우르는 포용적인 학문적 시야를 갖출 수가 있게 되며, 학문 활동의 폭도 넓혀 갈 수 있었다.

평양에서의 유학생활을 마치고 모교로 돌아온 선생은 1987년 9월에 정판룡 선생을 지도교수로 모시고 이암 · 김관웅 등 선생과 동기로 박사과정을 시작하게 된다. 정판룡 선생은 박진석 · 이홍순 · 주홍성 · 주칠성 · 허호일 등 연변대 최고의 학자들을 조직하여 연변대학교 1기 박사 연구생들을 위해 조선사, 동방철학사, 일본문학사 등 다양한 학과목을 개강함으로써 이들의 학문적 폭을 키워주기에 힘쓴다. 1990년 4월 선생은 「조선중세기 북학파문학연구-청대문학과의 관련성 겸론」을 학위청구논문으로 제출한다. 정판룡 선생의 요구에 따라 학위청구논문은 중국어로 작성하여야 했고, 선생은 수많은 밤을 지새우며 수정에 수정을 거듭하였으며 보풀이 일 정도로 현대한어사전, 수사학 사전, 문학묘사사전 등 중국어 사전을 뒤졌다고 한다. 각고의 노력 끝에 학위논문을 완성한 선생은 다음과 같은 체득을 얻는다. "첫째, 학문은 노력의 결정체이며, 둘째, 연구자 인격의 반영이며, 셋째, 연구시각과 방법론이 성패를 결정하며, 넷째, 학문적 열정이 곧 논리의 힘으로 작용하며, 다섯째, 성실하게 타인의 성과를 받아들여야 좋은 논문이 된다."[15]

선생은 연변대학교에서 양성한 첫 박사였다. 이에 1990년 9월 26일 연변대 본관 4층 회의실에서 성대한 학위 수여식이 거행되었는데, 연

15 김병민, 「나의 회억」, 앞의 글.

변대학교 사상 최초의 수여식인지라 많은 일화를 남기고 있다. 선생은 겸연쩍다 하여 학위복 착용을 한사코 거부하다가 지도교수인 정판룡 선생에게서 꾸중을 당하기도 하며, 선생에게 학위증을 수여한 박문일 총장이 학위모의 술을 왼쪽으로 돌려주는 것을 잊고 지나치기도 하였기 때문이다. 그만큼 선생은 중국조선족이 이념적으로 경색되고 사회・문화적으로 폐쇄되었던 다난한 세월을 지나 보다 보편적인 질서와 가치의 세계로 나아가는 역사적 현장의 체험자요 그 흐름의 선두에 선 대표주자였던 것이다.

『맹자』에 이르기를 "하늘이 장차 한 사람에게 큰 소임을 맡기려 하매 필시 그의 마음을 힘들게 하고 몸을 고단하게 하며, 배고픔과 야윔에 시달리고 가난케 하며, 하는 일을 어지럽힘으로써, 마음을 움직이고 강인함을 키워 그 부족함을 채워주는 법이다"[16]라고 하였으니, 극심한 가난에 시달렸던 선생의 성장 과정과 늘 힘겨운 고비를 넘겨야 했던 배움의 길은 선생을 대성(大成)으로 이끈 시대적 기운이라 할 것이다. 그리고 그 삶의 바탕에는 어머니에게서 터득한 사랑이, 큰형에게서 자극된 세상을 향한 진취적 욕구가, 스승이신 정판룡 선생을 모시고 갈고 닦은 인간적 폭이 아로새겨져 있었다 할 것이다.

---

16 "天將降大任於是人也, 必先苦其心志, 勞其筋骨, 餓其體膚, 空乏其身, 行拂亂其所爲也. 所以動心忍性, 增益其所不能."

3. 한국학 연구의 새 지평

한・중 수교를 전후한 시기를 기점으로 선생은 중국 한국학 연구의 대표적인 학자로 부상한다. 이는 중국 내 개혁개방 이후의 사회적 성과와 탈냉전시대의 세계사적 변화가 맞물리는 시점에 선생이 중국 한국학 연구의 새로운 지평을 열었기 때문이다. 중국조선족의 정신사적 진원지인 연변대학의 경우, 1949년 개교 초기에는 해방 전부터 '만주'에 기거하여 있던 조선인 문사들이나 반일투쟁 및 중국 국내혁명에 참여하였던 혁명 투사들로 교수진이 구성되었다. 연변대학교의 가장 대표적인 인문학과였던 조선언어문학학부의 경우에도 소설가 김창걸, 시인 이욱 등 해방 전부터 문필활동을 해온 문인들이 교편을 잡고 외국문학 전문가인 정판룡, 언어학자인 최윤갑, 조선문학 연구자인 허문섭, 조선족문학 전문가인 권철 등 중국조선족 2세대 학자들을 양성하기에 이른다. 그러나 1950년대 후반이후 '좌경화'된 사회적 분위기와 극단적인 정치운동이었을 뿐더러 반문화적 참변이었던 문화대혁명(1966.5~76.10)을 거치며 이들은 변변한 학문 활동조차 펼쳐보지 못하고 오랜 세월을 허비하게 된다. 비록 1970년대 말 개혁개방과 더불어 사회 전반적으로 사상・학문적 규제가 완화되지만, 중국조선족 학자들은 그 대부분의 경우 편벽한 변경 지역에 위치한 지역적 한계와 중국어와 외국어에 능란치 못한 언어적 한계 때문에 고작 『문학과 예술』 등 유수한 조선족 지역 학술지에 단편의 논문을 발표하거나 조선족 문학지에 평론을 발표하고, 교과목 강의에 목적을 둔 교과서를 저술하는 데 학문적 활동이 그치고 만다. 이러한 사회적 여건 속에서 선생은 왕성한 학문 활동을 통해 중국 한국학 연구의 폭을 넓히고, 새로운 이론적 높이에로 끌어올렸으며, 그 영향력을 널리 과시하였으니 종국적으로는 중국 한국학 연구의 새로운 지평을 열게 된 것이다.

선생의 학문적 업적은 우선은 근대를 기점으로 고전과 현대를 아우르고, 한・중 비교문학 연구의 새로운 흐름을 이끌어 냄으로써 폭넓은 학문적 영역을 개척해 냈음에 있다.

선생의 본격적인 첫 학문성과로는 김일성종합대학 준박사학위청구논문인 「조선 근대소설에 대한 역사적 고찰」을 들 수 있는데, 선생은 2년 반 동안의 심혈을 기울여, 1984년 12월에 원고를 완성, 1985년 2월에 논문 심의를 통과한다. 계몽기 소설을 총괄적으로 다룬 이 논문은 비록 당시 조선에서 이인직과 이광수에 대한 연구가 금지되어 있어 이들을 다루지는 못하고 있으나, 대신 학계의 보편적 인식이 1910년대를 최남선・이광수의 '2인 문단'으로 파악하며 기타의 문학 현실이 간과되어 오던 풍토와는 달리 1910년대의 많은 작가와 소설들을 새롭게 발굴하고 근대소설 창작의 문학사조적 특징과 창작방법 등을 천명함으로써, 근대 소설의 전체적 양상을 체계화하였다는 점에서 큰 의미가 있다. 특히 선생의 학문적 출발로서 이 논문이 큰 의미를 지니는 것은 한국문학은 물론 동아시아문학 전반에 있어서도 근대이행기는 커다란 분수령이었으며, 근대이행기란 고전과의 내적인 계승 관계를 지니고 있는 한편, 근대적 기획의 다양한 가능성도 내포하고 있기 때문이다. 즉 연구대상으로서 근대이행기는 그 학문적 범주의 연장은 물론, 문학과 시대라는 외연적 확대, 그리고 전환기의 특징이기도 한 담론 및 질서와 패러다임의 붕괴와 계승, 창조라는 보다 깊이 있는 내면적 탐구도 가능한 과제이기 때문이다.

평양에서 선생은 지도교수인 리동원 선생으로부터 신채호문학유고가 인민대학습당에 소장되어 있음을 알게 되어 1984년 겨울 학위논문 집필이 끝나는 대로 자료수집과 연구에 몰두하게 된다. 3개월 동안의 자료 수집에 이어 선생은 다시 3개월의 시간을 이용하여 20만자에 달하는 저서 『신채호 문학연구』를 탈고한다. 선생은 신채호 선생의 애국정신과 통찰력, 달필에 심취되어 밤낮없이 붓을 달렸으며 그 유고도 정성껏 필사하였는데, 손에 물집이 생겨 늘 붕대를 감고 글을 써야 했으며 김일성종합대학교 의무실에서는 의사를 파견하여 한 주에 한 번씩 치료를 해주었다고 한다. 단재 사상의 변화 과정과 미학사상, 다양한 장르에 걸친 문학 창작에서 보여준 주제와 예술성 등에 대한 총체적인 연구와 평가를 시도한 『신채호 문학연구』(1989)는 나중에 중국과 한국에서 출간하게 된다. 이에 중국에서는 북경대학교의 박충록 교수가 서평을 써주었고, 한국에서는 문학과지성사의 김병익 선생이 일면부식의 한 젊은 해외 학자를 위해 단행본 서언을 써주었다. 신채호의 문학창작에 주목한 첫 연구로서 이 저서는 국내외 학계에 신선한 충격을 주었으며, 별도로 편집 출간한 『신채호문학유고선집』(1995)과 함께 지금까지도 신채호 연구의 귀중한 기초 자료가 되고 있다. 그 이후로도 선생은 「단재 신채호의 철학과 그 인간상」(2014) 등 10여 편의 논문을 발표하여 신채호와 아나키즘의 관련성, 중국에서의 활동 등에 대해 지속적인 보완작업을 이어갔다. 특히 최근 들어 「대화와 상상: 단재 신채호의 동아시아 인식과 근대상상」(2016) 등 논문을 발표함으로써 신채호의 사상과 문학이 지닌 근대적 의미와 동아시아적 의미를 보다 폭넓게 해석하고자 하는 시도를 보이고 있다.

그 이후 선생은 박사학위 과정을 거치며 보다 앞선 시기인, 자발적인 근대적 사상이 태동하던 18세기 실학파 문학에 관심을 보이게 된다. 이에 선후하여 「홍대용과 고항삼재(古杭三才)의 사상문화교류」(1988), 「조선 북학파 문학과 청대시인 왕사정(王士禎)」(1989), 「초정 박제가와 청대문단」(1990), 「조선중세기 북학파의 문학관」(1990) 등 논문을 발표하게 되며 박사학위논문으로 『조선중세기 북학파문학연구-청대문학과의 관련성 겸론』(중문판, 연변대학교출판사, 1990)을 출간하기에 이른다.

특히 「역외시각(域外視角) : 청나라 문학에 대한 조선 북학파의 비평과 수용」은 1991년 정상급 학술지 『외국문학연구』에, 「조선 북학파 문학과 청대시인 왕사정」은 2002년 중국 최고의 학술지의 『문학평론』에 발표가 되면서 중국학계에 큰 영향력을 끼치기도 한다. 또한 박사논문 「조선중세기 북학파문학연구-청대문학과의 관련성 겸론」은 북학파를 하나의 문학 유파로 파악하고, 그 형성발전과정과 문학관, 미학, 작품창작의 실제와 의의 등을 체계적으로 접근・논의했다는 점에서, 북학파문학과 청대 문학 간의 관련성을 처음으로 전면적으로 천명하였다는 점에서, 비교문학, 수용미학, 정신분석학 등 다양한 방법론과 이론적 시야를 동원해 고전문학 연구의 새로운 가능성을 열었다는 점 등에서 논문 심사위원회로부터 높은 평가를 받았다. 특히 심사위원장을 맡은 북경대학의 위욱승(韋旭升) 교수는 훗날 한국의 조동일 교수에게 "중국의 외국문학 박사학위논문으로서는 최고의 수준이다"고 찬사를 아끼지 않았다고 한다. 논문은 나중에 연세대 허경진 교수의 주선으로 한국에서도 단행본으로 출간이 되며, 한국의 대표적인 고전문학 연구자들인 정규복・임형택 등 교수들도 선생에게 격려의 편지를 보내 그 발상의 새로움이나 논리적 힘을 긍정하기에 이른다.

선생은 북학파 문학 연구를 통해 자신의 학문적 영역을 고전문학으로 확대하였을 뿐더러 특히는 중국문학과의 관련성 연구에 주목함으로써 학문적 폭을 크게 확장하였다. 이는 선생이 본격적인 한・중 비교문학연구를 통해 중국문학과 영어・러시아어 문학 연구가 주도적인 중국 주류학계에서 한국문학에 대한 큰 관심을 불러일으켰기 때문이다. 실제로 신채호의 경우도 1910년 이후 중국에서 활동한 대표적인 근대문인이었으며, 편저인 『조선문학의 발전과 중국문학』(1994), 『조선 실학파 문학과 중국문학의 관련성 연구』(전2권)(2007) 등과 「양계초와 조선근대소설」(1993), 「연암소설과 노신소설의 비교문학적 고찰」(2002)

등 논문들을 통해 선생은 그 이후로도 지속적으로 한・중 비교문학의 새로운 과제들을 개척하였다. 특히 한・중 비교문학과 관련하여 선생은 「한국 비교문학 논저에 대한 논의」(『중국비교문학』, 1991)와 「『한객건연전(韓客巾衍集)』과 청대문인 이조원(李調源)・반정균(潘廷筠)의 문학비평」(『외국문학』, 2001) 등 논문을 중국의 정상급 학술지에 발표하는데, 이에 중국 주류학계에서 한・중 문학관계 및 비교문학의 중요성에 대한 공감대를 형성하게 된다.

선생은 한국 근・현대문학 연구에서도 많은 성과를 거두었는바, 주요 논문으로는 「조선 모더니즘 시인 정지용의 시 창작 연구」(2002), 「동아시아의 근대화와 중국에서의 한국형상: 양계초의 "조선애사(朝鮮哀詞) 오율(五律) 24수"를 중심으로」(2005), 「저항과 상상 : 망명공간과 중국체험서사-류자명의 산문의 경우」(2017) 등이 있다. 민족문학 연구의 경우에는 학자마다 전공분야가 세분화되어 분야별 연구에 깊이 천착하는 것이 관례이겠지만, 외국문학으로서의 한국문학 연구자가 많지 않은 중국의 경우에는 연구의 폭을 확장하는 것이 곧 한국학의 영역과 영향력을 확대하는 길이기도 하였다. 실제로 근・현대문학과 고전을 아우름으로써 선생은 중국에서의 한국문학 연구영역을 넓히고 수많은 차세대 학자들을 양성해 낼 수가 있었다. 일일이 다 예들 수가 없지만 현재 중국학계에서 활약 중인 선생의 제자들은 각자 다른 학문분야의 전공자들이다. 연변대 서동일 교수는 이덕무 연구로, 원자오하이(溫兆海) 교수는 이상적 연구로, 허명철 교수는 박지원 연구로, 산동대 김철 교수는 박제가 연구로, 대련외국어대 한위성 교수는 홍대용 연구로, 광서사범대 이영남 교수는 정약용 연구로, 광동외어외무대학교(廣東外語外貿大學) 박향란 교수는 박지원・홍대용의 필담연구로 북학파 문학 연구의 학문적 전통을 이어가고 있으며, 연변대 리광일 교수는 해방 후 조선족문학 연구로, 최옥화 교수는 해방 후 조선족 가요 연구로, 최일 교수는 한국 현대문학에서의 중국 이미지 연구로, 장영미 교수는 해방 전 '만주' 시인 연구로, 대외경제무역대학교의 최옥산 교수는 신채호 문학연구로 학문적 다양성을 보이고 있는 것은 선생의 학문적 폭과 중국 한국문학 연구영역에서 일구어낸 큰 업적을 보여주는 단적인 사례가 된다. 이에 동아시아 한문학 연구의 대가인 남경대 장보웨이(張伯偉) 교수는 "중국의 한국학 영재는 모두 김문(金門)에서 양성되었다"는 아낌없는 찬사를 보낸 바가 있다.

다음으로 선생의 학문적 업적은 시대에 앞서 남과 북을 아우르는 통합적 연구시각을 이루어내고 새로운 이론과 연구방법론을 도입함으로써 한국문학 연구의 풍조를 일신함에 있다. 한·중 수교 이전에 중국에서의 한국 근현대문학에 대한 이해는 냉전체제의 영향으로 주로 이북의 지식체계에 근거하였으며, 이광수·김동인 등은 물론이요, 염상섭이나 한용운·정지용 등을 포함한 많은 민족주의 계열 작가들이 문학사에서 언급되지 조차 못하고 있는 상황이었다. 1994년 선생이 펴낸 『조선문학사』(근현대부분)는 당시의 지적 상황에서 급시우(及時雨)와도 같은 존재였는데, 경직된 이데올로기적 입장을 초월하여 통합적 시야에서 그 동안 거의 반 이상이 누락되어 있던 한국 근현대 작가·작품 및 문학적 사실들을 복원한 기념비적 저서였다. 저서는 문단상황, 문학사조, 창작방법, 문학비평 등의 발전 과정에 대해 깊이 있게 서술하였으며, 그 체계성과 논리성의 명징함, 풍부한 문학적 사례 등으로 선후하여 4번에 거쳐 간행을 거듭하며 지금까지도 연변대학교 조선언어문학학부 및 기타 중국 내 한국어학과에서 사용하는 교과서로 빛을 발하고 있다. 또한 선생이 동료교수들과 함께 편찬한 『조선—한국 당대문학사』(2000)는 학계 최초로 남북 문학을 함께 다룬 문학사로서 여러가지로 유익한 노력이 엿보이고 있다.

이와 함께, 선생은 다양한 이론적 시야를 한국문학연구에 도입함으로써 한국 학계는 물론 중국 학계와의 학문적 대화와 소통이 가능하도록 하였다. 일찍「조선 북학파 문학과 청대시인 왕사정」(1989)에서는 수용미학 방법론을,「양계초와 조선근대소설」(1993)에서는 비교문학에서의 영향연구 방법론을 활용하고 있으며,「「호질」 신론 : 범의 형상분석을 중심으로」(1992)에서는 원형 비평 방법론을,「철리소설「의산문답」에 체현된 홍대용의 철학사상과 문화의식」(1995)에서는 마르크시즘 철학이론을,「동아시아 근대지향의 태동과 조선지식인의 자각-연암에서 노신에 이르기까지」(2005)에서는 비교문학에서의 유형학 방법론을,「대화와 상상: 단재 신채호의 동아시아 인식과 근대상상」(2016)에서는 탈식민주의 비평이론을 활용하여 연구의 깊이를 더하는 한편, 연구의 다양성을 기하기도 하였다. 특히 건국 이후, 중국의 문학연구가 마르크스・레닌 등의 문예이론에만 기대어 획일적이고 도식적이었던 상황을 감안한다면 선생이 몸소 실천한 연구방법론과 시야의 다양성은 중국에서의 한국문학 연구의 혁신을 위해 선도적 역할을 하였음을 보아낼 수가 있다.

방대한 양의 저술을 펴낸 선생의 학문적 업적은 쉽게 정평을 내리기가 힘들다. 특히 노익장으로 선생의 학문연구는 지금도 진행형인 바, 2014년 10권으로 된『중국현대문학과 한국 자료총서』를 펴낸 데 이어 그에 기초하여 근현대 과정에서의 한・중 문학의 상호 수용과 상호 서사 등에 대한 본격적인 연구를 시작하였다. 특히 2016년에는 '중・한 근현대문학 교류사 문헌정리와 연구'로 조선족 학자로서는 최초로 중국 인문사회과학 분야에서 가장 무게 있는 연구 프로젝트인 국가사회과학기금 중대과제를 따냈으며, 아나키즘으로서 중국에서 많은 학문적 활동을 펼친 류자명의 문필활동, 조선의용대의 항일서사 등에 대한 연구를 진행함으로써 한・중 근현대 문학의 상호 작용과 그 탈경계적 의미를 밝히는 작업에 주력하고 있다.

그럼에도 굳이 선생의 학문 전반에 관통된 학술 사상을 언명한다면 특히 두 가지가 주목된다. 우선, 선생은 인간의 주체적 노력에 의한 사회 발전관에 기초하여 꾸준히 북학파 문학 및 근대문학이 담지하고 있는 근대지향성과 원동력을 밝히는 데 주력하여 왔다. 선생의 제자인 유연산은 "선생님의 학문과 인격에 가장 큰 영향을 준 스승 두 분" 가운데 한 분이 신채호라고 지적한 바가 있다.[17] 실제로 선생은 이른 시기에 「'괴물'과 인격정신」이라는 에세이에서 일제와 비타협적이었던 신채호 선생의 일화를 소개하며 그 강직한 성품과 의지를 높이 산다. 선생은 이러한 정신을 주체적인 인격의 소산으로 보면서 '괴물정신'이라 호명하고 있으며, 특히 오늘날에도 사회와 대중을 위해 헌신적으로 나설 수 있는 '괴물'이 필요하다고 역설하고 있다.[18] 다시 말해, 선생이 신채호 선생을 사표로 삼은 데는, 무엇보다도 인격적 독립성과 주체성, 그리고 국가와 민족의 근대적 혁신을 위해 기울인 노력과 신념에 체현된 미래지향적 가치에 주목하였기 때문일 것이다.

선생이 북학파 문학에 대해서 각별한 관심을 지닌 이유 또한 "문학창작을 통하여 어둠의 중세기를 헤쳐 오려는 근대적 지향성과 주체의 각성과 연관된 심미추향"[19]을 보여주고 있기 때문이라 할 것이다. 특히 박지원의 소설 「호질」을 평가하면서 "전통적인 문화에 대하여 심각한 문화반성을 던진 작품"으로서 "이 소설을 통하여 독자들은 중세기의 어둠 속에서 몸부림친 18세기 지성인들의 웨침을 엿듣게 된다. 그것은 그대로 역사의 교체기를 자각한 조선의 웨침이었고, 시대의 웨침이었다"[20]고 보고 있다. 선생이 「동아시아 근대지향의 태동과 조선지식인

---

17 류연산, 「영원한 선생님－김병민」, 『도라지』 3, 길림시조선족예술관, 2005, 2～11쪽.

18 김병민, 「'괴물'과 인격정신」, 『청년생활』 3, 연변인민출판사, 1988 참조.

19 김병민, 「조선 중세기 북학파문학의 심미표현에 대하여－상징적의미를 중심으로」, 『문학과 예술』 1, 연변문학예술연구소, 1991, 41～7쪽.

20 김병민, 「「호질」 신론-범의 형상분석을 중심으로」, 『동아시아문화연구』 20, 한양대

의 자각-연암에서 노신에 이르기까지」[21]에서 근 150년이라는 시간을 뛰어 넘어 현대 중국의 대문호 루쉰과 18세기 조선조 박지원의 문학사상을 비교할 수 있었던 것도 두 작가 모두가 시대가 부여한 소명을 다한 선구자라는 인식에서였으며, 시대를 앞서간 연암의 근대지향성과 루쉰의 투철한 근대 계몽적 정신이 내적 동질성을 지니고 있음에 주목하였기 때문이다.

선생의 이러한 학문적 사상은 앞부분에서 살펴보았던 다난한 사회적 현실을 이겨온 선생의 삶의 현장에서의 고투 및 그 체험과도 밀접한 관련이 있다. 자신이 몸소 겪은 사회적 변화와 추이의 현장에서 선생은 사회적 합리성과 '진보'를 갈망하여 왔으며, 개개인의 삶에 미치는 그 진실한 영향과 의미를, 그리고 시대를 개척하는 인간의 주체적 노력과 선구자적 투혼이 얼마나 소중하고 값진 것인지를 깊이 있게 체득하였던 까닭일 것이다.

다음으로, 선생의 학문적 사상은 타문화에 대한 포용적이며 개방적인 자세와 문화의 상생적 가치에 대한 긍정에 기반을 두고 있다. 선생이 주된 학문적 대상으로 하였던 신규식·신채호·유자명 등 근대적 인물들이나 북학파 문인들은 모두 민족과 국가의 경계를 넘나든 초월적 인물들이었으며 그들의 중국서사 혹은 연행문학은 한·중 문화 융합지대 혹은 탈경계적 장소를 그 배경으로 하고 있다. 선생이 북학파 문학에 대해 큰 관심을 지녔던 또 하나의 이유는 "박지원을 위수로 한 북학파들은 명을 '대중화(大中華)'로 보고 조선을 '소중화(小中華)'로 보면서 청을 오랑캐(胡)로 보던 기성된 인식에서 뛰어나와 자신들을 스스로 '호(胡)'로, 청과 같은 존재임을 시인했고 아울러 청과 화하(華夏)를 평등

학교출판부, 1992, 85쪽.

21 김병민, 「동아시아 근대지향의 태동과 조선지식인의 자각-연암(燕岩)에서 노신(魯迅)에 이르기까지」, 『韓國漢文學硏究』 36, 2005.

한 것으로 인식하였다"[22]는 평가에서 보다시피, 문화적 평등관에 대한 주목에서였다. 그리고 이러한 문화적 평등관은 문화적 교류에 있어서 주체성이 지켜질 때 가능한 것이었다.

선생은 박제가를 평가함에 있어서도 그가 비단 청나라 문인들과의 밀접한 교류를 통해 청의 문학을 수용하였을 뿐만 아니라, 청의 문인들에게 조선의 문학을 널리 알린 공적을 높이 평가하고 있으며 일방적인 영향관계를 넘어선 상호 영향 관계의 중요성을 설파하고 있다.[23] 또한 논문「조선북학파 문학과 청대시인 왕사정」에서는 북학파 시인들의 시문이 청 문단에서 일으킨 큰 반향을 강조하는 동시에, "북학파 문인들의 왕사정 및 그 문학에 대한 수용과 창조적 응용은 조선문학의 대외적 영향력을 확대하였으며 중·조 문학의 쌍향교류(雙向交流)를 힘있게 추진하였다"고 평가하고 있다.[24] 선생은『열하일기』에 대해서도 비단 18세기 조선조 시대의 귀중한 문화유산일 뿐만이 아니라, 오늘의 중국에 있어서도 스스로 18세기의 문화적 상황을 돌이켜 볼 수 있는 문헌적 가치를 지니고 있다고 그 문화사적 의미를 지적하면서 문화 간의 상호 텍스트성과 다중적 조명의 의미를 강조하고 있다.[25]

선생은 나아가서 문화적 평등관에 기초한 문화융합과 그 상생적 가치에 주목하고 있다. 특히 선생은 근대적 과정에서의 한·중 문학 관계에 주목하여 한국에서의 양계초의 수용을 두고 "조선 근대소설에 미친 양계초의 영향은 일면으로는 양계초 소설이론의 시대성과 국제적

---

22 김병민,「「호질」신론-범의 형상분석을 중심으로」, 앞의 책, 89쪽.

23 김병민,「조선시인 박제가와 청대문단(朝鮮詩人朴齊家與淸代文壇)」,『社會科學戰線』6, 길림성사회과학원, 2002, 104쪽.

24 김병민,「조선북학파 문학과 청대시인 왕사정」,『文學評論』4, 중국사회과학원 문학연구소, 2002, 64쪽.

25 김병민·오소환,「「열하일기」와 중국문화의 관련고」, 素羅許衡錫博士華甲紀念論文集刊行委員會,『국어국문학연구』, 태학사, 1996, 125~148쪽.

의의를 충분히 과시하며 타면으로는 중・조 두 나라 근대소설발전의 융합성과 생명력을 실증해 주기도 한다"[26]고 보고 있다. 선생은 연암 소설과 루쉰 소설을 비교함에 있어서도 주변부 지식인이 중심부 지식인에 비해 훨씬 앞서 근대적 자각을 이룬 의미 있는 사례로 보면서, 그 비교적 의미를 "연암 소설에서의 주제의식과 인물형상은 노신 소설의 추형들이며 노신 소설에서 그러한 주제의식과 형상들은 연암 소설에 비하여 승화되고 발전된 모습을 보여준다"며 "주변지식인의 근대지향 정신사의 연속성"이라는 동질성과 상생적 가치에 두고 있다.[27] 또한 선생은 최근의 논문들에서 반일투쟁 과정에서 이루어진 한・중 연대가 지닌 반폭력・반파시즘적 성격과 의미에 주목하고 있으며[28] 류자명의 중국체험 서사를 자신의 언술 능력을 상실한 식민지 지식인이 중국이란 제3의 공간에서 저항담론을 일구어냄으로써 "한민족의 정신사적 공백을 망명공간에서 슬기롭게 메워나간"[29] 사례라고 파악함으로써 근대 한・중 관계의 복합적 의미를 새롭게 조명하고 있다.

선생의 학문적 사상의 근간이 되고 있는 이러한 문화적 개방성과 포용력은 중국에서 '소수자'로서의 실제적인 삶의 체험과 갈라놓고 볼 수가 없다. 선생은 일찍이 중국조선족 문화를 논함에 있어서 중국조선족은 한・중 문화교류에 있어서 단순한 가교적 역할이 아니라 문화융합 촉진의 역할을 수행하여야 한다고 보았다. 선생은 "오늘 우리 민족은

---

26 김병민・오소환, 「양계초와 조선근대소설(梁启超與朝鮮近代小說)〉, 鄭判龍 主編, 『조선학－한국학과 중국학(朝鮮學-韓國學輿中國學)』, 북경: 중국사회과학출판사, 1993, 327쪽.

27 김병민, 「동아시아 근대지향의 태동과 조선지식인의 자각－연암(燕岩)에서 노신(魯迅)에 이르기까지」, 앞의 책, 36쪽.

28 김병민, 「조선의용대 관련 항일서사에 대한 문화적 고찰－『전선에서의 조선의용대』를 중심으로」, 2017.(미발표작)

29 김병민, 「抵抗과 想象 : 망명공간과 中國體驗敍事-류자명의 산문의 경우」, 『한국문학과 예술』 21, 숭실대학교 한국문학과예술연구소, 2017, 354쪽.

중국이라고 하는 이 망망대해의 한문화권에서 자신의 문화를 발전시키고 있다"는 현실인식에서 출발하여, 주체민족인 한족과의 문화적 교류를 끈질기게 이어가야 한다고 주장한다. 이와 더불어 선생은 타문화와의 교류를 통한 문화의식의 갱신과 맹목적인 수용자의 자세에서 주체적인 창조자의 자세로의 변화를 주문하고 있다. 그럼으로써 민족 전통문화가 우리의 존재와 문화발전에 주는 합리성을 발견함과 동시에 타민족에게 줄 수 있는 공감대를 확대해 가야 함을 강조하게 된다.[30] 즉 선생은 문화경계 공간에서의 삶의 체험을 통해 민족문화와 중국문화라는 두 개의 좌표축 내에 스스로를 위치함으로써 협소한 민족인식 혹은 문화관에서 벗어나 초월적인 상보・상생의 가치 탐구로 나아갈 수 있었던 것이다.

4. 중국조선족 학계의 지도자

널리 알려져 있다시피 선생은 연변대학교에서 오랫동안 여러 가지 중임을 맡아 온 분이다. 선생은 1990년 4월 박사학위 청구논문의 심의를 마치는 대로 조선언어문학학부 부학부장을 맡게 되며 2년 뒤인 1992년 3월에는 학부장을 맡게 된다. 구소련의 대학 체재를 답습하였던 당시에는 산하에 실질적인 교육・연구 기능을 담당하고 있는 여러 강좌를 두고 있던 학부는 중요한 학문 조직기구였다. 1977년에야 대학

30 김병민, 「민족문화 교류사에 대한 반성과 전망」, 『예술세계』 4, 연변인민출판사, 1992, 47~9쪽.

입시제도가 회복이 되고 1981년에야 학위제도가 회복이 되었으니, 1990년대 초반만 하여도 대학가의 학문적 분위기가 미흡한 상황이었다. 그러한 시기에 선생은 '정판룡 교육종사 40주년 학술회의'를 조직하여 학과 내의 학문적 분위기를 쇄신하고 1992년 8월에는 전국적인 규모의 '중국조선민족문화학술회의'를 개최함으로써 중국조선족 학계의 학문적 열기를 불러 일으켰다. 학문적 소통과 교류를 무엇보다 중시하였던 선생은 그 이후로도 국제고려학회 문학분과 주최의 '세계 조선민족문학' 국제학술회의(1997), 중국조선-한국문학연구회와 한국한문학연구회의 공동 주최로 된 '한문학의 전통과 전망' 국제학술회의(1999), 창작과비평사와 공동으로 주최한 한・중 수교 10주년 기념 학술대회인 '한・중 문화교류의 역사와 전망' 학술세미나(2002.7) 등 영향력이 큰 학술 행사들을 조직하기에 이른다.

1992년 9월 선생은 다시 연변대학교 교무처장으로 임명되어 1996년 6월까지 4년간 중임을 맡게 된다. 일찍부터 학문에만 뜻을 둔 선생은 이를 여러 차례 사절하나, 결국 학교 지도부의 간곡한 당부에 등이 밀려 본격적인 학교 행정직에 몸을 담그게 되었던 것이다. 교무처장 임직 기간 선생은 중국에서 가장 선도적으로 학점제 교무 관리 시스템을 개발하여 연변대학교에 도입한다. 선생은 누구보다도 시대적 변화에 민감하였으며 학점제란 시장경제라는 보다 거시적인 사회적 변화와 맞물린 대학제도 개혁의 핵심적 사안임을, 학생의 종합 능력과 개개인의 창의력 양성에 그 취지가 있음을 예리하게 파악하고 있었던 것이다. 이에 미국・일본・한국 등 여러 나라 대학들의 앞선 경험을 널리 수용하여 선생이 몸소 집필한 「연변대학교 학점제 방안」은 기타 4개 대학교의 실천안과 함께 학점제 개혁의 전범으로 뽑혀 청화대학교출판사에서 묶은 단행본 『중국학점제』에 수록이 되며, 길림성 교학연구 성과 1등상을 수상한다.

한편 선생은 연변대학교의 발전을 위해서는 무엇보다도 젊은 교원들의 양성 특히는 학문적 시야를 넓혀 주는 것이 중요하다고 판단하였으며, 이에 이들의 외국 유학을 적극 주선하였다. 그리하여 선생은 3년 사이에 영어와 일본어 등 출국 유학시험에 통과하였으나 마땅한 대학교와 연락이 닿지 않아 유학을 떠나지 못하고 있는 22명의 젊은 교원을 전부 외국의 대학교와 연구기관으로 파견하였다. 특히 선생은 한국의 대학교들에 일일이 편지를 보내어 연변대학교의 교원과 직원들이 연수를 다녀올 수 있도록 지원을 이끌어내기도 하였다. 선생은 누구보다도 인재를 아꼈으며, 평생 젊은이들을 위해 몸소 추천서를 쓰는 것을 마다하지 않은 분이었다.

선생은 교무처장 임직 기한이 끝나는 대로 학과에 돌아가 학자로서의 삶에 전념하려 하였으나, 교육부의 개혁조치에 의하여 연변대학교와 연변의학원, 연변사범고등전과학교, 연변농학원, 연변예술학원 등 연변의 5개 대학교가 합병을 하게 되면서, 박문일 총장의 부름을 받아 1996년 7월 사범대학 학장을 맡게 된다. 당시 연변대학 사범대학은 교수진과 학생이 모두 한족 위주인 단과대학 연변사범고등전과학교와 구성원 대부분이 조선족인 연변대학교의 일부 인문학과를 합병한 대학이었으며 교직원 360여명에 학생 3,000여명의 큰 규모였다. 자칫 민족 간 학과 간 갈등이 초래될 위험을 안고 있는 대학이었으므로 선생에게 중임이 맡겨졌던 것이다. 선생은 학생 자질 양성을 위한 사범교육 개혁을 중심으로 학과 간 모순을 봉합하였고, 인내심과 포용력 그리고 공정성과 원칙성을 지킴으로써 사범대학 내의 진정한 융합과 민족단결을 추진하였다.

그 이후 선생은 1998년 11월 부총장으로 발탁되고, 다시 2003년 1월에는 총장으로 임명이 되어 2012년 6월에 이르기까지의 9년 반 동안 연변대학의 최고 지도자로서 소임을 다하게 된다. 선생은 총장 임직과 동시에 전국인민대표대회 대표로도 당선이 되어 직업 행정인의 길을 걷게 되었지만, 스스로를 냉정히 반성하며 학자로서 신념을 버리지 않기로 굳게 결심하였다고 한다. 이에 선생은 중국조선족 교육과 문화 및 학문발전을 위한 지성인으로서의 역사적 소명을 다하는 한편, '학자형 총장'의 길을 걸을 수가 있었던 것이다.

연변대학은 비록 중국 대학교육 개혁 조치에 부응하여 1996년 연변지역 5개 대학교의 합병을 완성하였지만 실제에 있어서는 모양새에 그치고 실질적인 융합을 이루지 못한 상황이었다. 이에 선생은 연변대학교의 새로운 도약을 위해서는 내적인 통합이 가장 주된 숙제라고 판단하였으며, 우선 설립 50년이 넘도록 명문화되지 못한 학교 교훈과 건학이념 등을 정비함으로써 대학정신을 새롭게 부각하는 작업에 착수한다. 연변대학교의 건학 취지와 정신사적 의미들을 깊이 있게 읽어 내기 위하여, 선생은 학교의 많은 학자들과 의논과 소통을 거듭하였으며, 친히 수많은 자료들을 섭렵하며 학교의 역사에 대해 면밀히 살펴봄으로써 역사 현장 속에 살아 있는 선현들의 지혜와 참된 뜻을 추출해내게 된다. 선생이 몸소 정립한 연변대학교 교훈인 '진리, 선행, 융합'에는 지식과 사물의 궁극적 원리에 대한 추구라는 대학의 기본 정신과, 인간에 대한 사랑과 사회에 대한 기여라는 휴머니즘적 인문정신이, 그리고 다민족·다문화·다원적 가치의 융합이라는 연변대학교의 지역적·구성적 특징에 기초한 문화 존중과 가치 창조의 정신이 담겨져 있다. 이와 함께 선생은 주변부만이 지닌 문화적 힘을 자각하고 다문화 경계지대의 우세를 살리며, 학문을 중심으로 학교를 운영하고 질 높은 대학교육을 실시하는 등을 골자로 하는 구체적인 건학이념을 제시하기도 하였다.

다른 한편 선생은 제도적 역할을 중시하여, 학문성과를 주된 평가기준으로 하는 인사제도와 장려제도를 확립함으로써 효과적으로 학문

연구에 대한 교수들의 열의를 동원하였다. 선생이 갓 총장으로 부임하였을 때 연변대학교는 대학 평가에서 그 순위가 길림성 6위에 그쳤으나 2006년에는 3위로 부상하였으며, 2012년에는 중국내 126위로 부상하였다. 실제로 SCI 등재지 논문의 경우만 하여도 2002년의 30편에서 2012년의 300편으로 급증하였으며, 조선언어문학학과가 국가중점학과(2004)로, 조선-한국연구센터가 교육부 중점연구기지(2006)로, 장백산 생물자원과 기능분자 실험실이 교육부 중점실험실(2007)로 선정되어 정부 지원을 받게 되었다.

총장 재임기간 선생이 이룩해낸 주요한 성과의 하나는 세간에서 '제2의 창업'으로 일컬어진 캠퍼스 확장공사이다. 1949년에 개교한 연변대학교는 1958년에 연변대학, 연변의학원, 연변농학원, 연변공학원으로 나뉘었으며 나중에 설립된 연변예술학원까지 포함하여 연길시 및 용정시의 여러 캠퍼스에 나뉘어져 있었는데, 수십 년간 각자의 전통과 시스템을 지니고 있다나니 행정효율성이 떨어지는 것은 물론이고 사회적 자원에 대한 낭비 또한 만만치가 않았다. 자원통합, 학과 간 교차와 학제 연구 능력의 향상, 경영 효율의 제고 등을 취지로 선생은 연변대학교 주변의 부지들을 사들이고 교사(校舍)를 신축함으로써 통합캠퍼스를 조성하는 캠퍼스 확장공사의 결단을 내리게 되었던 것이다. 캠퍼스 확장공사는 2004년에 기획을 시작하여 2007년에 착공을 하였고 2010년 8월에 이전이 끝났으며 2011년 5월 16일에 준공식을 마무리하였으니, 실로 대장정(大長征)이라 표현할 만한 것이었다. 그 과정에서 선생의 노고 또한 막심하여 후두염으로 수술을 받게 되어 캠퍼스 이전식에도 참석하지 못하는 등 인고의 시간을 견디어 내야만 했다. 2010년 8월 28일 이전식이 진행되는 날, 선생은 북경의 한 병원에서 수술을 받고 있었다. 수많은 위로의 문자 메시지가 날아들었고, 선생은 그 와중에도 그간 뜻을 함께 한 이들에게 "장백산의 기상과 두만강의 낭만에 실려 통합캠퍼스 공사를 끝낼 수가 있었습니다"라는 진정어린 메시지를 날린다.

선생이 2003년 총장에 부임하였을 때, 연변대학의 채무는 그 당시로서는 천문학적 숫자에 가까운 3억 2천 위안이었다. 이에 선생은 정부의 자금지원, 은행대부금과 사회자금의 유치 등을 위해 불철주야 동분서주하였으니, 선생이 친히 방문한 국가와 각급 정부의 지도자, 기업 총수들과 은행 행장 등은 100명을 훨씬 넘는다고 한다. 그 과정에서 선생은 여러 번 병환으로 몸져누웠으나 "연변대학교를 위해 지탱해야한다"는 신념으로 이겨냈으며, 젊어서부터 학자로서 고고한 성품을 지니고 있었음에도 "연변대학교를 위하여 머리를 수그려야한다", "연변대학교를 위한 일이라면 어떤 일도 마다하지 않는다"라고 스스로를 다독이곤 하였다고 한다.[31]

2005년 선생은 연변대학교를 '성부공건(省部共建)' 대학교로 선정되게 하기 위하여 여러 차례 교육부 저우지(周濟) 부장을 방문하였다. '성부공건'이란 준교육부 직속 대학교로 인정을 받아 교육부와 소속 성정부에서 공동으로 중점 지원하게 되는 국가차원의 프로젝트였는데, 연변대는 이미 서부(西部) 건설 대학으로 선정된 탓에 중복 지원이 불가능한 상황이었다. 교육부를 찾아간 선생은 정문 초소에서 검문에 걸리면 다시 뒷문 초소를 찾아가 전국인민대표대회 대표증을 내보이고 들어갔으며, 부장이 난색을 지으면 '앉아 버티기', 끈질긴 설복과 협상 작전을 벌이곤 하였다.[32] 선생은 처음부터 연변대학교 통합캠퍼스 추진을 제안한 바 있던 저우지 부장에 대한 믿음으로 "민족지역 대학인 연변대학교의 건설은 교육부와 길림성 정부의 공동 건설에 그치는 것이 아니라 부장

31 김병민, 「나의 회억」, 앞의 글.

32 김병민, 「큰 말씀은 소리가 없나니 : 박문일」, 인하대학교 한국학연구소 편, 앞의 책, 252쪽.

님과 저 역시 소명을 다해야 하는 역사적인 사안입니다"라고 맞장을 뜨기도 하였다. 침묵이 이어지던 중, 저우지 부장은 선생이 그간 심한 스트레스 때문에 부황을 뜬 자국이 목덜미에 선명히 남아 있는 것을 발견하고, 자초지종을 묻고 나서 크게 감동하였다고 한다. 이러한 과정을 통해 연변대학교는 끝끝내 '성부공건' 대학교로 선정되어 해마다 정부로부터 2천만 위안에 이르는 지원금을 받게 되었을 뿐더러, 캠퍼스 통합에 필요한 토지 양도세의 반환 등 여러 가지 정책적인 혜택을 받을 수 있게 되었다. 연변대학의 캠퍼스확장공사는 그 전체 면적이 57.36만 제곱미터, 건축면적이 총 37.5만 제곱미터이며, 투자금액은 14억 8천만 위안에 이르렀는데, 선생은 재임 기간 연변대학교를 위하여 38동이나 되는 강의동과 기숙사 등 현대식 건물들을 신축하였다. 더욱이 용정시에 있는 농업대학 부지를 그대로 보유한 채 부임 당시 3억 위안이 넘던 연변대학교의 채무조차 대폭 줄였으니, 사업가로 비유하여도 그만한 업적을 이루기가 힘든 것이었으며 역사적 사명감이 없이는 도무지 불가능한 불가사의를 이루어냈다고 할 것이다.

총장 재임 기간에 선생은 학자형 지도자가 아니라 행정 관료가 되고 마는 것을 스스로 늘 경계하였으며, 중국조선족 학계의 발전을 위해 혼신의 힘을 다하였다. 선생은 한국고등교육재단의 후원에 힘입어 연변대학교 아시아연구센터를 설립하고 110만 달러의 지원금을 유치하여 한국학연구 학술상인 '와룡학술상'을 설립하고 학술 연례행사인 '두만강포럼'을 개최하였다. 또한 일본의 마루한회사 및 북경 억리(億利) 그룹의 후원을 받아 장백산 생물자원과 기능분자 실험실 주관의 '장백산포럼'을 개최함으로써 '두만강포럼'과 함께 자연과학 분야와 인문과학 분야의 2대 학술 브랜드로 성장하게 하였다. 한편 선생은 한국여성문학회의 후원으로 용정시 비암산 기슭에 강경애 문학비(1999.8.8)를 세웠으며, 중국조선족 문화단체의 후원으로 연변대학 캠퍼스 뒷동산에 정판룡 문학비(2004.10.7)를 세움으로써 선현들의 문학적・학문적 정신을 계승하는 작업에도 앞장섰다.

특히 선생은 연변대학교에만 그치지 않고, 다양한 학술활동을 통해 중국조선족 학계와 중국 한국학 연구의 위상을 높이는 데 큰 기여를 하였다. 선생은 중국의 『문학평론』, 『외국문학연구』, 『사회과학전선』, 『외국문학』, 『민족문학』 등 정상급 학술지에 많은 논문을 발표하여 학자로서의 학술적 영향력을 확대하여 갔을 뿐더러 정판룡 선생의 뒤를 이어 중국 조선-한국문학연구회 회장의 중임을 맡아 학회를 개편 확대시켰으며, 중국비교문학학회 이사(2002)와 상무이사(2014), 동방문학연구회 부회장(2005), 길림성 사회과학 연합회 부주석(2003) 등 주요 학술단체의 중임을 맡음으로써 중국 주류학계에 한국학의 가치와 중요성을 널리 알리는 데 큰 역할을 하였다.

실로 선생은 중국조선족을 대표하는 교육가이자 사회 지도자로서 소신 있는 삶을 살아온 분이다. 선생은 누구보다도 확고한 교육・사회 이념을 지니고 있었으며 몸소 실천하였는 바, 첫째는 학문과 인격의 독립성을 으뜸가는 가치로 내세웠다 할 것이며, 둘째는 합리적이고 진취적인 사고에 기초한 지성인의 사회적 사명감을 중요시하였다 할 것이다.

우선 선생은 학문에 대한 사랑과 집요함이 유난했다. 오랜 보직생활 과정에서도 연구와 글쓰기를 멈춘 적이 없으며, 많은 학문적 성취를 거두었음에도 수년간 행정사무를 한 자신을 두고 스스로 '반쪽학자'라고도 말한다. 그래서 한국의 저명한 국문학자인 서울대학교 조동일 교수 앞에서 스스로 반쪽학자라고 평하였을 때, 조교수는 '민족대학을 위해 봉사해왔다는 하나만으로도 뿌듯한 일이 아니겠느냐'고 하였다."[33]

33 전윤길, 「원망도 후회도 없는 뿌듯한 삶－연변대학 총장 김병민 박사를 쓴다」, 장연

'반쪽 학자'라는 자평은 역으로 선생이 얼마만큼이나 학문에 대해 신성시하고 소중히 여겼는지를 잘 보여주는 사례이기도 하다. 특히 선생은 학문의 근본적 의미에 대해 끊임없는 질문을 던지고 있는데, 이는 중국조선족 정신사의 귀한 전범이 되고 있는 『와룡산 일지』에서 많은 예를 찾아볼 수가 있다. 연변대학교의 선현들을 기리는 50만자에 달하는 『와룡산 일지-인물로 보는 연변대학교의 역사와 전통』은 선생이 2009년 개교 60돌을 계기로 2012년까지 지속적으로 창작한 실기 작품이다. 이에 앞서 선생은 2005년 5월부터 심한 불면증에 시달려 매일 수면제를 복용해야 했는데 선현들과의 "영혼의 대화를 나누"[34]는 것이 "오히려 불면을 극복하는 방도"[35]였다.

선생은 "사회와 다른 제반 문화적 특징을 구현해내는 것이 대학교의 원경이요 이상이다"고 봄으로써 대학의 가치를 사회의 세속적 특징과의 차별성에서 찾고 있다. 세속의 가치를 초월한 근원적 가치와 진리를 지향함으로써 "행정권력 중심이 아닌 학술전문가 중심, 대학자치 혹은 학술자치 나아가서 학자의 인격독립은 대학문화정신을 지켜가는 담보"[36]가 된다. 그래서 선생은 "교수는 대학교의 영혼이고 대학교운영의 주체임"[37]을 강조하고, 역사를 거슬러 올라가 초대 부총장이었던 임민호 선생의 개교 5주년 기념연설에서 "우리 교직원을 존경하며 학생을 사랑"[38]해야 한다는 학자 존중, 인간 존중 사상의 전통을 밝혀낸다. 특히 선생은 "학문을 떠난 학자의 삶은 가치가 없다"[39]는 소신으로

하, 전윤길 외, 『신화를 엮어가는 겨레의 선두주자들』, 연변인민출판사, 2013, 47~57쪽.

34 김병민, 「후기」, 『와룡산 일지』, 앞의 책, 421쪽.

35 위의 글, 422쪽.

36 위의 글, 422쪽.

37 김병민, 「머리말」, 위의 책, 머리말 2쪽.

38 김병민, 「우리의 림교장」, 위의 책, 33쪽.

39 김병민, 「학자의 인격과 량심은 속일수 없어-저명한 어학자 최윤갑 교수」, 위의

"평생 학문의 외곬을 걸으면서 학자적인 인격과 양심을 올곧게 지켜온"[40] 최윤갑 교수나, "주어진 운명을 달갑게 생각하고 대학교수라는 이름을 지켜 꾸준하고 깨끗하게 살다가" 간, "무명(無名)의 세계에서 조용히 살아온" 어학자 김동익 선생을 높이 평가하며 "대학사회에서는 '벼슬'이 중요하지 않다. 벼슬보다는 진리와 학문, 민주와 자유, 인격과 개성이 존중을 받고 으뜸가는 자리에 서야 한다. 이것이 바로 대학의 문화이고 이상이며 양심이라고 생각한다"[41]고 일갈하기도 한다.

선생은 삶에 있어서도 늘 학문 연구를 첫 자리에 두었다. 선생은 4년 동안 연변대학교 교무처장으로 있었지만, 근무 시간 외에는 대외 교섭이나 술자리 등을 모두 외면한 채 학문에만 전념하였다. 그래서 정부기관이나 중학교, 고등학교 교장들조차 선생이 연변대학교 교무처장인 줄을 모르는 사람이 많았다. 그런가 하면 부총장으로 승진 결정이 내려졌을 때, 길림성 당위 조직부의 지도자가 선생에게 그 소식을 알리며 소감을 물으니 "별다른 느낌이 없다"고 하여 큰 화제가 되기도 하였다. 지역사회에 있어서 그러한 '경사'를 만나 출세를 기뻐하지 않는 이가 없었으며, 설사 진심이 아니더라도 '감격'을 표하는 것이 당대의 풍토이자 관례였기 때문이다.

그런가 하면 대학원생 강의를 하면서 외부의 지장을 받지 않기 위해 연구실 전화선을 뽑아버리고 출입문밖에 '수업중, 외부인 출입금지'라는 큼지막한 글자를 써서 붙인 일은 유명한 일화이다.[42] 필자도 겪은 일이지만, 아직 휴대폰 사용이 보급되지 못하였던 사범대학 학장 시절 선생은 총장으로부터 수시로 전화 연락이 올 수 있음에도 강의를 위해

책, 157쪽.

40 위의 글, 167쪽.

41 김병민, 「세상을 조용히 떠나간 김동익 선생님」, 위의 책, 231쪽.

42 최일, 「스승, 학자 그리고 교장-연변대학 김병민교수 인상기」, 『문학과 예술』 6, 연변문학예술연구소, 2012, 16~21쪽.

서는 반드시 연구실 전화선을 뽑아두곤 하였다. 선생은 아무리 공무가 바쁘더라도 "집에 들어오면 먼저 책상머리에 앉아 책을 뒤적거려야 되고 침대에 누워도 꼭 책을 몇 줄 보고야 잠들 수 있다. 출장 가도 책을 갖고 가야지 그렇지 않으면 꼭 무엇을 잃어버린 느낌이다. 토요일 일요일이면 반드시 시간을 충족히 내여 책을 읽어야만 시름이 놓"[43]여하는 성품이었다. 그래서 제자들은 늘 스승으로서 선생의 근엄함을 '무언지교(無言之教)'로 표현하곤 하였다.

다음으로 선생은 지성인의 사회적 사명감을 강조하고 연변대학교와 지역사회의 합리적이고 진취적인 발전을 간단없이 모색하였다. 일찍이 선생은 「학문 학자 인격」이란 글에서 초월성과 미래지향을 특징으로 하는 학문이 주문하는 학자다움으로 독립적이고 창조적이며, 고결하고 강인한 인격을 꼽는다. 특히 글의 서두에서 선생은 "인간의 존재적 의미는 사회와 자연의 변혁에 있다"[44]고 보고 있다. 즉 선생은 사회 및 자연과의 대결 속에서의 인간 승리라는 진취적인 인본주의 정신에 입각하여 학문의 필요성을 인식하고 있었던 것이다. 이러한 인식에 바탕 하였기 때문에 선생은 나중에도 "교육은 그 본질에 있어서 미래를 위한 일"[45]이며, "대학은 인재양성, 과학연구, 사회봉사를 중요한 사명으로 삼고 있다"[46]고 본다. 그래서 연변대학교 초대 총장인 주덕해 선생의 공적에 대해서도 지방병 예방치료, 사과배 재배, 연변황소 신품종 육성 등에서 거둔 성과를 예로, 연변대학교를 '지역경제와 사회발전의 견인차'로서 역할을 수행케 하였다고 높이 평가하고 있다.

이외에도 선생은 지성인의 사회적 사명감을 높이 평가하여 조선족

43 김병민, 「독서와 삶의 계시」, 『청년생활』 3, 연변인민출판사, 2003, 17쪽.
44 김병민, 「학문 학자 인격」, 『문학과 예술』 5, 연변문학예술연구소, 1995, 58쪽.
45 김병민, 「주덕해교장과 연변대학」, 『와룡산 일지』, 앞의 책, 2쪽.
46 위의 글, 11쪽.

의학자 노기순 박사에 대해서 "개인의 영달과 명예보다는 연변인민들의 부름을 따랐다. 이것이 바로 의사이며 학자인 로박사의 인격적인 매력이다"[47]고 보았으며, "내 자신의 전도를 위해 동포들의 부름을 거절할 용기는 그때도 없었고 지금도 없다"는 정판룡 선생의 고백을 문학비에 새겨 넣으며, 스승의 두둑한 배짱을 돌이키며 "나는 공론이 두려워 소신 있게 일을 추진하지 못하고 슬슬 눈치만 보는 소인이 될까봐 늘 자신을 반성한다"[48]고 고백하고 있다.

이처럼 선생은 연변대학교의 지도자로서 자신의 학문적 · 사회적 사명을 다하였을 뿐더러, 중국조선족 정신사의 모든 미덕을 집대성하고 그 지혜를 일일이 실천하신 분이라 할 것이다. 2012년 8월 16일, 총장 퇴임식에서 선생은 "연변대학이 한그루 나무라면 나는 이름 없는 나뭇잎이 되리라"[49]는 시구로 연설을 마친다. 그러나 이러한 겸허함에도 선생은 미시적인 담론이 성행하는 이 지리멸렬한 시대에 학문과 교육, 그리고 인격의 근본적인 가치를 몸소 실행하고 주어진 사회적 사명을 다함으로써 직업인이 아닌 가치자(價值者)로서의 길을 당당히 걸은 지성인이자 사회적 지도자였다.

5. 맺음말

2013년 3월 5일, 선생은 중국에서의 한국학 연구, 조선족문화발전

47 김병민, 「조선족의학교육의 선구자-"신의" 로기순 박사」, 위의 책, 82쪽.
48 김병민, 「대학정신의 사표, 학술의 전략가—정판룡 교수」, 위의 책, 121쪽.
49 김병민, 「퇴임 소감(卸任感言)」, 2012.8.16.

및 한・중 문화교류를 위한 선두자적 역할을 인정받아 제17회 KBS 해외동포상 인문사회부문상을 수상한다. 수상 소감으로 선생은 여생을 학자로 남겠다고 밝힌다. 실제로 2014년 2월 선생은 중국의 명문대인 남경대학교 한국학연구센터 수석전문가로 초빙되며, 같은 해 6월 산동대학교 인문사회과학 1급 교수로 초빙되어 학문으로의 귀환을 실행하며, 활발한 학문 활동을 통해 한・중 근현대 문학관계 및 탈경계 서사에 대한 한・중 학계의 새로운 관심과 열의를 이끌어 가고 있다.

2012년 선생의 총장 퇴임식에서 연변대학의 김웅(金雄) 당위서기는 "김병민 총장은 학문을 숭상하고 진리를 추구할 뿐더러, 지고의 선과 조화로움 및 공존의 정신을 사랑하는 인격자이며, 겸허하고 드넓은 흉금과 과학적인 사고 및 실천적 예지를 지니신 분으로서, 국내외에서 공인하는 조선-한국학 연구영역의 가장 영향력 있는 학자일뿐더러 연변대학의 가장 존경스럽고 친근하며 사랑스러운 총장입니다"라고 평가하고 있다. 실제로 '평민 총장'으로 널리 존경받은 선생은 소박하고 진실한 성품, 학자에 대한 존중과 예의, 웃어른에 대한 공경과 후학에 대한 관용, 특히 남의 어려움을 자신의 일처럼 나서서 돕는 인간적인 따뜻함 등으로 뛰어난 인격적 매력을 지니신 분이다.

그리고 무엇보다 "인생은 부단히 자아를 찾고 자아를 반성하며 자아를 완성해가는 기나긴 노정인 것 같다"[50]는 자기고백처럼, 선생은 가난한 중국조선족 시골 어린이로 태어나 험난한 세월을 거치면서 학문의 길을 통해 변화된 세상으로 나아가는 동시에 간단없이 스스로를 완성해온 인격체이기도 하다. 그만큼 선생의 몸에는 학문과 이론적 공부에서만이 아니라 사회현실과 삶의 바탕에서 우러나 정신적으로 승화된 가장 중국조선족다운 지혜와 아름다움이 배어 있다. 본고의 성격상,

50 김병민, 「민족교육가-리희일서기와 박규찬교장」, 『와룡산 일지』, 앞의 책, 4쪽.

아쉽지만 필자가 우러러 모신 선생의 인간적 풍모와 감명 깊은 일화들에 대해서는 다음 기회로 미루고, 선생의 자평서로 미진한 글을 끝맺고자 한다.

> 난 큰 일물은 절대 아닙니다.
>
> 진실하고 책임성 있게 살았을 뿐입니다. 학문에는 상당히 집착한 사람입니다.
>
> 현대대학의 이념으로 대학을 꾸리려고 했으며 특히 채원배(蔡元培)를 숭배하였습니다.
>
> 친구는 돈독하게 사귀는 자세였습니다.
>
> 보직생활에서 남을 많이 도왔으나 대가성은 없었습니다.
>
> 권력을 잡고 틀 차릴 줄은 몰랐습니다.
>
> 성질을 급하고 팩한 편이지만 마음은 선량했습니다.
>
> 욕심은 적고 심상은 바르고 깨끗했습니다.
>
> 불의를 보고는 참지 못하는 성미였습니다.
>
> 이상 자화상을 그려 봅니다.
>
> — 김병민[51]

51 김병민, 「자화상」, 2017년 8월 13일 김병민 선생이 필자에게 보내준 메일.

『신채호 문학연구』, 아침, 1989.
『朝鮮中世紀 北學派文學硏究』, 목원대학출판부, 1992.
『현대문학비평자료집: 이북편』 1～8, 태학사, 1993.
『신채호문학유고선집』, 한국문화사, 1995.
『조선 현대 문학사』, 한국문화사, 1995.
『민족문학의 통합적 조명』, 沈陽: 遼寧民族出版社, 2003.
『朝鮮-韓國文學的近代轉型與比較文學(조선-한국문학의 근대적 전환과 비교문학)』, 延吉: 延邊大學出版社, 2007.
『와룡산 일지-인물로 보는 연변대학의 력사와 전통』, 연길: 연변인민출판사, 2013.
『中國現代文學與韓國資料叢書(중국현대문학과 한국자료 총서)』 1~10, 延吉: 延邊大學出版社, 2014.

「신채호의 문학창작유고에 대한 자료적 고찰」, 『아시아연구』, 한림대 아시아연구소, 1995.
「梁啓超與朝鮮近代小說(양계초와 조선근대소설)」, 鄭判龍 主編, 『朝鮮學-韓國學與中國學』, 北京: 中國社會科學出版社, 1993.
「「호질〉신론: 범의 형상분석을 중심으로」, 『동아시아문화연구』 20, 韓陽大學校韓國學硏究所, 1992.
「哲理小說「醫山問答」中所反映的洪大容的哲學思想與文化意識(철리 소설 「의산문답」에 체현된 홍대용의 철학사상과 문화의식)」, 『朝鮮學硏究』, 民族出版社, 1995.
「민족의 력사와 삶의 현장 그리고 문화적성찰—류연산씨의 장편기행 『혈연의 강들』을 읽고」, 『문학과 예술』 5, 연변문학예술연구소, 1999.
「정판룡과 그의 문학에 대한 문화학적인 고찰」, 『장백산』 5, 길림성민족사무위원회, 2002.
「朝鮮北學派文學與淸代詩人王士禎(조선북학파 문학과 청대시인 왕사정)」, 『文學評論』 4, 중국사회과학원 문학연구소, 2002.
「동아시아 근대지향의 태동과 조선지식인의 자각-연암(燕岩)에서 노신(魯迅)에 이르기까지」, 『韓國漢文學硏究』 36, 2005.
「단재 신채호의 철학과 그 인간상〉, 『退溪學論集』 14, 嶺南退溪學硏究院, 2014.

「대화와 상상: 단재 신채호의 동아시아 인식과 근대상상」, 『국어국문학』 174, 국어국문학회, 2016.
「抵抗과 想象: 망명공간과 中國體驗敍事－류자명의 산문의 경우」, 『한국문학과 예술』 21, 숭실대학교 한국문학과예술연구소, 2017.

11. 연변 문단의 삼총사

: 김봉웅金峰雄(1943~2009),
김관웅金寬雄(1951~현재),
김호웅金虎雄(1953~현재)

김정영金晶瑛

김봉웅

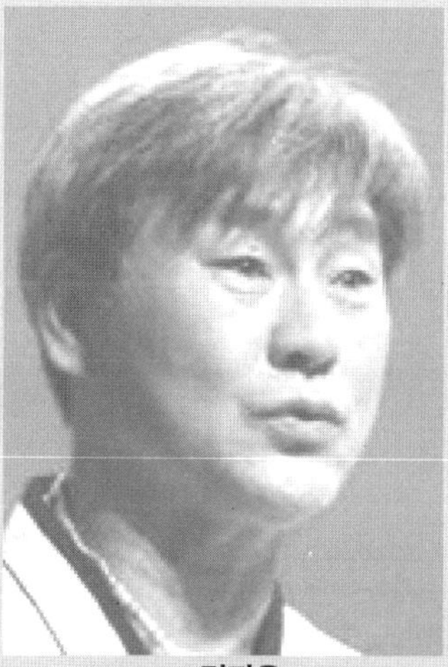

김관웅

김호웅

김봉웅

1943년 7월 28일 흑룡강성 목단강시 출생.

1955년 7월 연길시 중앙소학교 졸업.

1962년 7월 연길시 제2중학교 졸업.

1968년 7월 연변대학교 조문학부 졸업.

1968년 8월 흑룡강성 북안현 해방군 3180농장 노동단련.

1970년 4월 길림성 반석현 취사하중학교 교사.

1972년 1월 연변제1고등학교 교사.

1972년 4월 연변인민출판사 편집, 문예편집실 부주임 · 부총편집 · 심열원 · 편심.

2009년 9월 25일 타계.

연변작가협회 이사, 중국조선어학회 이사, 연변외국문학연구회 이사.

문학 평론과 논문 80여 편 발표, 문학평론집 『작가의 시각과 사유』 출판, 연변조선족자치주 성립 30주년 주정부 문학상과 길림성, 동북3성, 전국 우수도서 편집상 등 10여 차 수상. 길림성 출판부문 선진사업일군으로 표창 받음.

김관웅

1951년 7월 20일 길림성 연길시 출생.

1964년 8월 연길시 신흥소학교 졸업.

1964년 9월 연길시 제3중학교 입학, 문화대혁명으로 학업 중단.

1968년 10월 연길현 연집향 대암촌 하향지식청년.

1970년 10월 훈춘 1456부대 기포련機砲連에서 군복무.

1973년 1월 연변군분구 『동북민병』 편역실 편집원.

1975년 4월 연변모택동저작번역실, 사전편찬실 근무.

1978년 9월 연변대학교 중문학부 한어학과 입학.

1982년 9월 연변대학교 조선언어문학학부 한국문학 석사과정 입학.
1985년 9월 연변대학교 조선언어문학학부 전임강사·조교수·부교수·교수.
1987년 9월 연변대학교 한국문학박사과정 입학.
1998년 연변대학교 조선언어문학학부 박사연구생 지도교수, 연변대학교 문과학술위원회 주석.
2016년 7월 정년 장춘 소재 화교대학교 등에서 강의.

선후로 김일성종합대학교, 북경대학교, 전남대학교, 배재대학교, 서울대학교 등에서 연수하거나 교환교수로 강의를 함.
연변문학 윤동주문학상, 연변조선족자치주 진달래문학상, 중국조선족문학비평상, 연변대학 와룡학술상, 보강교육상, 중국소수민족문학창작 준마상 등 다수 수상.

김호웅

1953년 5월 25일 길림성 연길시 출생.
1960년 8월 연길시 신흥소학교 입학.
1966년 9월 연길시 제3중학교 입학, 문화대혁명으로 학업 중단.
1970년 1월 연길현 연집향 대암촌 하향지식청년.
1973년 1월 요녕성 82114부대에서 군복무.
1976년 3월 연변인민출판사 문예편집실 편집원.
1978년 9월 연변대학교 조선언어문학학부 입학.
1982년 9월 연변대학교 조선언어문학학부 한국문학 석사과정 입학.
1985년 9월 연변대학교 조선언어문학학부 조교수 · 부교수 · 교수 · 학부장 역임.
1998년 2월 연변대학교 문학박사학위 취득.
1998년 연변대학교 조선언어문학학부 박사생지도교수.

2004년 연변대학교 조선-한국연구센터 소장, 문과학술위원회 주석 등 역임.

선후로 와세다대학교, 한양대학교, 배재대학교, 국제교류재단 등에서 연수하거나 교환교수로 강의를 함.

연변문학 윤동주문학상, 연변대학교 와룡학술상, 길림성정부 장백산문예상, 길림성대학교 교학명사敎學名師, 중국소수민족문학창작 준마상, 한국 동서문화상, 전국모범교사 등 다수 수상.

1. 머리말

삼총사(三銃士)는 프랑스의 알렉상드르 뒤마의 소설 『삼총사』(1844)에 나오는 인물이다. 이 작품은 총사가 되기 위해 파리로 온 가스코뉴 출신의 하급 귀족 달타냥이 총사 아토스, 아라미스, 포르토스를 만나 벌이는 모험을 그리고 있는데 후에 삼총사는 단짝으로 지내는 세 친구를 의미하는 관용어로 널리 쓰이게 되였다.

조선족사회에서는 김봉웅·김관웅·김호웅 형제를 연변문단의 삼총사라 부르고 있다. 말하자면 광주김씨(廣州金氏) 8남매 중 문학에 종사하는 세 형제를 지칭하는 메타포라 하겠다. 이들 삼총사는 개혁개방 후 연변문단에서 뛰어난 총명과 근면성으로 왕성한 작품 활동을 하고 학문에 정진해 빼어난 실적을 쌓은 대표적인 평론가로 자리매김을 했다.

이 글에서는 이들 삼총사의 가정배경과 성장과정을 알아보고 나서 이들 각자의 성격적 특징과 학문적 업적을 소개하고자 한다.

2. 삼총사의 성장 배경

김봉웅·김관웅·김호웅을 비롯한 그들 8남매는 평생을 자동차 운전기사와 정비사로 일해 온 김병기(金秉紀)와 리영순(李英順)의 자식들이다.

김병기는 평양 태생으로서 대동문 부근에 있는 장별리라는 곳에서 나서 자랐다. 장별리라고 하면 지금 평양의 젊은이들은 대체로 고개를 갸웃거리겠으나 평양 출신의 어른들은 대개 알고 있다. 『중외일보』 1929년 3월 8일 자로 「평양 장별리에 흉기 강도, 대금업 박씨 집에 침입, 범인의 종적은 묘연」이라는 기사가 실려 있다. 장별리는 큰 시장거리였다. 김병기는 어릴 적에 늘 대동문 옆에 있는 부자 백과부네 집 마당에 가서 놀았다고 했으니 장별리 역시 대동강과 멀지 않은 곳인 것 같다. 김병기네 동갑또래들은 백과부네 집 마당에 가서 놀다가 떡이라도 한 그릇 얻어먹으면 "할머니 어떻게 하면 부자가 됩니까?" 하고 물었다. 그러면 백과부는 시물시물 웃다가 "적게 먹고 가는 똥 누면 부자가 되는 거여" 하고 대답했다고 한다.

김병기의 아버지 김명복(金明福)은 이목구비가 수려하고 머리가 총명한 사람인데 과거시험을 보려고 사서오경을 얼음에 박 밀 듯이 줄줄 외웠다고 한다. 하지만 한말 이후 나라의 기운이 쇠하고 과거시험제도가 없어지자 대서업, 즉 남을 대신하여 글씨나 서류 따위를 써 주고 일정한 보수를 받는 일을 하였다. 하지만 차차 어지러운 세상을 꾸짖고 자기의 신세를 한탄하더니 기생집을 드나들며 날마다 곤드레만드레 술에 취해 살았다. 어느 날 이 어른이 또 고주망태가 되어 들어오는데 노모가 "어이구, 이 꼴 보지 말고 내가 어서 죽어야지!" 했더니 이 어른이 "어머니, 거 칼도마에 식칼 좀 얹어주세요. 제가 술 안 먹기로 맹서를 하지요" 하는지라 지독한 노모가 "여봐라, 게 누가 없느냐? 저 어른께 얼른 도마에 칼 얹어 드려라" 하고 코웃음을 치며 돌아앉았지요. 머슴애가 마나님의 불호령에 부들부들 떨다가 칼도마에 식칼을 얹어 대령하자 이게 웬 일인가! 이 어른이 칼도마에 왼손 식지를 내놓고 식칼로 탁– 하고 내리 찍었다. 시뻘건 피가 낭자하게 흐르는데 이 어른은 흰 바람벽에 '금일금주(今日禁酒)'라고 휘갈기더니 한 옆으로 쓰러졌다. 봉당에 떨어진 식지가 풀떡풀떡 뛰더란다.

술 맹세는 무슨 맹서라 했던가, 김명복은 바람벽에 혈서를 썼지만 일주일도 더 가지 않아 그 식이 장식으로 술을 퍼마셨다. 그걸 본 김병기는 "술만 퍼마시다가는 가정도 자식도 다 망치는 법!" 하고 평생 술에는 별로 입을 대지 않았다. 더더구나 팔남매를 키우느라고 술과는 거의 담을 쌓고 지낼 수밖에 없었다. 하지만 피는 못 속이는 법, 이들 형제들은 다들 술을 좋아한다. 흉을 보아서 죄송하지만 개중에는 두주불사하는 이들도 서넛 있다.

김병기가 만주에 들어온 것은 1935년. 몇 해 전에 김명복은 벌써 세상을 뜨고 말았다. 김병기는 무슨 기술을 배워야 일가족을 먹여 살릴 수 있겠다고 생각했다. 마침내 김병기는 어머니와 아우 병일이, 그리고 누이동생 셋을 두고 무작정 현해탄을 건너 일본 시모노세키로 건너갔다. 하지만 이때는 일본이 위만주국을 조작해가지고 대륙침략을 꾀하면서 일본인들도 개척이민으로 만주에 보내던 때라 김병기는 사나흘 유치장생활을 하다가 다시 조선으로 송환되었다.[1]

김병기는 내친 김에 만주행을 단행했다. 먼저 봉천(奉天)(지금의 심양)에 가서 일본인이 경영하는 약국에서 점원으로 일했다. 날마다 자전거 짐받이에 약을 싣고 안산・무순 등지에 약을 배달하는 일을 했다. 두어 달 지나니 자전거를 타고 그야말로 마술도 부릴 수 있게 되었다. 그래서 1937년 10월 25일 봉천국제경기장에서 열린 제3회 만주자전거선수권대회 2만 미터 결승에서 우승을 했고, 1938년 제4회 만주자전거선수권대회에서는 3천 미터 우승을 했다.[2] 1938년 8월 베를린올림픽 마라톤 우승자인 손기정 선생이 봉천과 신경을 방문했을 때, 김병기는 손기정을 보고 국제체육무대에서 조선인들을 위해 영예를 날리고 싶

1 김호웅, 「꿈결에도 동생들을 부르며 살아온 60년 세월」, 『인생과 문학의 진실을 찾아』, 료녕민족출판사, 2003년, 102~28쪽.

2 북경대학 조선문화연구소, 『조선민족문화사대계』 11, 체육사, 북경 민족출판사, 1998, 315~26쪽.

다고 말했고, 손기정은 그의 어깨를 두드리며 도쿄올림픽에서 만나자고 했다. 김병기는 1940년 도쿄에서 열릴 올림픽에 참가하기 위해 다시 강훈련을 시작했으나 대련과 여순 간 아스팔트길에서 연습하던 도중에 버스에 부딪쳐 다리에 골절상을 입었다. 더구나 1940년 도쿄에서 열릴 예정이었던 올림픽은 제2차 세계대전으로 무산되고 말았다. 그래서 김병기는 자전거운동을 포기하지 않으면 안 되었다.[3]

다리 골절상으로 자전거 운동은 포기했지만 이 한 단락의 수상 경력은 위만주국 자동차부대에 입대할 수 있는 좋은 밑천이 되었다. 1939년 초 김병기는 한 달 만에 운전면허를 취득했고, 할힌골 전투(Бои на Халхин-Голе, 일명 노몬한 사건)가 터지는 바람에 그야말로 눈먼 망아지 워낭소리를 듣고 따라가듯이 자동차에 군수물자를 싣고 전장을 몇 번 다녀왔다.

노몬한 사건은 1939년 5월에서 9월까지 몽골영토에서 소련군과 일본군이 싸운 전투인데 천하무적을 자랑하던 일본군이 대패했다. 초원에서 벌어진 전투라 기갑부대, 즉 전차와 탱크가 열세에 처했던 일본군이 궁지에 빠질 수밖에 없었다. 하지만 일본은 세계의 눈을 가리기 위해 승전을 했다고 보도하면서 이른바 참전용사들에게 8급 훈장을 나누어 주었다. 물론 김병기도 8급 훈장을 받았다. 워낙 솔직하고 정직한 김병기는 해방 후 조직에 이를 솔직하게 교대했고 조직에서도 '일반역사문제'로 결론을 내렸다. 하지만 그가 만주국군에 입대하고 노몬한 사건에 참가해 8급 훈장을 받은 일은 그와 가족에 어두운 그림자를 드리웠다.

김병기는 워낙 구척장신에 꼬리 없는 소라 불릴 정도로 힘이 장사고 부지런한 사람이었다. 1958년 대약진시절에는 트럭에 바구니 열두 개

---

3 김호웅, 「옛 서탑거리의 자전거선수-김병기로인」, 『갈매기』 제6기, 1987.

를 달고 벽돌을 실어 나르기도 해서 연길 판의 큰 볼거리가 되기도 했다. 하지만 노동모범으로 표창하기는 고사하고 늘 뒤에서 '저 양반은 일제 때나 지금이나 다 일을 잘했던 사람이야!' 하고 뒷공론을 했다. 그리고 유일성분론(唯一成分論)이 판을 치던 때라 김병기의 자식들은 흔해 빠진 홍위병이 되기도 어려웠고 입당하기는 더욱 어려웠다. 그래서 김병기는 일제 때 남긴 오점 때문에 자식들을 망쳐 먹는다고 부인의 푸념을 무척 듣기도 했다.

김병기는 1년 7개월 만에 전역해서 흑룡강 목단강 일본군 육군병원(지금의 홍기병원자리)에 배치 받아 전속기사로 일했다. 1945년 8월 15일 광복이 되자 일본군과 그 가족들은 병영과 자동차 따위들을 던지고 뿔뿔이 도망을 쳤다. 목단강에 진주한 소련군 병사들이 여기저기 전리품을 산더미처럼 모아놓고 지키고 있었는데 암시장에서 구한 보드카 한 병만 찔러주면 아무 물건이나 가져가게 눈을 감아주었다. 아버지와 동업자 둘은 자동차 부품을 떼어다가 자동차를 조립했다. 두 대를 조립해 한 대를 동북민주연군에 헌납하면 다른 한 대는 자기가 가질 수 있었다. 반 년 남짓 품을 들여 트럭 세 대를 동북민주연군에 헌납하고 세 대는 동업자 셋이 각각 한 대씩 가지고 운수업을 시작했다. 그때만 해도 정국이 뒤숭숭해서 피난을 가는 부자들의 이삿짐을 실어주면 그 무렵의 화폐로 한 자루씩 받았다고 하니 재미가 쏠쏠했다. 하지만 여기저기서 사문동(謝文東)・마희산(馬喜山)과 같은 비적들이 들끓는지라 도무지 트럭을 몰고 다닐 수 없었다.

그래서 1948년 트럭에 일가족과 가산을 싣고 야반도주해서 연길에 오게 되었고, 길동자동차주식회사에 등록하고 계속 운수업을 했다. 물론 그 때 트럭은 목탄차였다. 말하자면 조수가 목탄을 때서 증기기관을 가열시켜 달리는 차였다. 김병기는 소처럼 부지런히 일했고 그만큼 잘 살았다. 1950년대 초 김병기의 외동딸 김옥자가 연길시 중앙소학교에 입학을 하는데 자동차집 공주를 보려고 교장선생님까지 학급에 찾아왔더라고 한다. 하루건너 김병기네 마당에서는 화롯불에 구리 적쇠를 놓고 소고기를 구워먹었고 그는 로렉스 손목시계를 차고 다녔다.

하지만 이게 무슨 횡액인가? 1956년 중국에서는 공업과 상업에 대한 사회주의 개조를 한다고 하면서 개인 자산을 국유화하는 운동을 펼쳤다. 백화상점 주인은 백화상점을 내놓아야 했고 자동차 주인은 자동차를 내놓아야 했다. 시정부에서 내려온 사무원이 김병기를 보고 "아저씨, 이젠 한 걸음만 내디디면 공산주의사회로 들어가는데 내 것 네 것 있겠습니까? 오늘 스탈린 광장에 나오십시오. 아저씨는 가슴에 붉은 꽃을 달고 단상에 오르게 된답니다"라고 하기에 울며 겨자 먹기로 나갔다가 술 한 잔 대접 받고 귀가하니 트럭은 물론 부품까지 몽땅 실어갔다. 이 일은 김병기에게 평생 한이 되었다. 2005년 10월 2일 김병기가 연길시 당위 통전부에 올린 편지와 서면자료가 여기 있는데 서면자료만 보기로 하자.

> 1956년 2월 8일 연길시에 있던 개인자동차 소유주들이 공사합영의 형식으로 연길시운수공사에 들어갔다. 당시 본인도 자동차 1대(이스즈표)에다가 부속품(변속기 1대, 차틀 1대, 기타 부속품들과 타이야 4틀)을 갖고 운수공사에 들어갔다. 그때 조직에서는 자동차 1대에 5000원, 기타 모든 부속품은 500원으로 도합 5,500원으로 쳐주었다.
>
> 1년을 4계절로 하여 계절마다 1,000분의 5의 수자로 200원씩 받다가 문화혁명 당시 반란단 우두머리인 팽위(彭袤)가 통장을 가져오라 하여 압수해간 뒤로 더는 이자을 받지 못하였다. 나의 차번호는 36호였다.
>
> 이상의 사실을 나 본인이 이 서류를 남기는 바이다.
>
> — 김병기 구술, 장자 김봉웅 대필, 2005.10.3.

1956년 공사합영으로 개인 트럭을 국가에 바친 후 김병기네 가세는 급전직하로 기울기 시작했다. 특히 연달아 학교에 들어가기 시작한 자식들의 학비를 대기가 어려웠다. 그래서 김병기는 보물처럼 아끼던 로렉스 시계도 팔고 계절마다 이자로 나오는 200원도 몽땅 자식들의 학비로 바쳤다. 1960년대 3년 재해 때에는 그야말로 입에 풀칠하기도 어려웠다. 김병기는 날마다 남들이 퇴근한 후에 공량을 운반하던 차들이 돌아오기를 기다려 수십 대의 트럭을 후비고 쓸고 해서 낟알을 한 포대씩 모아가지고 왔고 가을철이면 온 식구가 산에 들에 나가서 이삭을 주었다.

하지만 김병기 내외는 억척스럽게 일하고 알뜰하게 살림을 해서 팔 남매를 충실하게 키웠고 등소평의 시대를 맞아 한 해에 아들 넷이나 대학에 입학시키는 쾌거를 일구어내기도 했으며, 8남매 중에 박사와 교수를 다섯이나 두었으니 연변에 소문이 날만도 했다. 김병기 내외는 천륜지락을 누리다가 몇 해 전 3년을 사이 두고 96세와 89세의 나이로 타계했다.

3. '걸어 다니는 백과사전'

'맹모삼천지교(孟母三遷之敎)'라고 맹자의 어머니는 아들에게 좋은 교육 환경을 만들어 주기 위해 세 번 이사를 했다고 한다. 하지만 김병기네 가족이 연길에 와서는 단 한 번도 이사를 하지 않았다. 워낙 좋은 동네에 자리를 잡았기 때문이다.

연길의 원래 이름은 국자가요, 해방 후에도 시골냄새가 풀풀 나는 작은 시가지였다. 하지만 1949년 10월 중화인민공화국 창건 이후, 특히 1952년 9월 연변조선족자치정부 수립 이후 주정부의 소재지로서 용정을 앞질러 조선족의 수도로서 구실을 하게 되었다. 그래서 남만과 북만에 있는 조선족 문인들까지 속속 모여들어 새롭게 조선족 문단을 형성하게 되었다. 특히 연길시 중앙가(후에는 광명가, 지금의 류경호텔 부근)에는 많은 대학 교수와 문화예술인들이 살고 있었다. 김병기네 집은 72조와 73조 사이에 있었다. 트럭은 공사합영으로 국가에 바쳤지만 이 동네에서는 김병기네 집을 여전히 '자동차집'이라고 불렀다. 트럭이 서 있던 넓은 뒷마당은 이 동네 개구쟁이들의 놀이터로 안성맞춤이었다. 이 동네를 두고 김병기의 셋째 아들 김관웅은 「별들의 동네」라는 수필에서 다음과 같이 회상하고 있다.

> 우리 집과 제일 처음부터 가까운 이웃으로 몇 년간 살아온 이웃으로는 연변가무단의 초대단장이며 가사를 쓰기도 했던 김태희 선생네 일가였다. 우리 집처럼 자식이 많은 김태희 선생의 부인과 우리 어머니는 아주 가까운 이웃으로 오순도순 다정하게 살았다. 나는 나보다 여덟 살 연상인 큰형을 통해 '조이종자 이삭도 짓노랗고, 쉬종자 이삭도 짓노랗고'로 시작되는 〈좋은 종자 가려내세〉라는 가사를 이웃집 김태희 선생이 지으셨다는 것을 알고 어린마음으로 얼마나 존경했는지 모른다. 그 뒤 우리 형제들이 문단에 등단한 후에도 김태희 선생의 장자인 평론가 김기형 선생과도 좋은 인연을 이어왔다.
>
> 1950년대 중반 이후 김태희 선생네 일가는 아래개방지에 있는 연변가무단 사택으로 이사를 가고 그 집에는 채택룡 선생네 일가가 이사를 하여 왔다. 우리 집과 채택룡 선생네 일가 사이에 그때 맺어진 인연은 60년 세월이 흘러 지난 오늘까지 끈끈하게 이어져 내려오고 있다. 특히 채택룡 선생과 그의 두 번째 부인 사이에서 첫아들로 태어난 채영춘씨는 나와 동갑이라

> 소학교 6년을 한 학급에서 공부하였다. 우리는 채택룡 선생이 지은 가사에 허세록 선생이 곡을 붙인 〈새아리랑〉, 〈베짜기노래〉를 채영춘이랑 함께 부르면서 자랐다.
>
> 채택룡 선생이 억울하게 우파감투를 쓴 후 정치적 박해를 피해 조선으로 간 뒤에 채택룡 선생네 집에는 『연변문학』 편집부의 편집원이였던 한수동 선생네 가족이 이사를 하여 왔다. 이 인연은 후일에도 계속 이어져서 나의 첫 번역작품인 미국 단편소설의 명수인 오 헨리의 단편소설 『경찰과 찬송가』와 나의 처녀작 단편소설 『청명절』은 모두 한수동 선생의 손을 거쳐 발표되었다.[4]

이 동네에는 또 연변예술학교의 가야금 연주가 김진 선생, 『천지의 맑은 물』이라는 유명한 민담집을 펴낸 정길운 선생, 동요시인 리행복 선생, 시인 임효원과 김철 선생네 가족도 살고 있었다. 이밖에도 이 동네에서 멀지 않은 곳에 리욱・김창걸・김례삼・김학철과 같은 연변문단의 거목들, 그리고 연변대학교의 박유훈・임윤덕 교수도 살고 있었다. 특히 김철 선생은 1950년대 초반에 벌써 조선족 시단에 샛별처럼 떠올랐던 시인인데 광명가 73조, 말하자면 김병기네와 같은 주민소조에서 살았다. 지금은 머리가 홀랑 벗어졌지만 30대 초반인 그때만 하더라도 하이칼라에 정장을 하고 반듯하게 넥타이를 매고 다녔는데 예쁜 부인이 늘 그의 팔을 잡고 그림자처럼 붙어있었다. 워낙 친구를 좋아하고 성격이 호방한 김철 시인은 늘 주말도 아닌데 시인묵객들을 불러들여 술추렴을 했다. 운전수인 김병기는 초아침에 도시락을 싸들고 출근을 했다가 밤늦게 돌아오는데 김철 선생과 그의 시우들은 노들강변에 아리랑을 부르면서 술잔만 기울였다. 그 모습이 김병기네 자식들

---

4 김관웅, 「별들의 동네」, 『민족문학』 제4기, 2016, 66~7쪽.

의 눈에는 곱게 보일 리 만무했다. 요즘 말로 하면 커다란 콤플렉스를 갖게 되었다고 하겠다.[5]

하지만 연변대학교 조선언어문학학부에 다니는 김병기의 큰아들 김봉웅은 이 구실 저 구실 대고 김철 선생네 댁을 자주 드나들었다. 하물며 김철 선생의 아우 김봉섭과는 대학교 선후배 사이였기 때문이다. 그리고 김철 선생네 댁은 물론 다른 작가와 시인들의 집에 가서 한 아름씩 책을 빌려오곤 하였다. 또한 김병기는 큰아들이 보겠다는 책은 다 사주었으니, 그때 벌써 김봉웅의 서재에는 조선에서 나온 『조선현대문학선집』과 『세계문학선집』이 씨 하나 빠지지 않고 다 꽂혀 있었다.

광주김씨 가문의 삼총사가 평생 문학을 하게 된 것은 이 '별들의 동네'에서 나서 자란 것과도 관계되겠지만 셋째인 김관웅과 넷째인 김호웅은 물론이요, 외과의사인 다섯째 김철웅, 일본어 부교수인 막내 김정웅까지 수필을 쓰고 문학 논문을 쓰는 데는 이 가문의 계몽스승인 김봉웅의 영향이 중요한 작용을 했다고 하겠다.

김봉웅은 광주김씨 가문의 8남매 중 장자이다. 장형여부(長兄如父)라는 말도 있지만, 김봉웅과 막내 정웅은 나이 차가 무려 20년이나 된다. 그러니 김봉웅은 동생들에게는 정말 부모 같고 아버지 같은 존재였다. 옛날 평양의 김명복 할아버지를 닮아서인지 김봉웅은 어릴 적부터 총기가 좋았다. 그 어머니의 말씀에 의하면 예닐곱 살 때 벌써 동네 어른들의 명함은 물론이요, 나이와 생신날까지 줄줄 외웠다고 한다. 그래서 동네의 술꾼들은 이 삼척동자에게서 정보를 알아가지고 생일상을 차린 집을 기신기신 찾아가 술 한 잔씩 얻어먹었다고 한다.

김봉웅은 연변대학교 조선언어문학학부를 졸업하고 평생 연변인민출판사에서 편집원으로 일한 셈인데, 그의 놀라운 기억력, 문장력과

5 김호웅, 「추천사」, 『한연 김철 시문학의 주제학적 연구』, 민족출판사, 2012, 1~9쪽.

달변은 세상을 놀라게 하고도 남음이 있었다. 연변대학교 총장을 지낸 김병민은 젊은 시절 김관웅・리암과 함께 정판룡 교수의 문하에서 한국문학 박사공부를 했는데 가끔 김봉웅과 함께 술잔을 나누며 그의 이야기를 듣곤 했다. 어느 날은 한반도 휴전담판 때 조선측 대표 이상조(李相朝) 장군의 이야기를 하는데, UN군 측 대표로 나왔던 백선엽 장군을 보고 '미제의 개'라고 욕했고 그 자신의 근엄함을 보여주기 위해 얼굴에 파리가 한 시간 넘게 앉아 있어도 험악한 표정을 그냥 유지했다고 하면서 마치 그 장면을 지켜보기라도 한 듯이 입이 약간 삐뚤어지면서 거침없이 이야기를 하더라고 회상한 적 있다.

연변의 유명한 시인인 김응준은 『중국문학사』(전3권), 『중국현대문학사』, 『중국당대문학사』, 『조선고전문학사』, 『황구연전집』(전10권) 등 무게 있는 대학교 교과서와 중점도서들은 거의 다 김봉웅이 편집했다고 하면서 다음과 같이 회고한다.

> 봉웅 문우는 뛰어난 기억력으로 근면하게 독서하여 연박한 지식을 소유하였다. 특히 세계의 문학・역사・음악 등에 대한 그의 학식은 감탄할 만하였다. 그 많은 문학명작의 줄거리며 인물들, 주인공 뿐만 아니라 기타 인물들의 형상 및 이름까지 다 기억하고 있었다. 20년 전에 내가 『세계명언집』 집필에 수요되는 중문 『명언대관(名言大觀)』부록에 나오는 외국 명인들의 이름을 번역해줄 것을 그에게 부탁했더니 그 자리에서 사전 하나 뒤지지 않고 근 2백 명의 이름을 번역했다. 그 너부죽한 필체는 지금도 나의 책에 바래지 않고 남아있다.[6]

또 저명한 칼럼리스트이며 문학평론가인 장정일은 김봉웅을 두고

6 김응준, 「고 김봉웅 문우를 그리며」, 『연변문학』 제11기, 2009, 184쪽.

다음과 같이 회고한다.

> 문학 · 철학 · 정치 할 것 없이 봉웅의 흥취와 독서 범위는 넓었다. 기억력이 특별했던 그는 남들이 번지기 어려워하는 서양, 러시아 문학작품 작중 인물들의 긴 이름도 줄줄 외웠다. 이는 작품에 대한 그의 사랑의 정도를 말해주는 것이기도 할 것이다. 친구들과 애기를 할라 치면 그리스의 고대 철학자 아리스토텔레스 · 플라톤으로부터 러시아의 꾸드조프, 소련의 쥬코프와 같은 군사가들, 그리고 조선의 정계 인물들에 이르기까지 막히는 데 없이 박학다식함을 보여주군 해서 그는 나를 감복시켰고 친구들도 흔쾌히 그의 말에 귀를 기울이군 하였다.[7]

그리고 대학을 졸업하고 김봉웅과 함께 흑룡강 북대황에 가서 노동단련을 했던 저명한 소설가이며 중앙민족대학교 리원길 교수는 다음과 같이 말한다.

> 봉웅 형님과 나는 그 후 세월의 풍파 속에서 북대황에서 고락을 같이 한 적 있다. 낮에는 힘들게 일하고 밤에는 등잔불 밑에서 잡담하다가 곯아떨어지는 고달픈 세월에 봉웅 형님은 친히 작곡하고 구수한 이야기로 여러 조선족 대학생들에게 소중한 웃음과 즐거움을 안겨주었다.
>
> 봉웅 형님은 청각장애가 있는데 비상한 기억력 때문인지 음률에 조예가 깊어 악기 하나 없이 멋진 곡들을 제법 척척 지어냈다. 그때는 아리랑 같은 노래도 부를 수 없는 시기였다. 그 당시 실정에 맞게 내가 쓴 가사 〈실천전사의 노래〉, 〈북대창의 노래〉 등에 봉웅 형님이 작곡하여 련(중대)의 행사 때나 쉼터에서 불렀다. 그때 고향을 떠나 머나먼 홍안령밀림에 갇힌 만리

7 장정일, 「문경고개를 부르던 친구여」, 위의 책, 194쪽.

적막(萬籟寂寞)의 세월, 그 노래는 큰 위로가 되었다.

북대황은 인가와 멀리 떨어져 신문은 일주일이나 늦은 구문이고 읽을 수 있는 책은 『모택동선집』뿐이었다. 따분하기 그지없는 문화생활에 우리 조선족 대학생들끼리 모여 자연스럽게 '이야기모임'을 가졌다. 대부분 자기 주변의 이야기다보니 금시 바닥이 났다. 하지만 봉웅 형님은 마를 줄 모르는 샘물처럼 이야기가 끊임없이 쏟아져 나왔다. 고금중외의 문학을 꿰뚫고 있는 분이니 이야깃거리가 얼마나 많았겠는가? 우리는 '수정주의 소설'이라는 혐의를 받는 작품은 될수록 피했다. 늘 모여앉아 봉웅 형님의 이야기를 듣는 것이 수상한지 하루는 해방군지도원이 나(당시 나는 중대의 선전위원)를 불러놓고 무슨 이야기를 하는가 은밀히 탐문했다. 나는 중국혁명의 역사이야기를 한다고 대답했다. 조선어를 모르는 지도원은 고개를 갸웃거리며 한동안 나를 쳐다보더니 아무 말도 하지 않았다. 그 일이 있은 후 우리는 경각성을 높여 문학 외의 다른 이야기를 들었다. 봉웅 형님은 상상밖으로 동물이야기를 했다. 동물들을 문 · 류 · 과까지 나누어 구체적이고 생동하게 이야기하여 의대와 농대 졸업생들마저 혀를 내두르며 감탄했다. '봉웅이는 북대황에 올 사람이 아니라 과학원 원사로 있을 사람인데……' 봉웅 형님의 기억력과 재능은 누구나 다 긍정했다. 세월의 파란곡절로 형님은 학자는 아니지만 우리 민족의 우수한 편집으로 되었다. 나는 우수한 편집이 되려면 봉웅 형님처럼 연박해야 한다는 것을 깊이 느꼈다.[8]

김봉웅은 동물학은 더 말할 것 없고 동서양 요리에도 박사였다. 시장에서 직접 생선이며 고기며 채소를 구입해 가지고 주방에 들어가면 맛있는 요리를 서너 접시 순식간에 만들었다. 새로운 요리는 관련 서적을 펼쳐놓고 했는데 특히 잉어국과 낙지회는 일품이었다. 주말이면

8 리원길, 「봉웅형을 추모하여」, 위의 책, 200~1쪽.

요리 서너 가지 해놓고 동생들이나 문우들을 불러놓고 고금중외의 영웅들을 논하는 게 그의 취미요, 재미였다. 여류소설가인 리혜선 씨는 김봉웅의 요리를 맛보고 나서 "한식점 하나 개장하면 광주김씨 가문이 큰 부자가 되겠네" 하고 말했다.

김봉웅의 생전 모습, 특히 동생들에 대한 그의 지극한 사랑을 생생하게 전하고 있는 것은 그의 동생 김관웅의 수필 「큰형님께서 물려준 유산」이다. 이 수필의 골자만 추려서 여기에 옮긴다.

> 9월 27일 장례를 치렀던 그날 아침, 사제(司祭)를 맡은 자형이 나더러 큰형님이 평소에 쓰셨던 옷들과 소지품 외에 가장 좋아했던 책 몇 권을 고르라고 분부하셨다. 큰형님께서는 평소 즐겨 읽으셨던 책들을 하늘나라에 가지고 가시라는 뜻이다.
>
> 우리는 큰형님의 서재를 만권당(萬卷堂)이라 불렀다. 나는 책들이 빼곡한 만권당에 들어가서 큰형님이 젊은 시절에 가장 애독했던 러시아의 대문호 톨스토이의 장편소설 『부활』과 구소련시기의 대작가 미하일 숄로호프의 장편소설 『고요한 돈』을 골라놓았다. 큰형님이 젊은 시절 문학청년으로 문학 공부에 열중하고 있었던 그 무렵인 지난 세기 5, 60년대는 러시아, 소련문학이 중국에 절대적인 영향력을 과시하고 있었던 시기였다. 큰형님께서는 톨스토이와 숄로호프의 문학에 심취되었다.
>
> 그 시절 우리는 나이가 어려서 톨스토이와 숄로호프의 소설에 담겨있는 복잡한 스토리와 심오한 사상들을 다는 이해할 수 없었으나 형님의 구수한 이야기를 통하여 작품들의 윤곽이나 중요한 부분들에 대하여 대충 알고 있었다. 나는 나이가 들어 가만히 큰형님이 보는 『수호지』, 『삼국연의』, 『서유기』나 셰익스피어 · 바이런 · 발자크 · 모파상 · 푸시킨 · 고골리 · 체호프 · 고리키 등 동서고금의 문학대가들의 명작들을 훔쳐서 도깨비 기왓장 번지듯이 대충 읽었다. 문화대혁명 전에 나는 이미 큰형님이 보는 책들을

적잖게 훔쳐 읽었다. 이런 책들 중에는 숄로호프의 장편소설『고요한 돈』도 있었다. 나는 악시니아요, 그레고리요 하면서 작품 중의 인물과 사건, 재미나는 부분들을 남들에게 이야기해줄 정도로 익숙히 알고 있었다. 대학교 공부를 하면서 교수님들에게서 동서고금의 문학사나 문학이론 강의를 들어도 적잖은 부분은 큰형님에게서 귀 아플 정도로 들은 것이어서 생소하지 않았다.

큰 형님의 흥취는 넓었다. 특히 음악에 대한 큰형님의 흥취는 남달랐다. 악기도 없는 상황에서 수많은 오선보를 손수 초록하고 시창하면서 꾸준한 독학을 통해 악리와 동서고금의 음악사 지식을 널리 장악했을 뿐만 아니라 집에서 늘 세계명곡을 불렀다. 우리 동생들도 큰형님을 따라서 베토벤·모차르트·차이콥스키 같은 동서고금의 많은 세계명곡이나 〈피가로의 결혼〉, 〈카르멘〉, 〈콩쥐와 팥쥐〉 등 오페라의 아리아들을 어릴 때부터 귀에 익게 들었다. 그중 적잖은 곡들은 큰형님을 따라 음정과 박자가 별로 빗나가지 않게 부를 수 있었다. 그때 우리 집은 물질적으로는 가난해도 언제나 낭랑한 글소리가 들렸고 8남매 개구리합창단의 즐거운 노랫소리가 동네방네에 울려 퍼졌다.

그러나 그때 큰형님에게서 평소 귀동냥으로 얻어듣고 큰형님의 책들을 훔쳐보고 큰형님에게서 물려받은 음악이나 미술에 관한 예민한 감수성이 후에 내가 문학예술 연구에 종사할 수 있는 중요한 밑거름이 되리라고는 꿈에도 생각하지 못했다.

여기에 재미나는 에피소드들이 많다.

1978년 나는 대학입시에 참가하였다. 역사 시험에 제2차 세계대전의 발발과정을 서술하라는 문제가 나왔는데 나는 어려움 없이 써낼 수 있었다. 그것은 큰형님이 평소 여러 번 제2차 세계대전에 대해 이야기했기 때문이다. 다른 문제들도 나는 평소 큰형님에게서 귀동냥으로 들은 이야기에서 많은 점수를 얻을 수 있었다. 나는 그해 역사 시험에서 길림성 조선족 입시생들 중에서 제일 높은 성적을 따냈다.

대학에 입학한 후 나는 큰형님의 덕을 많이 보았다. 첫 학기에 『중국조선족문학작품선독』을 배웠다. 백호연 선생이 1950년대 초반에 발표한 단편소설 「꽃은 새 사랑 속에서」를 강의하던 중 선생님은 이 작품 속의 주인공이 거론한 숄로호프의 장편소설 『고요한 돈』에 나오는 그레고리는 '볼셰비키의 견강한 혁명전사의 형상'이라고 분석하였다. 나는 터무니없는 분석이라고 생각하고 휴식시간에 선생님에게 질문했다. '선생님, 『고요한 돈』에 나오는 그레고리는 백파와 홍군 사이에서 줄곧 방황하고 동요한 사람이 아닙니까? '볼셰비키의 견강한 혁명전사의 형상'이라고 하면 작품 속의 형상과는 다르잖습니까?' 나의 물음에 한동안 어정쩡해있던 선생님은 쓴 오이 보듯 곱지 않은 눈길로 나를 흘겨보았다. "동무가 뭘 안다고 그러오? 사람이 이렇게 교오자만하면 못 쓰오." 그도 그럴 것이 대학에 입학한 지 한 달도 안 되는 신입생으로부터 이처럼 당돌한 질문을 받았으니 왜 자존심이 상하지 않겠는가? 후에 안 일이지만 선생님은 그날 교학이 끝난 후 당시 연변대학에서 서양문학의 최고권위자로 계셨던 정판룡 교수님을 찾아가서 가르침을 청했고 정판룡 교수님은 다음과 같이 반문하셨다고 한다. "그 학생이 이름이 뭐야? 그 학생의 말이 맞아. 선생인 자네가 오히려 『고요한 돈』의 진의를 제대로 파악하지 못했네." 이 일이 인연이 되어 나는 정판룡 교수님과 첫 대면을 할 수 있었고 자신감을 얻어 본과를 졸업하고 학자의 길을 선택하게 되었다. 석사공부를 했고 대학 교단에서 서양문학을 가르칠 수 있었다. 나와 『고요한 돈』을 둘러싸고 언쟁이 있었던 선생님도 후에 이 일을 아름다운 추억으로 간주하면서 대학교수로서의 아량과 진솔함을 보여주셨다.

어찌 이 뿐이랴.

1970년대 초반, 내가 훈춘에서 군복무를 하던 시절, 연변군분구에서 꾸리는 『동북민병』잡지사에 편집원으로 들어갈 수 있도록 여러 모로 주선을 해주셨던 분도 큰형님이었다. 1979년, 나의 처녀작 「청명날」과 넷째 호웅이의 처녀작 「산 속에 핀 진달래」도 큰형님께서 손수 알심 들여 지도하고 수정하여 햇빛을 보게 하였다. 또 두 형제가 나란히 개혁과 개방 후 연변에서 처음으로 되는 문학상을 수상하는 영광을 지니게 되었다. 1980년대 초반, 내가 연변대학에 재학하던 시절에 처녀단편소설집 『소설가의 안해』를 출간할 수 있도록 여러 모로 주선해주신 분도 다름 아닌 큰형님이었다.

지금까지 나와 호웅이의 문학창작과 학문연구의 길은 바로 큰형님이 열어주었다고 해도 과언이 아니다. 큰형님은 나에게 있어서 지식과 문화의 횃불로 내가 나아갈 길을 환히 밝혀준 소년시절과 청년시절의 계몽스승이었다. 그 후 대학교수로 되어 지식의 바다에서 항행하는 나에게 큰형님은 언제나 어둠을 밝혀주고 항로를 가리켜주는 등대나 나침판 같은 존재였다.[9]

4. 연변문단의 흑마

김관웅의 단편적인 경력과 일화는 그 자신이 쓴 「인생과 선택」,[10] 「로싼제(老三屆) 영탄곡」[11]과 같은 글에서 볼 수 있지만 그래도 조성일 선생의 글이 볼만 하다. 2006년 8월, 연변의 저명한 평론가이며 연변작가협회 주석과 중국조선족문화발전추진회 회장을 역임한 바 있는 조성일 선생은 「우리 문단의 흑마－김관웅 교수」라는 글에서 다음과 같

9 김관웅, 「큰형님께서 물려준 유산」, 『연변문학』 제11기, 2009, 205～11쪽.
10 김관웅 등, 『운명을 개변시킨 대학입시』, 연변인민출판사, 2007, 1~15쪽.
11 리결사 등, 『내 청춘은 저 산 너머에－지식청년회고록』, 연변인민출판사, 2008, 110～3쪽.

이 쓰고 있다.

김관웅 교수를 머릿속에 떠올릴 때마다 나는 언제나 거친 초원에서 갈기를 휘날리면서 질주하다가는 문뜩 멈춰 서서 갑자기 무엇에 노했는지 두 앞발을 건뜻 쳐들고 울부짖는 야생 흑마를 연상하군 한다.

흑마를 영어에서는 다크호스(dark horse)라고 한다. 영어에서 다크호스는 단순히 털빛이 검은 검정말을 지칭하는 것만은 아니다. 다크호스는 선거나 경기에 불쑥 나타난, 미처 예상치 못했던 강력한 우승후보나 선수 또는 유력한 경쟁상대를 뜻하기도 한다. 이런 영어의 뜻 빛깔이 한어에 영향을 주어 흑마라는 이 낱말은 영어와 비슷한 뜻 빛깔을 가지게 되었다.

1970년대 말, 김관웅 교수는 대학교 학부생 1학년 때 단편소설 「청명절」로 문단에 데뷔하였다. 처녀작인 이 작품이 개혁과 개방 이후 연변의 첫 문학상을 수상하게 되면서 그의 이름이 알려지기 시작했고, 1985년 단편소설집 『소설가의 아내』로 문단에 호적을 붙이기도 했다. 하지만 김관웅 교수가 '강력한 우승후보나 선수' 또는 '유력한 경쟁자'의 이미지로 내 머리속에 각인되지는 못했다.

김관웅 교수가 진정으로 우리 문단의 흑마로 내 시야에 유표하게 들어온 것은 1990년대 중반 이후였다. 70년대 말부터 90년대 초까지 학사・석사・박사를 거쳐 10년 이상이나 대학교에서 두문불출하고 공부에만 정진하고 있던 김관웅 교수가 소설창작에서 문학평론으로 전향하여 유망한 평론가로 갑자기 문단에 부상하기 시작했던 것이다. 쓰지 않으면 그뿐이지만 한번 쓰기만 하면 문단을 놀라게 하는 그러한 평론들이 김관웅 교수의 손에서 속사포마냥 쏟아지기 시작했다. 1990년대 중반 이래 그가 내놓은 저서들과 논문 그리고 평론의 골자만 대충 적어보면 다음과 같다.

이론저서들로는 『조선고대소설서사방식연구』, 『조선고대소설사고』, 『조선문화와 문학의 이해』, 『조선고전문학의 발전과 중국문학』(공저), 『중조고대소설비교연구』, 『중조시가비교연구』, 『조선문학의 이해』, 『외국문학사』(공저), 『서양문학사』(공저), 『서방모더니즘 문학사론』(공저), 『수필창작론』, 『김학철문학과의 대화』(공저), 『한국고대한문소설사략』, 『중국조선족문학통사』(공저), 『세계문학의 거울에 비춰본 중국조선족문학』등이 있고, 100여 편의 학술논문과 100여 편의 중국조선족문학과 관련된 평론이 있다. 이밖에도 그는 문학창작도 게을리 하지 않아 칼럼・수필에서도 자기의 개성과 장끼를 과시하기 시작했다.[12] 그가 달성한 학문적인 수준은 국제적으로 인정을 받게 되었다. 적어도 조선문학이나 중한비교문학 등 분야에서는 중국 국내에서는 물론이고 조선반도의 남과 북을 비롯한 세계 각국의 조선—한국학 학자들과 어깨를 나란히 할 수 있게 되였다. 이는 중국조선족 평단에서는 있어본 적이 없는 일로서 우리 노일대의 문학이론가, 평론가들이 해내지 못한 장거라고 할 수 있다. 바로 이러한 학문적 수련과 기초를 바탕으로 하여 김관웅 교수는 대학 강단에서 서양문학, 서방모더니즘문학, 조선문학, 20세기 서방문학이론, 문학이론, 비교문학, 문화학, 세계문화사, 수필창작론 등 다양한 학과목을 가르치고 학사・석사・박사에 이르는 다양한 차원의 제자들을 가르치고 지도함으로써 학문연구와 문학창작의 쌍풍수를 거두어냈던 것이다. 그리고 2003년부터는 '우리동네 문학동네'라는 개인 홈페이지를 운영하면서 품위있는 연설고, 강의고, 수필 등 다양한 장르에 걸치는 글들과 면도칼처럼 날카로운 칼럼과 단평들을 쏟아내어 우리 문단의 이목을 한 몸에 집중시키고 있다. 이 개인 홈페이지가 우리 문단에 준 영향은 어중간한 문학지를 능가한다.

특히 중국조선족 문학평론 분야를 보면 김관웅 교수의 눈부신 활약상이 가장 주목된다. 그의 평론의 가장 큰 특점은 우리 민족의 현실문제에 초점

12 김관웅은 많은 중국의 고전을 번역했는데 대표적인 것으로는 『금병매』, 『유림외사』, 『문심조룡』, 『채근담』, 『중국고대산문선』 등이 있다.

을 맞춘 그의 민족적사실주의론에서 잘 보인다. 이밖에도 그의 문학평론은 새로운 문학비평방법론에 입각한 엄밀한 논리성과 심각하고 날카로운 사회, 문화 비판성에서 보인다. 이를테면 「식민주의사관과 김문학현상」, 「김문학의 『반문화지향의 중국인』을 평함」, 「민족적 사실주의로 나아가는 우리 소설문학」, 「여성과 시」, 「문화혁명시기 중국여성의 애정비극과 정치」 등은 그의 이러한 특징을 잘 보여주는 평론들이다. 이에 대해 북경대학 박충록 교수는 90년대의 중국조선족의 문학평론을 논하면서 김관웅 교수를 두고 다음과 같이 평가하고 있다.

'평론가 김관웅은 학자형의 평론가로 그의 장끼는 비교문학평론이다. 그는 근년에 새별처럼 평단에 등장하여 맹활약을 하고 있다. 그는 문학의 여러 장르에 다 장끼가 있는데, 평론에서도 다방면의 시각으로 문학을 논하는 인기평론가로 부상하였다. 그의 평론이 돋보이는 점은 그가 동서방의 문학에 정통하고 마르크스주의문예학, 유럽의 예술수법을 잘 알고 있으며 조선문학에도 익숙하다는 점이다. 그 이론전개가 논리적이고 설복력이 강하다. …… 김관웅은 동서방문학에 정통한 학자형 평론가로 우리 문단의 작가들의 창작을 잘 지도할 수 있는 능력을 가진 유망한 평론가이다. 평단은 그에게 기대하는 바가 크다.'[13]

박충록 교수의 평가처럼 김관웅 교수는 동서고금의 문학사와 문학이론에 대해 조예가 깊을 뿐만 아니라 동서고금의 역사·문화 등 문학밖의 기타 문화 분야에 대해서도 해박한 지식을 가지고 있다. 이처럼 그릇이 큰 학문적 스케일과 합리한 지식구조를 가진 김관웅 교수는 50년대에 대학 공부를 한 우리 같은 기성세대 문인들에 비하면 분명히 우세를 갖고 있다. 김관웅 교수는 흑마마냥 선배 평론가들의 유력한 경

13 박충록, 『중국조선족문학비평연구』, 민족출판사, 2003, 107~9쪽.

쟁자로 나타났다. '청출어람이승어람(靑出於藍而勝於藍)'이라고, 후에 난 뿔이 우뚝한 법이다. 나는 우리 평단에 김관웅 교수 같은 유망한 신진 평론가가 나타난 것을 진심으로 기뻐했다.

나는 김관웅 교수가 탄탄한 학문적인 준비만이 아니라 천생적인 평론가의 기질도 갖고 있음을 발견하였다. 우수한 평론가는 작품을 분석하고 그 진가를 독자들에게 알려줄 뿐만 아니라 불의에 도전하는 영원한 '도전자'이고 '시비꾼'이여야 한다. 한 사람이 평론가로 성장할 수 있겠는가 하는 것은 그 사람의 감상 능력의 수준 여하에 달릴 뿐만 아니라 그 사람이 시비 가르기를 좋아하고 변별력이 강한가 약한가에도 달린다. 극히 이지적인 소크라테스로부터 자기의 감정을 억제하지 못하는 니체에 이르기까지 무릇 대평론가들은 모두 불의에 도전하기를 좋아하지 않은 사람이 없으며 쟁투적인 비평을 하는 것을 능사로 여기지 않은 사람이 없다. 한마디로 평론가들은 세상만사에 대하여 시비 가르기를 좋아하는 '시비꾼'의 기질을 가져야 하고 스페인 투우장의 투우같이 용감하게 뜨고 박는 기질을 가져야 한다. 김관웅 교수는 천성적으로 이런 투우같이 용감하게 뜨고 박는 저돌적인 성향과 기질을 갖고 있다.

김관웅 교수는 성미가 급하다. 그는 속심의 말은 참지 못하고 다 뽑어내는 성미를 갖고 있다. 그는 기교를 부릴 줄도 모르고 아첨하지도 않는다. 하나라도 마음에 맞지 않으면 잠시도 참지 못한다. 높은 벼슬을 하는 사람은 워낙 시비를 마음속에 두고 겉으로 관용을 내비쳐야 하는 법이지만, 그는 성격적으로 관청에서 벼슬을 하는 것보다는 글방에서 선비노릇을 하는 게 적성에 더 맞는 것 같다. 김관웅 교수는 자기가 옳다고 생각할 때는 물불을 가리지 않고 달려들며 목에 칼이 들어와도 말하고야마는 성격을 가졌다. 설사 상대가 선생이든, 선배이든, 친구이든, 이해관계가 얽혀있는 막강한 파워를 가진 정계의 요인이든 전혀 상관하지 않는다. 김관웅 교수의 사전에는 숫제 '거짓'이나 '아첨' 같은 단어가 없다. 그는 학문적 견해나 정치적 견해를 그때그때의 시류에 따라 수정하거나 바꾸는, 바람 따라 돛 다는 그러한 속물 근성이 가득한 평론가들과는 완전히 다른 대 바른 성격의 소유자이다.

김관웅 교수는 속심의 말은 참지 못하고 다 뿜어내다보니 최근 몇 년 동안만 해도 다섯 번이나 필화를 당했다. '입덕'을 많이 입은 셈이라 하겠다. 하지만 그는 조화보다는 쟁투가 더 많은 삶을 살아오고 있다. 물론 그 쟁투가 번번이 그의 옳음과 대방의 그름으로 인해 벌어진 것만은 아니다. 하지만 십중팔구는 그가 옳았다. 김문학씨와 김관웅 교수 사이의 오랜 논쟁 과정에서 그는 처음에는 문단의 적지 않은 사람들로부터 많은 오해를 받았고 많은 불이익을 당했지만 나중에는 그가 완전히 옳은 것으로 판정이 났다.

이처럼 김관웅 교수는 쟁투로 점철된 문단생활을 하다 보니 많은 동지를 규합하게 된 동시에 또 많은 적을 만드는 결과에 이르게 되였다. 한마디로 그는 애증이 분명하고, 옳고 그름은 분명히 밝히려고 한다. 그는 사랑과 증오, 옳음과 그름, 정의와 불의 사이에서 줄타기를 하거나 중용적 입장을 취하지 않는다. 미우면 밉고 고우면 곱고, 옳으면 옳고 그르면 그르다고 똑 부러지게 말한다. 에누리하는 법이 없다. 바로 이러하기 때문에 그에 대한 객관의 평가도 아주 양극적이다. 그래서 김관웅 교수는 주변의 많은 사람들로부터 '겉보기에는 터프해도 사귀여보면 다정다감하고 남을 생각할 줄 아는 사람'이라는 평가와 함께 '잘난체하는 놈'이요, '뜨개소'요, '괴짜'요 하는 소리까지 들으면서 살아오고 있다.

여기서 한 가지 더 말하고 싶은 것이 있다. 어떤 사리를 볼 때 동양인들, 이를테면 우리 조선족은 객관적・이성적인 논리구조에 따라 사물을 보는 서구인에 반하여 주관적・감성적으로 사물을 보려는 극단적인 심리구조를 갖고 있다. 예컨대 러시아의 위대한 문호 톨스토이는 생전에 악처에게 늘 시달렸다. 톨스토이 자신은 물론 그를 흠모하는 사람들도 그 사실을 은폐하는 법 없이 공개적으로 말하였다고 한다. 그런 사실이 주관적 사고를 하는 우리 조선족들에게 큰 착오로 여겨져 말썽이 자자하기 마련이지만 객관적 사고를 하는 서구인들은 톨스토이의 이미지에 루가 된다고 생각하지 않는다. 우리 조선족은 사리를 봄에 있어서 훌륭하면 모두가 훌륭해야 하고 한 가지 흠집도 있어서는 안 된다는 그러한 극단논리에 사로잡히는 것이 상례이다. 우리는 이런 극단적인 심리구조에서 헤어 나와 사람을 평가함에 있어서 그의 공(功)과 과(過)를 객관적으로 전면적으로 평가함과 아울러 그의 과로 공을 무시하거나 과소평가하는 것을 삼가야 한다.

요즘 우리 평단의 어떤 평론가들은 온통 중간에서 시비를 캐는 것을 말리고 남의 귀에 거슬리지 않는 찬송가만 부르고 만세삼창만 외치고 있다. 심지어 자기를 욕하고 자기가 속한 공동체를 욕해도 비평은커녕 맞장구를 치면서 잘한다고 칭찬한다. 그리고 또 어떤 평론가들은 오늘날의 상업주의에 물젖어 돈이나 생기고 이득이나 생기면 달갑게 거짓말을 하고 칭찬을 한다. 이런 뼈대가 없는 평론가, 시류를 따르는 바람잡이 평론가, 상황에 따라 향배를 달리하는 눈치보기 평론가들이 번성하는 이 문단에서 문학은 일정한 가치판단의 기준을 잃고 있다. 문학창작에 대한 감시와 감독의 기능을 잃고 있다. 이런 지조 없고 주체성이 없는 문인들이 있는 문단에서 좌충우돌하며 불의와 싸우는 흑마 같은 김관웅 교수가 있다는 것은 우리 문단의 자랑이고 희망이 아닐 수 없다.

나는 김관웅 교수의 인격적 매력은 바로 그 저돌성과 쟁투성에 있고, 정의를 위해서 목숨을 거는 그 의로움에 있다고 본다. 비록 이러한 저돌성과 쟁투성이 앞으로도 그에게 많은 불이익을 가져다줄 소지는 많지만 그렇다고 그 모난 것을 다 죽이고 점잖은 젠틀맨이 되고자 한다면 그때는 김관웅 교수가 자기의 본질을 잃는 날이라고 생각한다. 김관웅 교수가 김관웅 교수로 되지 않는 날이라고 생각한다.

모난 돌이 정 맞는다고는 하지만 모난 돌이야말로 좋은 돌이다. 우리 문단의 흑마－김관웅 교수가 앞으로도 그 날카로운 모를 죽이지 말고, 그 강인한 초지(初志)를 굽히지 말고 계속 용왕매진하기를 진심으로 바란다. 동시에 문단쟁명에서 경우에 따라 자제도 하고 수단과 방법에도 유의하고 표현의 강약완급에도 신경을 쓰길 바란다.

19세기 초반에 러시아의 비판적 사실주의 문학을 올바른 궤도에로 올려놓고 러시아문학의 발전 방향을 리드한 벨린스키처럼 김관웅 교수가 중국조선족 문학을 올바른 길로 이끌어갈 수 있는 대비평가로 성장하기를 진심으로 기원한다.[14]

5. 연변문단의 백마

김호웅의 단편적인 경력과 일화는 그 자신이 쓴 「인간은 만남으로 자란다」,[15] 「초년고생은 금 주고도 못 산다」[16]와 같은 글에서 볼 수 있지만 그래도 조성일 선생의 글이 볼만 하다. 2007년 12월, 조성일 선생은 「우리 문단의 백마－김호웅씨」라는 글에서 다음과 같이 쓰고 있다.

---

14 조성일, 『내가 본 조선족문단 유사』, 연변대학출판사, 2014, 25～33쪽.

15 김관웅 등, 앞의 책, 71～80쪽.

16 리결사 등, 앞의 책, 124～36쪽.

> 필자는 관웅 씨를 지칠 줄 모르고 불의에 맞서 용감하고 저돌적으로 싸우는 사나이의 기질을 감안하여 흑마로 비유한적 있다. 그의 아우 호웅 씨는 지칠 줄 모른 견인성에서는 형과 비슷하나 유연성과 포용력이 형보다 돋보인다. 그래서 나는 200근에 육박하는 웅장한 체구를 가진 호웅 씨를 백마에 비기고 싶다. 잘생기고, 인품 좋고, 말 잘하고, 글 잘 쓰고, 술 좋아하고, 친구 좋아하고, 또 연변의 마당발로 소문난 팔방미인이다. 강의를 잘하고 학생들을 아끼고 사랑해서 대학 교수로도 인기가 만점이다. 그는 또한 우리 조선족 문학의 발전을 위해 새롭고 괄목할만한 창의적인 비평 성과를 이룩한 우리 문단의 중견으로서 우리 비평계의 앞자리에 좌단(左袒)하고 있는 이름 있는 비평가요, 현대지성이다.[17]

여기서는 문학비평가, 현대지성으로서의 김호웅의 어제와 오늘을 알아보고자 한다.

앞에서 이야기한바 있지만, 광주김씨 가문의 넷째아들인 김호웅 역시 보통 운전기사의 가정에서 나서 자랐지만 그 대신 후덕하고 문예와 학문을 숭상하는 가정환경에서 좋은 교육을 받으면서 자랐다. 김호웅의 아버지는 한평생 운전기사와 자동차 정비사로 일해 온 순수한 노동자이다. 이 어르신은 90세까지 아침마다 자전거를 타고 다니면서 장을 보고 연길 주변을 돌면서 드라이브를 하셨다. 아버님은 신문이나 책도 보지만 방송 듣기를 더 좋아했다. 서울방송은 물론, 일본어도 섬나라 사람들을 뺨 칠 정도로 잘해서 NHK방송도 가끔 들었다. 그래서 세상이 돌아가는 소식을 손금 보듯 하고 대학 교수인 자식들과 시사・정치 문제를 두고 쟁론을 벌이는 게 큰 즐거움이었다.

김호웅의 어머니는 워낙 화투를 놀았는데, 워낙 총기가 좋은 분이라

17 위의 책, 34~42쪽.

일흔 고개를 넘어서 마작을 배웠다. 그는 동네의 노인 오락실에 기신기신 찾아오는 오육십 대 중늙은이들을 번마다 여지없이 눌러놓고 그 양반들의 푼돈을 낭중취물 격으로 싹쓸이를 하니까 곱지 않은 눈길로 보더란다. 그래서 워낙 소설보기를 좋아하는 분이라 공연히 미움을 받는 노인 오락실에는 나가지 않고 집에서 돋보기를 끼고 자식들이 가져다주는 『연변문학』, 『장백산』, 『도라지』 같은 잡지를 보는 게 큰 재미였다고 한다.

부모님은 두 분 다 초년에 어버이를 잃고 거친 만주 벌판을 외롭게 떠돌다가 만난 사이인지라 자식 욕심도 많아 팔남매를 두었는데, 그중에 범 같은 아들만 일곱이다. 이들 형제들이 자랄 때, 부모로서는 배불리 먹이지 못하는 게 제일 큰 아픔이고 걱정거리였다. 가을철이면 부모님을 따라 온 집안 형제들이 산에 들에 떨쳐 나가 이삭을 줍고 배추나 무 잎사귀 따위들을 주워 들였다. 그래서 겨우내 콩죽에 수수밥을 먹었는데 밥은 맘대로 먹을 수 없었지만 '비지'라고 하는 콩죽만은 맘대로 먹을 수 있었다. 이들 형제가 다 소 같이 든든한 건 아마도 콩죽 덕이 아닌가 한다.

김호웅은 1976년 봄, 3년 동안의 군복무생활을 마치고 연길에 돌아와 생각 밖으로 연변인민출판사에 입사하게 되었다. 정규 대학생들을 배출하지 못했던 당시 사정과도 관련이 되겠지만, 군복무를 하던 3년 동안 날마다 꼬박꼬박 써둔 일기가 은을 냈던 것이다. 일기와 함께 별로 보잘 것 없는 짐짝을 먼저 집에 우편으로 부치고 귀향하는 기차를 탔는데, 그 짐짝을 헤쳐 본 부모님과 형들이 호웅의 일기를 돌려가며 보다가 모두가 포복절도했다는 것이다. 술에 취해 취사반의 밀차에 실려 온 일, 전투훈련 시에 흔적을 남기지 않고 백성들의 사과를 따 먹고 땅콩을 파먹던 일, 모두 재미가 있다고 손뼉을 치면서 웃었다. 사과는 나뭇가지에 달린 대로 빙 돌아가며 떼어먹으면 그 자리에서 말라버려

흔적을 남기지 않았고, 땅콩은 슬쩍 파서 까먹고 껍질은 다시 묻어두면 쥐도 새도 모르게 배릿하고 고소한 땅콩을 맛볼 수 있었던 것이다. 맏형인 김봉웅은 웃다 말고 부모님을 보고 "넷째가 글재간이 있군요. 출판사에 취직을 시키는 게 좋을 것 같은데요" 하고 의논을 드리는데 아버님은 "오르지 못할 나무는 바라보지도 말랬다구, 넷째가 소학교두 나오나 마나 했는데 책을 만들 수 있겠어?" 하고 심드렁한 표정을 짓는데 어머님은 "한림학사도 하루아침에 되는 법이 있겠어요? 다 배워서 되는 거지요. 넷째가 머리 하나는 좋으니까 부지런히 배우면 제 큰형처럼 편집 노릇 하나는 제대로 할 거예요" 하고 큰아들을 다시 보고 "한번 잘 주선해 봐요, 동생 일이니까" 했다. 이래서 김호웅은 큰형이 주선해준 덕분에 연변인민출판사 인사과로 찾아가게 되었다. 워낙 잘 생기고 푸접 좋은 젊은이라 면접에 좋은 인상을 남기게 되어 그야말로 누운 소 타기로 출판사에 입사하게 되었다. 아동편집실과 문예편집실 둘 중에서 마음대로 선택하라고 하는 것을, 김호웅은 '귀뺨을 맞아도 은가락지 낀 손에 맞으라고 했거늘' 하고 문예편집실에 들어갔다. 거기서 밤낮 고참 편집들의 심부름을 하면서 그들이 손 본 원고를 필기하고 정선을 하는 일이나 했지만, 참으로 많은 공부를 했다고 한다. 그가 좋아하는 명언이지만 "인간은 만남으로 자란다"고 그 무렵 그가 모시고 일했던 고참 편집들 하나하나가 문학계의 기라성 같은 시인이나 소설가 또는 번역가였다. 소설가 허해룡과 김길련 선생, 시인 김성휘와 김태갑 선생, 번역가 남상현과 최유훈・강범구・박정일 선생과 같은 이들이 막강한 편집진을 구성하고 있었으니 말이다. 고참 편집들의 그늘 밑에서 김호웅은 차차 낱말을 고르고 문장을 다듬는 일에 재미를 붙이게 되었다.

하지만 필경 엎어놓은 못 그릇 같은 고참 편집들의 원고를 필기하고 정선하는 일을 그냥 하기에는 자존심이 허락하지 않았고 기실 체계적인 공부를 하지 못한 그는 독자적으로 책 하나를 편집하기에는 힘에 부치었다. 배우지 않거나 학문이 없으면 마치 담장을 향해 있는 것과 같다(不學面墻)는 것을 피부로 절감하였다. 바로 그 무렵 대학교 입시제도가 회복되었고 두 번 도전을 해서 1978년 9월 연변대학교 조문학부에 입학하게 되었다.

대학공부를 하는 데는 소년 시절에 본 고금중외의 명작들이 크게 도움이 되었다. 대학에서는 문학사 담당 교수들마다 백년, 천년을 주름잡으면서 여러 나라 문학사를 얼음에 박 밀듯이 강의하는 판이라 아무리 나이가 어리고 머리가 좋은 친구라 해도 그 많은 명작들을 일일이 볼 수가 없었다. 하지만 김호웅은 셰익스피어를 강의해도 속으로 고개를 끄덕일 수 있었고 빅토르 위고의 『비참한 세계』를 강의해도 쉽게 이해가 되었다. 그는 비로소 부모님과 큰형님이 고마운 줄 알게 되었다.

대학 1학년 습작학 시간에 발표한 「산속에 핀 진달래」라는 소설은 최상철 교수의 추천으로 『연변문예』에 실리게 되었다. 김호웅은 신바람이 나서 방학이면 소설을 쓰느라 진땀을 빼기기도 했다. 방학마다 한두 편씩 쓴 게 10여 편 잘 되었고 제법 소설가로 두각을 나타낼 법 했다.

하지만 학부를 나오자 바람으로 석사과정을 밟게 되고 이어 대학교 조교수로 취직을 하다 보니 소설과는 담을 쌓고 지낼 수밖에 없었다. 부교수・교수라는 학문의 피라미드 정상에 오르자면 부지런히 논문을 써야 했다. 학사학위논문은 풍자문학의 일반 이론에 관해 썼고 석사학위논문은 조선왕조 판소리계 소설에 관해 썼다. 하지만 기존 연구 성과들을 두루 짜깁기를 해서 만든 논문이라 그 자신도 별로 마음에 들지 않았다.

진짜 학술연구라는 것을 처음 해보기는 1988년 임범송・권철 교수의 주도 하에 '중국조선족작가작품연구'라는 공동 프로젝트를 작가 별로 떼어 가질 때다. 김택영・신성・신채호・김창걸・김학철・리근전 등 수십 명 작가들을 각자가 한두 명씩 맡아가지고 연구하기로 했는데, 김호웅은 김학철 선생의 문학에 매료되어 원로 교수들의 눈치를 보다 말고 "저는 김학철 선생의 문학을 다루고 싶습니다" 했더니 원로교수들 모두가 벙긋벙긋 마주보더니 생각 밖으로 그렇게 하라고 했다. 후에 안 일이지만 김학철 선생은 그때까지만 해도 모두 다루기를 저어했던 작가였는데 하룻강아지 범 무서운 줄 모르고 김호웅이 덥석 물어간 것이다.

호랑이나 사자도 큰 짐승을 쓰러눕혀야 여러 날 먹을 수 있는 것처럼 연구자도 연구대상을 큰 걸 잡아야 평생 녹여먹을 수 있다. 세계에는 셰익스피어로 밥을 먹는 자가 무려 몇 천 명이 되고, 중국에는 홍학(紅學) 즉 『홍루몽』으로 밥을 먹는 자가 몇 백 명은 실히 되는 것도 같은 도리다. 김학철 문학과의 만남은 김호웅에게 너무나 큰 도움이 되었다. 그분의 강철 같은 의지와 신념을 배울 수 있었고 그분의 넉넉한 배포와 유머를 배울 수 있었다. 김호웅은 「조선의용군 항일투쟁의 예술적 기념비, 김학철론」을 비롯해 7~8편의 인물평과 논문을 쓸 수 있었고, 2007년에 마침내 김해양 선생과 함께 『김학철평전』을 펴낼 수 있었다. 김호웅은 1989년 「김학철론」을 통해 처음으로 김학철 문학에 대한 체계적인 연구를 시도하였고 그 후에도 김학철의 삶과 문학에 대한 학문적 연구를 지속적으로 거듭하면서 수많은 논문과 평론들을 통하여 김학철 문학에 대한 독창적인 지론을 펴냈는 바, 그는 김학철문학 연구의 본격적인 진전에 큰 기여를 한 문학비평가이다. 그리고 한국에서 펴낸 『김학철평전』은 최초의 김학철 평전으로서 문필이 유려하고 내용이 풍만하고 자료가 풍부하다. 앞으로 김학철 문학에 대한 작가론적 연구에 많은 계시를 주게 될 역작이라 하겠다.

김호웅은 정판룡 교수의 문하에서 1998년 『재만조선인문학연구』로 박사학위를 받았고 그 동안 일본 와세다대학에 1년 반, 한국 한양대학교와 배재대학교에 각각 1년 간 객원교수와 교환교수로 가 있으면서 오오무라 마스오(大村益夫) 교수와 동훈(董勳) 선생의 신세를 많이 졌다. 오오무라 교수에게서는 학자의 근면성과 치밀함을, 동훈 선생에게서는 따뜻한 인간애와 폭넓은 정치적 안목을 배웠다. 특히 정판룡 교수 문하에서 석사・박사과정을 밟으면서 그분의 예지와 지혜, 넓은 흉금과 깊은 사랑을 배울 수 있었다. 그래서 김호웅은 그 동안 만난 아름다운 인간들의 일화를 엮어 「불굴의 투혼 김학철」, 「민중의 벗 정판룡 교수」, 「북청물장수 동훈 선생」, 「오오무라 선생」, 「한 그루 무궁화」, 「지성의 덕목」과 같은 글들도 발표했다. 그 중 「불굴의 투혼 김학철」, 「한 그루 무궁화」, 「일본인의 정교한 미소와 서비스정신」은 중학교 조선어문 교과서와 독본에 실리기도 했다.

김호웅은 모든 생명체에 구조가 있듯이 하나의 문학작품도 생명을 가지고 있다고 생각한다. 낱말 하나도 적재적소에 놓지 않으면 가시든 살점처럼 문장이 병들고 아파한다고 생각한다. 그리고 도끼가 제 자루를 찍지 못하고 스님이 제 머리를 깎지 못하듯이 문학도 본질적으로 원관념으로 말하는 게 아니라 보조관념으로 말한다고 생각한다. 그러므로 문학은 본질적으로 메타포(비유, 은유, 상징)이며 좋은 작품은 그 나름의 정교한 기법과 장치를 가지고 있다고 생각한다. 그 비밀을 밝히려면 자연 문학이론을 깊이 공부해야 하고 시・소설・수필 등 여러 장르에 대한 해박한 지식과 요령을 가져야 한다고 생각한다. 그러므로 김호웅의 평론들을 보면 언제나 참신한 이론적 패러다임으로, 거시적 시각과 미시적 시각을 결합해 텍스트에 꼼꼼하게 접근하고 있고 작품의 구조와 기법 및 장치에 대한 깊은 해석을 시도한다. 또한 그의 글은 이론적 깊이가 있고 논리정연하면서도 미학적인 울림이 있는 유연한 스타일을 갖고 있어 마치 도토리묵에 동동주처럼 시원하고 구수해 읽기에 편하다.

김호웅의 문학비평은 무겁고도 관념적이고 경직된 그런 따위의 글이 아니다. 그의 문학비평은 이론이 안받침이 된 형상적이고도 감성적인 비평 스타일을 이룩해가고 있다. 그의 글은 난삽하거나 현학적이거나 까다롭지 않다. 자기도 모르는 엉뚱한 개념과 술어의 남발이거나 외피적인 장식에는 신경을 쓰지 않는다. 따라서 그의 문학비평의 글은 쉽게 접근할 수 있고 부드러우면서도 번뜩이는 날을 보여주고 있는 것이 특징적이다. 일언이폐지하면 유중유강(柔中有剛)의 독특한 풍격을 갖고 있다고 할 수 있다.

세상이 열두 번 변해도 대학은 진리의 탐구, 인재의 양성, 사회봉사를 3대 기본 이념과 기능으로 삼는다. 이 이념과 기능을 실천하는 자가 바로 대학 교수이다. 아무리 변두리에 있고 아무리 교수청사가 허름해도, 목숨을 걸고 진리를 탐구하고 혼신을 불살라 후학을 키우고 갈고 닦은 지식과 학문을 가지고 지역사회와 국가의 발전을 위해 열심히 봉사하는 교수만 있다면 그러한 대학은 가히 명문대학이라 할 수 있다.

김호웅은 연변대학교의 정직한 교수로서, 학문의 자유와 독립을 주장하며 대학 교수는 정치권력과 언제나 일정한 거리를 두고 그를 경계하고 그의 부정과 부패를 비판할 책임이 있다고 생각한다. 하기에 그는 술 좋아하고, 친구 좋아하는 호인형의 사내지만 절대로 권력자의 문전에 얼쩡거리지 않으며 아무리 문단의 원로요 실세라 하더라도 눈감고 아웅 하는 격으로 만세평론은 하지 않는다. 그는 칼 차지 않은 무사를 무사라고 할 수 없듯이 공정성을 잃은 비평가를 진정한 비평가라고 할 수 없다고 생각한 나머지 비평작업에서 인정사정을 보지 않는다. 그는 연변대학 조문학부 학부장으로서, 적잖은 문인들이 허울 좋은 개살구 같은 김문학씨를 희대의 문화학자로 입에 침이 마르게 추어올릴 때도 "No" 하며 연변조선족문화발전추진회와 함께 '김문학 현상과 문화연구의 시각과 방법론 학술회의'를 개최했고, 일부 평론가들이 신중한 고증도 없이 저항적인 문인들을 친일문인으로 몰아붙일 때도 역시 "No" 하고 「대일 협력과 저항의 몇 가지 양상」이라는 논문을 발표하기도 했다. 말하자면 호웅씨는 포용력이 있지만 원리원칙에는 한 치도 양보를 하지 않는다. 실로 그는 강함과 부드러움을 겸비한 강유겸전(剛柔兼全)의 지성이요, 현대 문학비평가이다.

김호웅은 연변대학교 조선언어문학학과를 국가급 중점학과로 육성한 주역의 한 사람이다. 그는 강의도 잘하지만 학생들의 서클활동에 특별히 관심을 가진다. 중국의 유명한 교육가 도행지(陶行知)는 전제정치는 순민(順民)을 요구하고 공화정치는 공민(公民)을 요구한다고 했는데, 김호웅 역시 학생서클은 학생들의 독립적 인격 함양, 자치능력의 함양에 도움이 된다고 생각하며, 설사 자그마한 학생서클이지만 바로 여기서 세계적인 문학가·교육가·정치가들이 나온다고 확신한다. 그래서 일찍이 조문학부 당총지서기(1991~3)와 학부장(1996~2002)으로 있었던 시절에는 물론이요, 평교수로 있는 지금도 연변대학교 종소리문학사에 특별한 애정과 관심을 쏟고 있다. 그는 학생들이 스스로 아이디어를 내서 유익한 활동을 하도록 적당한 조언만 줄 뿐 절대 감 놓아라 배 놓아라 하지 않는다. 그 대신 강의 중에도 좋고 학생 백일장 심사 중에도 좋고 일단 싹수가 있는 작품을 보면 알뜰하게 지도하고 다듬어서 문단지에 추천을 한다. 호웅씨의 지도하에 서옥란·강걸·김훈겸·이범수·최미성·서채화·김호·윤설 등 학생이 차례로 연변문학 윤동주문학상 신인상을 수상하기도 했다.

김호웅은 글만 읽고 쓰고 세상일에는 아랑곳하지 않는 서재 비평가가 아니다. 그는 사회실천에 투신하고 우리 문단 현장에서 몸부림치는 지행합일(知行合一)의 학자형·실천형 비평가이다. 그는 연변문단의 활성화를 위해 묵묵히 뒤에서 수많은 좋은 일을 하였다. 그 단적인 사례를 두어 가지만 들어본다. 2005년 조선의용군의 수많은 투사들이 피흘려 싸웠던 태항산 기슭에 김학철·김사량 항일문학비를 세우기 위해 2,000만원의 한화를 인입하는데 결정적인 공을 세웠고, 또 2007년 『문학과 예술』지의 자금난을 해결하고자 근 2,000만원의 한화를 인입하는 데도 결정적인 공을 세웠다.

그는 대학이라는 상아탑 속에 옹크리고 앉아 소위 학문만 연구하는 학자를 보면 눈살을 찌푸린다. 새가 좌우의 두 날개로 날듯이 건전한 사회는 국가기관과 시민사회가 서로 팽팽한 긴장과 조화로운 공조를 이루어야 발전할 수 있고, 대학 교수 특히 인문학을 전공한 교수는 시민사회의 주축이 되어야 한다고 생각한다. 그래서 그는 한국에서 기러기장학금, 정수장학금, 철기장학금 등을 유치하는데 결정적인 역할을 했다. 또한 한국 조선대학교와 함께 10여 차의 '청송컵 글짓기 경연'을 했고 한국 흥사단과 10여 차의 '중한청소년친선문화제'를 펼치기도 했다. 이러한 활동을 통해 장학금을 유치하고 학교 건물을 짓기도 했다. 청소년문화교류를 하고 시민운동을 하자면 자금이 문제인데 호웅씨가 '중한청소년친선문화제'와 같은 대형행사를 10년 이상 지속시킬 수 있는 데는 별다른 묘방이 없다. 행사에 최대한 의미를 부여하고 오직 정직성과 신뢰, 열정으로 임할 뿐이다. 국내외 독지가들이 협찬할 경우, 기대치의 두 배 세 배로 행사를 잘 치르는 길밖에 없다. 정직성과 신뢰만 쌓으면 돈은 스스로 굴러 들어오는 법이다.

6. 맺음말

이 글의 주인공들의 부모인 김병기·리영순 노인은 각각 96세, 89세로 천수를 다 누리고 하늘나라에 가셨다. 그런데 김봉웅은 대장암으로 66세의 아까운 나이로 세상을 떠났다. 그는 부모님께서 구십 고령을 넘기셨으니 자기 자신도 부모님의 유전자를 물려받았다고 믿고 건강에 너무 소홀했던 것이다. 2009년 9월 10일 병원에 입원하기 전까지 출근하였는데 9월 25일 정오에 점심식사까지 하고 갑자기 심장이 고동을 멈추는 바람에 유언 한 마디 남기지 못하고 이 세상을 하직했다. 죽음이 신은 너무나도 무정했다. 동생들은 죽음의 신에게 끌려가는 큰형님을 부둥켜안고 끝없이 통곡했다.

김관웅, 김호웅은 이순(耳順)의 나이를 넘었으나 여전히 노익장의 정열로 학문 연구와 후학 양성에 매진하고 있다. 김관웅은 연변대학에서 정년을 했지만 현재 장춘 화교대학교 등에서 여전히 강의하고 있고 국가프로젝트 '중국조선족문학통사'(중문)를 완수하고 새로운 과제를 준비하고 있다. 김호웅 역시 국가프로젝트 '당대 조선족문학의 민족적 정체성 연구'의 완성 단계에 있다.

이들 둘이 존경하는 조선족 문학의 대부 김학철 선생은 65세에 다시 붓을 잡고 85세에 작고하기까지 '김학철 문학'이라는 찬란한 금자탑을 쌓아올렸다. 연변의 대표적인 김학철 연구자인 이들 두 형제는 김학철 선생을 본받아 큰형인 김봉웅의 몫까지 다해서 인생을 새롭게 설계하고 새로운 도전을 준비하고 있다. 학자에게는 정년이 없기 때문이란다.

|주요저술 목록|

김봉웅, 『작가의 사상과 사유』, 연변인민출판사, 1999.

김관웅, 김호웅, 『동서방비교문화의 향연』, 동북조선민족교육출판사, 1995.
김관웅, 『한국고소설사고』, 연변대학출판사, 1998.
김관웅, 『중조고대시가비교연구』, 흑룡강조선민족출판사, 2005.
김관웅, 『중조고소설비교연구』, 연변대학출판사, 2009.
김관웅, 『력사의 강 두만강은 말한다』 1, 2, 3, 연변인민출판사, 2012.
김관웅, 『세계문학의 거울에 비춰본 중국조선족문학』 1-4, 연변인민출판사, 2014.
金宽雄, 『古代文小史略』, 北京大学出版社, 2015.
金柄珉・金寬雄, 『朝鮮文學的發展與中國文學』, 延邊大學出版社, 1994.
김관웅・김호웅, 『김학철 문학과의 대화』, 연변인민출판사, 2009.

김호웅, 『재만조선인문학연구』, 한국 국학자료원, 1998.
김호웅, 『문학비평방법론』, 료녕민족출판사, 2002.
김호웅, 『인생과 문학의 진실을 찾아서』, 료녕민족출판사, 2003.
김호웅, 『중일한문화산책』, 흑룡강조선민족출판사, 2005.
김호웅, 『이 세상 사람들 모두 형제여라』, 재외동포재단, 2008.
김호웅, 『문학개론』, 연변대학출판사, 2009.
김호웅, 『인간은 만남으로 자란다』, 한국학술정보, 2009.
金虎雄, 『來華朝鮮人離散文學研究』, 연변대학출판사, 2012.
김호웅, 『디아스포라의 시학』, 연변인민출판사, 2014.
김호웅, 김해양, 『김학철평전』, 한국 실천문학사, 2007.
김호웅・조성일, 『중국조선족문학통사』 상, 중, 하, 연변인민출판사, 2011.
김호웅・강옥설・김순녀, 『중국조선족연구문헌자료색인: 조선족문학평론』, 연변대학출판사, 2015.